AF536867

B
V
72

Karsten Müller

Typisch Französisch

Effektives Mittelspieltraining

Joachim Beyer Verlag

ISBN 978-3-95920-207-7

1. Auflage 2024

© by Joachim Beyer Verlag

Ein Imprint des Schachverlag Ullrich, Zur Wallfahrtskirche 5, 97483 Eltmann

Alle Rechte vorbehalten. Nachdruck, jegliche Vervielfältigung oder Fotokopie, sowie Übertragung in elektronische Medien, nur mit schriftlicher Zustimmung des Verlags.

Bildnachweis: S. 191 (Harald Fietz)

Herausgeber: Robert Ullrich

Inhaltsverzeichnis

Vorwort

Wenn jemand beschließt, Spanisch zu lernen (die *Sprache* wohlgemerkt – und nicht die Eröffnung!), wird er sich zweckmäßigerweise Lehrbücher zulegen, in denen *Spanisch* behandelt wird – und nicht etwa solche, die sich mit *allen* romanischen Sprachen oder sogar allen *europäischen* Sprachen beschäftigen.

Führen wir diesen Vergleich ruhig noch etwas weiter: Wenn ein Wörterbuch in etwa einem Eröffnungsbuch entspricht, so kommt eine Grammatik in etwa einem Lehrbuch fürs Mittelspiel gleich. Nun könnte man zwar mit Eröffnungsbüchern allein zum Thema *Spanisch* ganze Bibliotheken füllen, aber wie steht es mit einer entsprechenden 'Grammatik'?

Natürlich gibt es in jedem Mittelspiel-Lehrbuch die ein oder andere Stellung, die eindeutig als *Spanisch* zu erkennen ist, allerdings ist deren Zahl verschwindend gering im Umfeld von Italienisch, Russisch, Englisch, Holländisch und so weiter und so fort. Und somit von all diesen anderen europäischen Sprachen – nein Pardon: von all diesen anderen *Eröffnungen*, deren Mittelspielbehandlung der Leser eigentlich gar nicht erlernen will.

Ist beispielsweise die Behandlung der Themen Isolani, Hängebauern und Minoritätsangriff für einen e4-Spieler nicht ebenso verzichtbar, wie sie für einen d4-Spieler unerlässlich ist? – Warum sollte ein eingefleischter Anhänger indischer Eröffnungen sich für die strategischen Feinheiten von Stellungen interessieren, die aus all diesen komplizierten Damengambit-Systemen resultieren? Und natürlich auch umgekehrt: Was kann ein Spieler mit all diesen Feinheiten indischer Stellungen anfangen, der um Fianchetto-Eröffnungen prinzipiell einen großen Bogen macht?

Und genau dieses ebenso auffällige wie verblüffende Vakuum im Bereich der Mittelspiel-Literatur hat mich zu einem entsprechenden Verbesserungsversuch inspiriert: Wer *Spanisch* lernen will (die *Eröffnung* wohlgemerkt und nicht die Sprache!), der bekommt ein Lehr- und Übungsbuch, in dem ausschließlich *Spanisch* 'gesprochen' bzw. gespielt wird.

Allerdings wird in diesen Buch ausschließlich *Französisch* 'gesprochen' – oder genauer gesagt: Es werden solche Stellungen behandelt, bei denen den weißen Bauern auf d4 und e5 schwarze auf d5 und e6 gegenüberstehen – bzw. solche, die aus dieser Grundstruktur hervorgehen können, wie es in der dem Vorwort folgenden Übersicht ausführlich dargestellt wird.

Und noch einen wichtigen Hinweis möchte ich vorwegschicken. Für jeden Schachautor besteht eine enorme Herausforderung darin, einer Leserschaft mit einem möglichst breiten Spielstärke-Niveau gerecht zu werden. So wäre es im Bereich der Eröffnungs- bzw. Endspiel-Literatur absurd, beispielsweise 'Sizilianisch' bzw. 'Turmendspiele' für Spieler zwischen 1400 und 1600, zwischen 1600 und 1800, zwischen 1800 und 2000 usw. anzubieten. Entsprechend schreibt man nur *ein* Buch zum jeweiligen Thema und bemüht sich, alle wichtigen Dinge möglichst genau und verständlich zu erklären – und dann liegt es an jedem einzelnen Leser, wie intensiv er mit den Büchern zu arbeiten bereit ist, um einen größtmöglichen Nutzen zu erzielen.

Ungleich schwieriger wird die Aufgabe bei einem Buch wie diesem, das ausschließlich aus Übungsaufgaben besteht. Denn wählt man als Autor durchweg sehr einfache bzw. durchweg etwas schwierigere, so scheuen im ersten Fall weiter fortgeschrittene Spieler zurück, weil sie sich *unter*fordert – im zweiten Fall weniger fortgeschrittene Spieler, weil sie sich *über*fordert fühlen.

Und darum ein guter Rat – ganz gleich, welche Spielstärke Sie auf die Matte bringen. Nehmen Sie die Beschäftigung mit jeder einzelnen Aufgabe ernst, aber lassen Sie diese auf keinen Fall in Folter ausarten! Sobald Sie auf allzu große Hindernisse bzw. Widerstände stoßen, nehmen Sie sich einfach die Freiheit: Schlagen Sie die Lösung auf und funktionieren Sie das Testbuch in ein Lehrbuch um!

Karsten Müller
Hamburg im Februar 2024

Zeichenerklärung

!	ein sehr guter Zug
!!	ein ausgezeichneter Zug
?	ein schwacher Zug
??	ein grober Fehler
!?	ein beachtenswerter Zug
?!	ein Zug von zweifelhaftem Wert
+−	Weiß hat entscheidenden Vorteil
−+	Schwarz hat entscheidenden Vorteil
±	Weiß steht besser
∓	Schwarz steht besser
⩲	Weiß steht etwas besser
⩱	Schwarz steht etwas besser
=	ausgeglichen
∞	unklar, mit beiderseitigen Chancen
=∞	mit Kompensation für den materiellen Nachteil
Δ	mit der Idee
⌓	besser ist
x	schlägt
+	Schach
#	matt
~	tendenziell, ungefähr
+++	und viele andere
Variante	nicht die tatsächliche Partiefortsetzung

Behandelte Bauernstrukturen

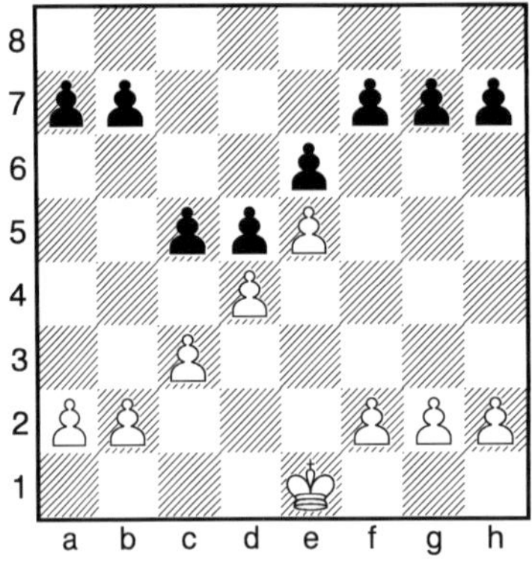

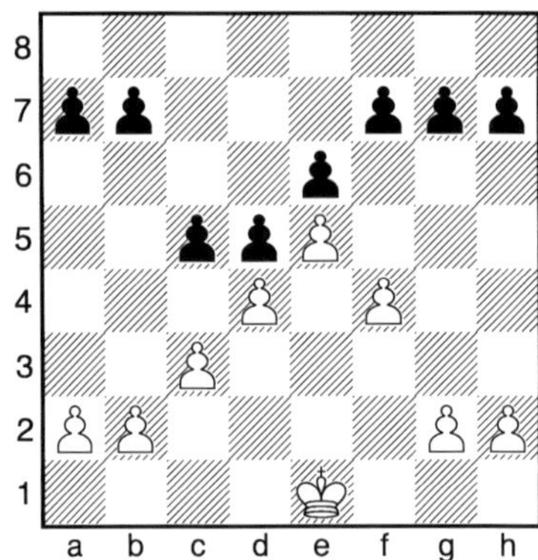

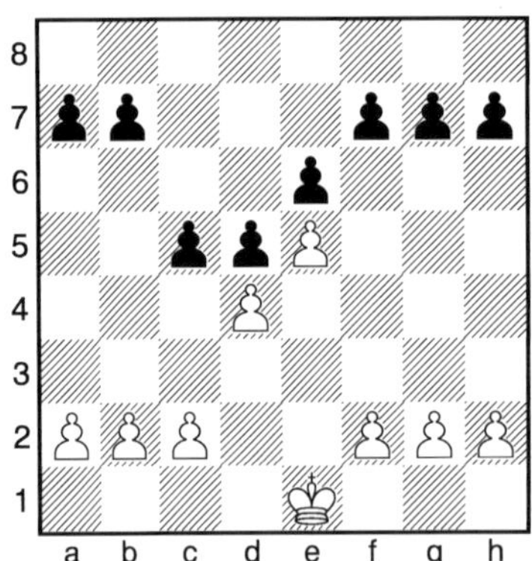

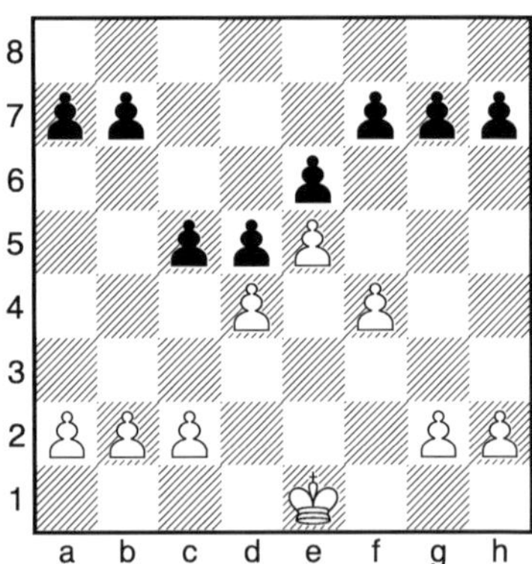

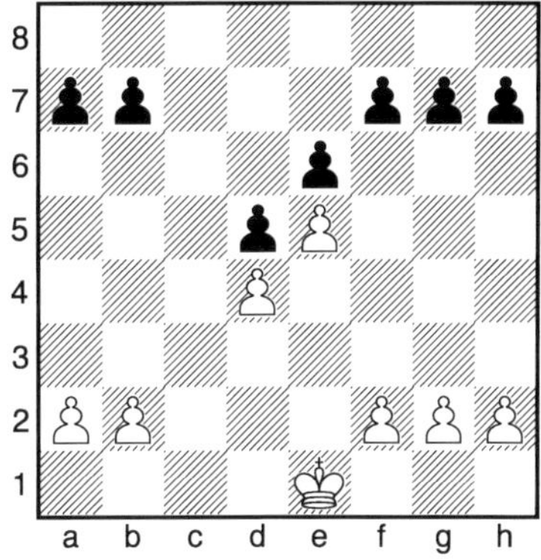

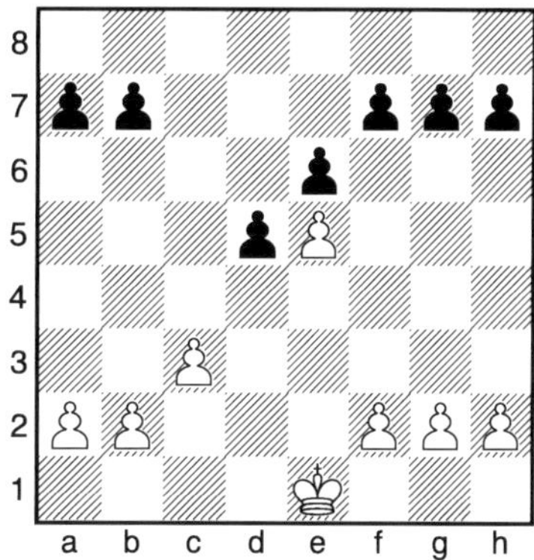

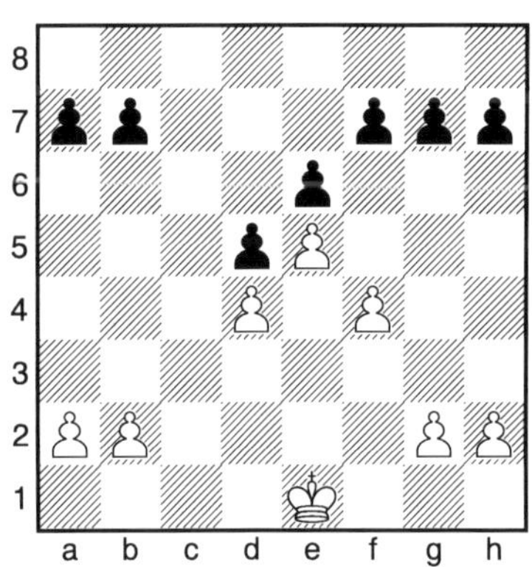

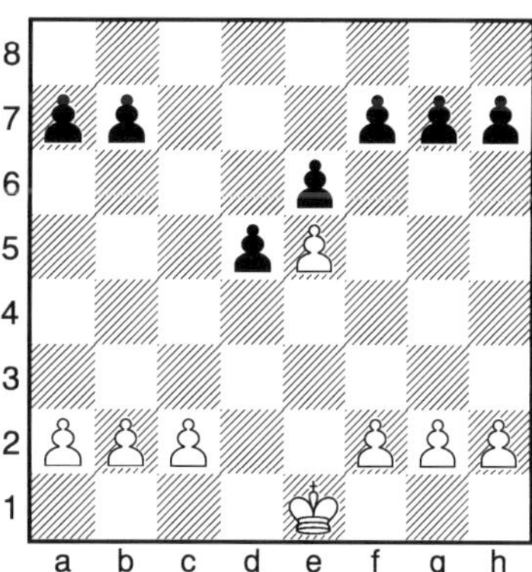

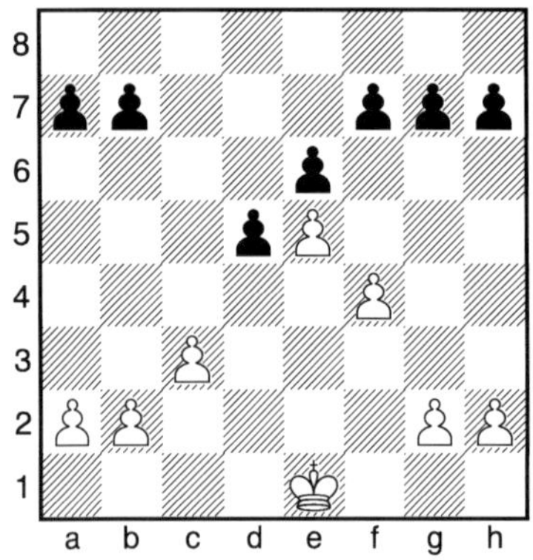

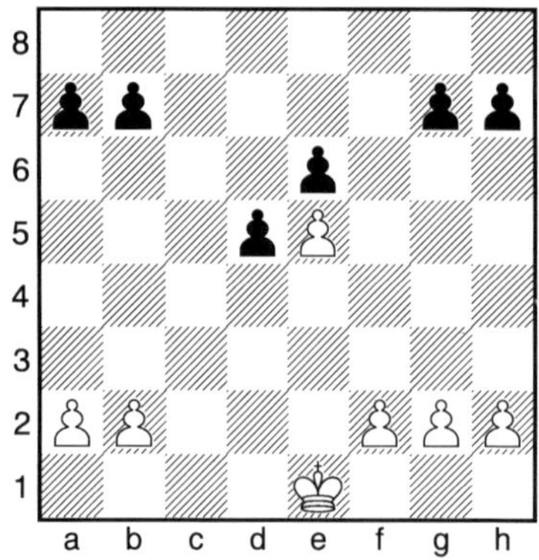

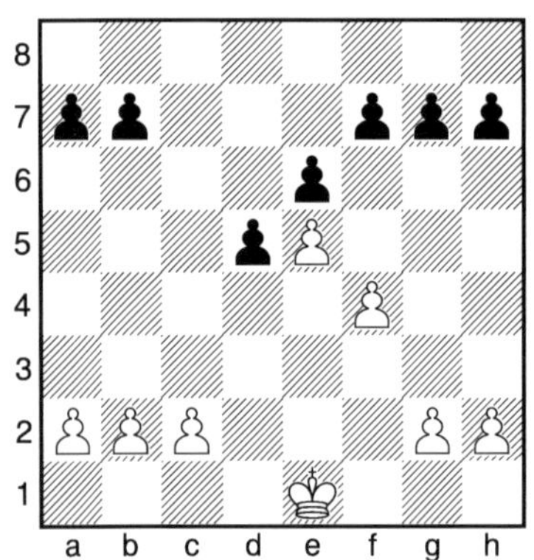

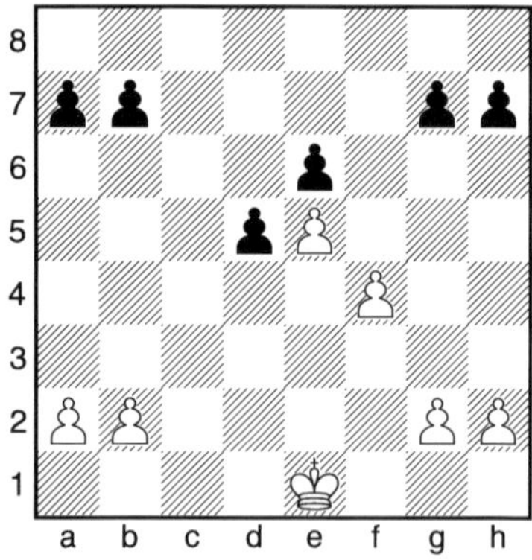

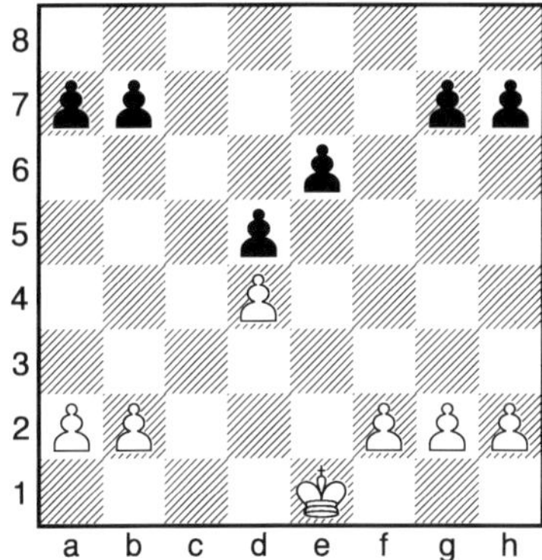
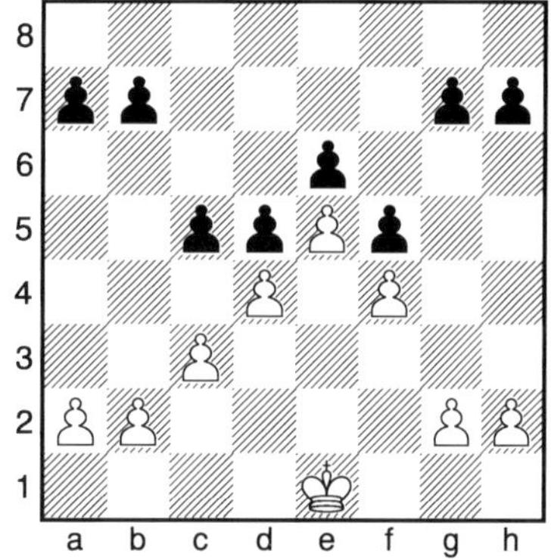
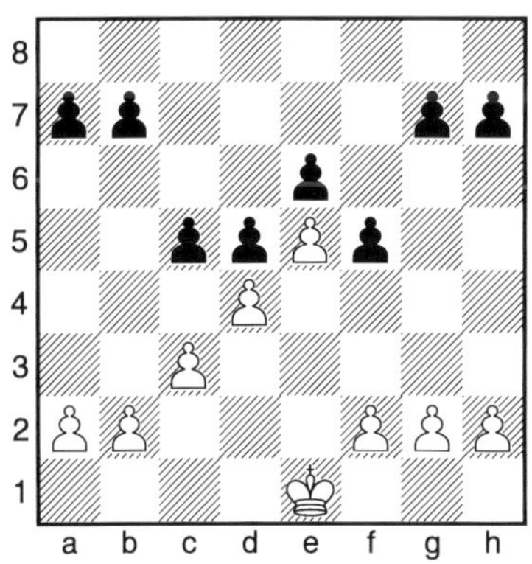
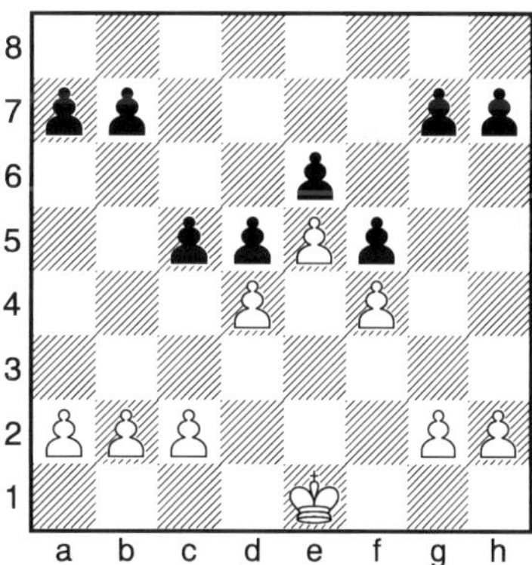

Aufgaben

Konkrete Frage (Lösungen ab Seite 45)

1

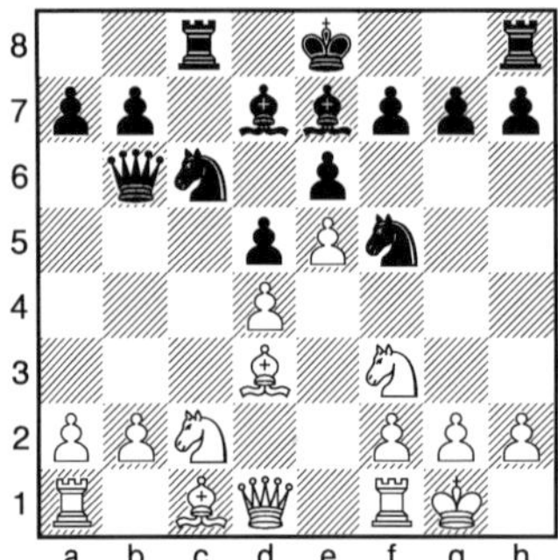

Erfordert die weißen Stellung einen Prophylaxezug?

2

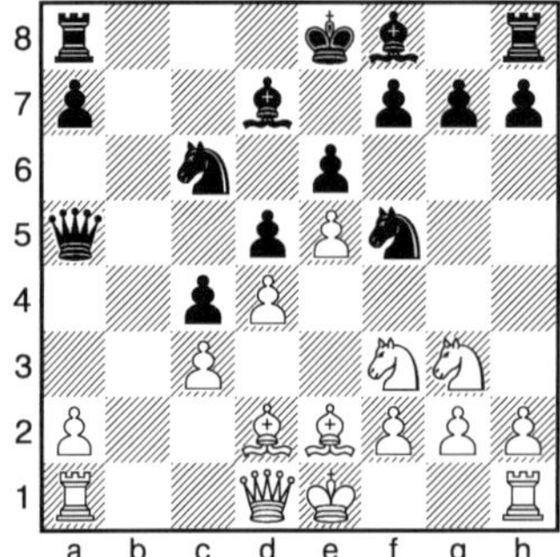

Kann Schwarz hier trickreich in Vorteil kommen?

3

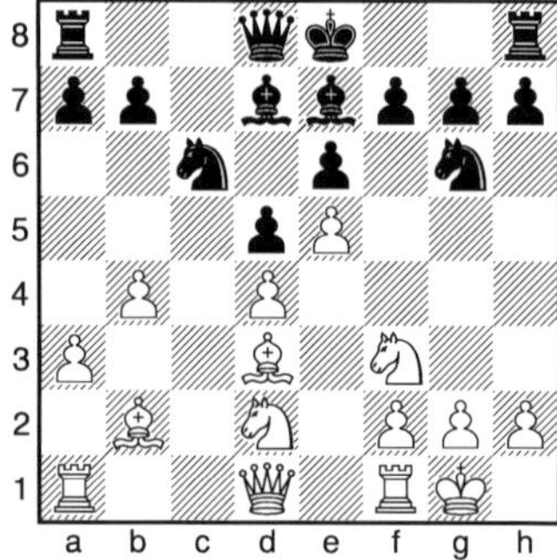

Wie kann Schwarz die aufkeimende weiße Initiative am Damenflügel eindämmen?

4

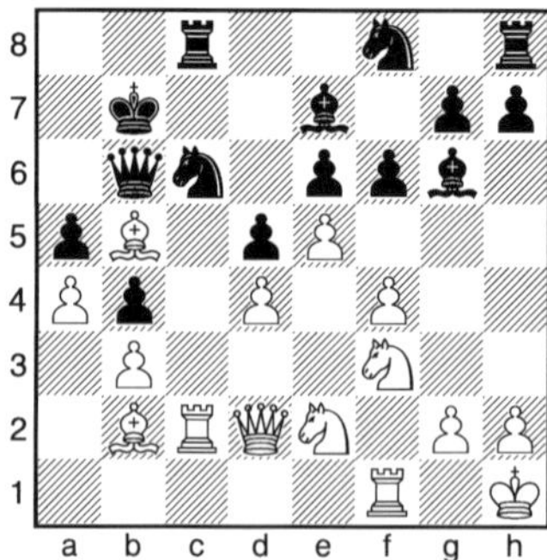

Wie ist die vorangegangene Sünde 0–0–0 am energischsten zu bestrafen?

Wie schmeckt eigentlich ... (Lösungen ab Seite 49)

5

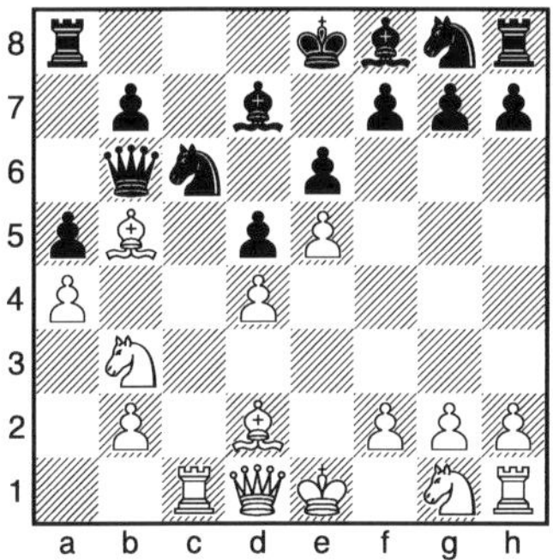

... der Bauer auf d4?

6

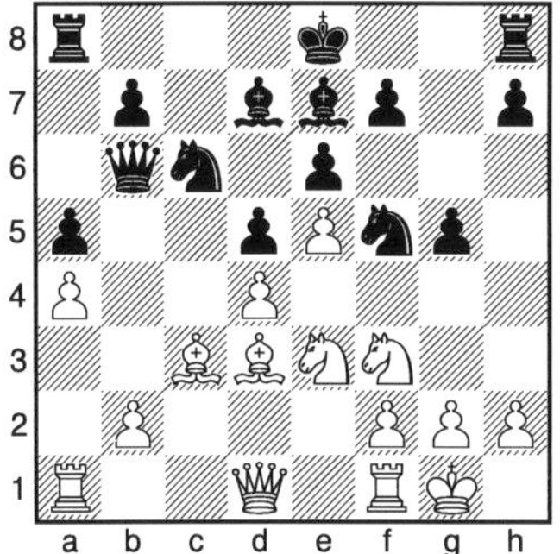

... der Bauer auf d4?

7

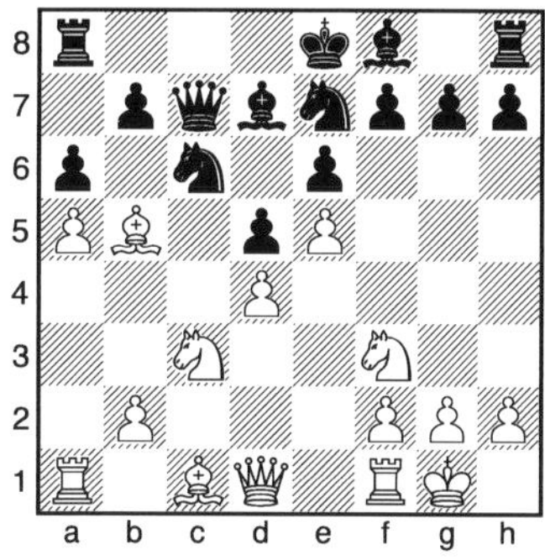

... der Bauer auf e5?

8

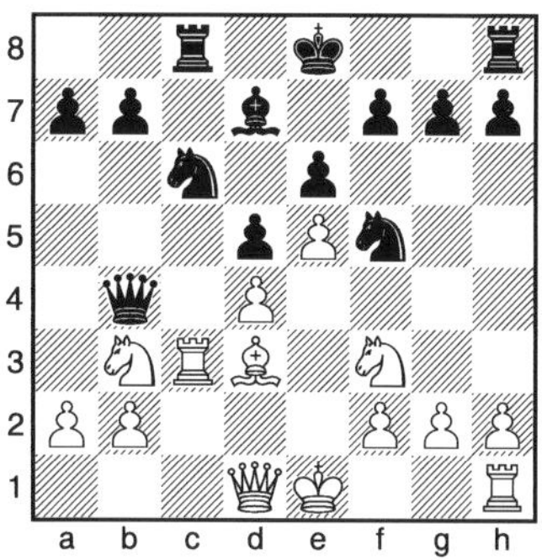

... der Bauer auf d4?

Gewaltmaßnahme oder Drucksteigerung? (Lösungen ab Seite 53)

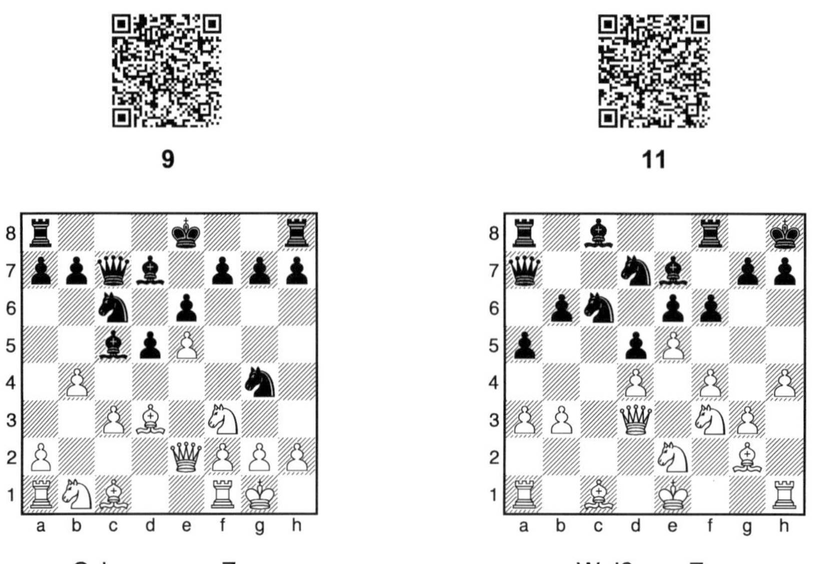

9

Schwarz am Zug

11

Weiß am Zug

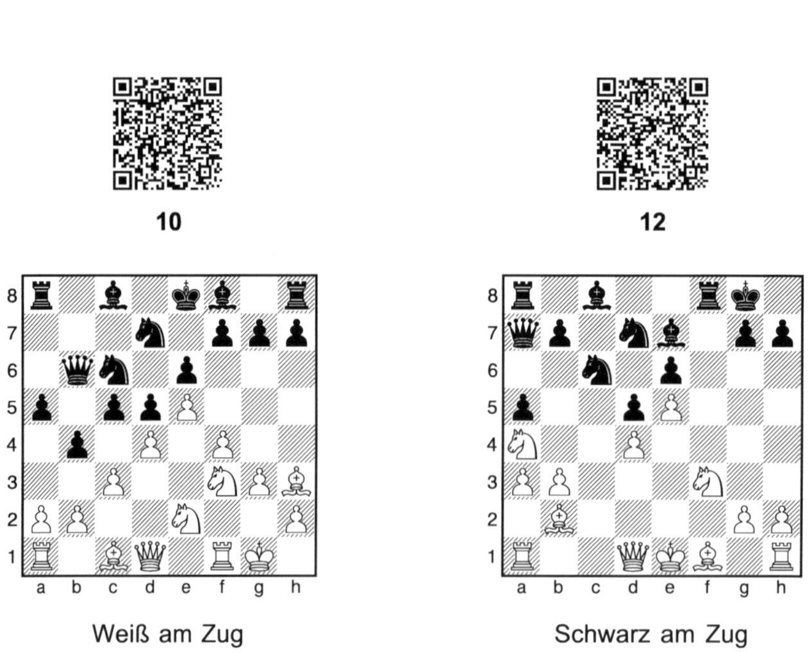

10

Weiß am Zug

12

Schwarz am Zug

Konkrete Frage (Lösungen ab Seite 58)

13

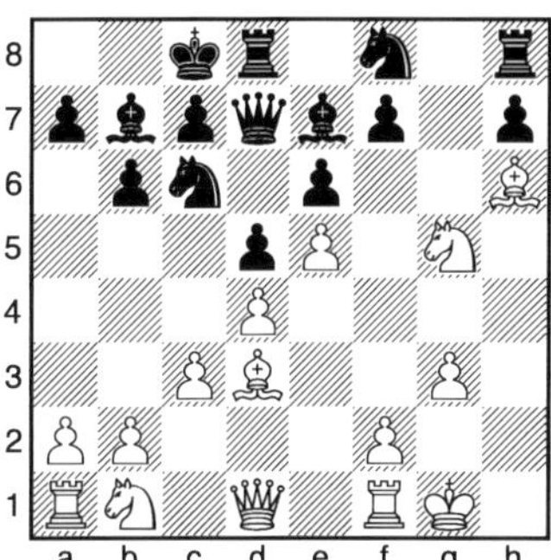

Was ist die beste schwarze Chance, um nicht sang- und klanglos unterzugehen?

14

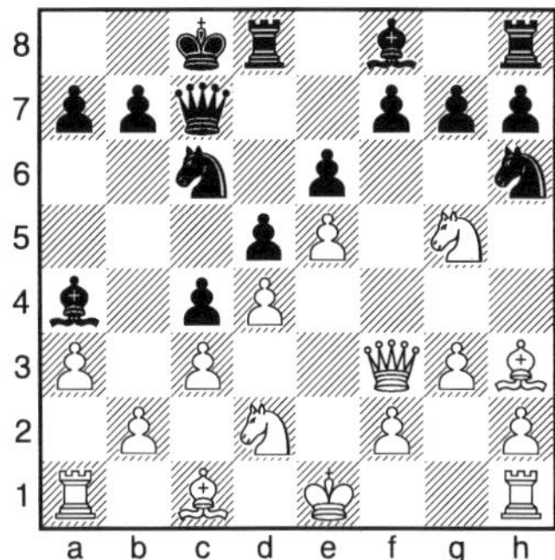

Muss Weiß der Kombination gegen f7 und e6 Beachtung schenken?

15

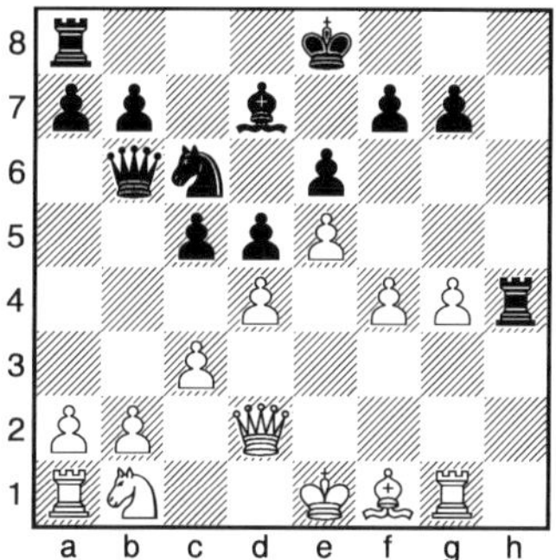

Kann Weiß sich noch retten?

16

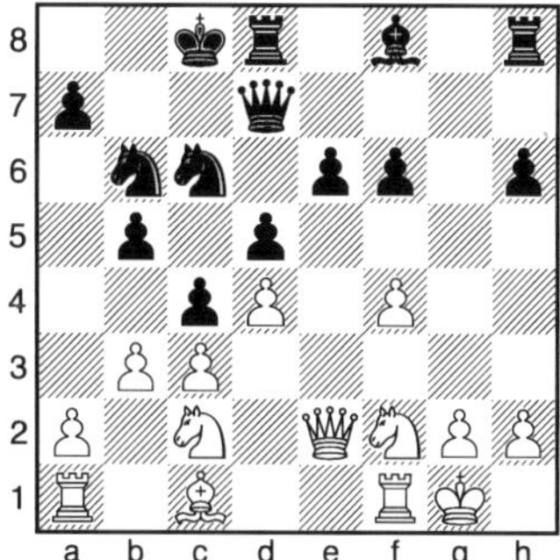

Wie fügt Weiß der geschwächten schwarzen Stellung den größten Schaden zu?

Scherzartikel (Lösungen ab Seite 62)

17

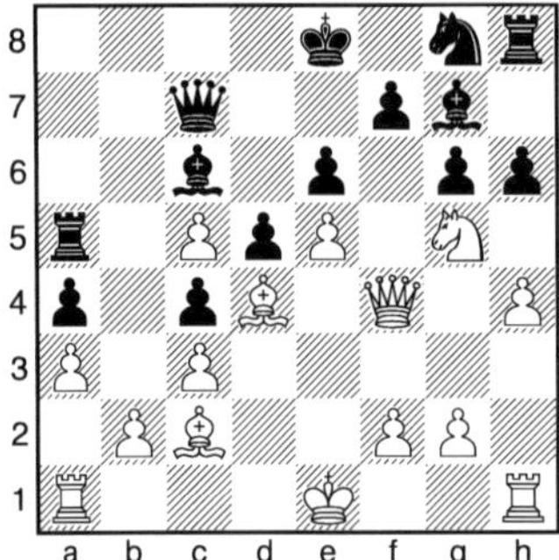

Wie kann Weiß in einer Gewinnstellung genügend Kompensation nachweisen?

18

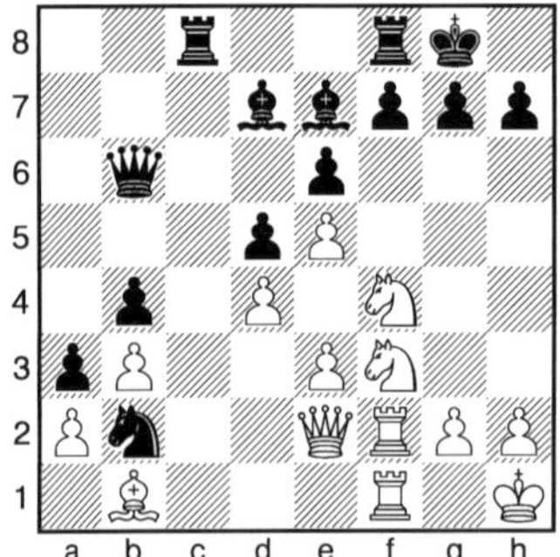

24.♘h4 – 24.♘g1 – 24.♘d2 – 24.♕d2

Welcher dieser Züge gewinnt *nicht*?

19

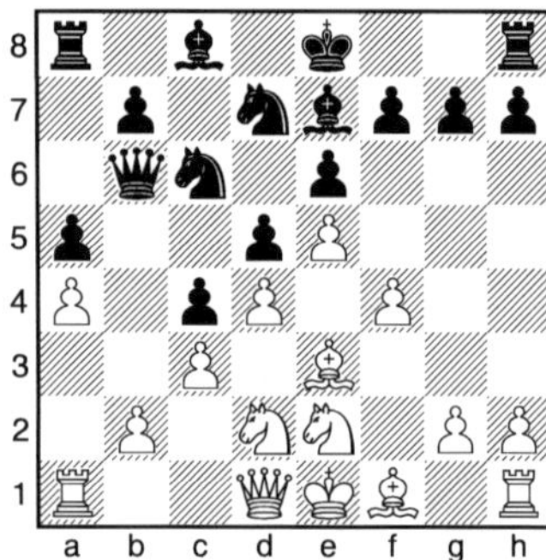

11...♕xb2 führt zu einem einfachen Remis.

Stimmt diese Behauptung?

20

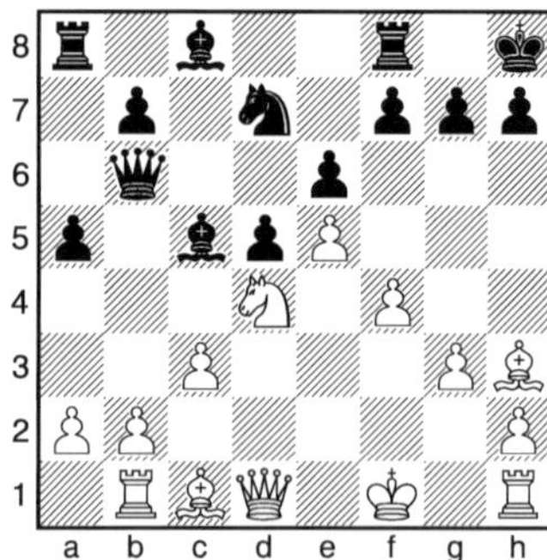

14...f6 und 14...♘xe5 führt auf gleiche Weise zu ∓.

Dennoch ist einer der Züge besser.

Kandidaten (Lösungen ab Seite 67)

21

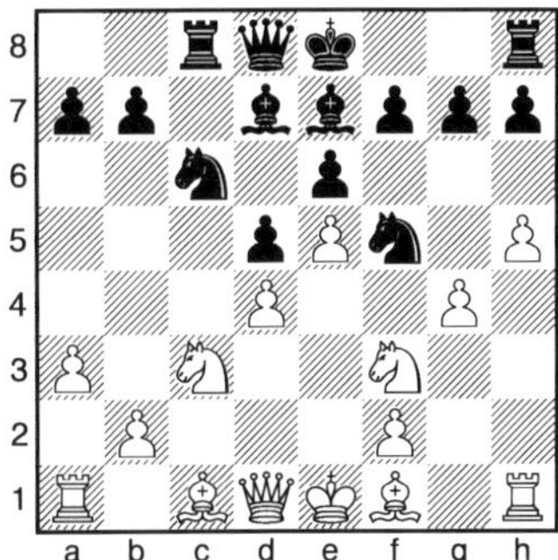

Besteht das geringere Übel in 11...♘h4 oder 11...♘h6?

22

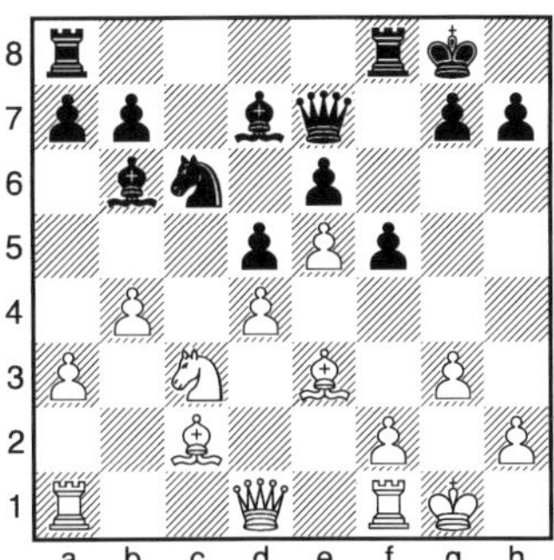

Welcher Kandidat ist präziser? 17.♕d2 oder 17.♘e2?

23

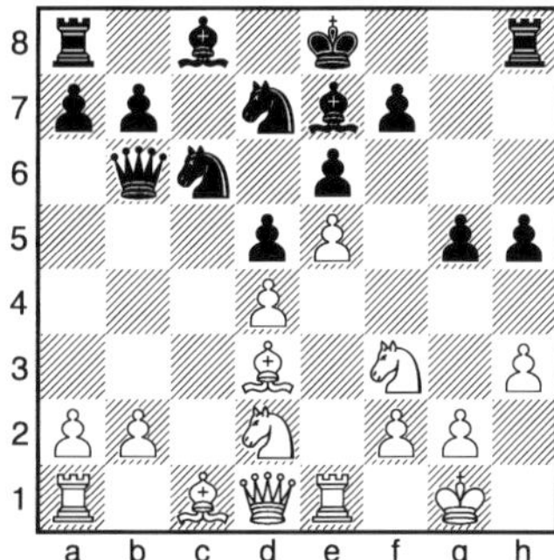

Mit 12.♘b3 am Damenflügel bleiben oder mit 12.♘f1 den Flügel wechseln?

24

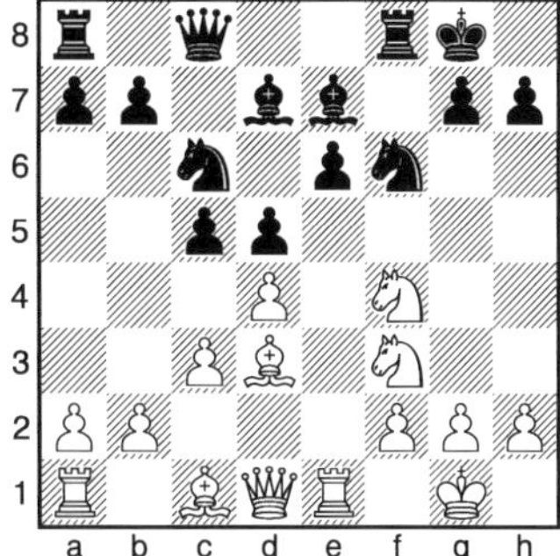

Sollte Weiß seinen Angriff mit 13.♘g5 oder 13.♕e2 fortsetzen?

Konkrete Frage (Lösungen ab Seite 72)

25

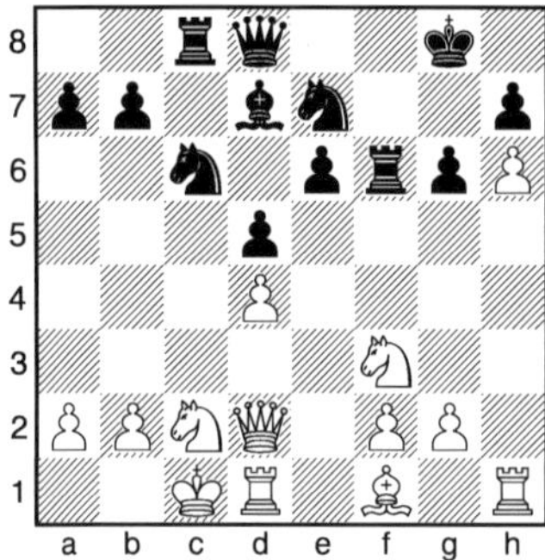

Wie nutzt Schwarz die Situation auf der c-Linie am energischsten aus?

26

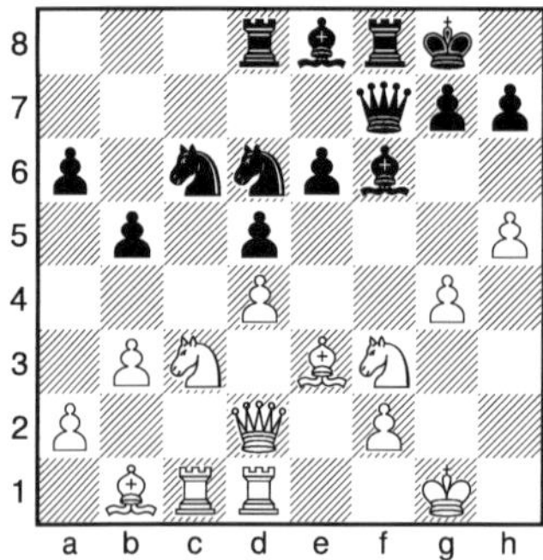

Wie kann Weiß entscheidende Fortschritte erzielen?

27

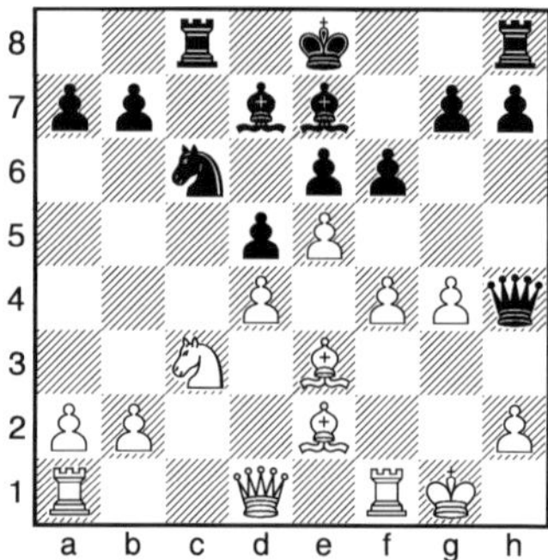

Wie kann Weiß nachweisen, dass die ♕h4 eher gefährdet als gefährlich steht?

28

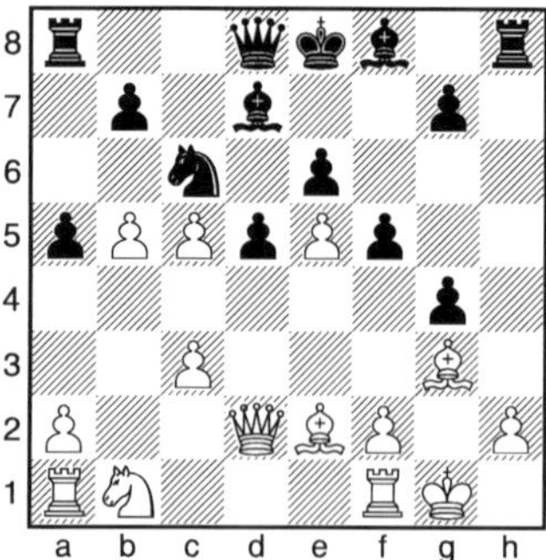

Muss der angegriffene Springer weichen?

Einziger Zug (Lösungen ab Seite 76)

29

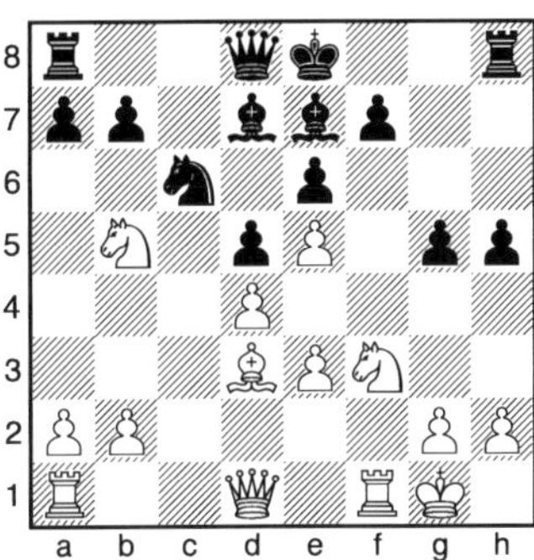

Schwarz hat nur einen einzigen Zug, der halbwegs das Gleichgewicht wahrt.

30

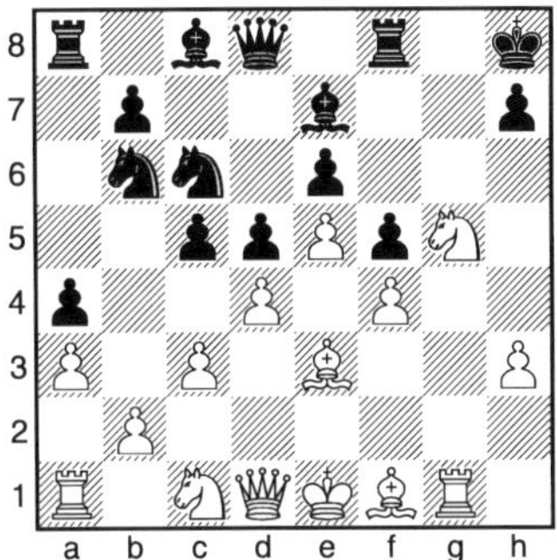

Schwarz am Zug

31

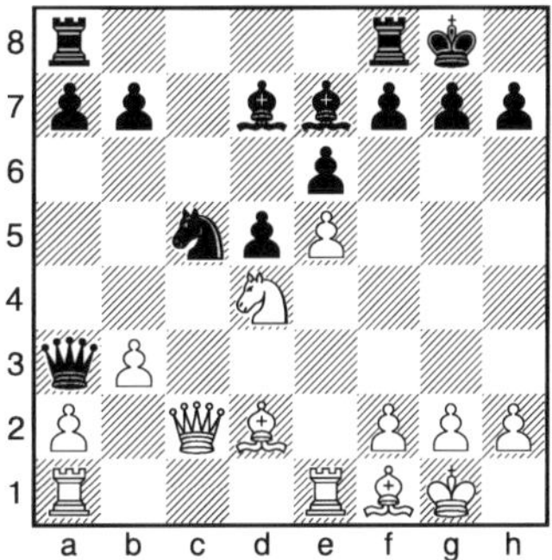

Welcher einzige Zug sichert Weiß Kompensation?

32

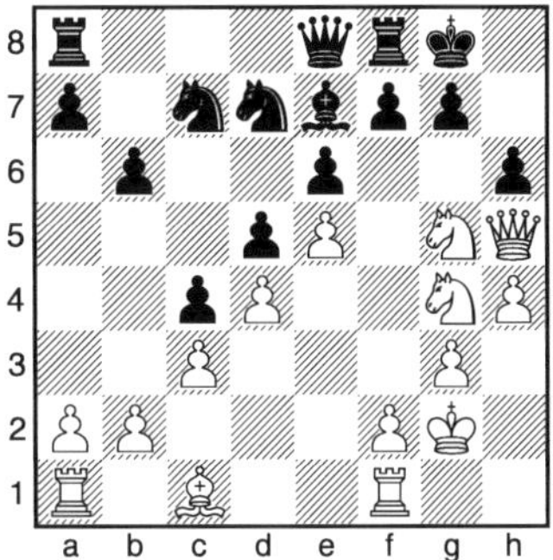

Schwarz am Zug

Schnellschuss (Lösungen ab Seite 81)

33

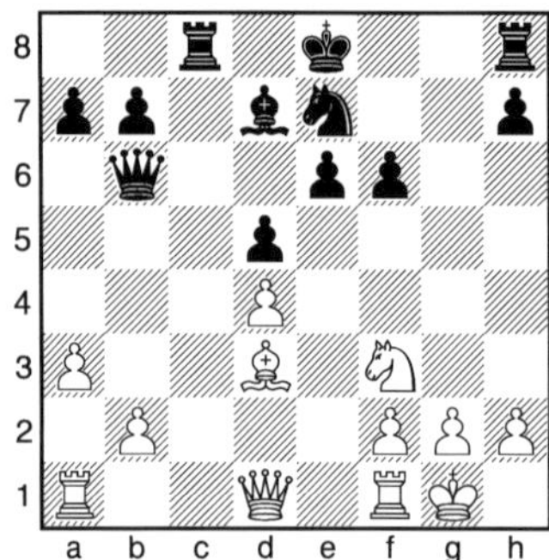

Warum geht der Angriffsversuch 18.♘h4 von vornherein ins Leere?

34

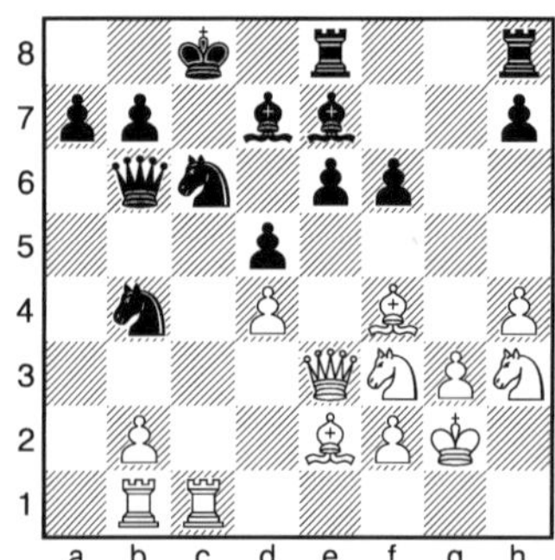

Warum ist dem Überfallversuch 21.♘e5 kein Erfolg beschieden?

35

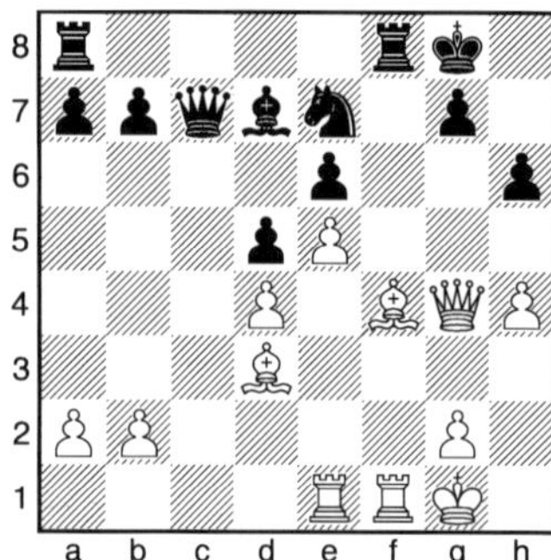

Warum sinken die Überlebenschancen von Schwarz nach 20...♔h8 auf null?

36

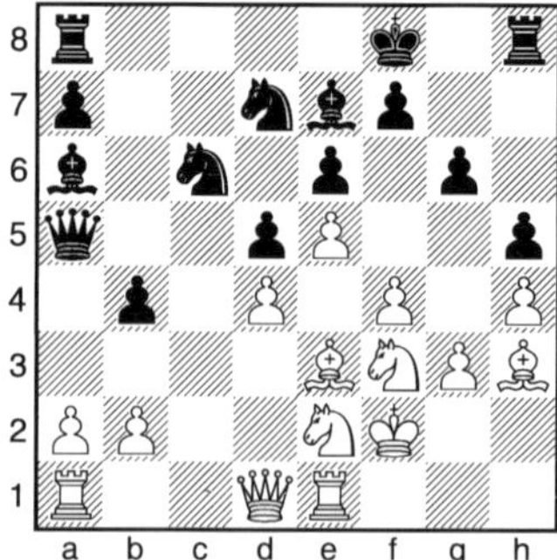

Warum verdiente der letzte Zug 15...♔f8 gleich *zwei* Fragezeichen?

Konkrete Frage (Lösungen ab Seite 86)

37

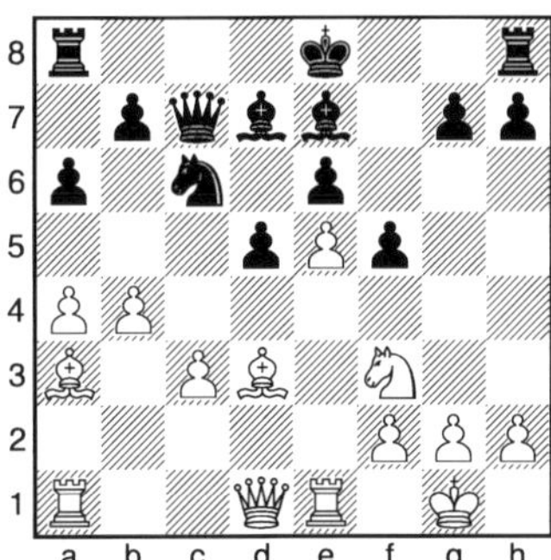

Wie geht Weiß am besten mit seinem gelockerten Damenflügel um?

38

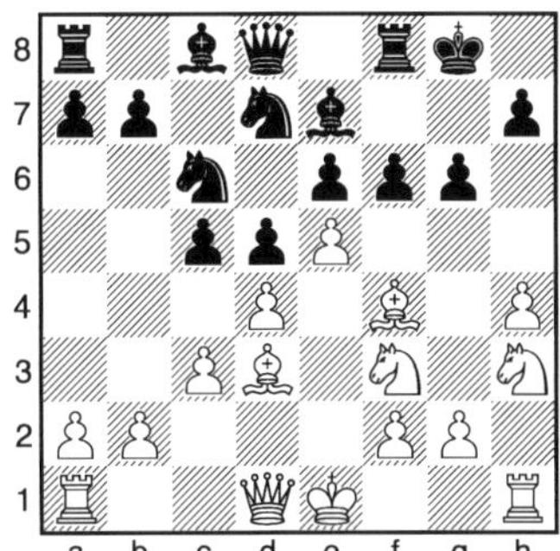

Wie sollte Weiß seinen Angriff fortsetzen?

39

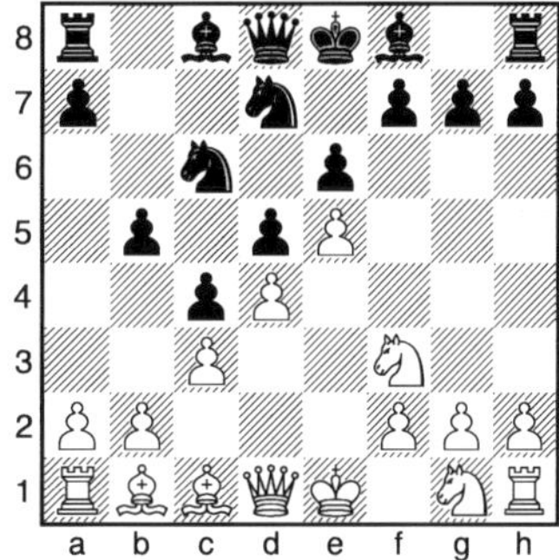

Wie ist die schwarze Strategie bereits vor Erreichen des 10. Zuges zu widerlegen?

40

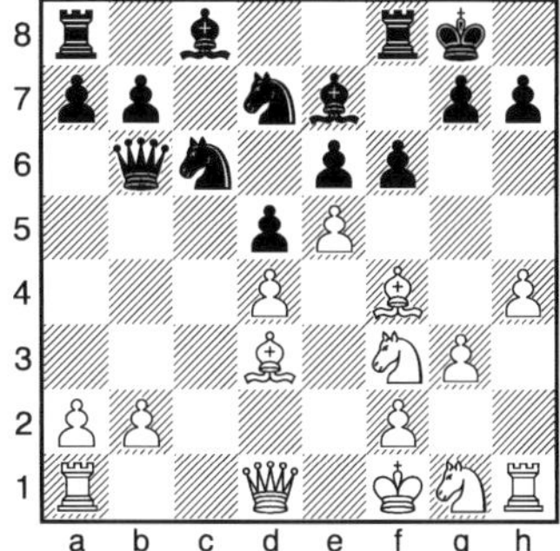

Wozu führt der Überfall 13.♘g5 – zu Gewinn, Verlust oder Ausgleich?

Wie schmeckt eigentlich ... (Lösungen ab Seite 90)

41

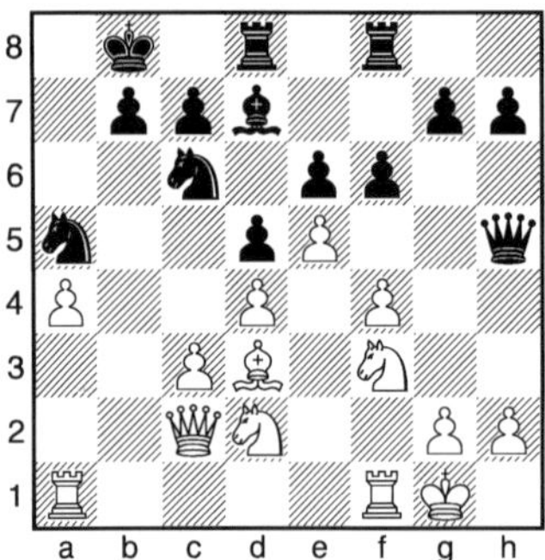

... der Bauer auf h7?

42

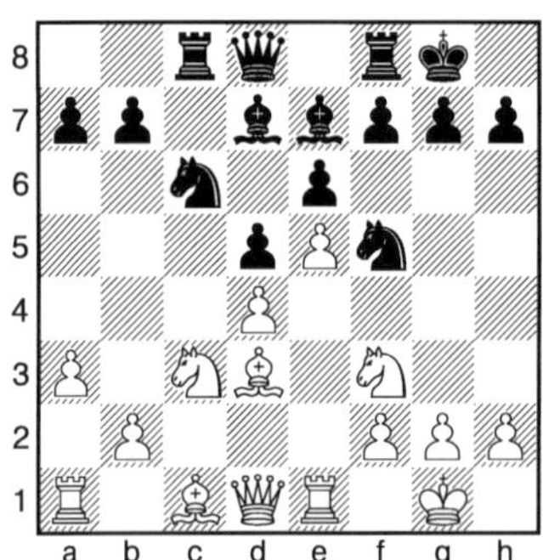

... der Bauer auf d4?

43

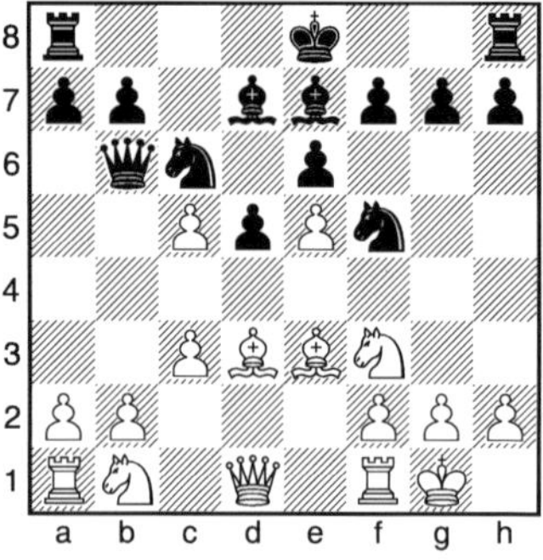

... der Bauer auf b2?

44

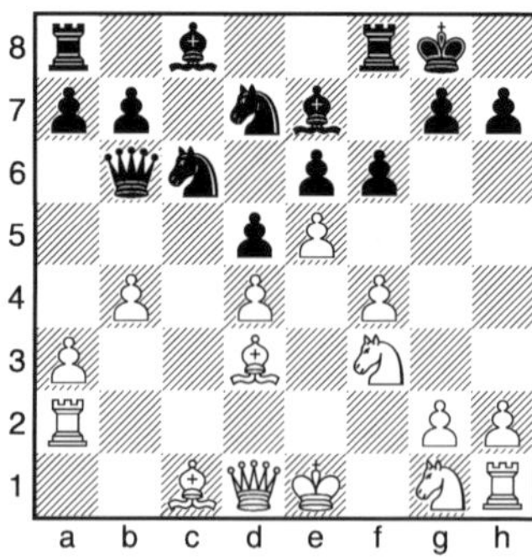

... der Bauer auf d4?

Scherzartikel (Lösungen ab Seite 94)

45

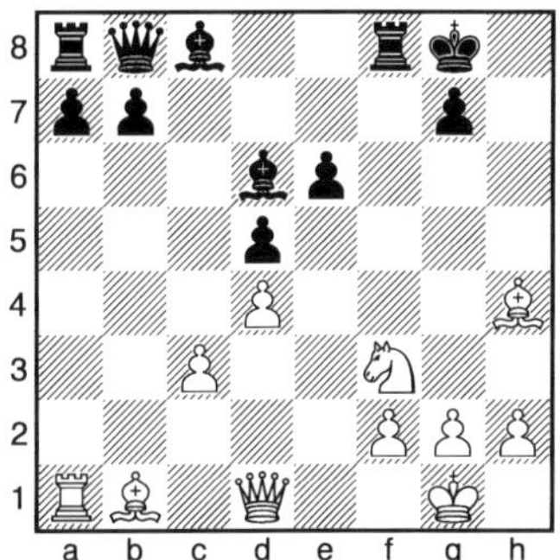

Wie kann Schwarz die Exekution seines Königs am längsten hinauszögern?

46

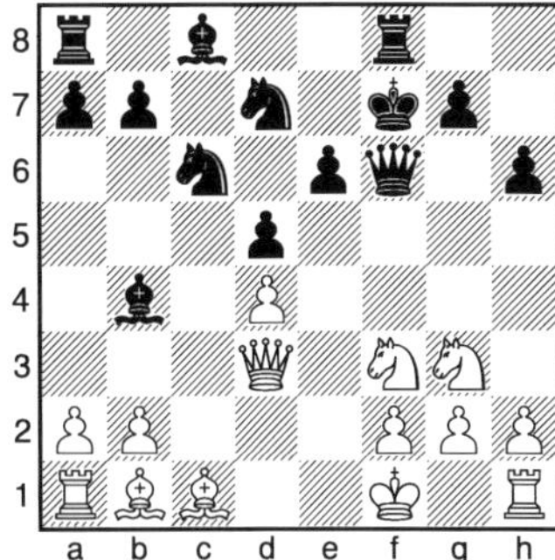

Majestät rüstet zur Abreise.
Wie vereitelt Weiß die Reisepläne?

47

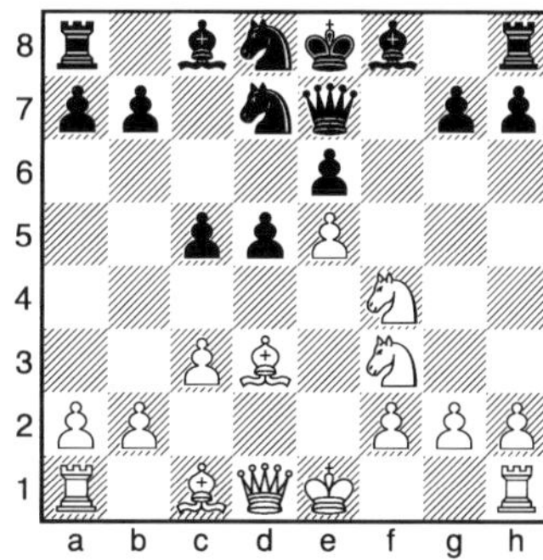

Weiß am Zug

Erstickt der König an den Epauletten – oder die Dame – oder niemand?

48

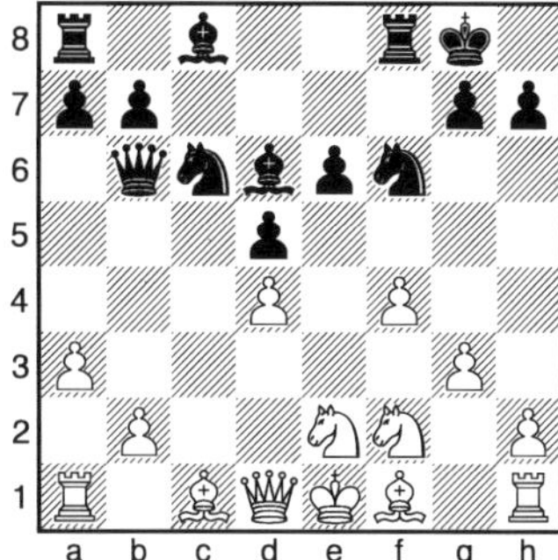

Welcher schwarze Angriffszug schmeckt eindeutig nach Abrissbirne?

Gewaltmaßnahme oder Drucksteigerung? (Lösungen ab Seite 101)

49

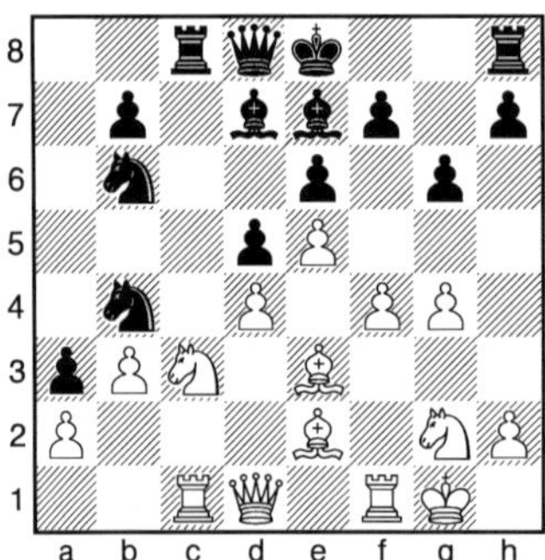

Weiß am Zug

50

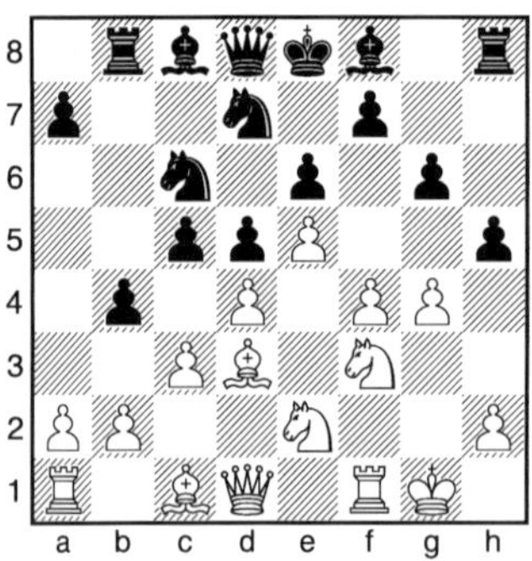

Weiß am Zug

51

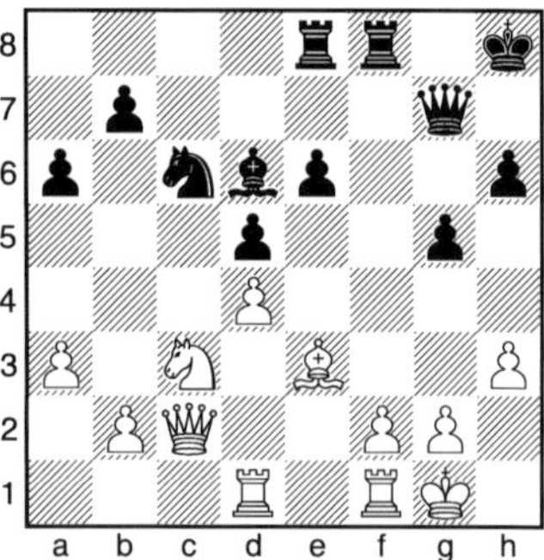

Schwarz am Zug

52

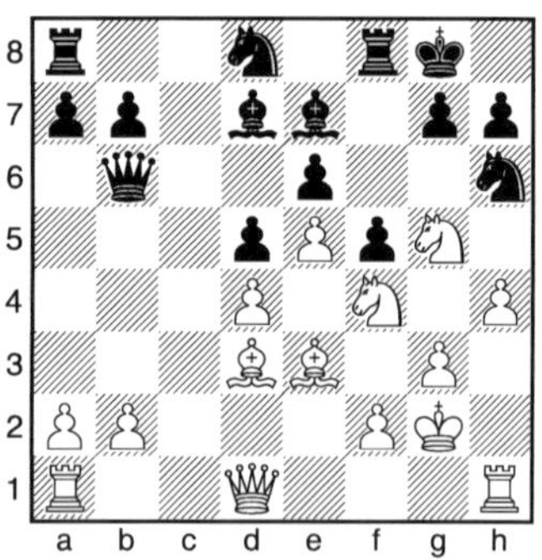

Weiß am Zug

Konkrete Frage (Lösungen ab Seite 108)

53

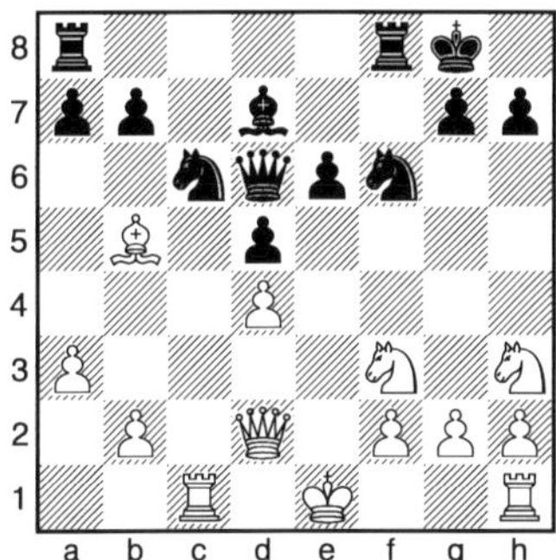

Wie kann Schwarz Nutzen daraus ziehen, dass Weiß noch nicht rochiert hat?

54

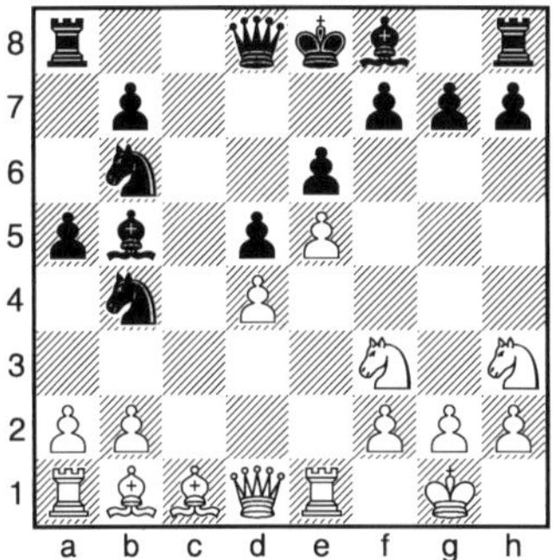

Bringt der antipositionelle Zug 13.a4 auch irgendetwas Positives mit sich?

55

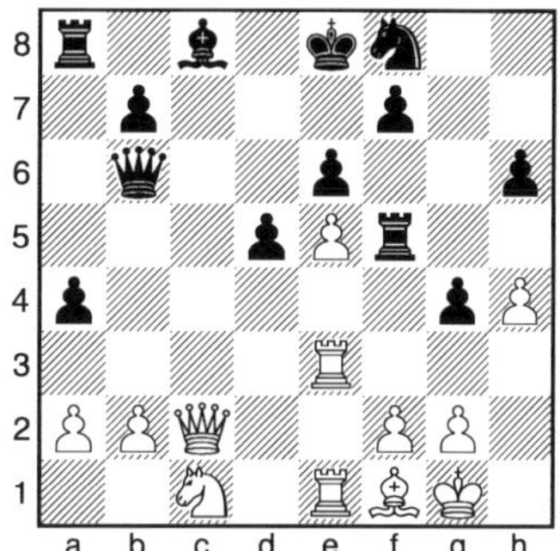

Wie kann Weiß aus der Deplatziertheit einer schwarzen Figur Kapital schlagen?

56

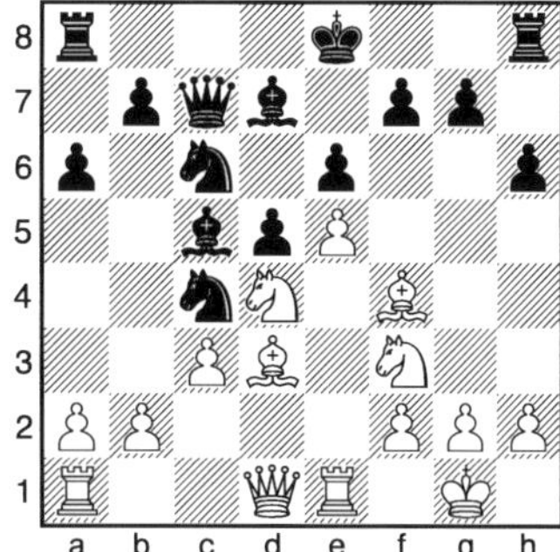

Wie kann Weiß aus dem Getümmel der Leichtfiguren Kapital schlagen?

Abstiegskandidat (Lösungen ab Seite 115)

57

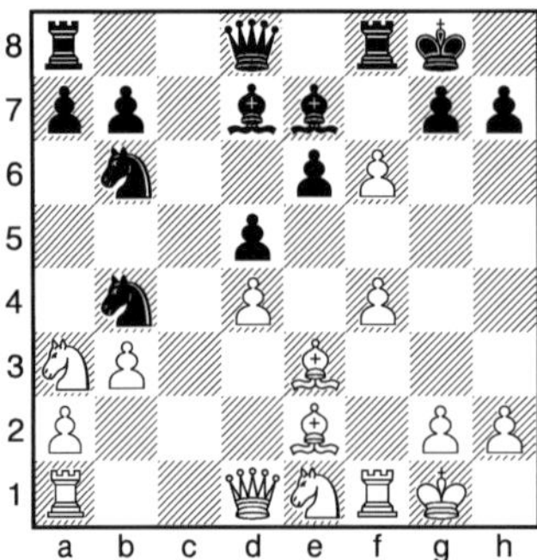

Der Abstiegskandidat ist 14...♗xf6, 14...♖xf6 oder 14...gxf6?

58

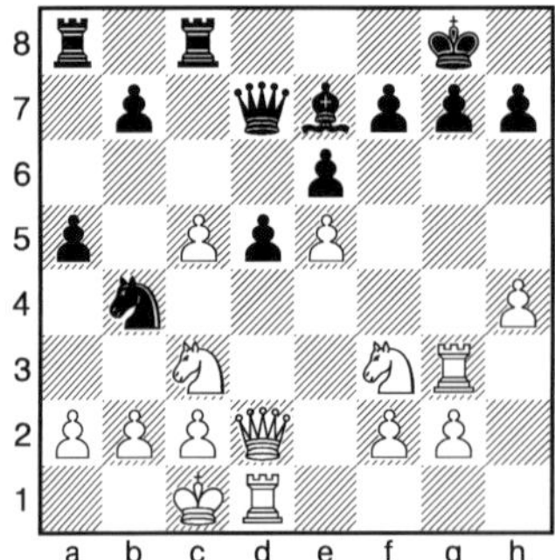

Welcher Zug ist klar der schlechteste? 15...♗xc5, 15...♖xc5, 15...♕c7

59

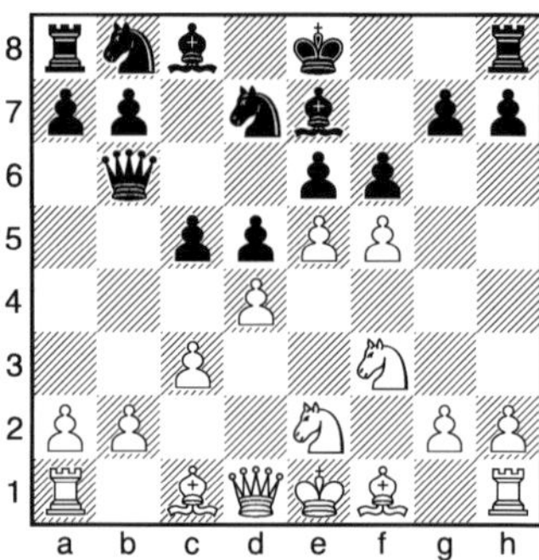

Welcher der Schlagzüge 9...fxe5, 9...exf5, 9...cxd4 ist der klare Abstiegskandidat?

60

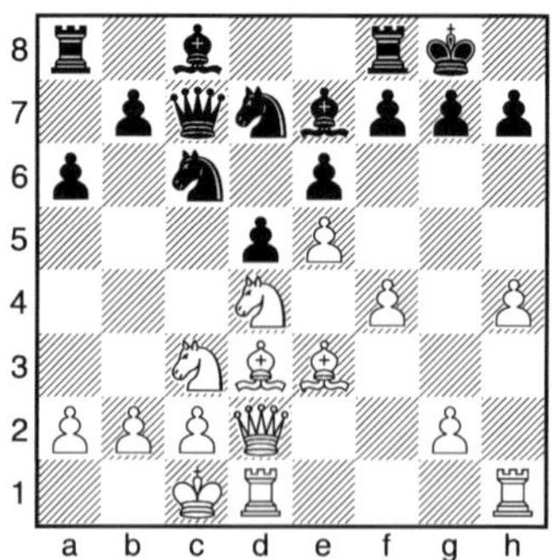

Welcher Zug führt zu großem Nachteil? 12...♘c5, 12...♘xd4, 12...♘a5, 12...b5

Wie schmeckt eigentlich ... (Lösungen ab Seite 123)

61

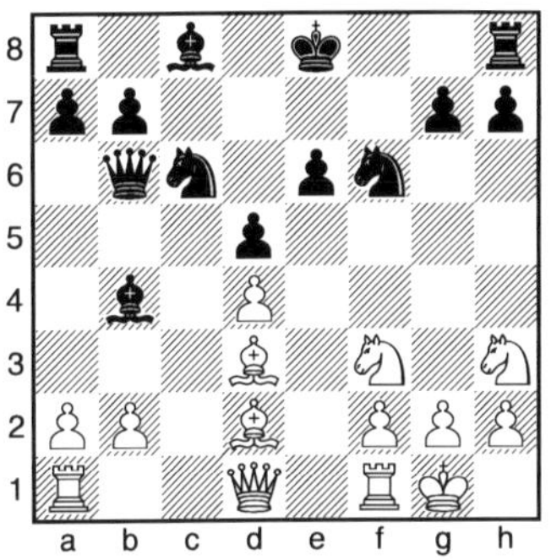

... der Bauer auf d4?

62

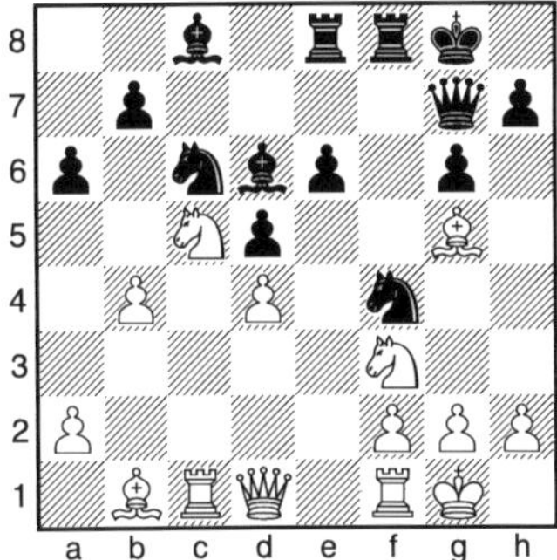

... der Bauer auf a6?

63

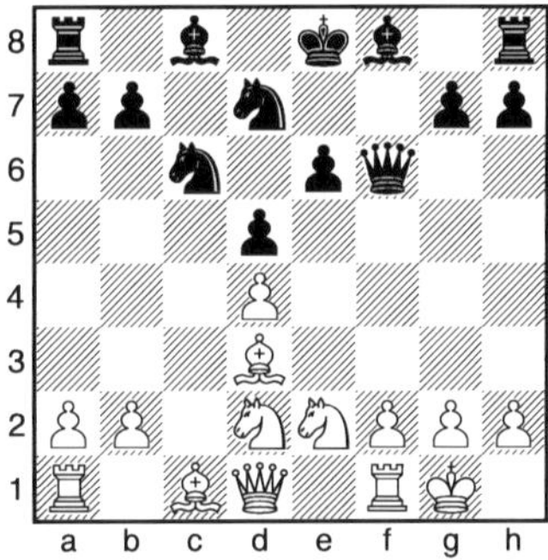

... der Bauer auf d4?

64

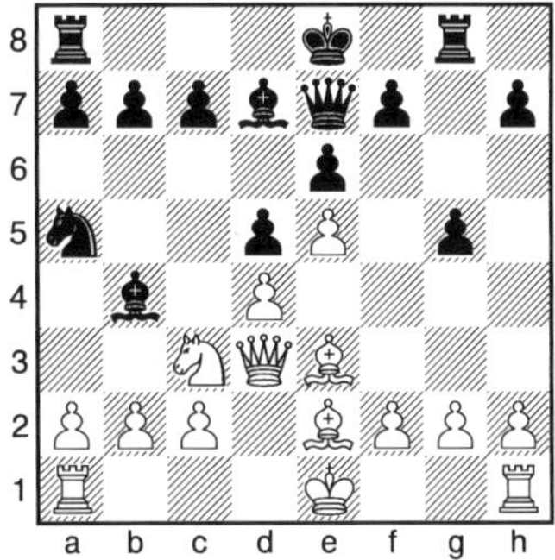

... der Bauer auf h7?

Kandidaten (Lösungen ab Seite 128)

65

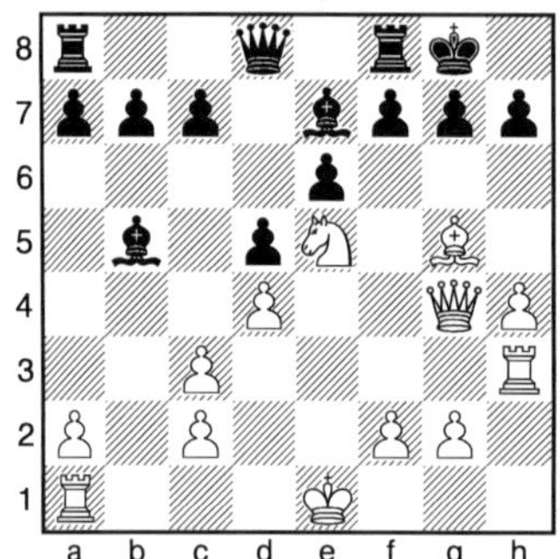

Sollten die Gefahren auf der g–Linie mit 12...♔h8 oder 12...f5 pariert werden?

66

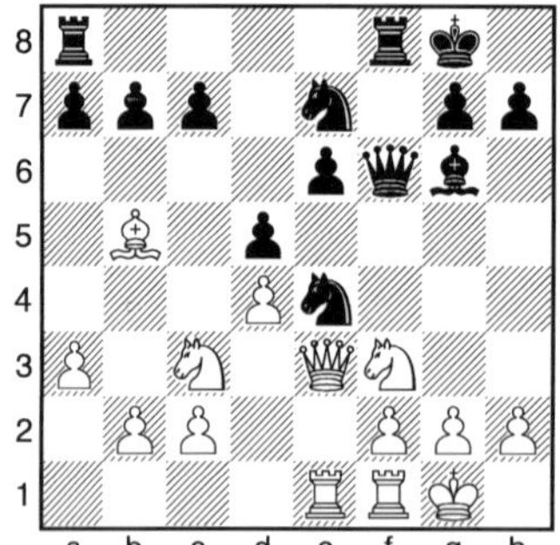

Welcher Kandidat ist deutlich stärker: 17.♘e5 oder 17.♘xe4?

67

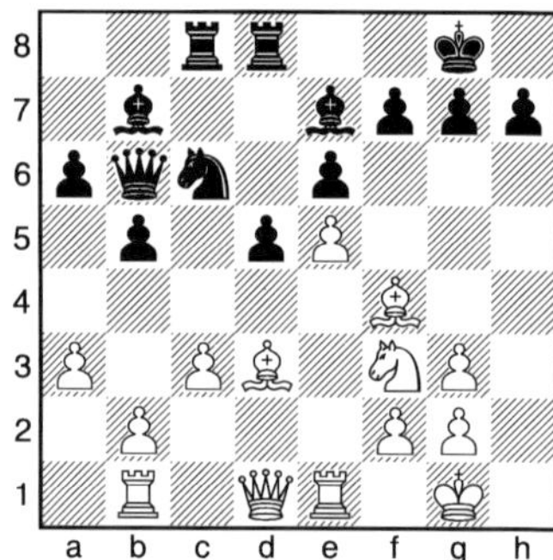

Besser direkt 20.♘g5 oder 20.♘h2 Δ♕h5 nebst ♘g4?

68

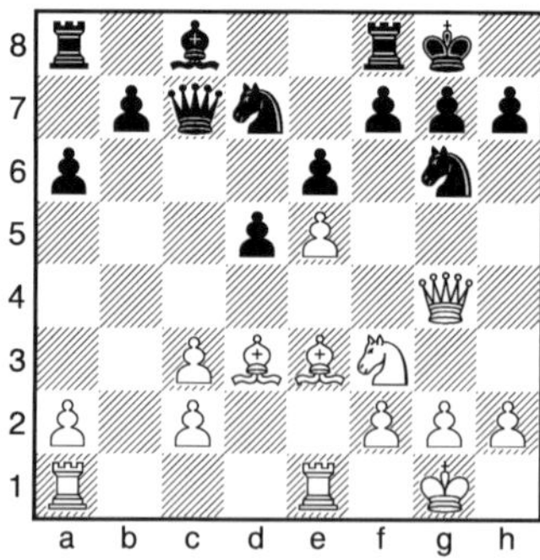

Ist es egal, mit welchem Springer Schwarz auf e5 schlägt?

Konkrete Frage (Lösungen ab Seite 134)

69

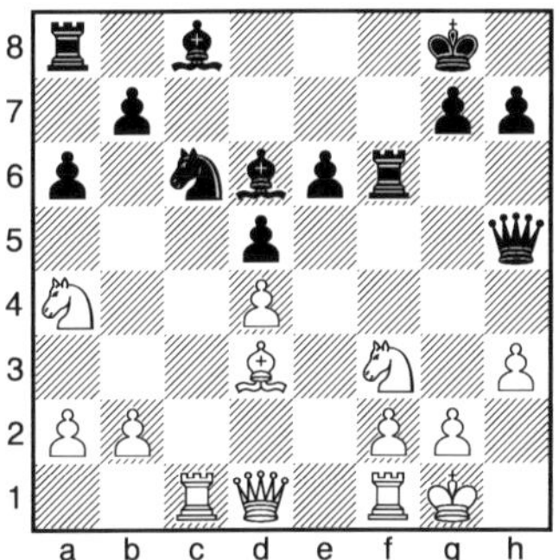

Wie sollte Schwarz auf das gegnerische Druckspiel am Damenflügel reagieren?

70

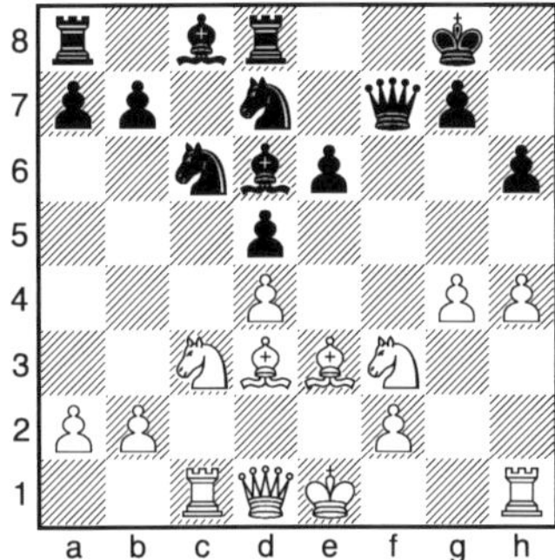

Wie kann Schwarz den Vorstoß g2–g4 als antipositionell brandmarken?

71

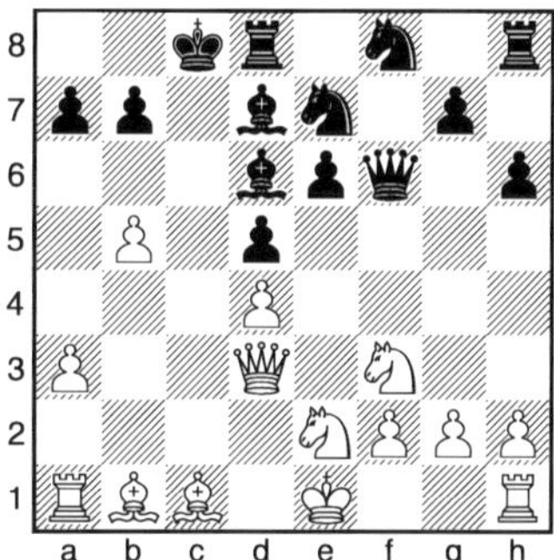

Wie kann die Weiß die gegnerische *lange* Rochade am nachhaltigsten ausnutzen?

72

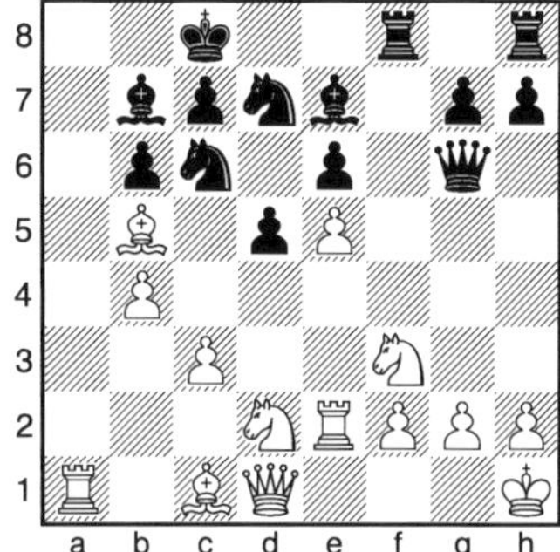

Warum hat der Sicherungszug 18.♔h1 das genaue Gegenteil heraufbeschworen?

Scherzartikel (Lösungen ab Seite 141)

73

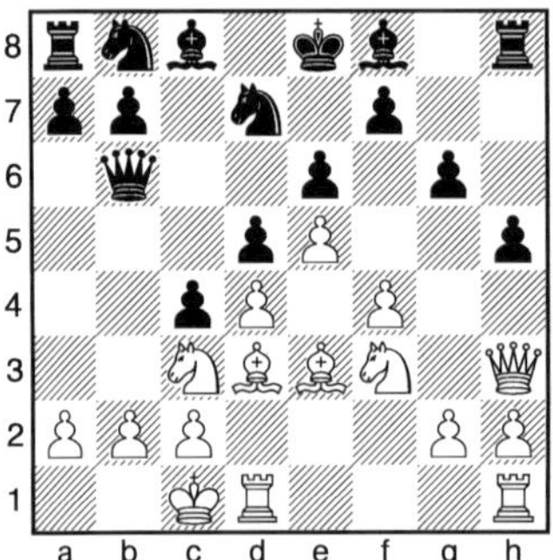

Wozu sollte Weiß sich hier geradezu *gezwungen* fühlen?

74

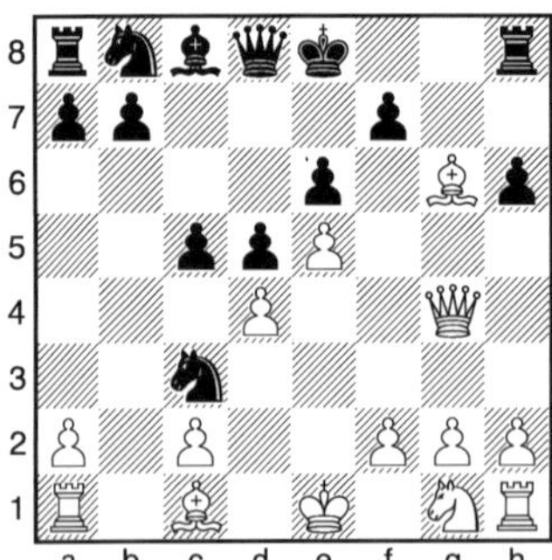

Ist das Läuferopfer korrekt?

75

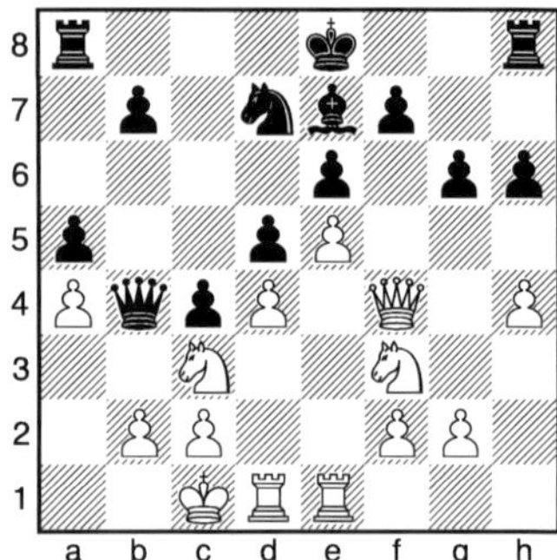

Wie kann Weiß seine gelockerte Rochadestellung sichern?

76

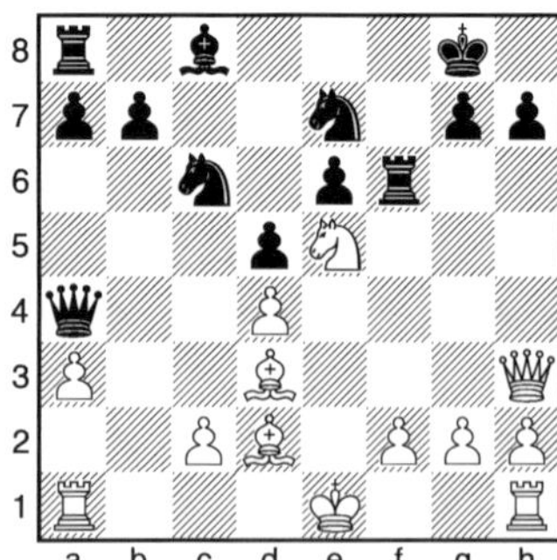

Warum denkt man angesichts von 14...♕xd4 an Anderssen – Kieseritzky?

Wie schmeckt eigentlich ... (Lösungen ab Seite 145)

77

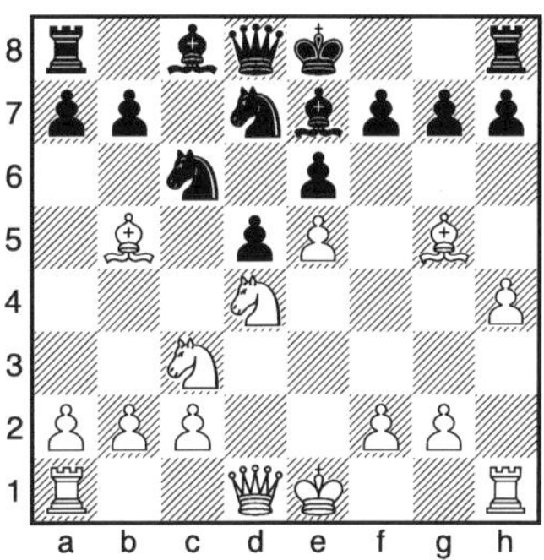

... der Bauer auf e5?

78

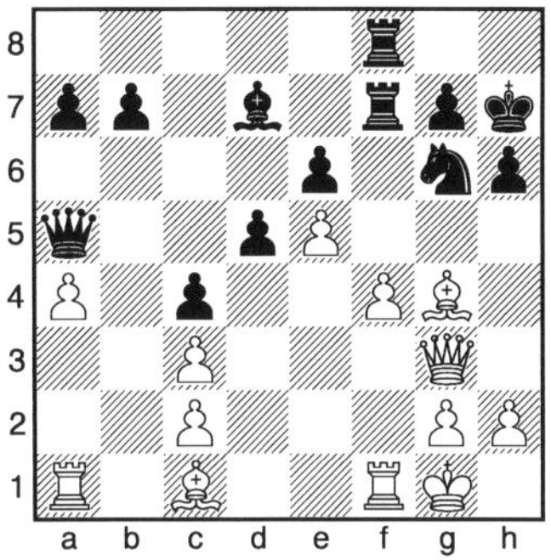

... der Bauer auf e5?

79

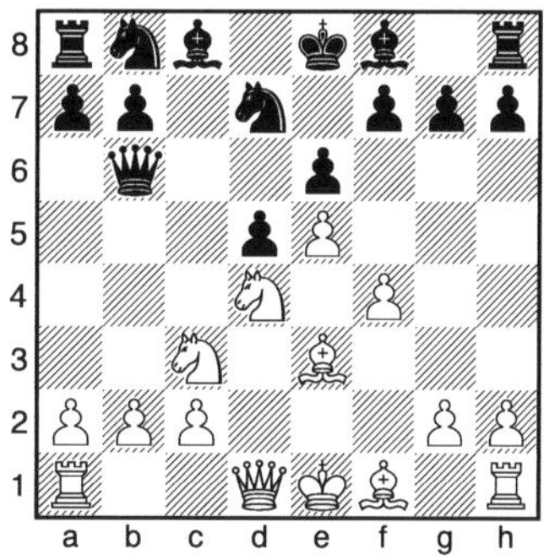

... der Bauer auf b2?

80

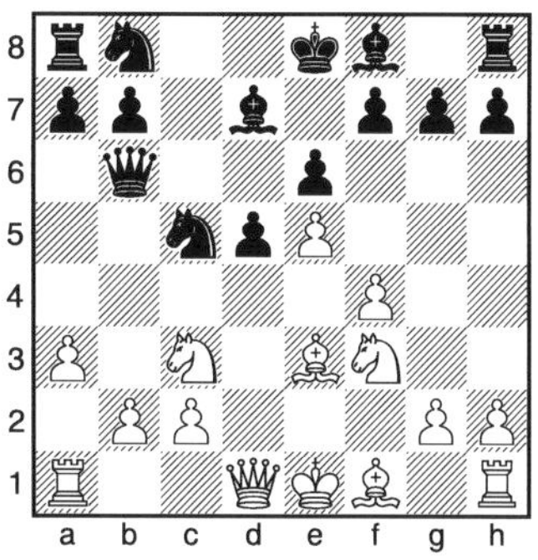

... der Bauer auf b2?

Konkrete Frage (Lösungen ab Seite 148)

81

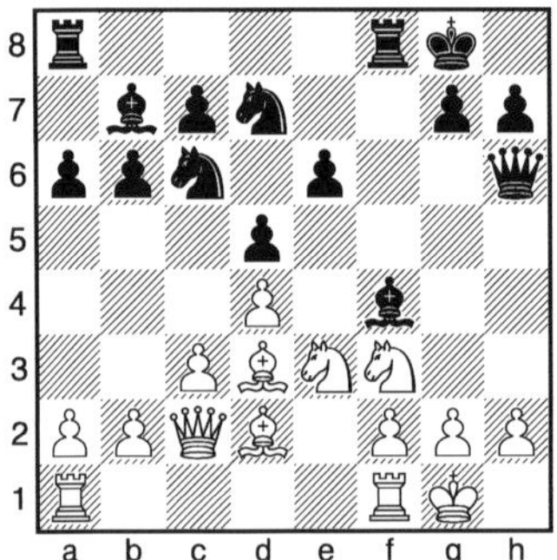

Wie kann Schwarz den letzten Zug 15.♕c2 als groben Fehler brandmarken?

82

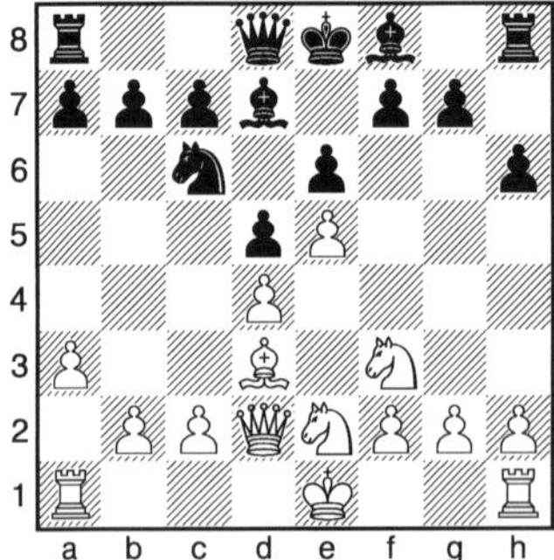

Wie kann Schwarz am einfachsten ausgleichen?

83

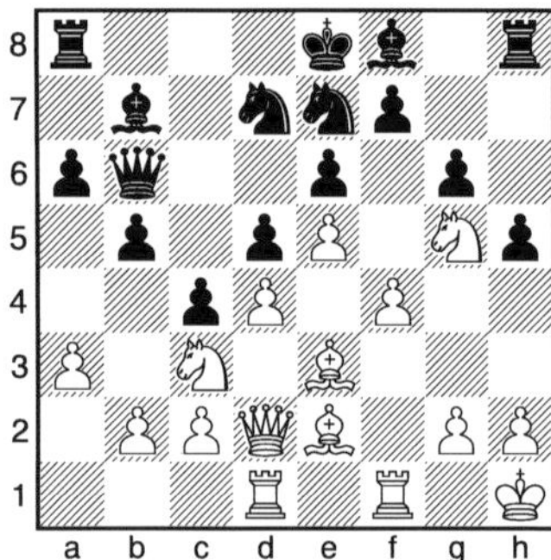

Wie kann Weiß auf eine Dynamisierung des Spiels abzielen?

84

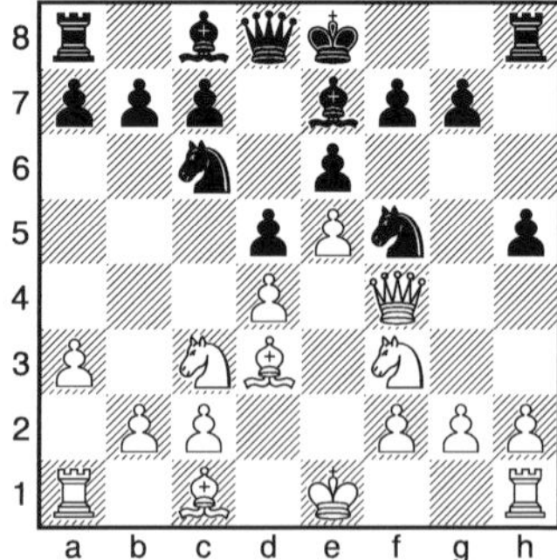

Wie kann Schwarz am einfachsten sein Spiel befreien?

Schnellschuss (Lösungen ab Seite 154)

85

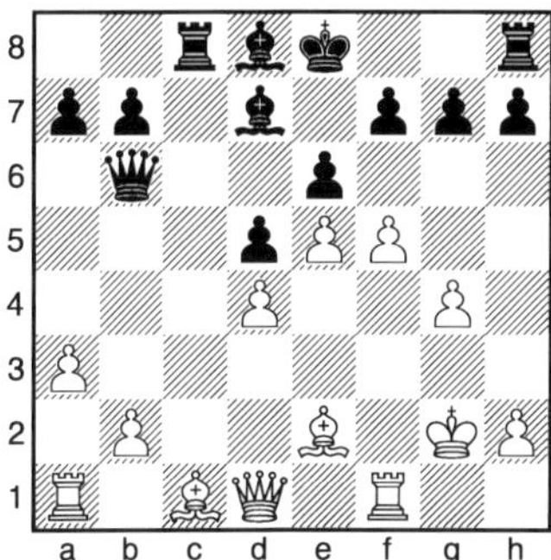

Verliert Weiß nach seinem letzten Zug 19.f5 nicht mindestens einen Bauern?

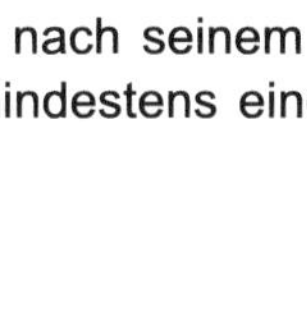

86

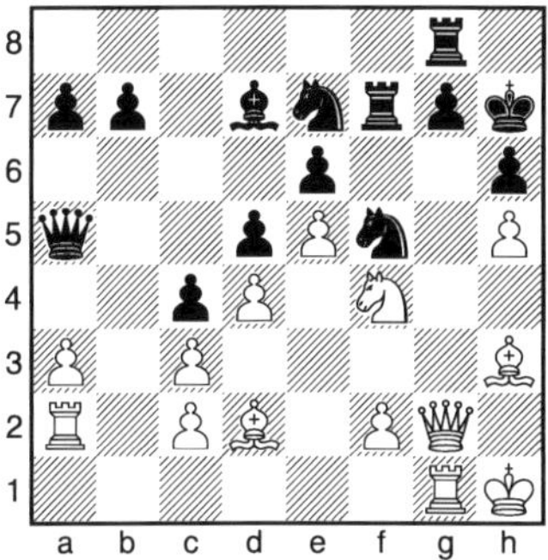

Warum war der letzte Zug 33...♕a5 gelinde gesagt: nicht der beste?

87

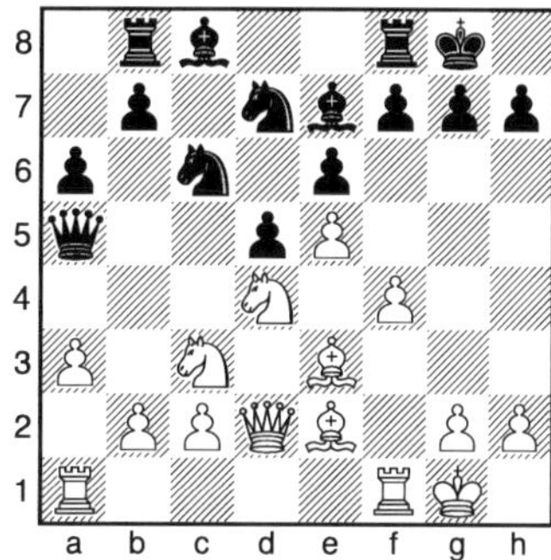

Kann Weiß einen Bauern gewinnen und in Vorteil kommen?

88

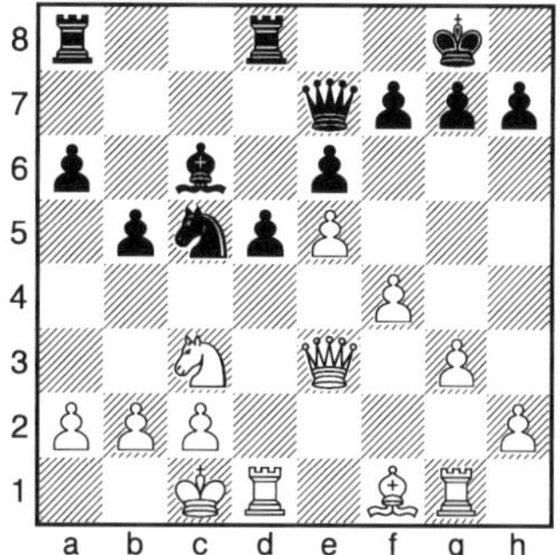

Wie nutzt Schwarz die unglückliche weiße Figurenstellung zum Sieg?

Einziger Zug (Lösungen ab Seite 156)

89

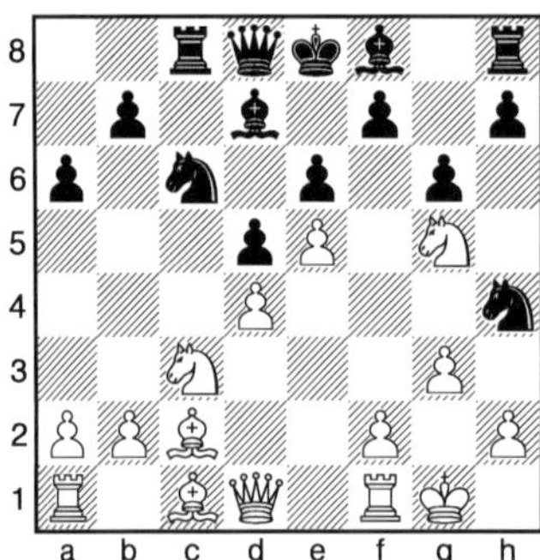

Mit welchem einzigen Zug hält Schwarz das Gleichgewicht?

90

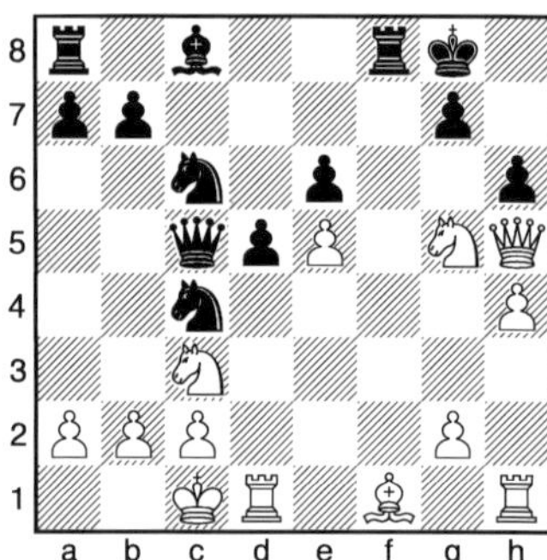

Mit welchem einzigen Zug kann Weiß das Gleichgewicht wahren?

91

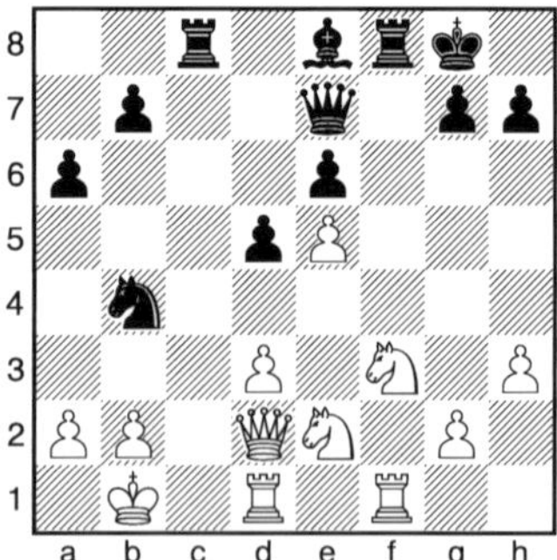

Weiß hat nur einen Zug, um das Gleichgewicht zu wahren.

Abstiegskandidat (Lösungen ab Seite 159)

92

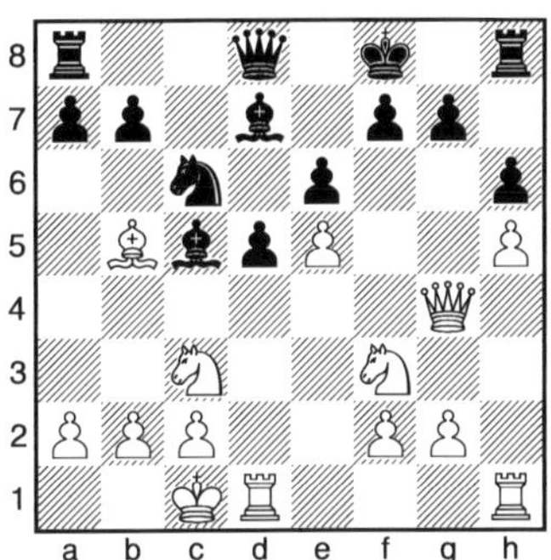

Welcher Zug ist deutlich schwächer – 13...♗xf2 oder 13...♕a5?

93

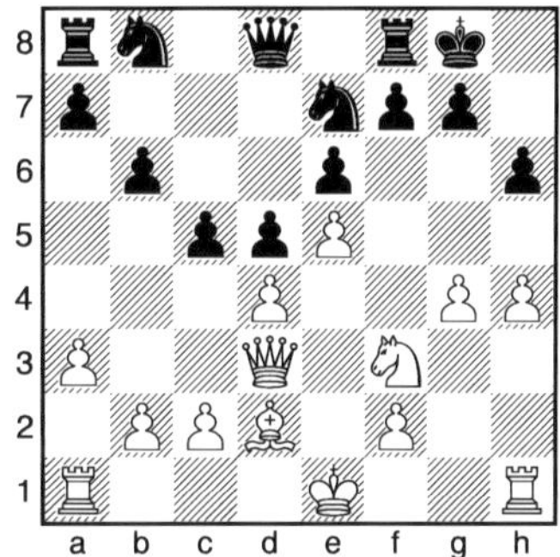

Welcher Zug ist klar am schlechtesten? 13...c4; 13...cxd4; 13...♘bc6

94

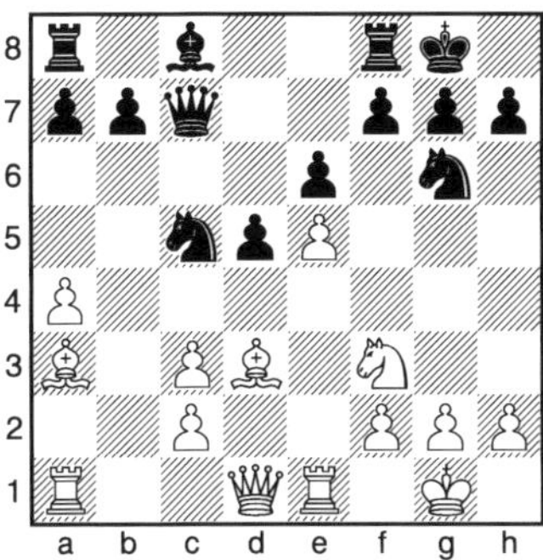

Welches ist der Abstiegskandidat? 13...b6, 13...♘xd3, 13...♖d8, 13...h6

Scherzartikel (Lösungen ab Seite 164)

95

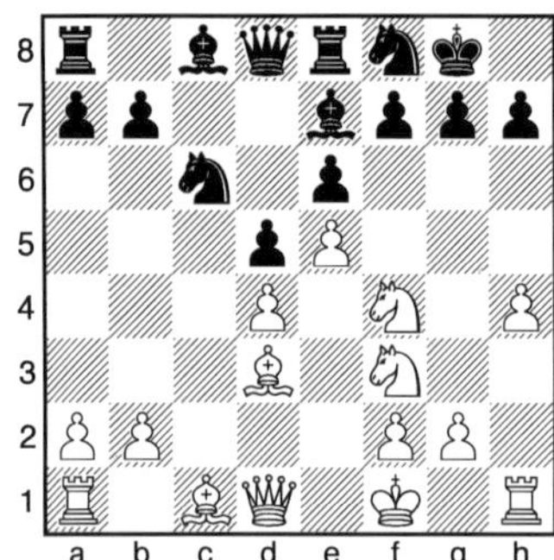

Nach der Prophylaxe 12...♘f8 steht der schwarze König sicher – oder?

96

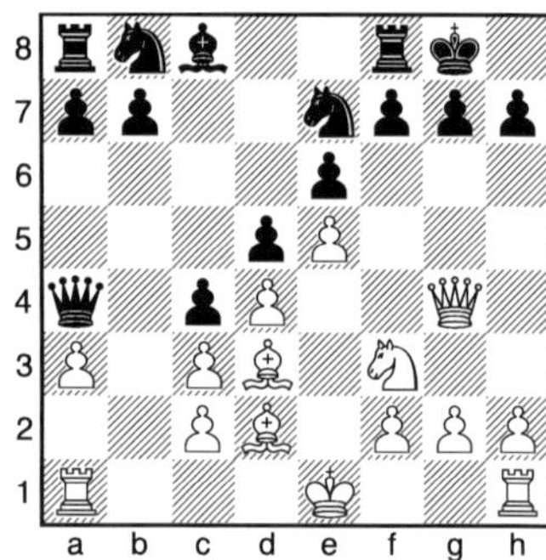

Der letzte schwarze Zug (10...c4) war selbstmörderisch – oder?

97

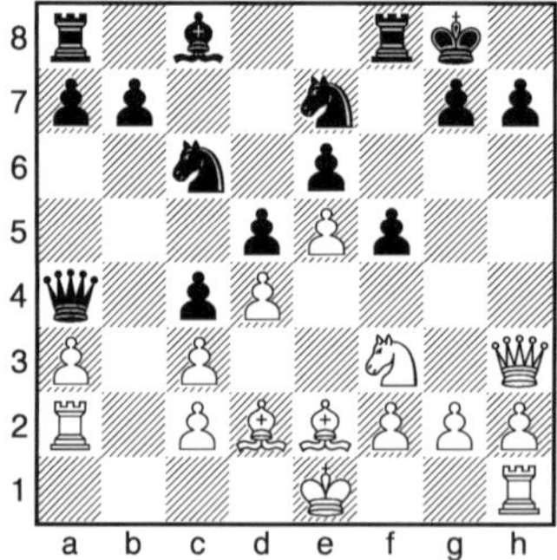

Könnte 13 Züge nach 13.♖a2 rein theoretisch der *schwarze* Damenturm auf a2 erscheinen?

Kandidaten (Lösungen ab Seite 168)

98

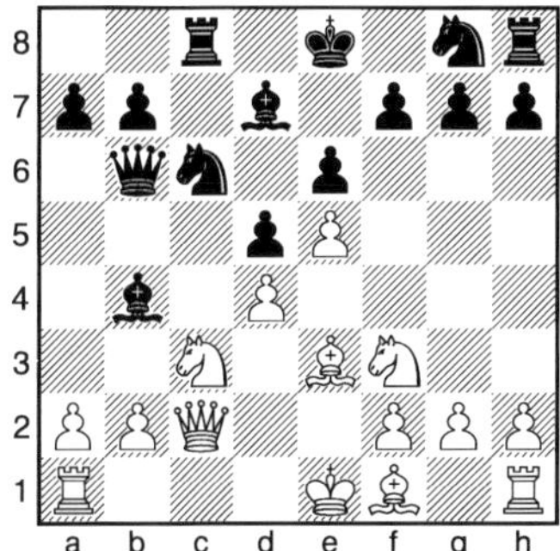

Welcher Kandidat ist nicht zu empfehlen – 11.♗d3, 11.♗e2 oder 11.♖b1?

99

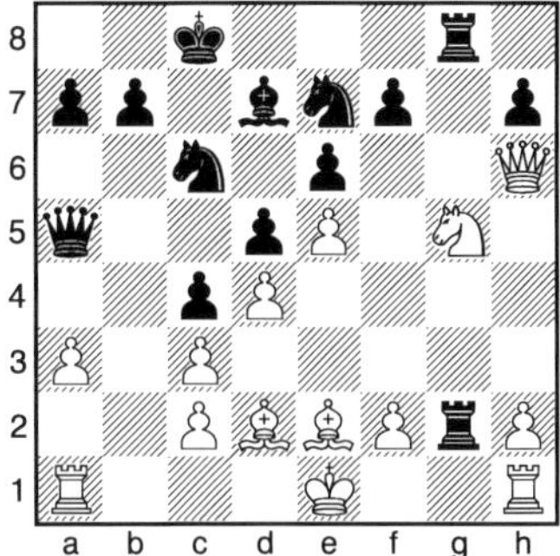

Ist der korrekte Konsolidierungszug 15.f4 oder 15.h4?

Konkrete Frage (Lösungen ab Seite 171)

100

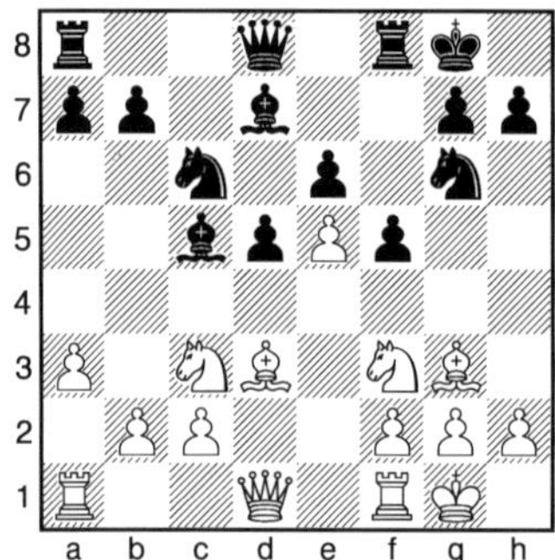

Warum war der letzte Zug 11...f5 ein schwerer taktischer Fehler?

101

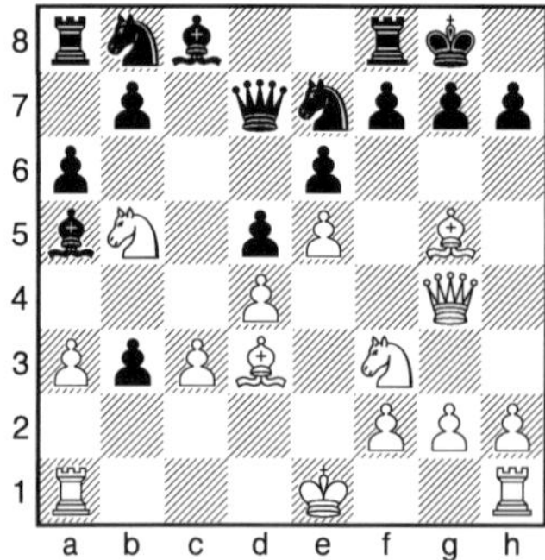

Führt 12...axb5 problemlos zum Gewinn?

102

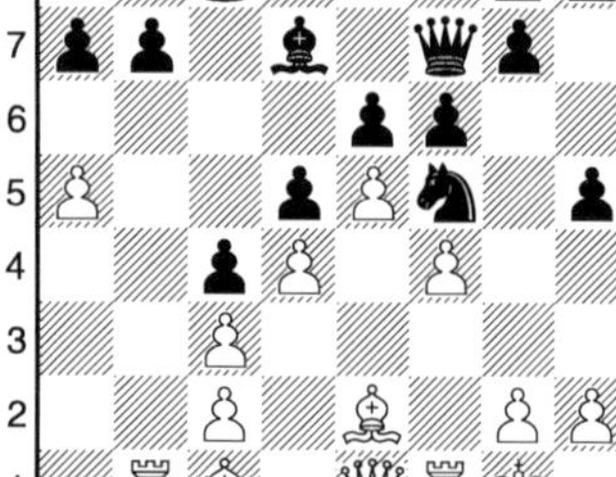

Wie verschafft Weiß sich Zutritt zur schwarzen Königsfestung?

103

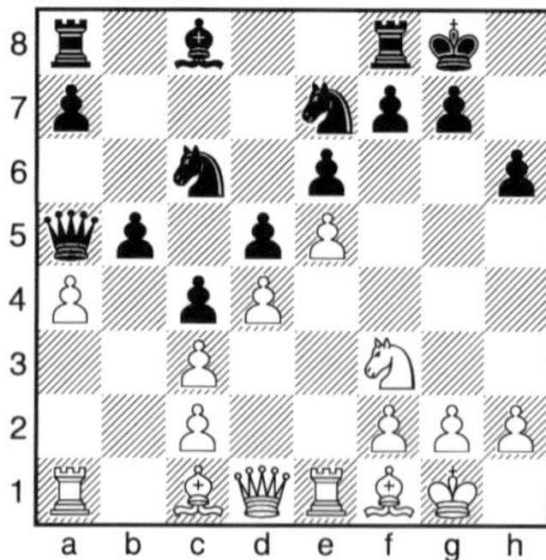

Warum war der Zug 12...b5 von zweifelhaftem Wert?

Diverses (Lösungen ab Seite 177)

104

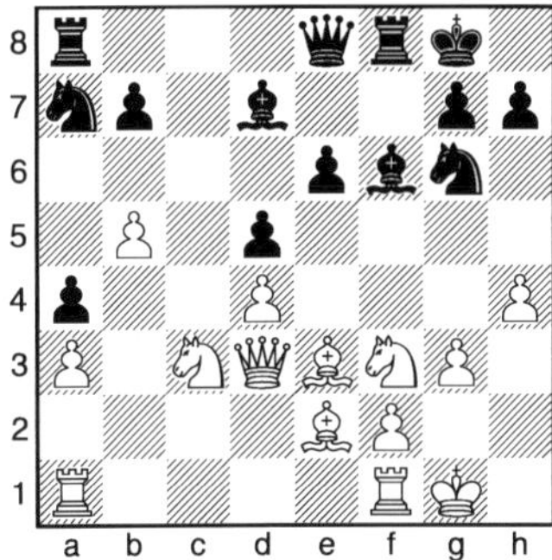

Sollte Schwarz Gewalt anwenden oder sich umsichtig verteidigen?

105

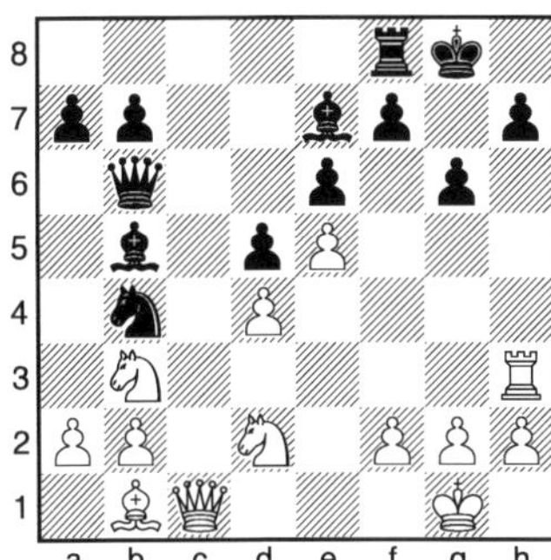

Warum käme ♗g5 einer Katastrophe gleich?

106

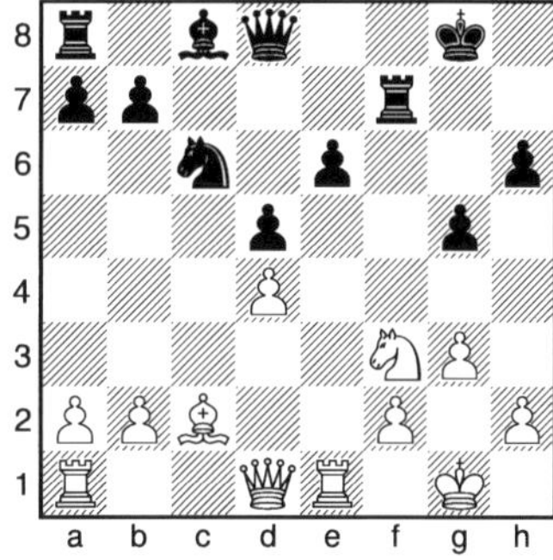

Ist 18.♘e5 wirklich das Beste, was die weiße Stellung zu bieten hat?

107

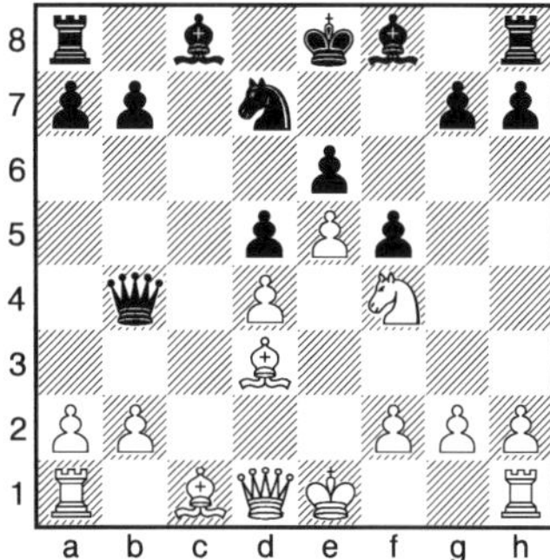

Ist einer der Züge 12.♕d2 – 12.♗d2 – 12.♔f1 deutlich stärker als die anderen?

Diverses (Lösungen ab Seite 184)

108

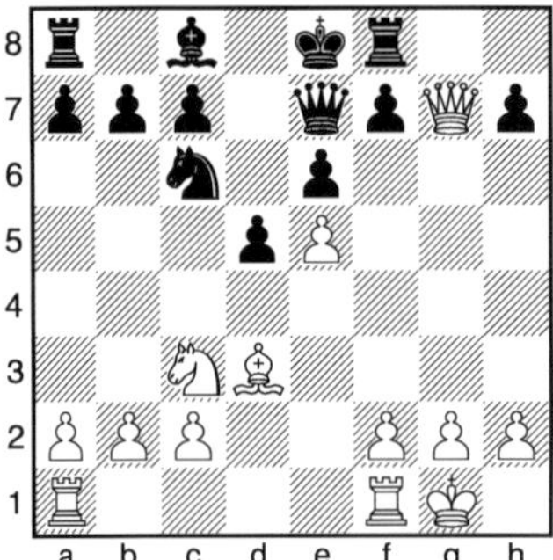

Wie schmeckt eigentlich der Bauer auf h7?

109

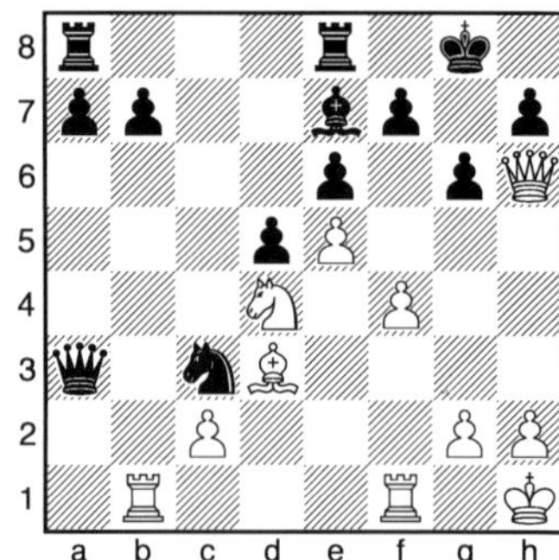

Kann Weiß losschlagen oder muss ein Vorbereitungszug her?

110

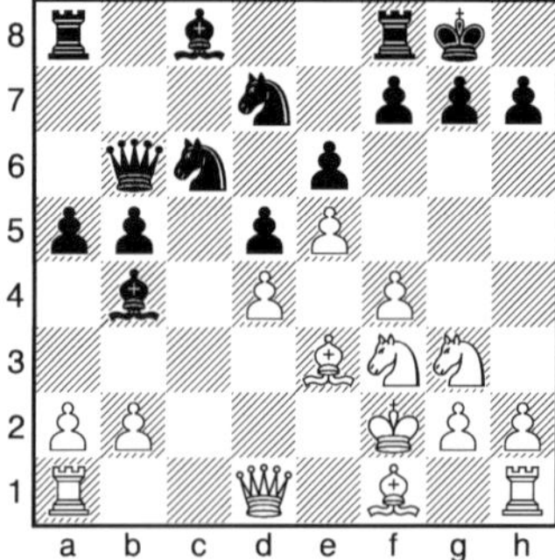

Kann Weiß bereits zu einer konkreten Aktion greifen?

Lösungen

1

Parkanyi – Bagoly

Miskolc 1998

1.e4 e6 2.d4 d5 3.e5 c5 4.c3 ♘c6 5.♘f3 ♗d7 6.♗e2 ♖c8 7.0–0 ♘ge7 8.♘a3 cxd4 9.cxd4 ♘f5 10.♘c2 ♗e7 11.♗d3 ♕b6

Die klare Antwort lautet 'Nein!', denn da der Bauer d4 tabu ist, kann Weiß sogar an *beiden* Flügeln mit einem aktiven Bauernvorstoß fortsetzen.

In der Partie wäre es hingegen der Schwarze gewesen, der nach dem Zeitverlust 12.♔h1?! mit einem der Prophylaxezüge 12...a5 oder 12...h5 (statt 12...0–0? 13.g4±) vollwertiges Spiel hätte erhalten können.

I) Der Vorstoß **12.b4!?** ungeachtet der drastischen Unterversorgung des Bauern stellt ein Standardmotiv in der Vorstoßvariante dar und verdient deshalb eine genauere Beschäftigung mit den Begleitumständen.

A) Dass der Bauer d4 unantastbar ist, wurde eingangs bereits erwähnt und die Belegvarianten lauten:

12...♘cxd4?? 13.♘fxd4 ♘xd4 14.e3+–

12...♘fxd4? 13.♘fxd4 ♘xe5 14.♗e2±

B) Und was die Sicherheit des 'drastisch unterversorgten' b-Bauern anbetrifft, geht aus folgenden Varianten hervor: **12...♘xb4 13.♘xb4** (13.♖b1?? ♗a4–+) **13...♗xb4** (13...♕xb4?! 14.♖b1±) **14.♖b1 ♕a5**

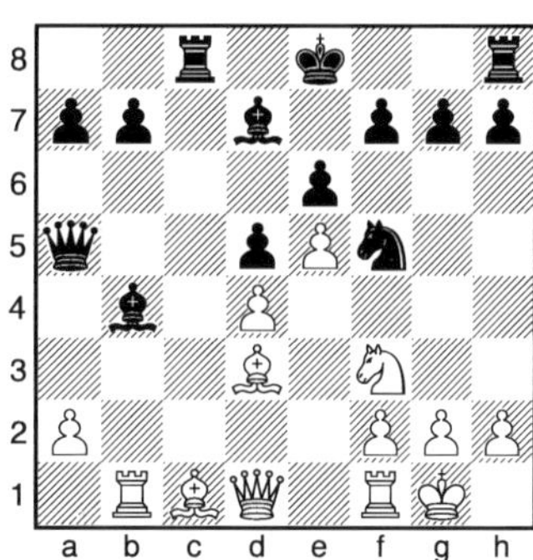

1) 15.♕b3 ♗c3 16.♗xf5 exf5 17.♕xb7 ♕a4 18.♕b3±; 18.♖b3

2) 15.g4

a) 15...♘h6 16.a3 (16.♘g5!? Δ♘xh7) 16...♗xa3 17.♖a1 ♗a4 18.♖xa3 ♗xd1 19.♖xa5 ♖xc1± 20.♗b5+ ♔e7 21.♗a4 a6 22.g5 ♘f5 23.♖xd1

b) 15...♘e7 16.a3

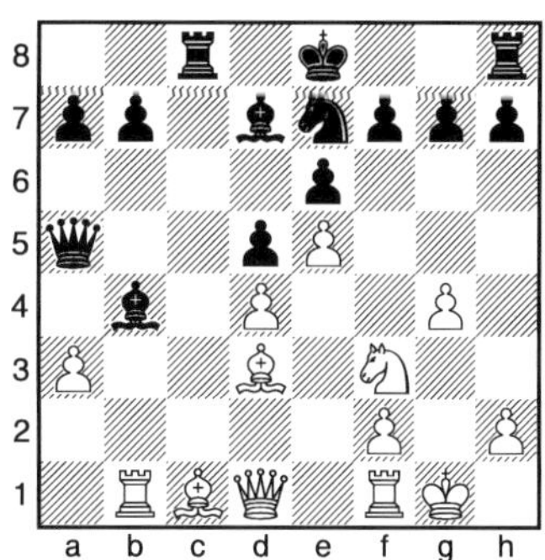

– 16...♗xa3?? 17.♗d2+– Δ17...♕a4 (17...♕c7 18.♕b3) 18.♕xa4 ♗xa4 19.♖a1

– 16...♗c3 17.♖xb7± ♘c6 (17...♗c6 18.♖b1) 18.♖b5; 18.♗e3

II) Vergleichbar kräftig ist **12.g4!?** und auch danach gibt es ein Standardmotiv, das in der Ein- bzw. Aussperrung des schwarzen Königsläufers besteht (siehe C).

A) 12...♘fxd4? 13.♘fxd4

– 13...♘xd4? 14.♗e3 ♗c5 15.b4+–

– 13...♘xe5 14.♗e2±

B) 12...♘h6?! 13.h3~±

C) ⌓12...♘h4 13.♘xh4 ♗xh4 14.g5 (Δ♕g4)

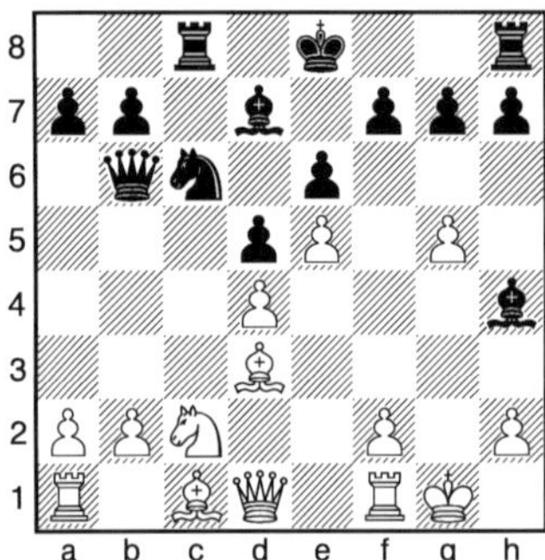

14...h6 15.gxh6 gxh6 16.♔h1⩲

2

Barboza – Dienavorian Lacherian

Uruguay 1968

1.e4 e6 2.d4 d5 3.e5 c5 4.♘f3 ♘c6 5.c3 ♘ge7 6.♗e2 ♗d7 7.♘bd2 ♘f5 8.♘b3 c4 9.♘bd2 b5 10.♘f1 b4 11.♘g3 ♕a5 12.♗d2 bxc3 13.bxc3

Da Schwarz an seinem Spielflügel u.a. angesichts absehbarer Aktionen auf der einzigen offenen Linie auf Initiative hoffen darf, während Weiß u.a. in Ermangelung von Druck auf der Diagonale b1-h7 in puncto Gegenspiel mit leeren Händen dasteht, sollte Schwarz mindestens Minimalvorteil aus der Stellung herausholen können. Die Frage ist nur, welche Mittel er zu diesem Zweck einsetzen soll.

1) Der Trickversuch **13...♘fxd4?!** führt nur nach fehlerhafter Defensive zum Erfolg.

a) So würde Weiß nach **14.cxd4? c3∓** in große Schwierigkeiten geraten, weil die Verteidigung mit **15.♖b1?** hier (im Gegensatz zu Abspiel b) an **15...cxd2+** –+ scheitert, da auch der Springer c6 noch das Feld b4 kontrolliert.

b) Nach der korrekten Folge **14.♘xd4 ♘xd4 15.cxd4 c3 16.♖b1!∞** ...

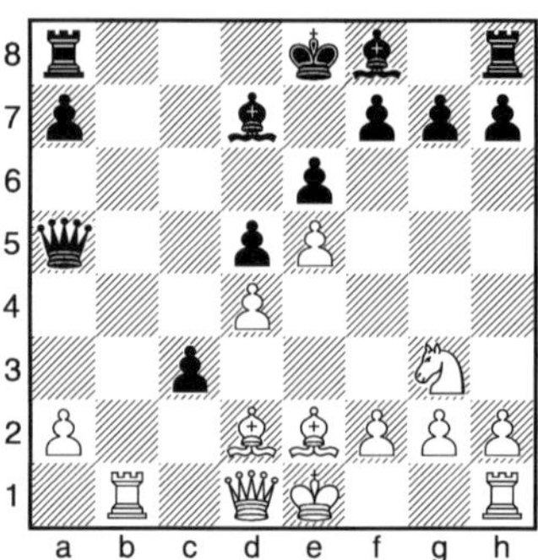

... könnte Schwarz seinen Gegner höchstens noch eine Weile mit dem Läuferpaar quälen; z.B. **16...♗e7 Δ17.♗xc3?**

⌓17.♗d3! ♗d8 (Δ♗b6) 18.f4

17...♕xc3+∓ 18.♕d2 ♖c8 bzw. **18...♕xd2+ 19.♔xd2 ♗g5+**

2) In der Partie widerstand Schwarz dieser Versuchung und sicherte sich stattdessen mit 'herkömmlichen' Mitteln soliden Minimalvorteil; und zwar **13...♗a3!** Δ♗b2 **14.♘xf5 exf5 15.♖b1**

Angesichts des gegnerischen Positionsdrucks hätte hier wohl der Weiße besser auf den Trickversuch 15.♗c1!? setzen sollen.

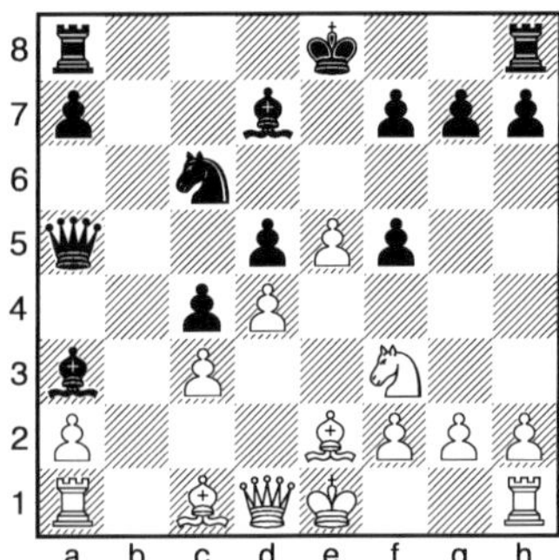

Dieser hätte nach 15...♕xc3+?! 16.♗d2 ♕b2 17.♖b1 ♕xa2 18.♖a1 zu Remis durch Zugwiederholung geführt. Hätte Schwarz jedoch auch *dieser* Versuchung widerstanden, so wäre ihm nach 15...0–0 oder 15...♖b8 erneut solider Minimalvorteil sicher gewesen.

15...0–0 16.0–0 ♖ab8∓

Und hier wäre auch 16...♘e7!? Δ♗a4 auf ∓hinausgelaufen.

3

German – Basto Lima

Fortaleza 1951

1.e4 e6 2.d4 d5 3.♘d2 c5 4.♘gf3 ♘f6 5.e5 ♘fd7 6.c3 ♘c6 7.b3 cxd4 8.cxd4 ♗b4 9.♗b2 ♘f8 10.♗d3 ♗d7 11.0–0 ♘g6 12.a3 ♗e7 13.b4

Weiß droht offenbar, seinem Gegner mit dem Spiel am Damenflügel im Allgemeinen und auf der c-Linie im Besonderen zuvorzukommen. Und da der Einsatz des Hebels f7–f6 angesichts der soliden Deckung des Bauern d4 und des eventuell freiwerdenden Feldes e5 letztlich nur zu einem rückständigen Bauern auf e6 führen würde, muss Schwarz sich beizeiten Gedanken über die Schaffung ausreichenden Gegenspiels machen.

In der Partie geriet er nach dem sorglosen Schablonenzug **13...0–0?** in gehörigen und bleibenden Nachteil.

Hier bestand die letzte Möglichkeit, die sich abzeichnende Umklammerung am Damenflügel zu unterlaufen. Und zwar durch Festlegung des weißen b-Bauern mit 13...b5!, um nach 14.♘b3 (14.♗xb5?! ♘cxe5∞) den Hebelangriff 14...a5! anzusetzen.

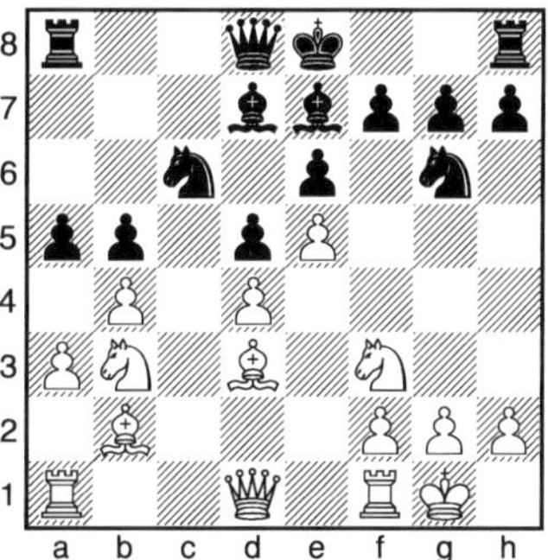

Nach der möglichen Folge 15.bxa5 ♘xa5 16.♘xa5 ♖xa5 Δ♕a8, 0–0, ♖b8 o.ä. sind am schwarzen Spielflügel genug Linien aufgegangen, um den Nachteil nach beispielsweise 17.g3 oder 17.♕d2 im Minimalbereich zu halten.

14.♘b3± b6

Es ist schwierig, dem Schwarzen etwas Besseres anzuraten. So würde 14...b5 jetzt mit 15.♗c3! beantwortet, und nach Ausschluss des a-Bauern-Hebels wäre die besagte Umklammerung nicht mehr abzuschütteln; z.B. 15...♘f4 16.♗c2; 15...♖c8 16.♗d2; 16.♘c5; 15...a6 16.♖e1; 16.♗d2.

15.♕d2

– Womöglich wäre 15.g3!? noch etwas kräftiger, weil Weiß außer dem Aufmarschplan ♕e2 nebst ♖fc1 auch jederzeit auf die Möglichkeiten b4–b5 oder h2–h4 zurückgreifen könnte.

– Ungenau wäre hingegen die sofortige Ausführung des verlockenden Vorstoßes 15.b5?!, weil der nach 15...♘a5 16.♘xa5 bxa5 entstehende Doppelbauer problemlos aufgelöst werden könnte; z.B. 17.♗c1 a6! 18.bxa6 ♗c8 19.♕e2 ♕b6 20.♖b1 ♕a7 21.h4 ♗xa6 22.♗xa6 ♕xa6 23.♕xa6 ♖xa6 24.h5 ♘h4 25.♘xh4 ♗xh4.

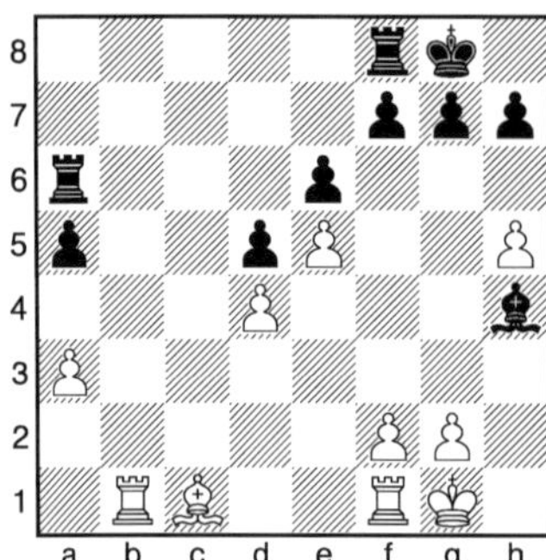

Und da Schwarz sich nur um eine einzige Schwäche kümmern müsste und mit der c-Linie auch eine offene Linie besetzen könnte, würde der weiße Vorteil nach 26.♗d2 oder 26.a4 geringer ausfallen.

4
Vasiuhin – Murey
UdSSR 1967

1.e4 e6 2.d4 d5 3.♘d2 ♘f6 4.e5 ♘fd7 5.f4 c5 6.c3 ♘c6 7.♘df3 ♕b6 8.a3 cxd4 9.cxd4 ♕a5+ 10.♗d2 ♕b6 11.♗c3 a5 12.♗d3 ♗e7 13.♘e2 ♘f8 14.0-0 ♗d7 15.b3 ♕d8 16.♕d2 b5 17.♗b2 ♕b6 18.♔h1 b4 19.a4 0-0-0 20.♖ac1 ♔b7 21.♘g5 ♗e8 22.♗b5 ♖c8 23.♖c2 f6 24.♘f3 ♗g6

In der schwarzen Rochadestellung ist offenbar viel zu viel Luft, aber bei zu gemächlicher weißer Angriffsführung würden dem Schwarzen schon zwei, drei Konsolidierungszüge reichen, um beispielsweise alle Türme zu tauschen und dann einmal hörbar aufzuatmen.

I) In der Partie stand Weiß nach dem kleinlauten Rückzug **25.♗d3?** und der Folge **25...♗xd3 26.♕xd3 f5**⩲ ...

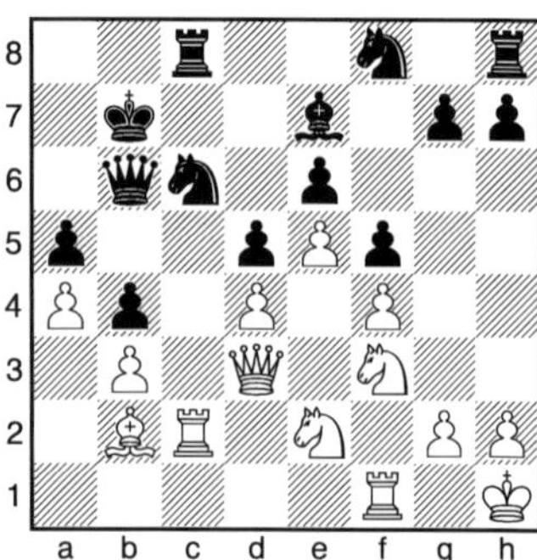

... mit bemitleidenswerten Leichtfiguren und entsprechend fast leeren Händen da.

II) Schon deutlich besser ist die Vermeidung solch verschlossener Zukunftsperspektiven mit **25.exf6?! gxf6** und den Abspielen:

A) 26.♖c5? ♗xc5 27.dxc5 ♕xc5 28.♗xf6 ♖g8 29.♗h4=∞

B) 26.♗d3 ♗xd3 27.♕xd3± mit der positionellen Drohung f5.

III) Am stärksten ist das sofortige Qualitätsopferangebot **25.♖c5!** ...

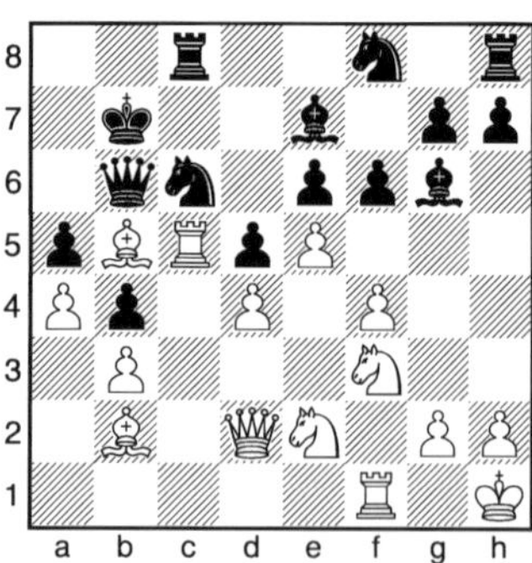

... mit der Anschlussdrohung ♗xc6+ nebst ♖b5 und mehr oder weniger deutlicher Gewinnstellung in allen Varianten; z.B. **25...♗xc5** (25...♘a7 26.♖fc1) **26.dxc5 ♕xc5 27.♖c1**

A) 27...♕e7 28.f5!

1) 28...exf5? 29.♘f4 Δ♕d3; 29.♕d3

2) 28...♗xf5 29.♘ed4

B) 27...♕b6 28.exf6 gxf6 29.♗xf6 ♖g8

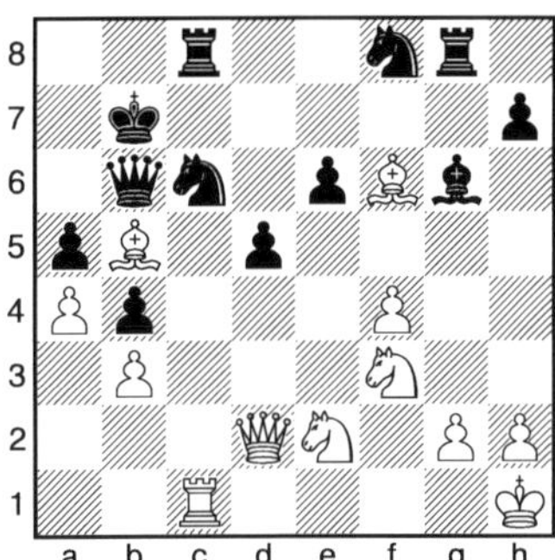

Und nach **30.f5! ♗xf5 31.♘ed4** hat man eher Mitleid mit dem Verteidiger, der diesen außer Rand und Band geratenen weißen Leichtfiguren ausgesetzt ist.

1) Nach 31...♘xd4? 32.♗xd4 ♖xc1+ 33.♕xc1 ♕d6 34.♗e5 ♕b6 und der 'petite combinaison' 35.♗a6+! ♔xa6 36.♗d4 kann Schwarz nicht alle Drohungen ♕c8+, ♕c6+ und ♕f1+ gleichzeitig parieren.

2) Und auch nach 31...♘b8 32.♖xc8 ♔xc8 33.♘xf5 exf5 34.♕xd5 Δ34...♖g6 35.♕xf5+ bzw. 34...♕xf6 35.♕xg8 nebst h3 ist die Lebenserwartung des Schwarzen nur geringfügig höher.

5

Achatz – Uhlmann

Leipzig 1951

1.e4 e6 2.d4 d5 3.e5 c5 4.c3 ♕a5 5.♘d2 cxd4 6.♘b3 ♕c7 7.cxd4 a5 8.♗d2 ♘c6 9.♖c1 ♕b6 10.a4 ♗d7 11.♗b5

Momentan verfügt Weiß nicht nur über den gesicherten Vorposten b5 und die positionelle Drohung ♘c5, sondern seine Dame kann eventuell noch nach g4 ausrücken und sein Turm via c3 zum Königsflügel schwenken. Rundet man diese Bestandsaufnahme damit ab, dass er auch deutlich früher zur Rochade kommen wird, bleibt dem Gegner eigentlich gar keine andere Wahl, als auf d4 zuzugreifen – etwa getreu dem Motto: Wenn man sowieso unter Druck steht, dann doch wenigstens mit dem Trostpflaster eines Mehrbauern.

11...♘xd4!?

1) In der Partie erreichte Weiß mit dem unnötig komplizierten Trickversuch **12.♗e3?!** nichts Greifbares.

12.♗xa5?! ♖xa5 13.♕xd4 ♕xd4 14.♘xd4∞; 13...♖xb5!? 14.axb5 ♕xb5⩱

12...♗b4+ 13.♖c3 ♗xb5

13...♗xc3+ 14.bxc3 ♗xb5 15.axb5

(15.♗xd4? ist Zugumstellung zum Text.)

15...♕xb5 16.♘xd4 ♕c4∞

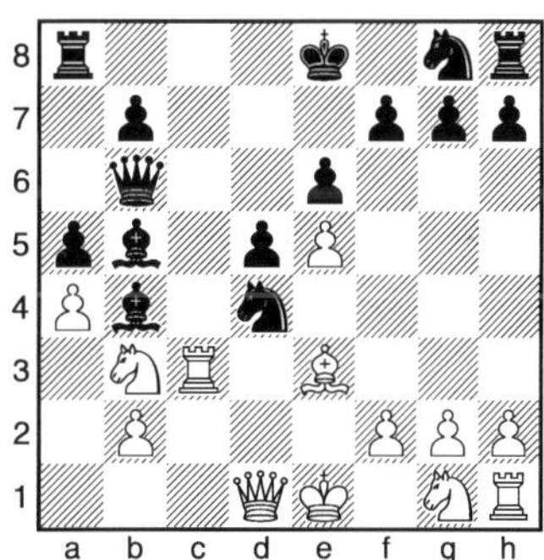

14.♗xd4?

⌓14.axb5 ♗xc3+ 15.bxc3 ♕xb5 16.♘xd4 ♕c4∞

14...♕c6?

⌓14...♗xc3+ 15.bxc3 ♕c6 16.axb5 ♕xb5∓

15.axb5 ♕xb5 16.♘d2 ♗xc3 17.♗xc3 ♘e7∞

2) Nach **12.♘xd4 ♕xd4 13.♗xd7+ ♔xd7** sorgt die Pointe **14.♖c7+! ...**

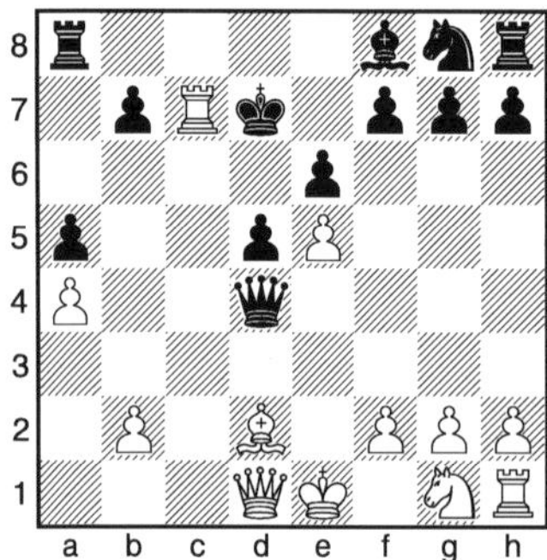

... 14...♔e8 15.♖xb7 dafür, dass Weiß mit gewissem Vorteil den Bauern zurückgewinnt.

Auch die Alternativen 15.♘e2, 15.♘f3 und 15.♕c2 sollten diesbezüglich geeignet sein.

Nun sollte Schwarz tunlichst mit **15...♗c5!** auf schnellstmögliche Beendigung der Entwicklung setzen.

Nach 15...♕xe5+? 16.♘e2 oder 15...♕e4+? 16.♔f1 wäre der weiße Vorteil bereits aus dem Minimalbereich heraus.

Es könnte folgen **16.♕e2 ♕xa4 17.♘f3**

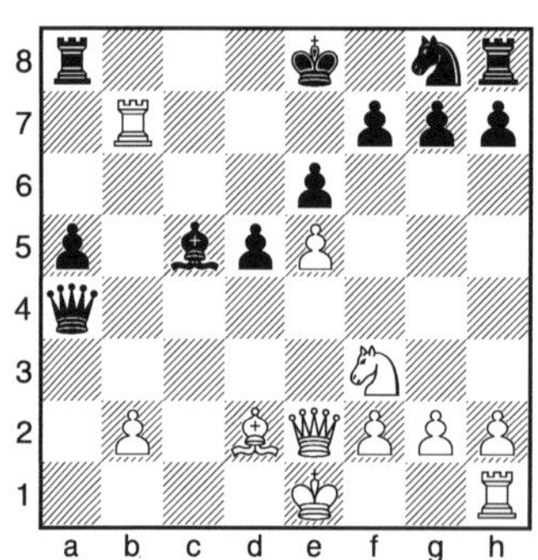

– 17...♕a1+? 18.♕d1 ♕xd1+ 19.♔xd1± Δ19...♗xf2? 20.♔e2 (20.♖f1) 20...♗c5 21.♖a1; ♖c1+–

– 17...♕c6 18.♕b5±; 18.♖b3

6

Kasrashvili – Kantaria

Tiflis 2002

1.e4 e6 2.d4 d5 3.e5 c5 4.c3 ♘c6 5.♘f3 ♘ge7 6.♘a3 cxd4 7.cxd4 ♕a5+ 8.♗d2 ♕b6 9.♗c3 ♘f5 10.♘c2 ♗e7 11.♗d3 ♗d7 12.0–0 g5 13.a4 a5 14.♘e3 **Variante**

In der Urform des vergifteten Bauern auf d4 – quasi dessen Kindergarten-Version (1.e4 e6 2.d4 d5 3.e5 c5 4.c3 ♘c6 5.♘f3 ♕b6 6.♗d3 cxd4 7.cxd4 ♘xd4?? 8.♘xd4 ♕xd4 9.♗b5+) geht es ja um ein Abzugsmotiv des Läufers d3. Und wenn dieses wie im vorliegenden Fall nicht gegeben ist, muss man halt zusätzlich abklären, ob die taktischen Umstände nicht die Schaffung des tödlichen Motivs ermöglichen.

Und da dies hier leicht möglich ist, wäre der Bauernraub **14... ♘fxd4??** tatsächlich tödlich, wobei Weiß sogar zwischen zwei Fortsetzungen wählen kann.

1) Nun besteht die schnörkellose Zugfolge in **15.♘xd4 ♘xd4 16.♘xd5! exd5 17.e6+–**

Natürlich nicht 17.♗xd4?? ♕xd4 18.e6 ♗c6–+.

17...♗c6 18.exf7+ ♔f8

Nach 18...♔d8? 19.♖e1 Δ♕g4; Δ♕h5 würde die Präsenz des weit vorgedrungenen Freibauern die weiße Aufgabe natürlich ungemein erleichtern.

19.♕h5 ♗f6 20.♖ae1 ♕c7

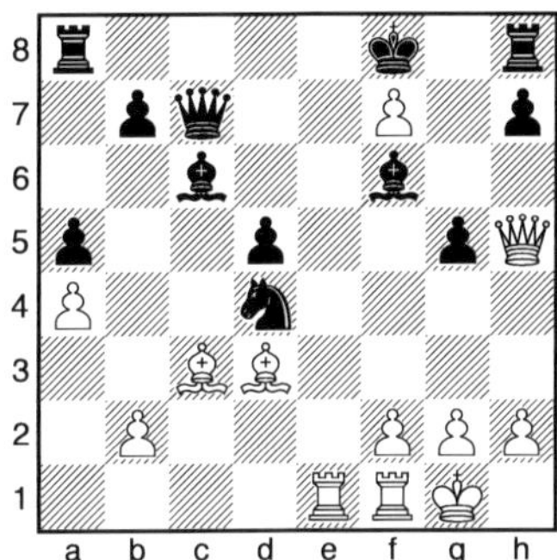

a) Nun würde ein übler Fehltritt in **21.♕h6+??** bestehen, denn nach **21...♗g7**

(21...♔xf7?? 22.f4 g4 23.e5!+++ +–)

22.♕xg5 ♘f3+! 23.gxf3 ♗xc3 24.bxc3 ♕xf7∞ wäre Schwarz voll im Spiel.

b) Richtig wäre die Angriffsfortsetzung **21.f5 g4 22.♕h6+ ♗g7 23.♕g5 ♕xf7 24.f5**, wonach außer der relativ drögen Gewinnfolge 24...♕f6 25.♕d2 Δ♖e6; 25.♕xg4 vor allem *eine* spektakuläre Alternative heraussticht – und zwar 24...♘f3+ 25.gxf3 ♗xc3 26.bxc3 gxf3 27.♔f2! ♕g7 28.♕h4!! ♕g2+ (28...♖e8 29.♖g1) 29.♔e3 ♔f7 30.♔d4!

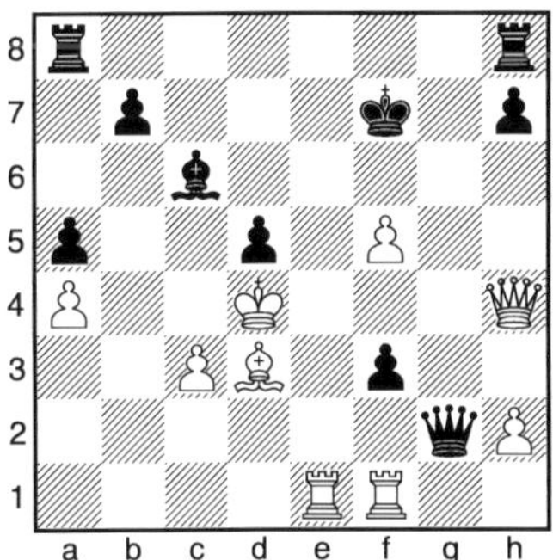

Und ob man es nun für möglich hält oder nicht: Im Moment gibt es ungeachtet der vier gegnerischen Langschrittler für den weißen König kaum einen sichereren Aufenthaltsort als das Zentrumsfeld d4!

Übrigens sähe ein angemessenes Finale nun wie folgt aus: 30...♕g7+ 31.f6 ♕xf6+ 32.♕xf6+ ♔xf6 33.♖xf3+ ♔g5 34.♖g1+ ♔h4 35.♗f5 nebst Matt im nächsten Zug.

2) Die Alternative besteht in **15.♘xd5!? ♘xf3+**

(15...exd5 16.♘xd4 ♘xd4 17.e6 läuft offenbar auf Zugumstellung zu Variante 1 hinaus.)

16.♕xf3 exd5 17.e6 ♗xe6 18.♗xh8

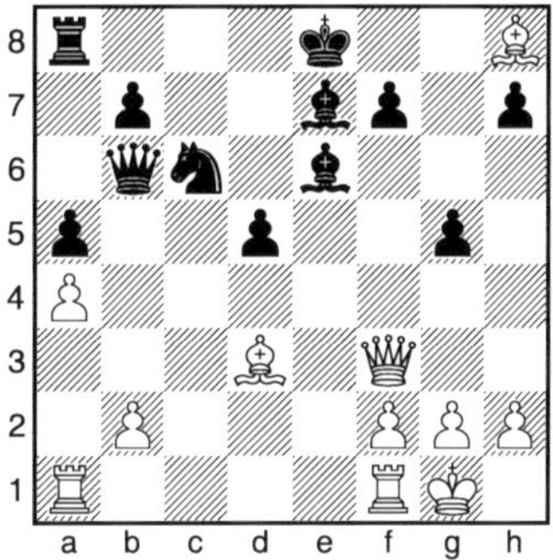

Und obwohl Weiß auch hier auf Gewinn steht, macht die Überwindung der kompakten schwarzen Stellung wohl einen deutlich größeren Arbeitsaufwand als in Variante 1 erforderlich.

7

Sölter – Becker

Paderborn 1977

1.e4 e6 2.d4 d5 3.e5 c5 4.c3 ♕b6 5.♘f3 ♗d7 6.a4 cxd4 7.cxd4 ♘c6 8.♘c3 ♘ge7 9.♗b5 a6 10.a5 ♕c7 11.0–0

Angesichts seines eklatanten Entwicklungsnachteils (noch mindestens drei Züge bis zur Königssicherung!) sollte Schwarz sich genauestens überlegen, ob der Standardtrick ♘xe5 auch hier funktioniert.

Nachdem Schwarz im vorigen Zug den bestens genießbaren Bauern a5 verschmäht hatte, konnte er nun der Versuchung nicht widerstehen, mit **11...♘xe5??** den auf e5 zu verspeisen. Vermutlich spielte es dabei eine psychologische Rolle, dass er den vorangegangenen Trick des Gegners mit einem Gegentrick entzaubern wollte.

Übrigens wird die Liste der Ausgleichszüge von 11...♘f5 angeführt, wonach Weiß mit 12.♗xc6 oder 12.♗a4 fortsetzen kann.

12.♘xe5+−

Auch mit der Nebenlösung 12.♗f4 erreicht Weiß eine mehr oder weniger klare Gewinnstellung in folgenden Abspielen:

1) 12...♘xf3+ 13.♕xf3 ♕c8 14.♗xd7+ ♕xd7 15.♘a4 mit der pointierten Beispielvariante 15...♘c8 16.♖fc1 ♗d6

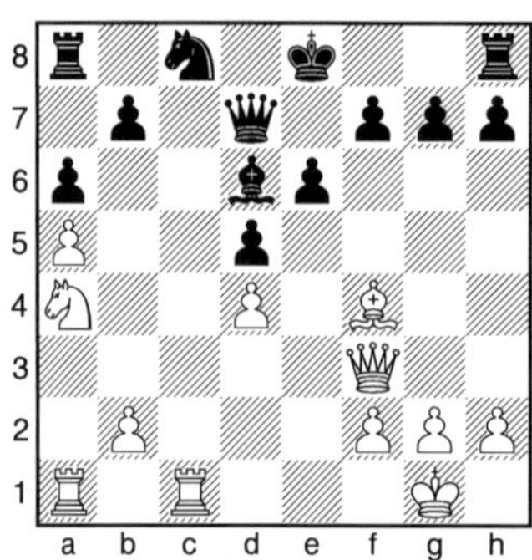

17.♖xc8+! ♖xc8 18.♘b6 ♕c6 19.♗xd6 ♕c1+ 20.♕d1 ♕xd1+ 21.♖xd1 ♖c6 22.♗c5 usw.

2) 12...♗xb5 13.♘xb5

a) 13...axb5 14.♘xe5 ♕c8 15.♕h5

(Dieses positionelle Intermezzo zwecks Schwächung der schwarzen Felder ist noch etwas besser als 15.♕b3 g6 16.♕e2 usw.)

15...g6 16.♕e2 ♘c6 17.♕xb5 (17.a6!?) 17...♖a6 18.♖fc1 ♕a8 19.♘d3; 19.b4

b) 13...♕c6 14.♘xe5 ♕xb5 15.♖a3! Δ♖b3; z.B. auch nach 15...f6 16.♖b3 ♕a4

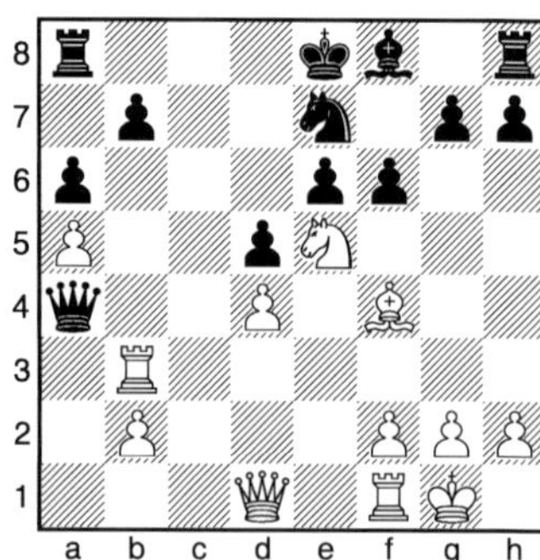

17.♕h5+! g6 18.♕h3 fxe5 19.♗xe5 bzw. 18...♕xd4 19.♕xe6 usw.

12...♗xb5

12...axb5? 13.♗f4+− wäre noch schlechter.

13.♘xb5 axb5 14.♗f4 ♕d8

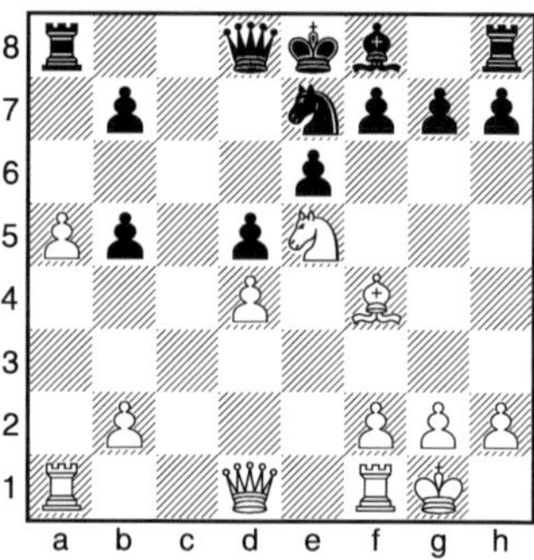

Und hier wäre statt der Partiefolge **15.♕b3** die Alternative **15.♕e2 ♖xa5 16.b4!** präziser gewesen.

8

Zaitsev – Shashin

Moskau 1963

1.e4 e6 2.d4 d5 3.e5 c5 4.c3 ♕b6 5.♘f3 ♗d7 6.♘bd2 ♘c6 7.♘b3 cxd4 8.cxd4 ♗b4+ 9.♗d2 ♘ge7 10.♖c1 ♘f5 11.♗xb4 ♕xb4+ 12.♖c3 ♖c8 13.♗d3

Offenbar wird das Motiv des ‘hängenden’ Bauern auf d4 hier um die Fesselung des Turms auf c3 angereichert, wobei u.a. zu beachten ist, dass diese gegebenenfalls mit a2–a3 abgeschüttelt werden kann.

1) In der Partie ließ Weiß auf den Fehler **13...0–0?** die Ungenauigkeit **14.a3?!** folgen und nach **14...♕e7 15.0–0** blieb nur noch Minimalvorteil übrig.

Besser war 14.♗xf5± (14.0–0) 14...exf5 15.♘c5 mit folgenden Abspielen:

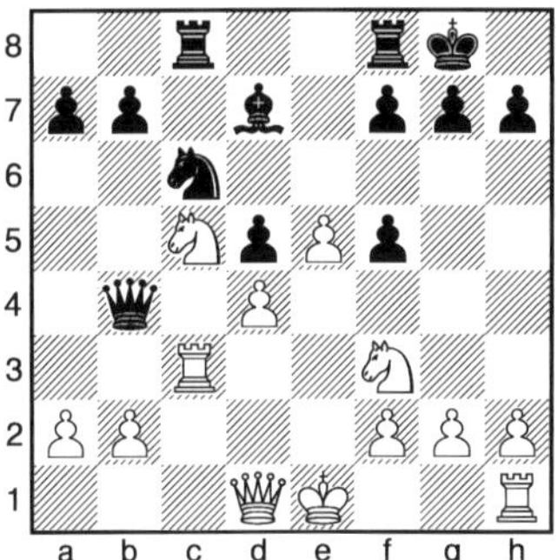

- 15...♕xb2?? 16.♖b3+–
- 15...♗e6 16.♕d2
- 15...♖c7 16.♕d2
- 15...♘b8 16.♕b3 ♕xb3

- Nun könnte Schwarz nach 17.♖xb3 b6 18.♘xd7 ♘xd7 19.♔d2 auf das beachtliche Gegenspiel 19...f6! zurückgreifen.

- Etwas besser ist deswegen 17.axb3!, da sich der Doppelbauer beim absehbaren Kampf um die c–Linie als äußerst nützlich erweisen kann; z.B. 17...b6 18.♘xd7 ♘xd7 19.♔d2 usw.

2) Nach **13...♘cxd4! 14.♘fxd4 ♘xd4 15.a3** (15.♘xd4?? ♖xc3–+) **15...♖xc3 16.axb4 ♖xb3** ...

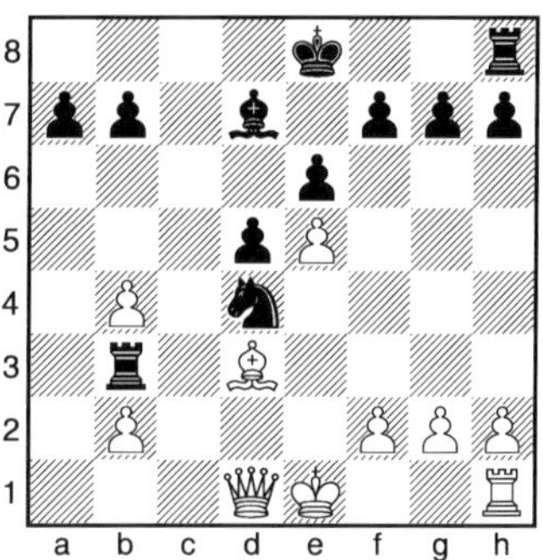

... entstünde eine interessante Materialverteilung von Turm + Springer + ein bis zwei Bauern gegen die Dame, was rein rechnerisch gerade eben ausreicht. Allerdings verfügt Schwarz über eine solide Gesamtstellung und hat gute Chancen, die einzige offene Linie zu erobern. Hinzu kommt, dass Weiß ohne seinen Damenläufer sowie in Ermangelung von Springern größte Mühe hat, die schwarzen Felder unter Kontrolle zu bekommen.

Entsprechend sollte Schwarz wohl über ausreichende Kompensation verfügen, wie sich in folgenden Abspielen zeigen würde:

- 17.♗xh7 ♖xb4
- 17.♕d2 ♘c6
- 17.b5 0–0 18.0–0 ♖c8

9

Saltaev – Rosen, B.

Deutschland 2008

1.e4 e6 2.d4 d5 3.e5 c5 4.c3 ♕b6 5.♘f3 ♘c6 6.♗e2 ♘h6 7.♗d3 ♗d7 8.dxc5 ♗xc5 9.0–0 ♘g4 10.♕e2 ♕c7 11.b4

Weiß muss sich offenbar Sorgen um die Sicherheit seiner Angriffsspitze auf e5 machen und entsprechend war der vorangegangene Vorstoß des b–Bauern mehr aus der Not geboren. Da dieser zusätzlich zu den bestehenden Schwä–

chen auf e5 und f2 auch noch die auf c3 und gegebenenfalls sogar auf c1 ins Spiel gebracht hat, muss Schwarz nun entscheiden, ob daraus Kapital zu schlagen ist oder ob die richtige Reaktion in dem ruhigen Rückzug des angegriffenen Läufers besteht.

In der Partie konnte Schwarz der Versuchung **11...♗xf2+?** nicht widerstehen und traf damit nicht etwa eine eindeutig schlechte Wahl, wohl jedoch eine deutlich riskantere.

Nach der sicheren Alternative 11...♗b6 12.♗f4 (12.a4!?) 12...f6 geht der e-Bauer zwar verloren, aber entweder ist dieser Verlust nur vorübergehend oder Weiß erhält ausreichende Kompensation, wie die Varianten nach 13.♘bd2 beweisen:

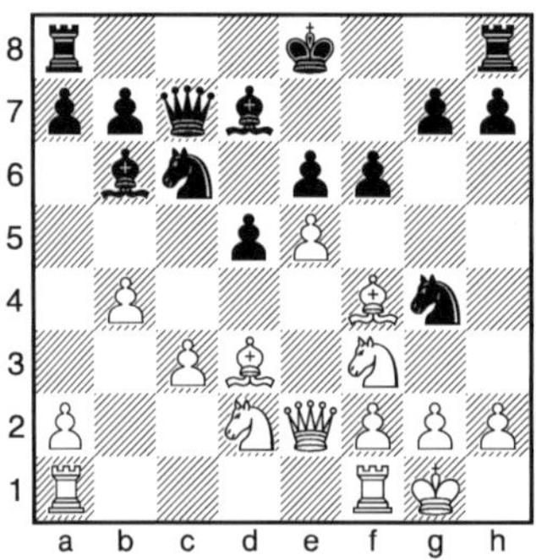

- 13...fxe5? 14.♗g3± Δb5; Δh3
- 13...♘gxe5 14.♔h1!± Δb5
- 13...0-0!∞ 14.♗g3 ♘cxe5 15.c4!⩰

12.♖xf2 ♘xf2

Ganz verfehlt wäre der Versuch, das Motiv auf der c-Linie mit 12...♘xb4? auszunutzen, denn nach 13.♖f1 ♘xd3 14.♕xd3 ♘xe5 15.♘xe5 ♕xe5 16.♗a3 steht Schwarz tendenziell auf Verlust.

13.♔xf2?!

Damit verlangt Weiß zu viel von seiner wackligen Stellung. Besser war 13.♕xf2! mit folgenden Abspielen:

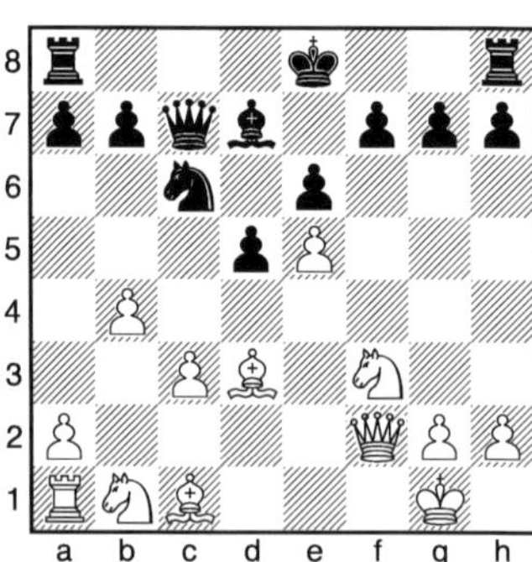

1) 13...♘xb4 14.♗f1 ♘c6 15.♗a3± (15.♕g3) 15...♘xe5 16.♘xe5 ♕xe5 17.♕c5

2) 13...♘xe5 14.♘xe5 ♕xe5

a) Nach 15.♗e3? 0-0 und nun 16.♗xa7 (16.♗c5∞; 16.♗d4∞) wäre eine schwindelerregende taktische Achterbahnfahrt denkbar.

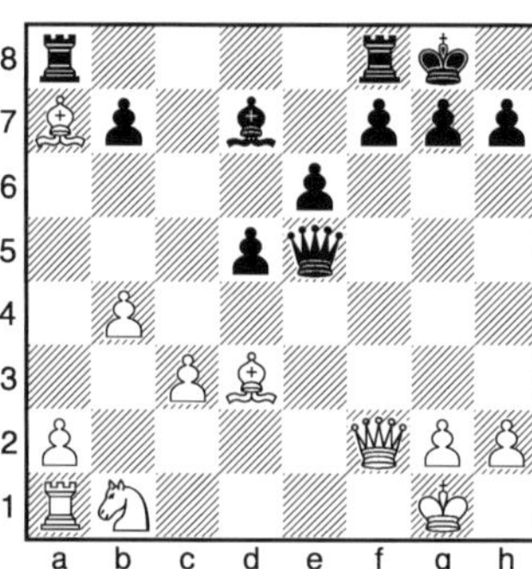

16...♖xa7! 17.♕xa7 ♕e1+ 18.♗f1 ♗b5 19.♕f2 ♕c1 20.♘a3 ♕xc3 21.♖e1 ♗xf1 22.♘b1 ♕xb4 23.♖xf1 und obwohl sich die Stellung rein rechnerisch etwa im Gleichgewicht befindet, beschleicht einen angesichts der verbundenen schwarzen Freibauern doch ein leicht mulmiges Gefühl.

b) Hingegen dürfte der weiße Vorteil nach 15.♗f4 ♕h5 (15...♕f6? 16.♕g3+-) 16.♘a3 0-0 17.♘b5 ♗xb5 18.♗xb5 zumindest geringfügig aus dem Minimalbereich heraus sein.

13...♘xb4 14.♗a3 ♕b6+?!

Nur mit 14...♘xd3+ 15.♕xd3 und nun 15...f6! war der Schaden im Minimalbereich zu halten.

15.♔g3?!

⌓15.♘d4 ♘xd3+ (15...♘c6? 16.♕e3+-) 16.♕xd3±

15...♘xd3 16.♕xd3⩲

10

Farago – Goczo

Budapest 1998

1.e4 e6 2.d4 d5 3.♘c3 ♘f6 4.e5 ♘fd7 5.f4 c5 6.♘ce2 ♘c6 7.♘f3 a6 8.c3 b5 9.g3 ♕b6 10.♗h3 b4 11.0–0 a5

Der ganze weiße Aufbau zielt offenbar auf den Vorstoß f4–f5 ab, wogegen Schwarz sich momentan mit Drohungen auf der zum gegnerischen König führenden Diagonale a7–g1 zur Wehr setzt. Nun gilt es zu entscheiden, wie ernst diese Gegendrohungen zu nehmen sind.

1) In der Partie verschenkte Weiß mit dem Prophylaxezug **12.♔g2??** das entscheidende Tempo, das für einen durchschlagenden Angriff erforderlich war. Denn nach der einfachen Antwort **12...g6∞** ...

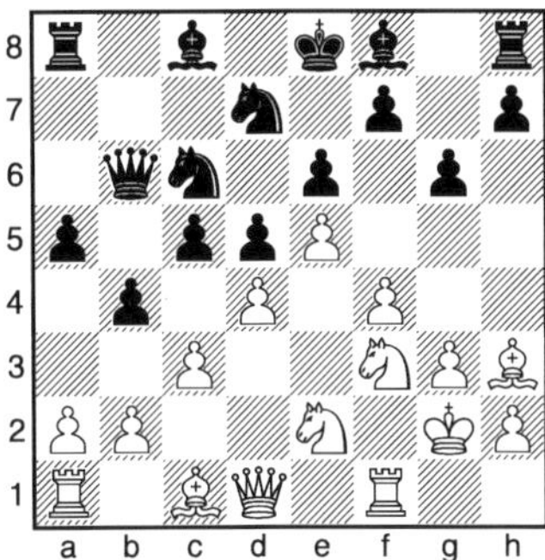

... war der Durchbruch f4–f5 vom Tisch, weil die weitere Vorbereitung mit g3–g4 stets mit h7–h5 unterlaufen werden könnte. Und da Schwarz außerdem bereitstand, mit ♗a6 den Druck auf das weiße Zentrum zu erhöhen, konnte höchstens er sich Hoffnung auf Minimalvorteil machen.

Im Übrigen würde auch die Prophylaxe für die Diagonale g1–a7 mit 12.♗e3?? oder 12.♖f2?? wegen der Antwort 12...g6∞ zu demselben Resultat führen.

2) Ganz anders sähe die Sache nach dem beherzten Vorstoß **12.f5!** aus, bei dem es vor allem um die Räumung des Feldes f4 für den Springer sowie der Diagonale c1–h6 für den Läufer geht. Und die entstehenden Varianten sind gar nicht *so* schwer zu berechnen.

12...cxd4

Nach 12...exf5 oder 12...♘d8 leitet der Schlüsselzug 13.♘f4+- auf der Stelle einen unparierbaren Angriff ein.

13.cxd4 mit mehr oder weniger klarem Gewinn in folgenden Abspielen:

a) 13...exf5 14.♘f4 ♘e7 15.♖e1+- Δe6

b) 13...♘dxe5 14.♘xe5 ♘xe5 15.♘f4+- Δ**15...g5 16.♘xe6!** (16.♘h5)

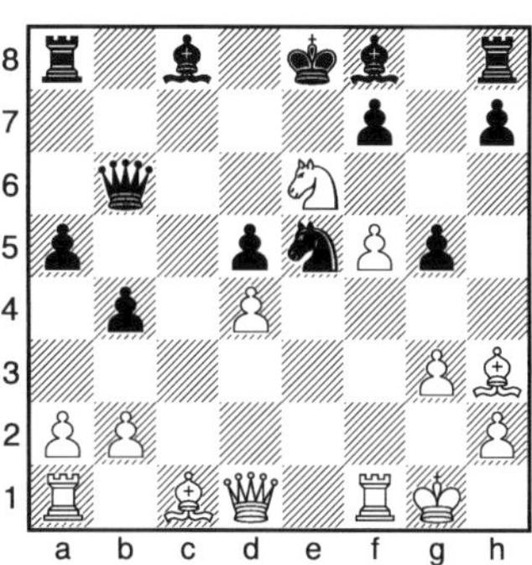

– 16...fxe6 17.♗xg5 Δ♗f6; Δ♕h5+; 17.♕h5+

– 16...g4 17.♘f4 Δ♘xd5; Δ♖e1; Δ17...♘f3+ 18.♖xf3 usw.; 17.♗g5 Δ♗f6

– 16...h6 17.♕h5

11

Stöckl – Trkulja

Wien 1997

1.e4 e6 2.d4 d5 3.♘d2 ♘f6 4.e5 ♘fd7 5.f4 c5 6.c3 ♘c6 7.♘df3 ♕b6 8.a3 cxd4 9.cxd4 ♗e7 10.♘e2 0–0 11.g3 f6 12.♗g2 ♔h8 13.h4 a5 14.b3 ♕a7 15.♕d3 b6

Im schwarzen Lager ist eigentlich alles in Ordnung, nur dass die Damenposition gewöhnungsbedürftig ist – oder zutreffender gesagt, dass sie einem übel aufstößt. Da die weiße Dame hingegen mit Blick nach h7 ideal steht und da Weiß noch nicht rochiert hat und somit über einen Turm auf h1 verfügt, liegt das adäquate Herangehen eigentlich auf der Hand – oder zutreffender gesagt: Es schreit zum Himmel!

Das Opferspiel **16.♘g5!** sollte eigentlich zum Standard jedes versierten Angriffsspielers gehören.

In der Partie führte Weiß mit 16.♗b2? einen x-beliebigen Entwicklungszug aus und stand nach der Antwort 16...♗a6∞ mit leeren Händen da.

Nun würde Schwarz dem Gegner die Sache mit den beiden ersten Abspielen allzu leicht machen:

1) 16...fxg5? 17.hxg5 ♖f5 18.g4 ♗a6 19.♕h3+– und nach der möglichen Folge **19...♘f8 20.gxf5 ♗xe2** ...

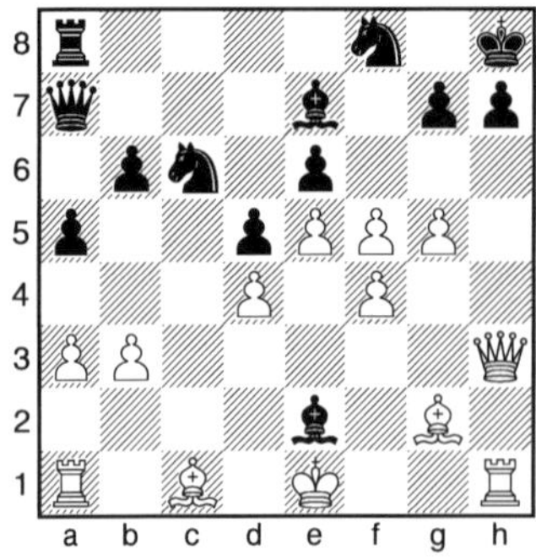

... würde **21.♗b2** schon eher Sinn machen, obwohl natürlich auch **21.f6** nicht von schlechten Eltern ist.

2) Auf **16...g6?** ist **17.h5**+– Δ17...♗a6 18.♕b1 +++ wohl objektiv am stärksten, aber nach **17.♘xh7** kann Weiß noch darauf hoffen, die Partie stilvoll mittels Damenopfer und Matttreibjagd zu beenden; und zwar **17...♖f7 18.♘xf6** (18.♘g5) **18...♗a6 19.h5!**

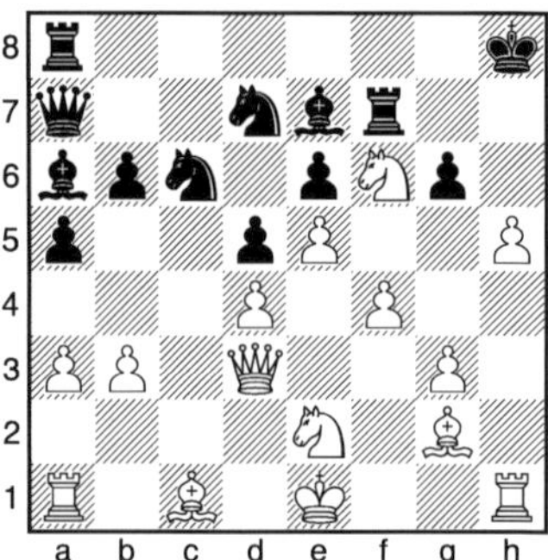

Δ19...♗xd3? 20.hxg6+ ♔g7 21.♖h7+ ♔xg6 22.f5+! ♔xf5

22...♗xf5 bzw. 22.exf5 23.♘f4+ ♔g5 24.♖h5#

23.♗h3+ ♔g6 24.♘f4+ ♔g5 25.♖h5#

3) Entsprechend kann **16... f5** wohl als einziger Zug angesehen werden, der den Nachteil fürs Erste noch aus dem Verlustbereich heraushält. Darauf kommen auch Damenzüge wie 17.♕f3!? oder 17.♕c2!? in Betracht, aber um den Rahmen nicht zu sprengen, beschränkt sich die Analyse auf die naheliegendste Fortsetzung **17.♘xe6** mit der Hauptvariante **17...♘c5!**.

Klar schlechter wäre 17...♘dxe5? 18.fxe5 ♗xe6 19.♘f4 ♕d7 20.♗b2+– Δ♖c1 usw.

18.dxc5 ♗xe6

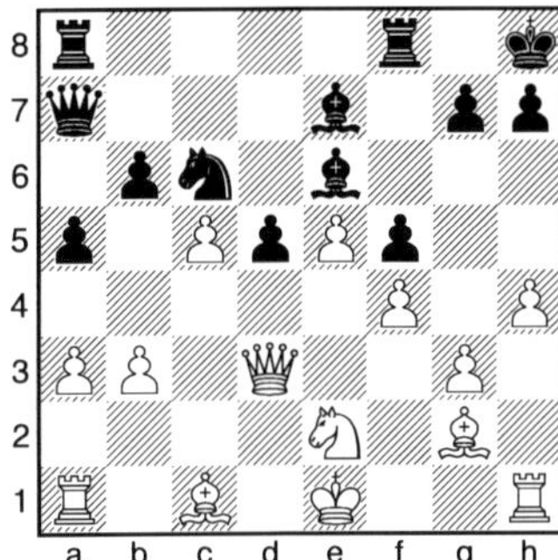

a) Weniger klar bzw. unnötig kompliziert ist nun **19.cxb6 ♕xb6 20.♗e3 d4!** usw.

b) Halbwegs überschaubarer verläuft 19.♕b5!? ♕d7 20.cxb6 ♘xe5 21.♕xd7 ♘xd7 22.♗e3 ♖ab8 23.♔f2± Δ♖hc1 bzw. ♖hd1; Δ23...♘xb6?! 24.♘d4 ♗d7 25.a4~+−.

12

Krallmann – Böhm

BRD 1985

1.e4 e6 2.d4 d5 3.♘d2 ♘f6 4.e5 ♘fd7 5.f4 c5 6.c3 cxd4 7.cxd4 ♘c6 8.♘df3 ♕b6 9.♘e2 f6 10.a3 a5 11.b3 ♗e7 12.♘c3 0–0 13.♘a4 ♕a7 14.♗b2 fxe5 15.fxe5

Die Fragestellung ist zugegebenermaßen irreführend. Denn angesichts des weißen Entwicklungsstandes sowie der Tatsache, dass die Öffnung der Diagonale a7–g1 und der f-Linie allerlei Taktikmotive in Aussicht stellt, ist es geradezu selbstverständlich, vorneweg an eine Gewaltmaßnahme zu denken. Allerdings gibt es derer gleich *zwei*, und während sich die eine als Schlag ins Kontor herausstellen würde, wäre die andere ein Schlag ins Wasser.

1) In der Partie griff Weiß mit **15...♖xf3?** daneben, wonach Weiß mit **16.♕xf3** die richtige Entscheidung traf, seinen d-Bauern preiszugeben.

Denn die Zerstörung der Bauernstruktur am Königsflügel mit 16.gxf3? hätte nach 16...♘dxe5∓ (16...♗h4+) Δ19.dxe5? ♕e3+ 20.♕e2 ♗h4+ 21.♔d1 ♕xb3+∓ zu schwarzem Vorteil geführt (siehe auch nach dem 19. Zug von Abspiel 2).

16...♘xd4 17.♕f2?!

Den b-Bauern sollte Weiß nicht so einfach hergeben. Nach dem besseren 17.♕c3 hätte Schwarz mit 17...♘f5 ausreichende Kompensation nachweisen können. Vermutlich hatte er jedoch 17...♘c6?! befürchtet und dabei übersehen, dass der Bauer e5 nach 18.♗b5!± tabu ist.

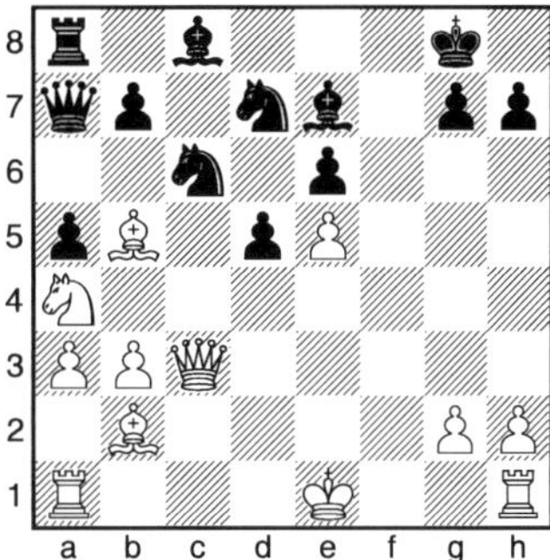

Und dass 18...d4? (⌓18...♘c5) 19.♕g3 ♘dxe5 20.0–0 Δ♖ae1 sogar zu einer annähernden Gewinnstellung führen würde.

17...♘xb3 18.♕xa7 ♖xa7

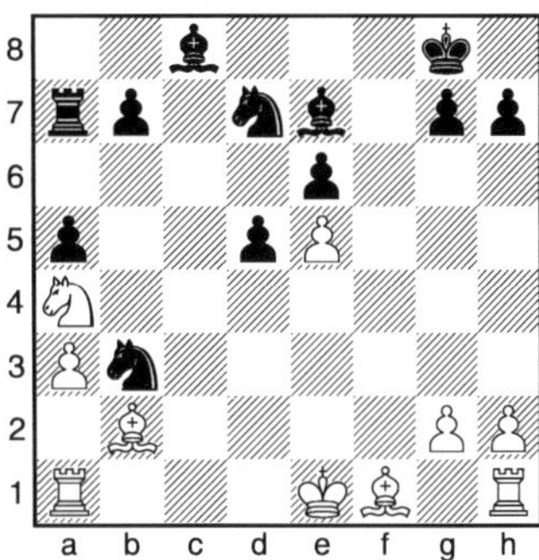

Mit solidem Minimalvorteil angesichts

der Möglichkeiten b6 nebst ♖c7 und/oder ♘bc5 bzw. ♘dc5 und/oder ♗a6; z.B. **19.♖b1 b6 20.♗b5 ♘dc5**; **20...♗a6** usw.

2) Nur die richtige Zugfolge **15...♘dxe5!** führt zum gewünschten Erfolg.

(Nach 15...♘cxe5 laufen die Varianten zunächst analog, aber früher oder später steht der auf d7 verbleibende Springer weniger günstig als der auf c6.)

16.dxe5 ♕e3+ 17.♕e2

Nach 17.♗e2?? ♖xf3 Δ♗h4+ kann Weiß sofort aufgeben.

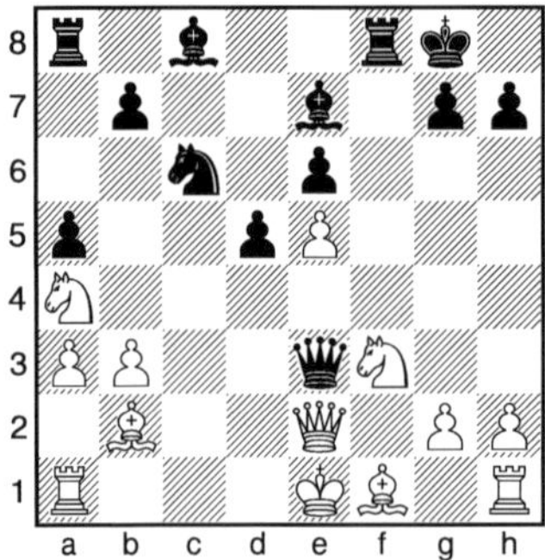

Und hier zeigt sich der Unterschied zur Partiefolge, denn nach 17...♖xf3! kann Weiß die zu Beginn erwähnte 'Zerstörung der Bauernstruktur am Königsflügel' nicht mehr vermeiden und muss nach 18.gxf3 ♗h4+ 19.♔d1 ♕xb3+∓ deutlichen Nachteil in Kauf nehmen.

13

Stastny – Forman

Tschechien 1999

1.e4 ♘c6 2.♘f3 e6 3.d4 d5 4.e5 ♘ge7 5.c3 ♘g6 6.h4 ♗e7 7.g3 b6 8.♗d3 ♗b7 9.0–0 ♕d7 10.h5 ♘f8 11.h6 gxh6 12.♗xh6 0–0–0 13.♘g5

Angesichts der zerstörten Bauernstellung am Königsflügel und des weit überlegenen gegnerischen Läuferpaars versteht es sich von selbst, dass Schwarz ums Überleben kämpft. Entsprechend kann er sich nicht erlauben, in materiellen Belangen kleinlich zu sein.

1) In der Partie war Schwarz mit **13...♖g8??** auf hilflos anmutende Weise großzügig und nach **14.♘xf7 ♖e8** hätte 15.♗e3 Δ♘g6 die Weichen noch deutlicher in Richtung Gewinn gestellt als die Partiefortsetzung **15.♕h5 ♘g6** usw.

2) Nach **13...♗xg5?? 14.♗xg5+–** sprechen die schwarzen Felder für sich.

3) Und auch **13...♕e8? 14.♕f3±** lindert den Schmerz nur vorübergehend.

4) Nur mit dem Angriff auf das weiße Zentrum mit **13...f6!!** ...

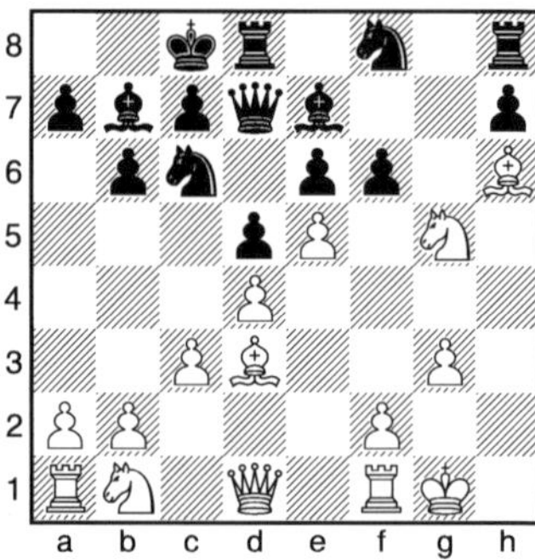

... kann Schwarz das Gleichgewicht halten, und zwar vor allem, weil sein 'toter' Damenläufer (auf der auf weißer Seite geschwächten langen Diagonale) doch noch zum Leben erwachen könnte. Hier ein grober Überblick über die durchweg verwickelten Varianten.

a) 14.♗g7 fxe5⩱ 15.♘f7 (15.♗xh8 ♗xg5) **15...♖g8 16.♗xe5 ♘g6; 16...♖e8**

b) 14.♘f7 fxe5⩱ 15.♘xh8 (15.dxe5 ♘g6) **15...♗f6 16.♗g5!**

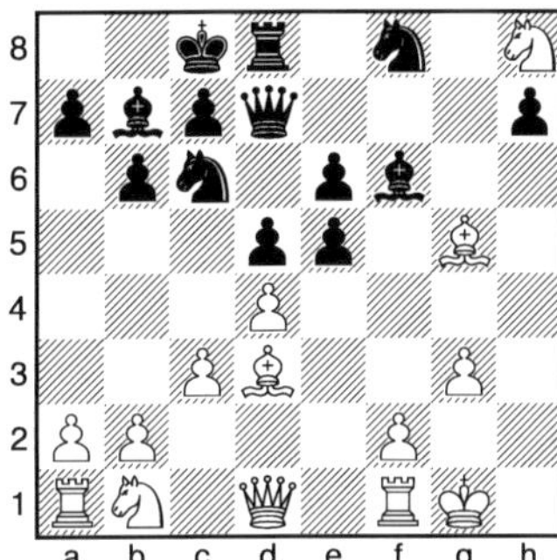

Δ16...♗xg5? 17.♕h5±; ◯16...♕g7

c) Am ehesten darf Weiß wohl noch nach **14.exf6 ♗xf6 15.♕h5 ♖g8 16.♘d2** auf Minimalvorteil hoffen.

14
Carrillo – Costa
Frankreich 2002

1.e4 e6 2.d4 d5 3.e5 c5 4.c3 ♕a5 5.a3 c4 6.♘f3 ♗d7 7.♘bd2 ♗a4 8.♕e2 ♘c6 9.g3 0–0–0 10.♘g5 ♕c7 11.♕f3 ♘h6 12.♗h3

Bei vorerst festgelegten Bauernketten besteht das wichtigste strategische Detail darin, dass der 'schlechte' französische Damenläufer nicht mehr daran gehindert werden kann, via c2 seine Traumdiagonale zu erreichen. Auf dieser könnte er sich vor allem dadurch um die Stützung des weißfeldrig unter Druck stehenden Königsflügels kümmern, dass er die Stationierung eines Springers auf f5 sicherstellt. Gegen dieses Ansinnen versucht Weiß sich mit seinem letzten Zug durch kaum zu übersehende taktische Drohungen zur Wehr zu setzen, wobei jedoch die Frage ist, wie ernst diese zu nehmen sind.

1) In der Partie ließ Schwarz (vermutlich routinemäßig) den Prophylaxezug **12...♔b8** folgen und verzeichnete nach **13.0–0 ♗c2** immerhin soliden Minimalvorteil.

Dabei waren im 13.Zug zwei Alternativen von Bedeutung:

– Zunächst würde der Versuch **13.♗xe6?? fxe6 14.♘xe6** ...

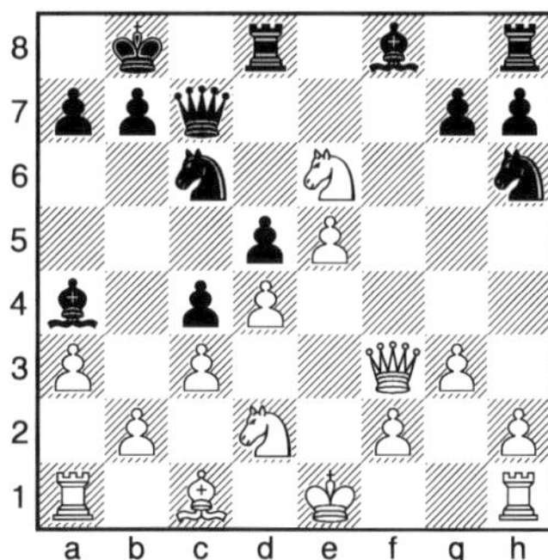

... am kräftigsten mit **14...♘xe5!** gekontert.

(14...♕d7?! 15.♘xd8 ♘xd8∓)

Und nach der weitgehend forcierten Folge **15.dxe5 ♕xe5+ 16.♕e3 ♕xe3+ 17.fxe3 e8 18.♘d4** würde **18...♘g4** die Liste der Gewinnzüge anführen.

– Von Interesse war jedoch **13.♕e2!? Δ13...♗c2** (◯13...♖e8) **14.♘xc4 ♘xd4 15.cxd4 ♕xc4∞**.

2) An der anderen Vorsorgemaßnahme **12...♕e7** stört ein wenig, dass die Entwicklung des Königsflügels erschwert wird: z.B. **13.♘f1 Δ13...♗c2?** (◯13...♘a5∓) **14.♘e3 ♕xg5 15.♘xc2 ♕g6 16.♘e3±**.

3) Am besten ist es, die weißen Absichten mit **12...♗c2!** zu ignorieren, denn würden diese mit **13.♘xf7?** ausgeführt (◯13.0–0; 13.♕f4), so wäre der schwarze Vorteil nach **13...♕xf7 14.♕xf7 ♘xf7 15.♗xe6+ ♖d7** ...

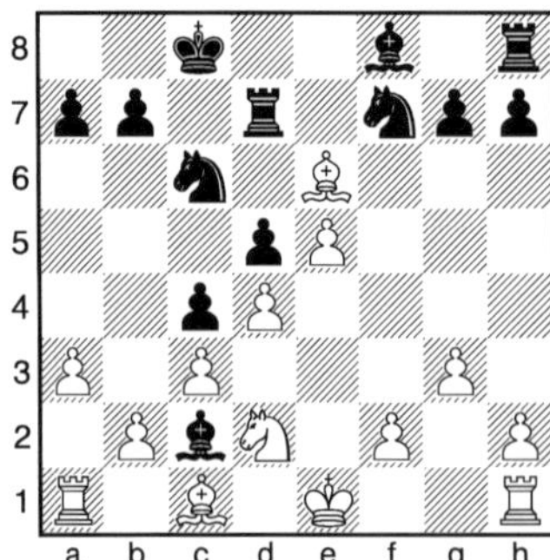

... bereits deutlich aus dem Minimalbereich heraus.

15

Almasi – Roos

Budapest 1990

1.e4 e6 2.d4 d5 3.e5 c5 4.c3 ♘d7 5.f4 ♘e7 6.♗e3 ♕b6 7.♕d2 ♘f5 8.♗f2 h5 9.♘f3 ♘b8 10.♖g1 ♘c6 11.g3 ♗d7 12.h3 ♗e7 13.g4 hxg4 14.hxg4 ♘h4 15.♘xh4 ♗xh4 16.♗xh4 ♖xh4

Angesichts der weißen 'Strategie', eine überblähte Bauernkette intakt halten zu wollen, obwohl außer der Dame die gesamte Reserve ruht, während der Gegner nach der langen Rochade voll entwickelt ist und außerdem die einzige offene Linie beherrscht – zur Erklärung eines solchen Herangehens an die Eröffnungsbehandlung kommen einem speziell *zwei* Begriffe in den Sinn: Kaltschnäuzigkeit und Wahnsinn. – Tatsächlich handelt es sich hier jedoch um einen Extremfall zur Veranschaulichung des pointierten Satzes: Schach ist das Spiel mit tausend Regeln und einer Million Ausnahmen.

In der Partie brachte der Versuch, mit **17.♕f2?** auch noch einen Bauern zu gewinnen, das Fass endgültig zum Überlaufen.

Nur mit der Zugfolge 17.dxc5 ♕xc5 18.♕f2 ♕xf2+ 19.♔xf2∞ ...

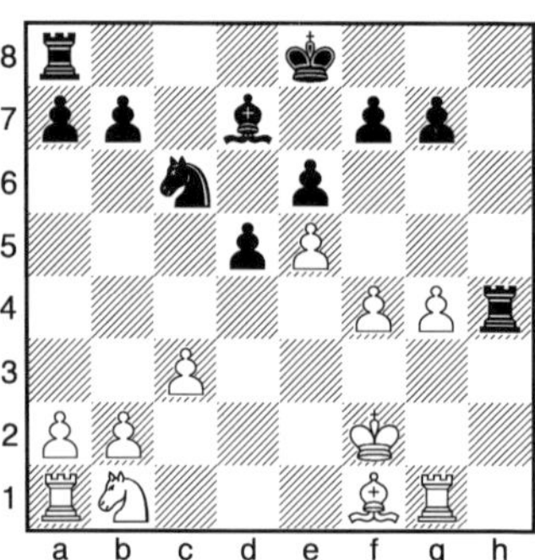

... (Δ19...♖h2+ 20.♗g2; 19...g5 20.♔g3; 19...f6 20.exf6 gxf6 21.♘d2) konnte Weiß halbwegs das Gleichgewicht halten, was ja angesichts der Ausgangsstellung schon an sich an ein Wunder grenzt.

Allerdings wies Schwarz mit der Überraschung **17...cxd4!** darauf hin, das ja auch auf b2 noch einiges im Argen liegt.

Nun gab es für Weiß kein Zurück, aber nach dem erzwungenen **18.♕xh4** wählte Schwarz mit **18...dxc3??** die falsche Fortsetzung.

Hingegen hätte er nach 18...♕xb2! auf Gewinn gestanden, wie ein Blick auf folgende Varianten bestätigt: 19.♕h8+ ♔e7 20.♕xa8 ♕c1+!

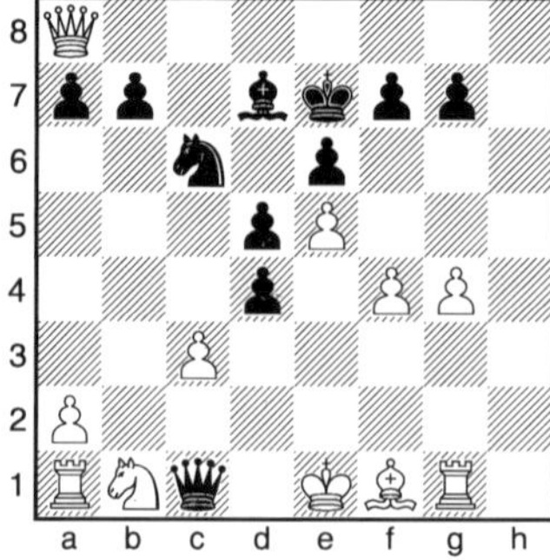

Diese Fortsetzung hatte Schwarz womöglich gar nicht in Betracht gezogen, weil er der Ansicht war, nach Investition gleich *zweier* Türme müsse man zumindest *einen* zurückgewinnen.

(Hingegen würde 20...dxc3?! 21.♖g2 d4 22.♖xb2 cxb2 23.♕xb7 bxa1♕ 24.♗g2 ♘d8 noch zu keiner eindeutigen Gewinnstellung führen.)

21.♔f2 ♕xf4+ 22.♔g2 ♘xe5

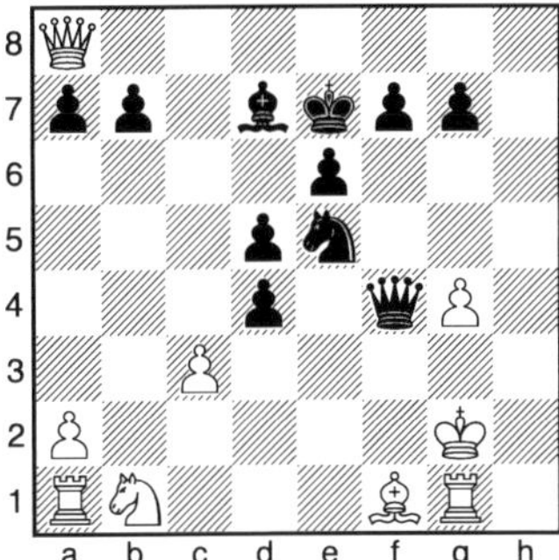

Und nun sähe eine exemplarische Gewinnführung folgendermaßen aus: 23.♕h8 ♕f3+ 24.♔h2 ♕f2+ 25.♖g2 ♘xg4+ 26.♔h1 ♕xf1+ 27.♖g1 ♕f3+ 28.♖g2 ♘f2+ 29.♔g1 ♘h3+ 30.♔h2 ♕f4+! 31.♔h1 (31.♔xh3 e5+ nebst baldigem Matt) 31...♘f2+ 32.♖xf2 ♕xf2 usw.

19.♘xc3?

Offenbar spielt Weiß immer noch auf Gewinn, sonst wäre er mit 19.♕h8+ auf Dauerschach bzw. unklare Verhältnisse ausgegangen: 19...♔e7 20.♕h4+ f6 21.exf6+ gxf6 (21...♔d6 22.♘xc3∞) 22.♕h7+ ♔d8 (22...♔d6?? 23.♘xc3+–) 23.♘xc3∞.

19...♕xg1?

Und hier hätte Schwarz mit 19...♕e3+! auf Gewinn spielen können.

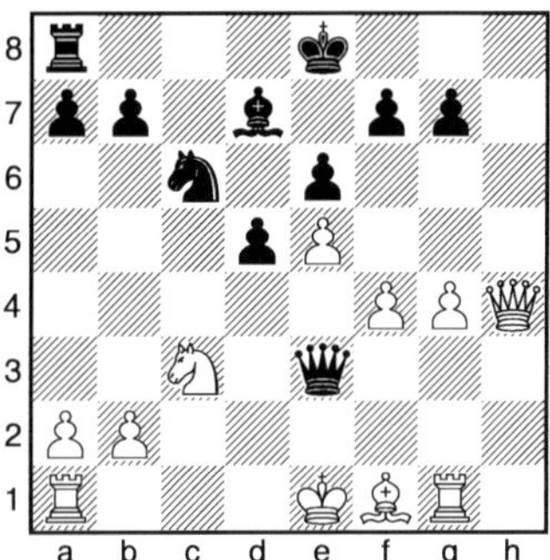

Z.B. 20.♘e2 ♘b4 21.♕h8+ (21.♔d1 ♗a4+! 22.b3 ♗b5∓) 21...♔e7 22.♕h4+ f6 23.exf6+ ♔d6 24.♔d1 ♗a4+! 25.b3 ♗b5∓.

20.♕h8+ ♔e7 21.♕xa8 ♕e3+ 22.♔d1 und nachdem sich der Rauch verzogen hatte, war das Ergebnis vollkommen offen.

16
Dückstein – Dizdar
Lienz 1983

1.e4 c5 2.♘f3 e6 3.c3 d5 4.e5 ♘e7 5.d4 b6 6.♗d3 ♕d7 7.0–0 ♗a6 8.♘a3 ♗xd3 9.♕xd3 ♘bc6 10.♘c2 c4 11.♕e2 b5 12.b3 ♘c8 13.♘g5 ♘b6 14.f4 h6 15.♘h3 0–0–0 16.♘f2 f5 17.exf6 gxf6

Die weiße Aufrollaktion am Damenflügel scheint zum Stillstand gekommen zu sein, und obwohl Schwarz noch kein nennenswertes Gegenspiel vorzuweisen hat, könnte er nach wenigen Vorbereitungszügen seinerseits die Aufrollaktion e6–e5 ins Auge fassen.

1) Womöglich hätte der Weißspieler sogar zugegeben, dass seine Wahl **18.♘g4?** als Zeichen von Ratlosigkeit anzusehen war, und tatsächlich konnte Schwarz auf gleich zweierlei Weise ausgleichen.

18...h5

– Hatte Weiß etwa nur mit einem stupiden Deckungszug wie 18...♗g7? gerechnet? Danach hätte er in der Tat mit 19.f5!± (19.♗a3) Δ19...exf5? 20.♘ge3 ♖he8 21.♕h5; 21.♕f3+– bedeutenden Vorteil erzielt.

– Das zweite Ausgleichsverfahren bestand in 18...f5! mit der möglichen Folge 19.♘e5 ♘xe5 20.dxe5

(20.fxe5 ♔b7∞; 20...a6; 20...♗e7)

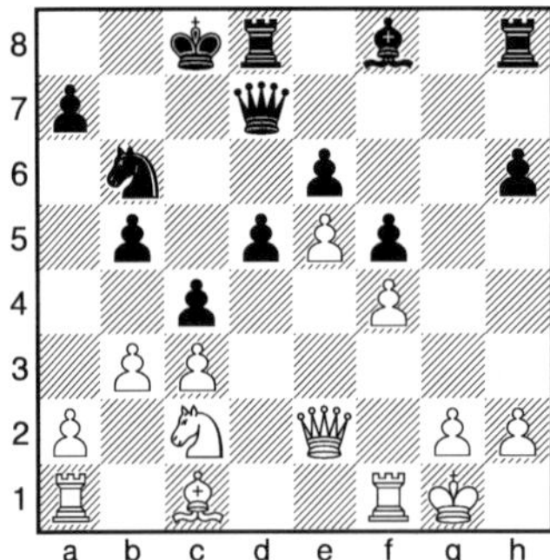

20...d4! 21.♘xd4

(21.cxd4 c3⩱ Δ♘d5)

21...♗c5⩱ 22.♗e3

(22.♗b2 ♕d5; 22...♖hg8)

22...♘d5 23.♘xf5 ♘xe3 24.♘xe3 ♕d2

19.♘ge3∞

Nach 19.♘xf6 ♕f7∞ wäre 20.a4 der einzige Zug, der das Gleichgewicht wahrt.

2) Und apropos 'a4': Nicht ohne Grund hieß es in der anfänglichen Stellungsbetrachtung, dass die weiße Aufrollaktion zum Stillstand gekommen zu sein *scheint*, denn tatsächlich würde sie mit **18.a4!!** ihren Höhepunkt erreichen.

Verfehlt wäre hingegen 18.f5? Δ18...exf5? (⌓18...e5∞) 19.♕f3± Δ♘e3; 19.♘d1!? Δ♘de3.

Hier ein Überblick über die wichtigsten Varianten:

a) Die umfangreichen Linienöffnungen nach **18...cxb3? 19.axb5**+– ...

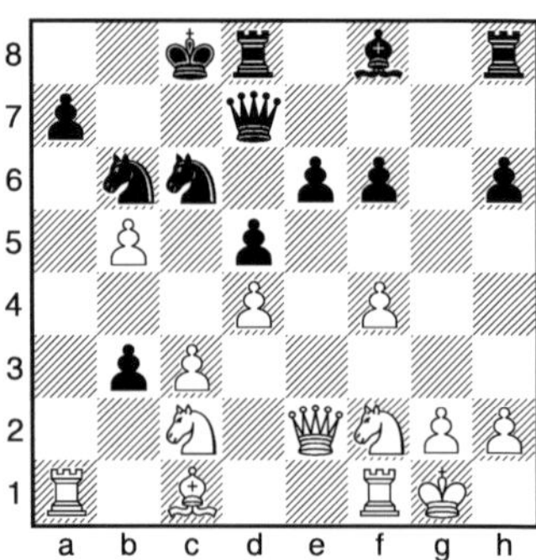

... dürfte Schwarz kaum überleben.

b) Nach **18...bxa4 19.bxc4 ♘xc4** (19...dxc4? 20.♘e4+–) **20.♖xa4** Δ♖a2 nebst ♘e3; **Δ20...♘xd4? 21.♖xc4+** +– wäre der weiße Vorteil zwischen ± und +– angesiedelt.

c) Nur mit **18...♘a5 19.axb5 ♘xb3 20.♖a2** (Δ♗a3) ...

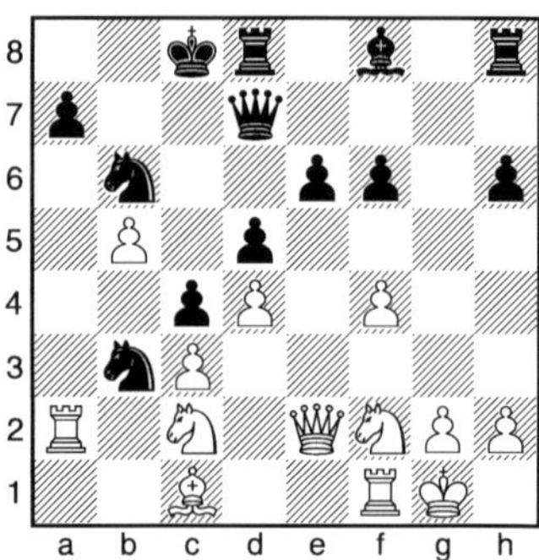

... 20...♔b7 Δ21.♗a3 ♘a4!? wäre der Schaden auf ± einzudämmen.

17

Blatny – Bukal

Ptuj 1995

1.e4 e6 2.d4 d5 3.e5 c5 4.c3 ♘c6 5.a3 a5 6.♘f3 ♗d7 7.♗d3 a4 8.♗e3 ♘a5 9.♘bd2 b5 10.dxc5 ♘c4 11.♘xc4 bxc4 12.♗c2 ♕c7 13.♕d4 ♖a5 14.♘g5 g6 15.♕f4 ♗c6 16.h4 ♗g7 17.♗d4 h6

Angesichts eines gesunden Mehrbauern in Form eines Freibauern sowie eines unterentwickelten und entsprechend angreifbaren gegnerischen Königsflügels (rascher Turmschwenk ♖h3-g3-f3) sollte es nicht übertrieben sein, hier von einer weißen *Gewinnstellung* zu sprechen. Nun besteht das einzige Problem in der richtigen Einschätzung des Zeitfaktors – mit welcher Dringlichkeit der Angriff also erfolgen sollte.

1) In der Partie fand Weiß mit **18.♘xe6??** mühelos die richtige Antwort auf die Nonsense-Frage.

18...fxe6 19.♗xg6+?

Nach diesem weiteren Fehler hätte Schwarz sogar in Vorteil kommen können, während es nach 19.♕g4 ♘e7 20.♕xe6 weiterhin bei 'genügend Kompensation' geblieben wäre.

19...♔d8 20.♗f7 ♕e7 21.♖h3 h5?

Nach diesem Gegenfehler konnte Weiß mit **22.♖g3∞** im Spiel bleiben.

Hingegen hätte Schwarz sich nach 21...♗e8 schrittweise aus seiner unter Druck stehenden Stellung herauswurschteln können, wie es die folgende Beispielvariante veranschaulicht.

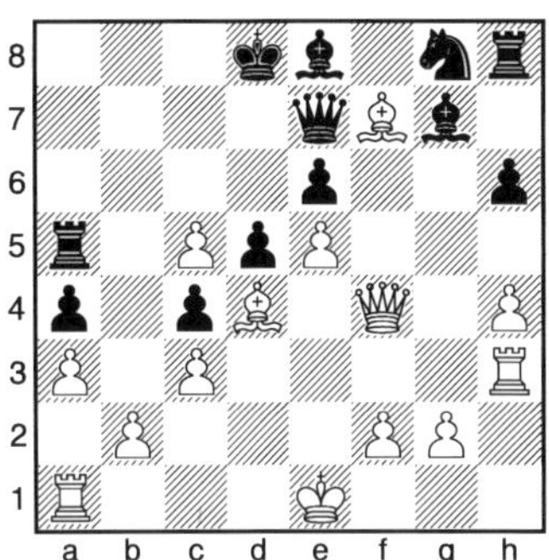

22.♖f3 ♗xf7 23.♕xf7 ♖a7 24.♕g6 ♕e8 – 25.h5? ♕xg6 26.hxg6 ♘e7 27.c6 ♖a8 28.♗c5 ♖f8!–+

(28...♘xc6? 29.♖f7 ♖g8 30.f4∓) – 25.♖g3 h5 26.c6 ♖f7∓

2) Nach dem einfachen Rückzug **18.♘f3** Δh5 hätte Weiß hingegen ziemlich mühelos gewinnen können; z.B.**18...♘e7**

18...f5?? 19.exf6 ♕xf4 20.fxg7 ♖h7 21.♗xg6+

Denn nach **19.h5** kann Schwarz den Laden keineswegs mit **19...g5** dichthalten.

19...f5 20.hxg6 ♘xg6 21.♕g3

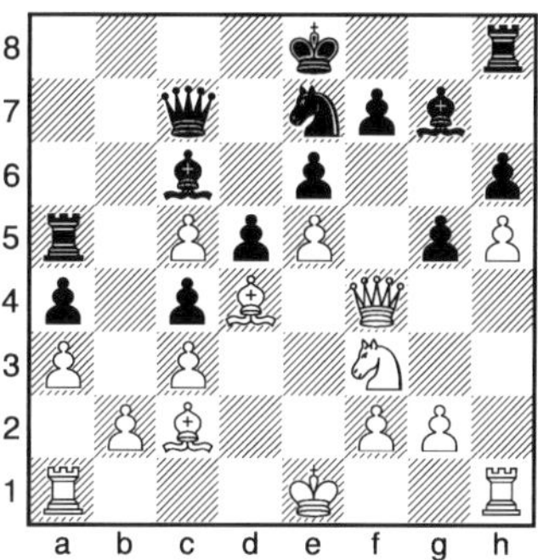

Und nun kann Weiß dem Sieg mit dem erneuten 'einfachen Rückzug' **20.♕d2** näherkommen, obwohl die schärfere Gangart **20.♘xg5! hxg5 21.♕xg5 ♗f8 22.h6** rascher zum Ziel führt und zudem überzeugender wirkt.

18

Jantzen – Wolter

Deutschland 1994

1.e4 e6 2.d4 d5 3.e5 c5 4.c3 ♘c6 5.♘f3 ♗d7 6.♗e2 ♘ge7 7.0–0 ♘f5 8.♗e3 ♖c8 9.♕d2 cxd4 10.cxd4 ♗e7 11.♘c3 ♘xe3 12.fxe3 0–0 13.♔h1 ♘a5 14.♗d3 ♘c4 15.♕e2 ♕a5 16.♘d1 b5 17.♘f2 b4 18.♘h3 ♕d8 19.♖f2 a5 20.♖af1 a4 21.♘f4 a3 22.b3 ♘b2 23.♗b1 ♕b6

Für das Phänomen, eine totale Gewinnstellung *nicht* gewinnen zu können (und zwar *ohne* Zeitnot und *ohne* etwas einzustellen), gibt es allerdings noch viel drastischere Beispiele. Zu diesem hier fällt einem unweigerlich die Redensart 'vor Kraft nicht laufen können' ein. Tatsächlich ist alles, was bei Weiß laufen kann, auf die gegnerische Königsstellung ausgerichtet, während der solide gedeckte Springer auf seinem Langzeitparkplatz b2 als Symbol für die sinnlos irgendwo herumstehenden gegnerischen Figuren herangezogen werden kann. (Wobei dies ja absurderweise seine einzige Möglichkeit ist, überhaupt *gezogen* zu werden).

Dabei stellt sich das Problem des Weißen offenbar folgendermaßen dar: Bei einer Dame-Läufer-Batterie verhält es sich ja oft so, dass die Dame *hinter* dem Läufer und somit an *falscher* Stelle steht. Und hätten seine Türme in der gegebenen Türme-Springer-'Batterie' auf f3 und f4 und somit korrekterweise *vorne* gestanden, hätte Weiß bestimmt mühelos eine Fülle von Gewinnzügen aus dem Ärmel geschüttelt.

1) Auch zu dem Partiezug **24.♕d2??** fällt einem unweigerlich eine Redensart ein: Und der Berg gebar ein Mäuslein!

Tatsächlich war die Partie nach **24...♗b5**∞ vollkommen offen und endete nach weiteren 20 Zügen remis.

Na klar, die Dame weicht dem drohenden Materialverlust nach ♗b5 aus, obwohl die Stellung doch u.a. ein Musterbeispiel für einen bestimmten Sachverhalt bietet: Da der Springer b2 im höheren Sinne als schwarze Minusfigur angesehen werden kann, darf Weiß doch beim Umgang mit dem Material eine weitere Redensart beherzigen und 'in Kleinigkeiten großzügig sein'.

Übrigens war die richtige Beantwortung der Testfrage ziemlich einfach ohne die Berechnung irgendwelcher Varianten möglich, und zwar allein aufgrund der Schlussfolgerung, dass ♕d2 der einzige Zug ist, der der Turmbatterie keinen Sperrstein aus dem Weg räumt und der Dame den eventuellen Ausfall nach h5 nimmt.

2) Von den Gewinnzügen ist **24.♘h4!!** am spektakulärsten, obwohl es sich ja nicht einmal um ein Opfer handelt, sondern nur um ein Scheinopfer.

(Die erwähnten Alternativen 24.♘g1 und 24.♘d2 gewinnen ebenfalls, nur eben weniger spektakulär.)

Hier ein Überblick über die Variantenfülle:

a) 24...♗b5? 25.♗xh7+! ♔xh7 26.♕h5+ ♔g8

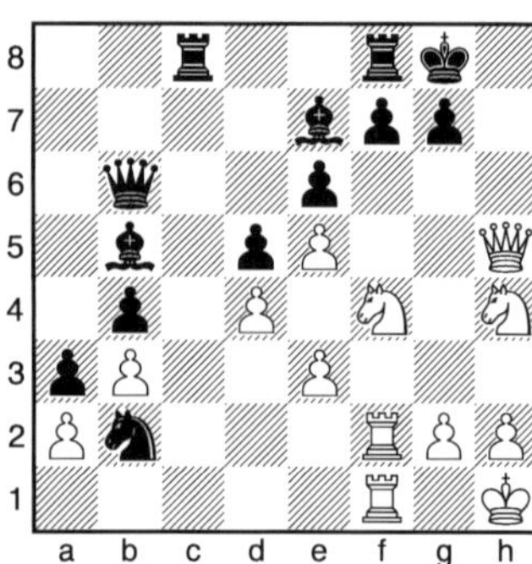

27.♘fg6! fxg6 28.♘xg6 nebst baldigem Matt.

b) 24...♗xh4 25.♕h5 h6 26.♕xh4 ♕d8 27.♕g4 Δ27...♕g5 28.♕e2 mit der Hauptdrohung ♖f3-g3.

c) 24...♗g5 25.♕h5 ♗h6 26.g4

d) 24...♗e8

– 25.♕g4

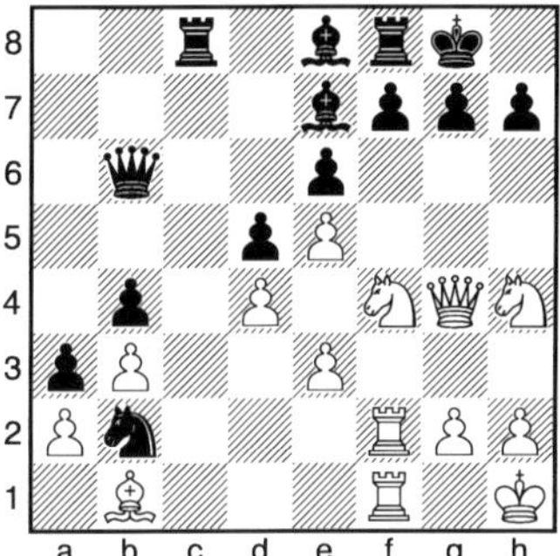

– 25...h6 26.♘f5; 26.♘xd5; 26.♘h5

– 25...g6 26.♘h5; 26.♖f3

– In der Liste der Gewinnzüge tummelt sich außer außer dem ‘üblichen Verdächtigen’ 25.♗xh7+ sogar die Neben- bzw. Notlösung 25.♘xd5, denn nach der mehr oder weniger forcierten Folge 25...exd5 26.♘f5 ♕e6 27.♕g4 g6 28.♘xe7+ ♕xe7 29.♕xc8 ♗b5 30.♕c1 ♗xf1 31.♕xf1 ...

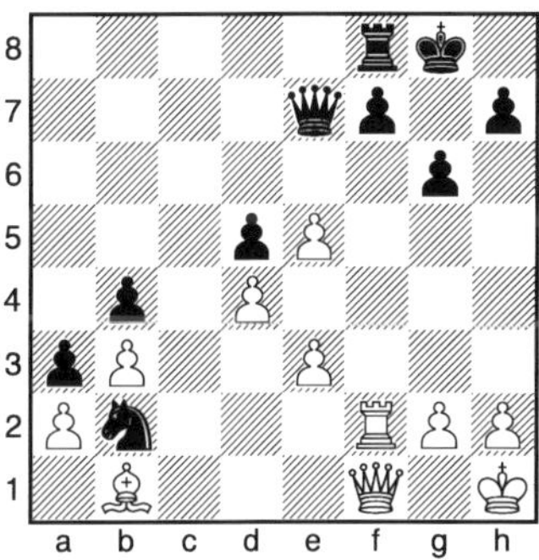

... verfügt Weiß ja zusätzlich zu dem Mehrbauern immer noch über eine Art ‘Mehrfigur’.

e) 24...♕d8 25.♕h5

Ängstlichen Gemütern ist die Nebenlösung 25.g3 anzuraten.

25...h6 26.♘hg6 ♕e8 27.♘xd5 exd5 28.♘xf8 ♗xf8 29.♖xf7

19

McCarthy – Myagmarsuren

Budapest 1959

1.e4 e6 2.d4 d5 3.♘d2 ♘f6 4.e5 ♘fd7 5.♘e2 c5 6.c3 ♘c6 7.f4 ♕b6 8.♘b3 a5 9.a4 ♗e7 10.♗e3 c4 11.♘d2

Diese Behauptung stimmt nicht! Richtig ist vielmehr, dass **11...♕xb2** zu einem *komplizierten* Remis führt. Und zwar folgt auf **12.♖b1 ♕a3 13.♖a1** überraschend **13...♘b4!** mit der Doppeldrohung ♘d3# und ♕xa1 bzw. ♘c2+.

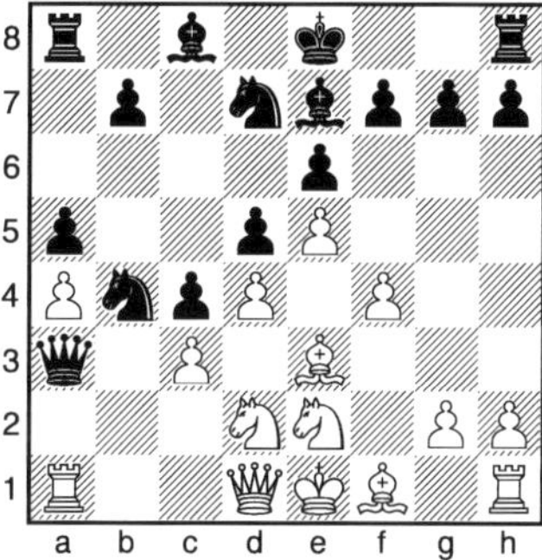

Darauf ist **14.♔f2** tatsächlich der einzige Zug, und nach **14...♘a2** führen u.a. folgende Wege in den Remishafen:

1) 15.g3 ♘xc3 16.♘xc3 ♕xc3 17.♖c1 mit einem diesmal tatsächlich *einfachen* Remis durch Zugwiederholung.

2) 15.♕c2 ♘b4 Δ16.♕b1? (□16.♕d1 ♘a2=)

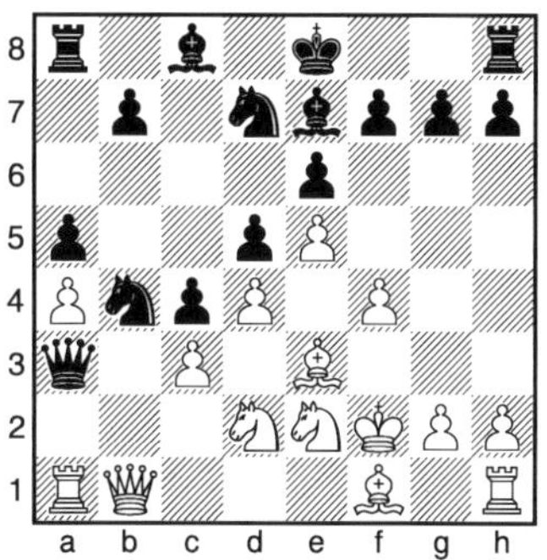

a) 16...♘d3+ 17.♔g1 ♕b2 18.♕d1 ♕b6∓

b) 16...♕b2 17.cxb4 ♕xb1∓ 18.♖xb1 axb4 bzw. **18.♘xb1 axb4**

Wie auch immer, verzichtete Schwarz in der Partie auf solche Spielereien und wählte stattdessen **11...f6** mit unklarem Spiel.

20

Rührig – Reefschläger

Deutschland 1986

1.e4 e6 2.d4 d5 3.♘d2 ♘f6 4.e5 ♘fd7 5.f4 c5 6.♘df3 ♘c6 7.♘e2 ♕b6 8.g3 cxd4 9.♘exd4 ♘xd4 10.♘xd4 ♗c5 11.c3 a5 12.♖b1 0–0 13.♗h3 ♔h8 14.♔f1

Angesichts des weißen Entwicklungsnachteils sowie der grotesk überblähten 'künstlichen Rochadestellung' grenzt es an ein Wunder, dass Schwarz nicht mehr als soliden Minimalvorteil erzielen kann. Und bezüglich der einleitenden Scherzfrage geht es keineswegs um schachliche, sondern einzig und allein um psychologische Erwägungen.

1) Nach dem gewissermaßen 'harmloseren' Einleitungszug **14...f6** nahm die Partie folgenden Verlauf: **15.♔g2**

- 15.♘xe6?? ♘xe5–+
- 15.exf6?? ♘xf6 16.♔g2 e5
- Ganz übel wäre nun 17.fxe5? ♗xh3+ –+ (17...♘e4) 18.♔xh3 ♘e4 19.♗e3

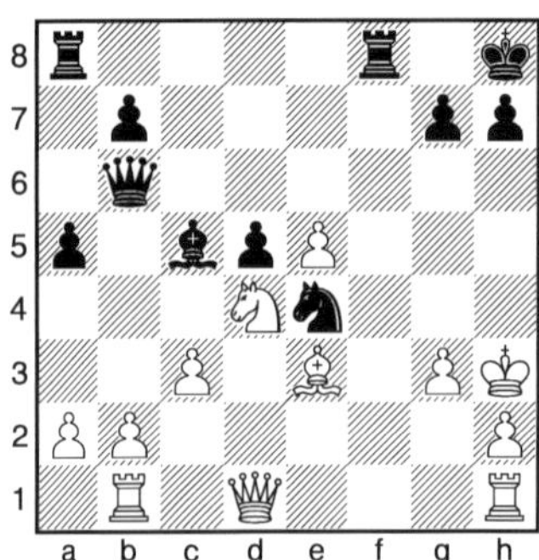

19...♖f2! usw.

- Etwas mehr technisches Können wird dem Gegner mit 17.♗xc8 abverlangt; und zwar 17...exd4 18.cxd4 ♖axc8 19.dxc5 ♕xc5–+ Δd4; z.B. 20.♖e1 d4 21.♗d2 ♕d5+ 22.♕f3 ♖c2 oder 22.♔g1 d3; 22...♕xa2!?

15...♘xe5 16.fxe5

16.♖e1? führt nach 16...♗xd4 zu mehr oder weniger deutlich ∓ in folgenden Abspielen:

- 17.cxd4 ♘c4; 17...♘c6; 17...♘f7
- 17.♕xd4 ♕xd4 18.cxd4 ♘c6; 18...♘d3

16...fxe5 17.♖f1

Eine letzte Gelegenheit zu straucheln wäre 17.♗e3?? exd4 mit folgenden Gewinnvarianten:

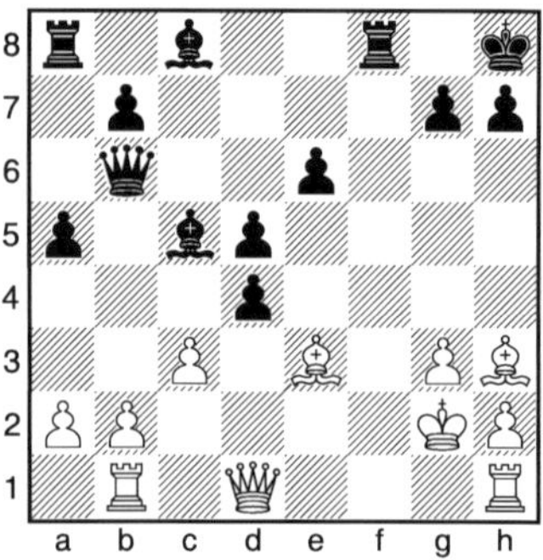

- 18.cxd4 e5! 19.dxc5 ♕c6!
- 18.♗xd4 e5 19.♗xc5 ♗xh3+ 20.♔xh3 ♕xc5

17...exd4 18.cxd4 ♗d6 19.♖xf8+ ♗xf8 20.♗f4 ♗d7∓

2) Der eventuelle psychologische Vorteil der Zugfolge **14...♘xe5 15.fxe5 f6** besteht darin, dass Weiß bereits einen Zug früher mit einem Figurenopfer konfrontiert wird und entsprechend einen Zug früher in Panik geraten könnte.

a) Etwas riskant wäre nun **16.exf6?!** wegen der möglichen Folge **16...e5 17.♗xc8 ♕xf6+ 18.♔g2 ♖axc8 Δ19.♘f3**

e4 20.♖f1 exf3+ 21.♕xf3.

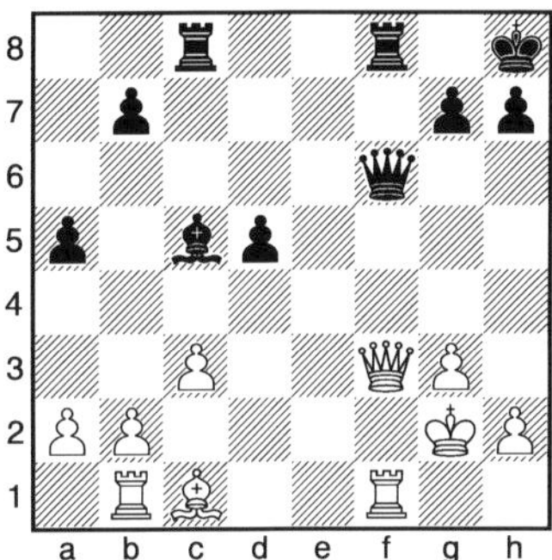

Aber jetzt kein Damentausch mit **21...♕xf3?!** (⌓21...♕c6∓; 21...♕g6), denn nach **22.♖xf3 ♖xf3 23.♔xf3 ♖f8+ 24.♔e2 ♖f2+ 25.♔d3 ♖xh2** hat Schwarz zwar einen Bauern gewonnen, aber mit **26.a4!** Δb4 kann Weiß sich noch ausreichendes Gegenspiel verschaffen.

b) Hingegen führt **16.♔g2** nach **16...fxe5 17.♖f1 exd4 18.cxd4 ♗d6 19.♖xf8+ ♗xf8 20.♗f4 ♗d7∓** zur Schlussstellung der Hauptvariante.

21

Reefat – Lyell

Edinburgh 2003

1.e4 e6 2.d4 d5 3.e5 c5 4.c3 ♘c6 5.♘f3 ♘h6 6.a3 cxd4 7.cxd4 ♘f5 8.♘c3 ♗d7 9.h4 ♗e7 10.h5 ♖c8 11.g4

Da Schwarz – statt frühestmöglich maximalen Druck auf d4 zu erzeugen – der Bereitstellung eines Turms auf der c-Linie Vorrang gegeben hat, konnte Weiß eine raumgreifende Aktion am Königsflügel einleiten, die hauptsächlich darauf abzielt, den schwarzen Königsspringer von f5 zu vertreiben und vor die klassische Schicksalsfrage zu stellen: Quo vadis?

1) Nach **11...♘h4?** (dem Zug, der in vergleichbaren Stellungen als Standard angesehen werden kann) würde Schwarz auf eine unliebsame taktische Pointe stoßen.

Ganz unseriös wäre übrigens 11...♘fxd4? 12.♘xd4 ♘xe5, denn obwohl Schwarz zwei *Zentrums*bauern eingeheimst hat und die weiße Stellung arg geschwächt ist, sollte Weiß nach 13.♗e3 zumindest *tendenziell* auf Gewinn stehen.

Nach **12.♖xh4! ♗xh4 13.g5** erzwingt die Notlage des Läufers die Folge **13...h6 14.♘xh4 hxg5**, wonach sich mit **15.♕g4!** erst jetzt die wirkliche Pointe zeigt.

Hingegen stünde Weiß nach 15.♘f3 ♖xh5 16.♘b5 ♔f8∞ oder 15.♘g2? ♕b6∞; 15...f6; 15...0–0 Δf6 jeweils mit mehr oder weniger leeren Händen da.

15...♘xd4!

Schwarz muss die Stellung maximal komplizieren, denn 15...gxh4? 16.♕xg7 ♖xh5 wäre nach 17.♗e2 oder 17.♘b5 ganz hoffnungslos.

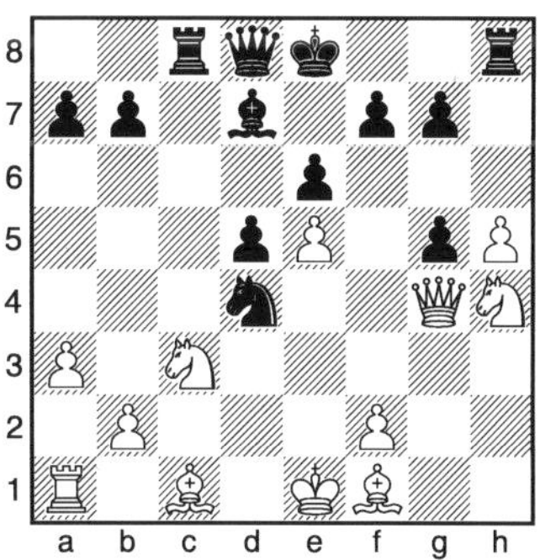

a) Nach 16.♗xg5?! ♘c2+ 17.♔d1 ♕b6 18.♔xc2 d4 wäre der schwarze Plan aufgegangen, denn in dem Wirrwarr nach 19.♘f3 dxc3 20.bxc3 ♕xf2+ 21.♗d2 oder 21.♘d2 könnte Weiß höchstens noch ± beanspruchen.

b) Deutlich übersichtlicher bleibt die Stellung nach 16.♕xd4 gxh4 17.h6!

(17.♕g4 ♖xc3! 18.bxc3 ♕c7)

17....gxh6 18.♘b5 ♗xb5 19.♗xb5+ ♔f8 20.♗d2~+−

2) Entsprechend kann **11...♘h6** quasi im Ausschlussverfahren als beste Lösung angesehen werden, wobei es erstaunlich ist, welches (Ausgleichs-) Potenzial in diesem hässlich aussehenden Rückzug steckt.

12.♗d3

– Die Methode 'Doktor Eisenbart' 12.♗xh6?! gxh6 ist in ähnlichen Stellungen (mit beträchtlich gelockertem weißem Königsflügel) fast immer schlecht. Im gegebenen Fall hätte Schwarz nach beispielsweise 13.♕d2 ♕b6∞ Δ♖f8 nebst f6 nicht die geringsten Sorgen.

– Und die Zugfolge 12.♖g1 Δ♗d3 wäre ungenau, weil Schwarz sich nach 12...0–0! ungeachtet des scheußlich platzierten Springers sehr wohl Gegenspiel verschaffen kann; z.B. 13.♗d3

(13.♗xh6? gxh6∓ Δ14.♕d2 ♗g5)

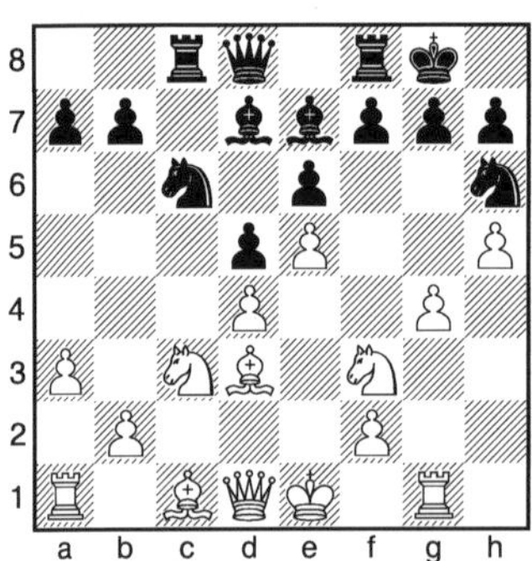

13...f6! 14.exf6 ♖xf6∞ Δ15.g5 (15.♗e3 ♖f7) 15...♖xf3 16.gxh6 (16.♕xf3? ♘xd4∓) 16....♖f7

12...♘xg4?

Hier hätte Schwarz den Schaden mit 12...0–0! in engen Grenzen halten können; z.B.13.g5

(13.♖g1?! führt nach 13...f6!∞ zur letzten Klammeranmerkung.)

13...♘f5 14.♘e2!?± Δ♔f1

13.♖g1 f5 14.exf6 ♘xf6 15.♖xg7 und nach dem weiteren Fehler **15...♕b6** (□15...♗f8 16.♖g1±) und dem Killerzug **16.h6** mit der Hauptdrohung ♗g5 war die schwarze Stellung nicht mehr zu halten.

22

Kupreichik – Levitt

Kopenhagen 1988

1.e4 e6 2.d4 d5 3.e5 c5 4.c3 ♘c6 5.♘f3 ♗d7 6.♗e2 ♘ge7 7.0–0 ♘f5 8.♗d3 ♘h4 9.♘xh4 ♕xh4 10.♗e3 cxd4 11.cxd4 ♗b4 12.a3 ♗a5 13.g3 ♕e7 14.♘c3 f5 15.b4 ♗b6 16.♗c2 0–0

Durch den Vorstoß f7–f5 (statt f7–f6) hat Schwarz auf Spiel am Königsflügel verzichtet und auch die gegnerischen Ambitionen dort fürs Erste stillgelegt. Dies kann sich allerdings schnell ändern, wenn Weiß die Tatsache vernachlässigt, dass der Bauer d4 u.a. auch auf den Schutz durch den Läufer angewiesen ist.

In der Partie vernachlässigte Weiß genau diesen Umstand und ließ sich die Ungenauigkeit **17.♕d2?!** zuschulden kommen.

Besser war die Überdeckung des unter Druck stehenden Bauern mittels der vorbeugenden Maßnahme 17.♘e2 mit solidem Minimalvorteil und dem prinzipiellen weiteren Aufmarschplan ♕d2, h4, ♘f4 usw.

17...♗e8?

Auch Schwarz ist nicht auf der Höhe und lässt sich den höchst effektiven Störzug 17...f4! entgehen (der übrigens bereits im 16. Zug angebracht gewesen wäre). Hier ein Blick auf die möglichen Folgen.

18.gxf4

(18.♗xf4? schlägt nach 18...♘xd4 selbstverständlich deutlich zu schwarzen Gunsten aus; z.B. 19.♗d1 ♖ac8∓ Δ♖c4, ♖fc8 usw.)

18...♕h4

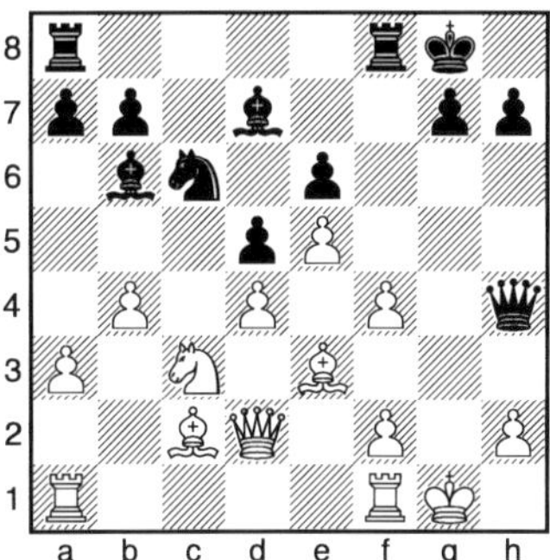

Und da Schwarz außer über die sofortige Dauerschachdrohung ♕g4+ über vielversprechende Möglichkeiten wie ♗e8–h5 oder sogar g7–g5 verfügt, muss ihm üppige Kompensation bescheinigt werden, wie auch ein Blick auf folgende Varianten bestätigt:

- 19.♔h1 ♗e8 Δ♗h5
- 19.♘e2 ♗e8; 19...♖ac8; ♘e7
- 19.f3 g5!

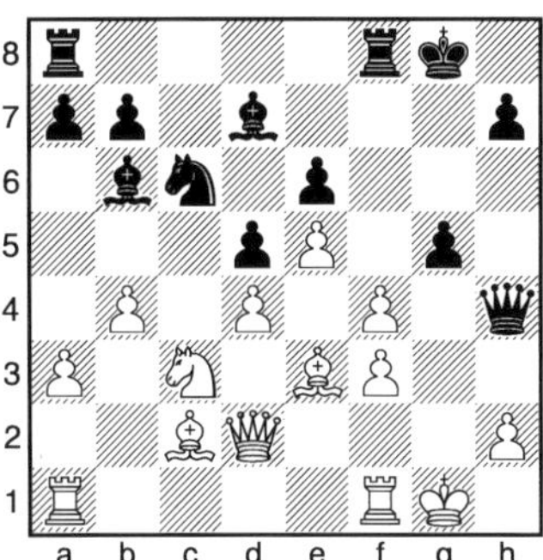

- 20.fxg5? ♘xd4∓; 20...♗xd4
- 20.♔h1 gxf4 21.♗f2 ♕h3 22.♖g1+ ♔h8 23.♖g2

18.♘e2±

Weiß ergreift die Gelegenheit, sein Versäumnis wiedergutzumachen, beim Schopfe.

Das alternative Herangehen mit 18.f4!? steht auf einem ganz anderen Blatt.

18... ♗h5 19.f3!

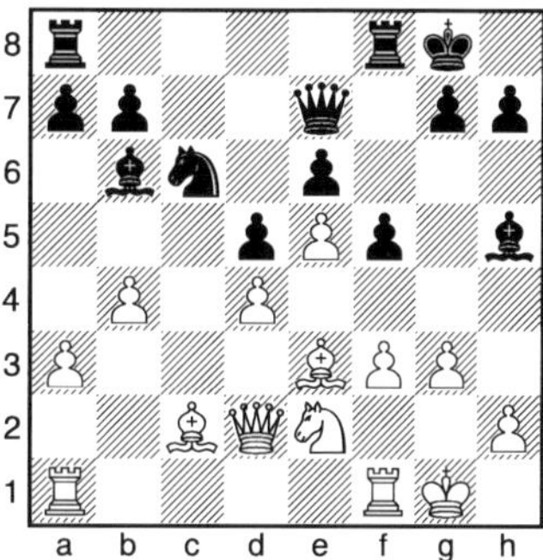

Und erst nach diesem Ausschluss von ♗f3 folgt eventuell ♘f4 nebst h4 usw. oder auch zunächst die Weiterentwicklung des Damenflügels mit ♖ac1, ♗d3 usw.

23

Maksimovic – Miljanic

Vrnjacka Banja 1987

1.d4 e6 2.e4 d5 3.♘d2 ♘f6 4.e5 ♘fd7 5.c3 c5 6.♗d3 ♘c6 7.♘gf3 cxd4 8.cxd4 ♕b6 9.0–0 ♗e7 10.♖e1 g5 11.h3 h5

Strenggenommen war die Schaffung einer Angriffsmarke im letzten Zug nicht erforderlich (⌓11.♘b3!± Δ11...g4 12.♘g5 h6 13.♘h7; 13.♘xf7!?). Aber jetzt, wo sie nun einmal vorhanden ist, muss Weiß sich damit arrangieren. Derweil versucht Schwarz, die Schwäche seines gelockerten Königsflügels mitsamt dem unrochierten König durch Druck auf den latent schwachen Bauern d4 zu kompensieren.

1) In der Partie zog Weiß (vermutlich aus Furcht vor dem Vorstoß des schwarzen g-Bauern bis g3) **12.♘f1?** und nach **12...g4** konnte eher Schwarz sich Hoffnung auf etwas Eröffnungsvorteil machen.

Womöglich hatte Weiß nur 12...♘xd4? erwartet, wonach 13.♘xg5 ihm angesichts des verletzlichen schwarzen Königsflügels kräftigen Minimalvorteil gesichert hätte.

13.hxg4 hxg4 14.♘3h2 ♕xd4 15.♘xg4 ♘b4?!

Besser war 15...♘c5 (15...♗b4!?) ...

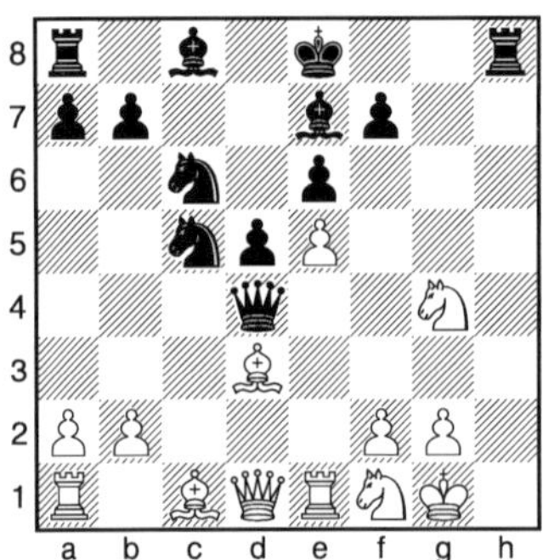

... mit einem Hauch von Vorteil in folgenden Abspielen:

– 16.♗e2 ♕xd1 (16...♗d7) 17.♖xd1 b6 Δ♗a6

– 16.♗b5 ♕b4!? Δ17.♗e2 ♘d4; 17...b6

16.♗b1?

□16.♗b5∞

16...♕xd1 17.♖xd1 ♘c6∓

□17...b6∓ Δ18.a3 ♘c6 19.♗f4 ♗a6 Δ♗e2; Δ20.♗d3 ♗xd3 21.♖xd3 ♘c5; 21...a5; 21...♖h5!?

2) Korrekt war natürlich **12.♘b3**, denn jegliche Linienöffnung am Königsflügel fällt eher zu *weißen* Gunsten aus, zumal Schwarz in diesem Brettabschnitt so gut wie keine Angreifer zur Verfügung stehen. Hier ein umfassender Überblick über sämtliche relevanten Möglichkeiten.

12...g4

– 12...♖g8? 13.♘h2 ♖h8 14.♗e2+-

– 12...♕d8 13.♘h2±

13.♘g5

Nach 13.hxg4? hxg4 14.♘g5 würde der Vorstoß 14...g3∞ doch Wirkung zeigen.

a) Zunächst war die Furcht vor **13...g3?** unbegründet, denn dieser Vorstoß kann sogar auf mehr als nur eine Weise siegreich ignoriert werden.

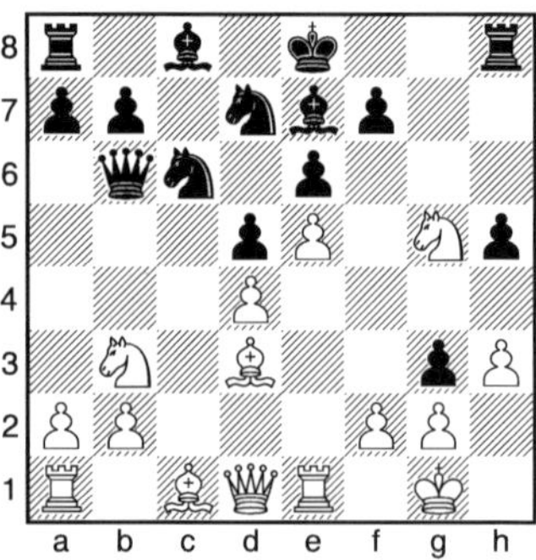

– Am besten mit 14.♕f3 ♗xg5 15.♗xg5 ♘xd4 16.♕g3.

– Infrage kommt allerdings auch 14.♖f1 und ‘zur Not’ sogar 14.fxg3 ♘dxe5 15.♗e2.

b) 13...♘xd4? 14.♘xd4+-

14.♘xf7!?; 14.♗e3?! ♗xg5 15.♗xd4±

14...♗xg5

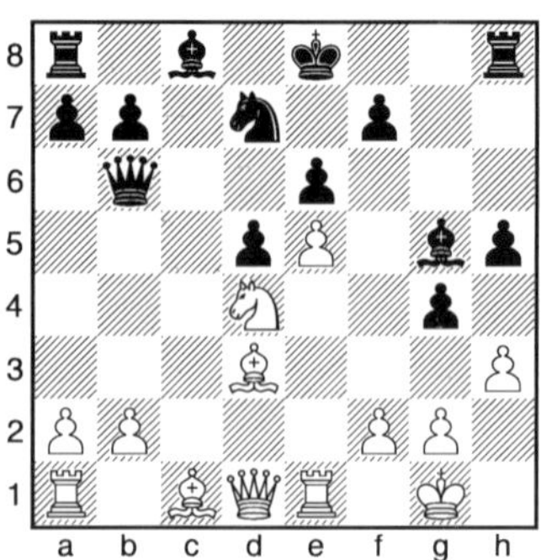

– 15.♘b5! ♗e7 16.♗e3 nebst ♖c1

- 15.♗xg5!? ♕xd4 16.♖c1

- 16...♖g8 17.h4 g3 18.♖f1

- 16...g3 17.♖c2; 17.♖e2

c) 13...gxh3 (13...♖g8 14.h4±) **14.♗e2 ♗xg5 15.♗xg5± Δ15...♖g8 16.♕d2**

d) 13...♗xg5 14.♗xg5 gxh3 15.♗e2± oder auch **15.♖e3!? Δ15...♘xd4? 16.♖xh3 ♘xb3 17.axb3+− Δ17...♘xe5 18.♗f6 ♘xd3 19.♕xd3** usw.

24

Senff – Berg

Duisburg 1992

1.e4 e6 2.d4 d5 3.♘d2 ♘f6 4.e5 ♘fd7 5.c3 c5 6.♗d3 ♘c6 7.♘e2 ♗e7 8.0–0 0–0 9.♘f3 f6 10.exf6 ♘xf6 11.♖e1 ♗d7 12.♘f4 ♕c8

Das passive schwarze Herangehen an das Problem auf der e-Linie (11...♗d7? statt 11...♗d6) hat Weiß die Möglichkeit geboten, sofort konkret gegen den rückständigen Bauern auf e6 vorzugehen. Nun ist die Frage, wie dieser Angriff fortgesetzt werden sollte, ohne dass zu viel Gegenspiel aufkommen könnte.

1) In der Partie wählte Weiß den ungeschickten Ansatz **13.♕e2?**, an dem sogleich missfällt, dass die Dame bei noch latent gegebener Grundreihenschwäche *vor* dem Turm operiert.

Allerdings reagierte Schwarz mit dem ebenfalls ungeschickten Verteidigungszug **13...♘d8?**, wonach Weiß dann doch wieder auf Gewinn stand.

– Nach 13...cxd4 14.cxd4 verfügt er hingegen nur noch über Minimalvorteil, denn nach 14...♗d6 zeigt sich der Giftgehalt der Situation auf der e-Linie in der Variante 15.♘xe6?? (⌓15.♗d2) 15...♖e8 mit Gewinn nach 16.♘fg5 h6 oder 16.♗f5 ♘d8.

– Nach der ebenfalls starken Alternative 13...♗d6 gibt es zunächst das Kuriosum zu erwähnen, dass Computer (in Ermangelung von Schamgefühl) den Rückzug 14.♕d1!? als beste Möglichkeit vorschlagen.

Tatsächlich ist nichts wirklich Besseres zu entdecken, wie ein Blick auf folgende Beispielvariante bestätigt: 14.dxc5 ♗xc5 15.♗c2 (Δ♘d3) 15...e5!

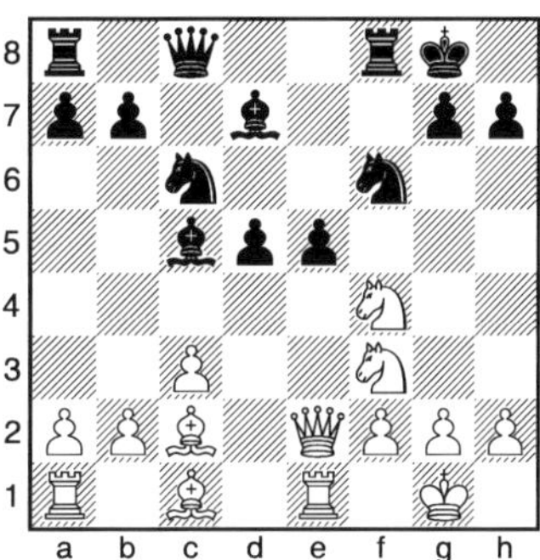

16.♘xd5! (16.♘xe5?? ♘xe5−+) 16...♘xd5 17.♕e4 ♗xf2+! (17...♘f6?? 18.♕c4+ +−) 18.♔xf2 ♘f6 19.♕h4 ♗f5 und nachdem sich das Bild drastisch gewandelt hat, ist Schwarz voll im Spiel.

14.♘g5 (14.♘e5!?~+−) **14...♖e8?**

Statt dieser erneut passiven Wahl gab es mehrere aktive Alternativen:

– 14...h6 15.♘g6+− (15.♘gxe6!?) 15...♖e8 16.♘f3; 16.♘xe7+ ♖xe7 17.♘f3

– Selbst 14...♘f7 wäre noch besser, zumal es dem Gegner den Fehlzug 15.♘gxe6?? nahelegt (⌓15.♘fxe6+−; 15.♘xf7), nach dem 15...♖e8 wieder zu unklaren Verhältnissen führt.

– Den besten Eindruck macht noch 14...c4 mit nur tendenzieller Gewinnstellung nach 15.♗c2 (15.♗b1)

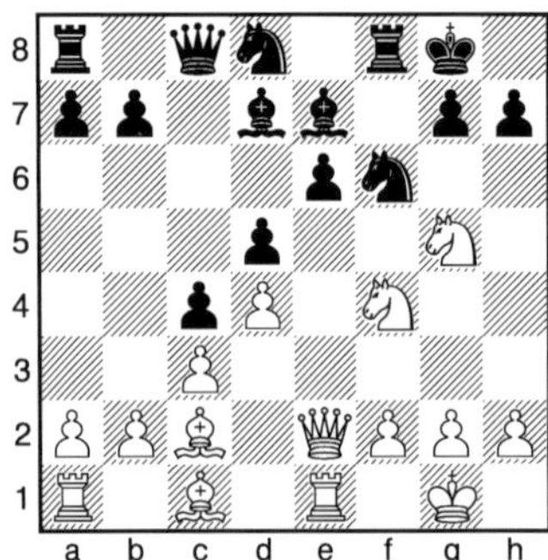

Δ15...♗d6?! (⌓15...a5!? Δ♖a6) 16.♘h5 h6 17.♘xf6+ ♖xf6 18.♘h7+–.

15.♘h5+–

Und statt dieses klaren Gewinnzugs wäre 15.♕c2! wegen aufkommender Mattmotive sogar noch deutlich stärker gewesen.

2) Nach dem korrekten Herangehen mit **13.♘g5!** verfügt Weiß über eine Gewinnstellung, wobei er allerdings in den folgenden Varianten jeweils genau abwägen muss, ob und wie er auf e6 schlägt:

a) Nach **13...♗d6** sind alle drei Optionen gewinnträchtig, wobei jedoch **14.♕c2!** noch vor den Schlagzügen **14.♘fxe6** und **14.♘gxe6** rangiert.

b) Nach **13...cxd4** würde Weiß sich die Sache mit **14.♘gxe6?!** unnötig schwer machen (⌓14.♕c2; 14.♘fxe6), weil Schwarz nach **14...♖e8 15.♘xd4 ♘xd4 16.cxd4 ♕c7** Δ♗d6; ♕b6 doch einiges Gegenspiel vorzuweisen hat.

c) Und nach **13...c4** bietet der Totalrückzug **14.♗b1!** (gegenüber 14.♗c2!?) den zusätzlichen Vorteil der möglichen Batteriebildung mit ♕c2; z.B. **14...♗d6** (14...♘d8 15.♕c2) mit folgenden Abspielen:

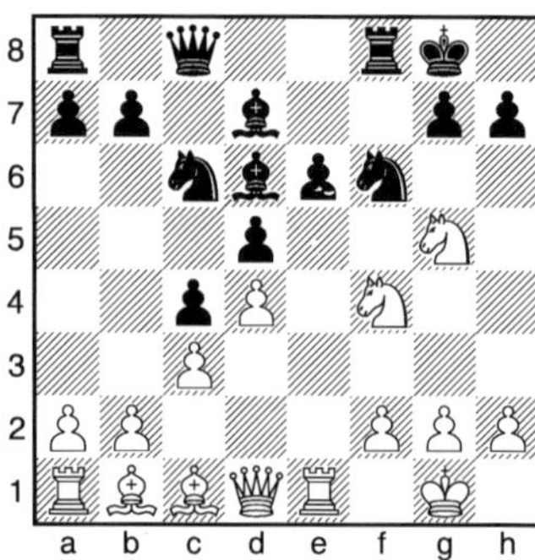

– Nach 15.♘gxe6?? ♖e8 erhält Schwarz volle Kompensation.

– 16.♘c5 ♖xe1+ 17.♕xe1 ♕e8!

– 16.♘g5 ♖xe1+ 17.♕xe1 ♕c7 Δ18.g3 h6 19.♘f3 ♗g4 nebst ♖e8

– Nach 15.♘fxe6 ♖e8 16.♗f4 ♗xf4 17.♘xf4 ♖xe1+ 18.♕xe1 sorgt nur 18.♕c7 dafür, dass es zunächst noch bei einer *tendenziellen* Verluststellung bleibt.

– Am besten ist erneut der Zwischenzug 15.♕c2! mit Qualitätsgewinn nach der möglichen Folge ♗xf4 16.♗xf4 h6 17.♘h7 (17.♘f3) 17...♖f7 18.♘xf6+ ♖xf6 19.♕h7+ ♔f7 20.♗e5.

25
Lundin – Malkiel
London 2015

1.e4 e6 2.d4 d5 3.e5 c5 4.c3 ♘c6 5.♘f3 ♗d7 6.♘a3 ♖c8 7.♘c2 cxd4 8.cxd4 ♗b4+ 9.♗d2 ♗xd2+ 10.♕xd2 ♘ge7 11.h4 0–0 12.h5 f6 13.h6 g6 14.exf6 ♖xf6 15.0–0–0

Die lange Rochade bei ganz geöffneter c–Linie ist im Franzosen eigentlich ein Unding. Zwar ist die schwarze Stellung keineswegs gefährdet, aber eben die Situation auf der c–Linie bietet die Gelegenheit, einen langwierigen Positionskampf zu vermeiden und dem Gegner sogar einiges an Präzision abzuverlangen, um nicht ins Hintertreffen zu geraten.

1) In der Partie akzeptierte Schwarz mit **15...♕b6** den langwierigen Positionskampf, denn nach Bereinigung der Situation auf der c-Linie mit **16.♔b1** durfte eher der Weiße sich Hoffnung auf Minimalvorteil machen.

2) Der Befreiungsschlag **15...e5!** beruht vor allem auf der Befreiung des 'schlechten französischen Läufers'. Hier ein Blick auf die resultierenden Möglichkeiten, von denen die erste krass zeigt, warum Weiß mit höchster Präzision vorgehen muss.

a) 16.♘xe5?? ♘**xe5**–+ (16...♗f5) **17.dxe5 ♖fc6 18.♗d3**

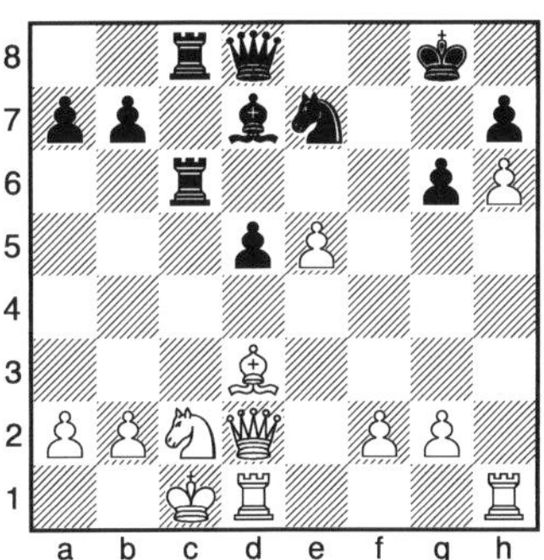

18...♖xc2+ 19.♕xc2 (19.♗xc2 ♗f5) **19...♖xc2+ 20.♗xc2 ♕f8** u.a. Δ♕f4+

b) Nach **16.♔b1 ♗f5** (16...e4 17.♘e5∞) **17.♖c1 ♗xc2+ 18.♖xc2 e4 19.♘e5**∞ dürfte eher der Schwarze sich Hoffnung auf Minimalvorteil machen.

c) Und nach **16.dxe5** führt eine spektakuläre und weitgehend forcierte Variante zum dynamischen Ausgleich: **16...♖xf3 17.gxf3 ♗f5 18.♗h3!** (18.♗d3? ♘d4∓) **18...♘d4 19.♕xd4!** (19.♗xf5?? ♘exf5–+) **19...♖xc2+ 20.♔b1 ♖c4+ 21.♗xf5 ♖xd4 22.♗e6+ ♔h8 23.♖xd4 ♕b6**

In der Folge macht Weiß sich zunutze, dass er bereits im frühen Eröffnungsstadium im AlphaZero-Stil seinen h-Bauern nach h6 vorgetrieben hat, wenngleich diese Aktion nunmehr nur noch dem Überleben dient.

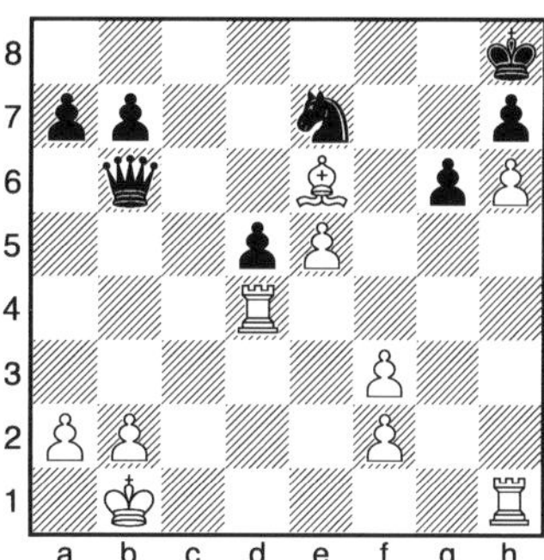

24.♖f4

Mit 24.♖xd5!? könnte Weiß noch eine giftige Falle stellen, denn 24...♘xd5?? 25.♗xd5 Δ♖c1 führt zum Gewinn, während es nach 24...♕xe6 25.♖d8+ analog zur Hauptvariante weiterginge.

24...♕xe6 25.♖f8+ ♘g8 26.♖c1 ♕xe5 und nun ist Dauerschach oder Zugwiederholung unvermeidlich; z.B. **27.♖cc8 ♕e1+ 28.♔c2 ♕xf2+** usw. oder **27.a3 d4 28.♖cc8 ♕e1+ 29.♔a2 ♕e6+** usw.

26

Lagno – Bivol

Riadh (Rapid) 2017

1.e4 e6 2.d4 d5 3.e5 c5 4.c3 ♘c6 5.♘f3 ♗d7 6.♗e2 ♘ge7 7.0–0 cxd4 8.cxd4 ♘g6 9.g3 ♗e7 10.h4 0–0 11.h5 ♘h8 12.♘c3 f6 13.exf6 ♗xf6 14.♗f4 ♘f7 15.♕d2 a6 16.♖ac1 b5 17.b3 ♕b6 18.♖fd1 ♖ad8 19.♗e3 ♘d6 20.♗d3 ♗e8 21.g4 ♕b7 22.♗b1 ♕f7

Offensichtlich stehen die schwarzen Figuren ziemlich unharmonisch, aber der Batterie auf der f-Linie muss Weiß nicht allein wegen des aktuell losen Springers f3 größte Beachtung schenken. Schließlich darf man nicht vergessen, dass die weißen Sturmbauern von Hause aus eigentlich dem Schutz der Rochadestellung dienten.

1) In der Partie war Weiß der Ansicht, sich den Luxus des Läuferpaargewinns **23.♘g5?? ♗xg5 24.♗xg5** erlauben zu können – und tatsächlich hatte Schwarz bei der verlockenden Antwort **24...♕f3??** genau dasselbe entscheidende taktische Detail übersehen wie ihre Gegnerin.

Und zwar den Zwischenzug am anderen Flügel 24...b4!, um der weißen Dame den Konsolidierungszug nach e2 zu nehmen.

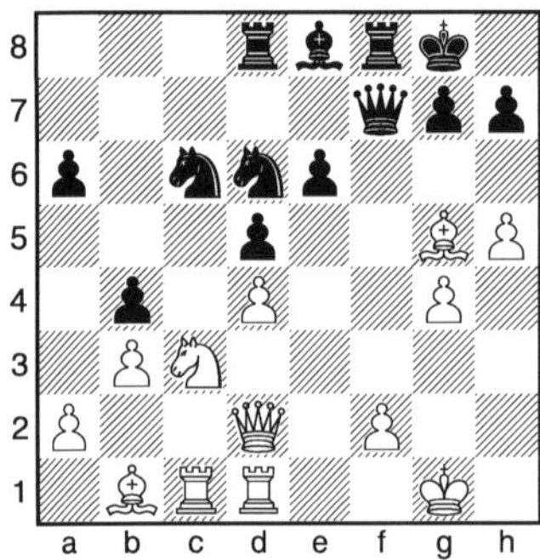

Danach erzielt Schwarz in folgenden forcierten Varianten bedeutenden Vorteil:

– 25.♘a4 ♕f3

(25...e5!? Δ26.♗xd8? ♘xd4–+)

26.♕e3 ♕xg4+ 27.♕g3 ♕xg3+ 28.fxg3 ♖c8∓

– 25.♕c2 g6 26.hxg6 hxg6 27.♗xd8 ♘xd8 28.♘a4 ♘e4 29.♕e2 ♘g5∓

25.♕e2 ♕xe2 26.♘xe2±

Übrigens hätte der weitere 'Zwischenzug am anderen Flügel' 25...♖c8 nichts am Resultat geändert, wie aus folgenden Varianten hervorgeht.

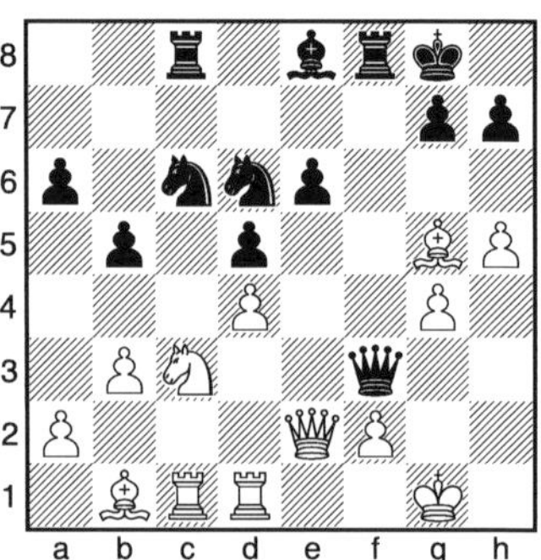

– 26.♕xf3 ♖xf3 27.♔g2± Δ♘xd4? 28.♘e2+–; 28.♗e3

– 26.♕xe6+ ♖f7 (26...♔h8? 27.♗h4+–)

– 27.♗h4 ♕h3 28.♕xd6 ♕xh4 29.♕g3±

– 27.♕e2 ♕xe2 28.♘xe2 ♗d7 29.♗f4±

2) Mit der primitiven Mattdrohung **23.♕d3** hätte Weiß ihrer Gegnerin die gehörige Lockerungsübung g6 abverlangen können, die nach **24.hxg6** zu großem Vorteil ausgeschlagen wäre – und zwar vor allem, weil der weiße Angriff früher oder später auf der h-Linie hätte weitergehen können. Hier ein Überblick über die wichtigsten Varianten.

a) 24...♕xg6? 25.♕xg6+–

– 25...♗xg6 26.♗xg6 hxg6 27.♘xd5

– 25...hxg6 26.♘g5

b) 24...hxg6 25.♔g2!

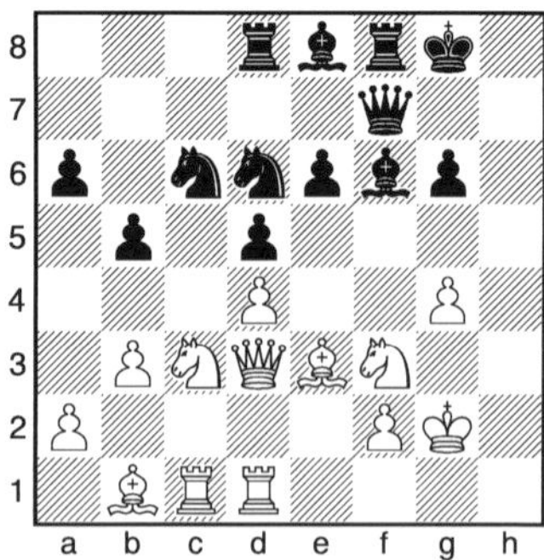

– 25...b4? 26.♘e2~+– 26...♘e4 27.♗h6 ♗g7 28.♗xg7 ♕xg7 29.♕e3

– 25...♘xd4? 26.♘xd4 e5 27.♘e6! ♕xe6 28.♕xd5+–

– 25...♗g7 26.♘g5 ♕f6 27.f4±

27

Buchnicek – Firt

Tschechien 2011

1.e4 e6 2.d4 d5 3.e5 c5 4.c3 ♘c6 5.♘f3 ♗d7 6.♗e2 ♘h6 7.0–0 ♘f5 8.g4 ♘h4 9.♘xh4 ♕xh4 10.♗e3 cxd4 11.cxd4 f6 12.f4 ♗e7 13.♘c3 ♖c8

Die weiße Expansion in der rechten Hälfte diente dem Vorstoß f4–f5. Diesem konnte Schwarz mit dem rechtzeitigen Gegenangriff f7–f6 zwar zuvorkommen, wobei allerdings seine ins gegnerische Lager vorgedrungene Dame fast in eine Pattstellung geraten ist. Es stellt sich nun die Frage, ob Weiß daraus Kapital schlagen kann.

1) In der Partie vertrat Weiß mit **14.♕e1?!** offenbar die Ansicht 'eher gefährlich' und gab sich mit unklaren Verhältnissen nach **14...♕xe1 15.♖axe1 fxe5 16.fxe5 a6** zufrieden.

2) Und dabei hätte er mit **14.♔g2!!** das brandgefährliche Motiv ♖f3-h3 thematisieren können

a) Der Gegenspielversuch **14...g5** stellt sich nach **15.exf6** als zu scharf heraus.

– So ginge 15...gxf4? nach 16.♗xf4+– ♗xf6 17.♗g3 ♕h6 18.h4 vollkommen nach hinten los.

– 15...♗xf6 16.♕d2 gxf4 17.♖xf4± Δ17...e5 18.dxe5 ♗xe5 19.♘xd5 ♗xf4 20.♗xf4

Und auch in den beiden übrigen Varianten ist der weiße Vorteil zumindest tendenziell aus dem Minimalbereich heraus.

b) 14...0–0 15.♖f3

– Nach 15...♕xg4+? 16.♖g3+– geht die Dame verloren: 16...♕h4 17.♖h3 bzw. 16...♕f5 17.♗d3.

– 15...fxe5 16.♖h3 ♕f6 17.fxe5 ♕f7

c) 14...fxe5 15.fxe5 (Δ♖f3) **Δ15...♖f8 16.♗d3 g6 17.♕d2**

28

Pesotsky – Lyell

Budapest 2014

1.♘f3 e6 2.e4 d5 3.e5 c5 4.c3 ♘c6 5.d4 ♗d7 6.♗e2 ♘ge7 7.0–0 ♘f5 8.g4 ♘h4 9.♘xh4 ♕xh4 10.♗f4 h5 11.♗g3 ♕d8 12.dxc5 hxg4 13.b4 a5 14.♕d2 f5 15.b5

Variante

Angesichts des nur umständlich zu entwickelnden weißen Damenflügels sowie der akuten Gefährdung des vorderen c–Bauern kann Schwarz optimistisch in die Zukunft schauen. Nun ist die Frage, ob dieser Optimismus bereits solche Ausmaße annehmen darf, die ein Opferspiel rechtfertigen.

Zunächst sei gesagt, dass die beiden folgenden Springerrückzüge zu einer tendenziellen Gewinnstellung führt:

– 15...♘e7 Δ♖c8, ♘g6~–+

– 15...♘a7 Δ♗xc5~–+ Δ16.b6? ♘c8 17.♕d4 ♕e7–+

Die Qualität des Opferspiels **15...♗xc5! 16.bxc6 ♗xc6** steht den soliden Fortsetzungen in nichts nach.

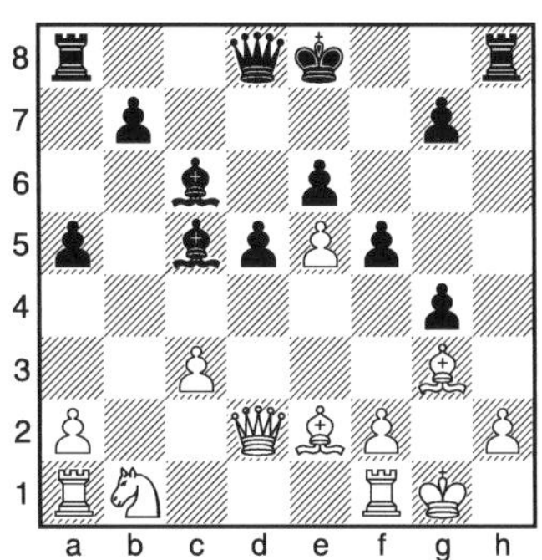

Um die konkrete Anschlussdrohung g5 nebst ♕e7-h7 zu parieren, müsste Weiß seinen f-Bauern bewegen können. Zu diesem Zweck müsste der König ziehen, nur lauert auf der langen weißen Diagonale der zweite gegnerische Läufer, und das Feld d4 kann ja nicht rechtzeitig blockiert werden. Mit anderen Worten: Da Weiß die Mehrfigur früher oder später zurückgeben muss, verfügt Schwarz auch hier über eine zumindest tendenzielle Gewinnstellung, wie die folgenden Beispielvarianten beweisen mögen.

17.a4 Δ♗b5

1) 17...g5 18.♕d3 f4; **18...d4** Δ♕d5; **18...♕d7!?** Δf4; d4

2) Und nach **17...♕e7** ist die folgende Bilderbuch-Variante am überzeugendsten: **18.♗f4** (⌓18.♕d3 ♕g5) **18...♕h4** Δg5; Δ**19.♗g3**

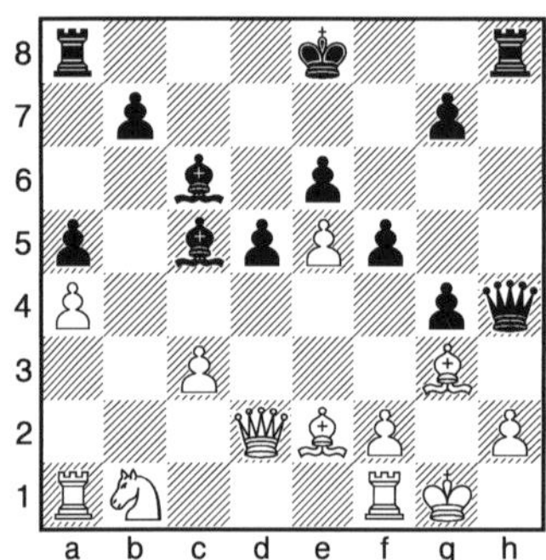

19.♗g3 ♕xg3! 20.hxg3 d4 21.f3 dxc3+ 22.♔g2 cxd2 23.♘xd2 0-0-0

29

Van Haastert – Blees

Niederlande 1996

1.e4 e6 2.d4 d5 3.e5 c5 4.c3 ♘c6 5.♘f3 ♗d7 6.♗e2 ♘h6 7.0-0 cxd4 8.cxd4 ♘f5 9.♘c3 h5 10.♗e3 ♗e7 11.♗d3 ♘xe3 12.fxe3 g5 13.♘b5

Um den einzigen Zug zu finden, muss man zunächst die weiße Drohung erkennen. Dabei geht es um die Überlastung des Läufers e7 sowie um die Tatsache, dass Weiß über die vollkommen geöffnete f-Linie gegen einen unrochierten König verfügt.

Die besagte Drohung besteht offenbar in dem Springeropfer ♘xg5, um dem überlebenden Kollegen Zugang zu d6 zu verschaffen. Hier zunächst ein Überblick über die Fehlversuche (I – VII), die zum Verlust oder zu deutlichem Nachteil führen:

I) 13...a6?? 14.♘xg5!+– Δ14...axb5 15.♘xf7

II) 13...g4?? 14.♘g5!+– Δ14...0-0 15.♗h7+ (15.♘h7) **Δ15...♔g7 16.♘xf7! ♖xf7 17.♖xf7+ ♔xf7 18.♕d3**

III) 13...0-0?? 14.♘xg5!+– Δ14...♗xg5 15.♕xh5 ♗xe3+ 16.♔h1 f5 17.exf6 mit absehbarem Matt.

IV) 13...♖f8?? 14.♘xg5! ♗xg5 15.♘d6+ ♔e7 16.♕xh5 ♗xe3+ 17.♔h1 ♗e8 18.♘xb7 ♕b6 19.♘c5 mit der tödlichen Drohung ♕h4+.

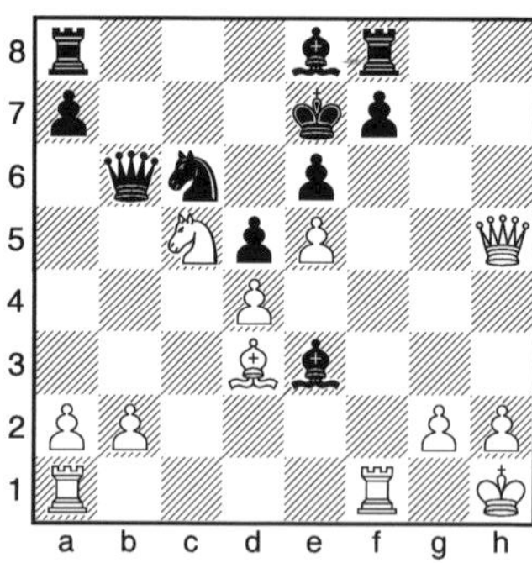

A) 19...♔d8 20.♘xe6+ fxe6 21.♖xf8 ♔d7 22.h7+ ♘e7 23.♖g8! Δ♖g7

1) 23...♗xd4 24.♖g7 ♗c5 25.♖b1 Δ25...a5 26.a4

2) 23...♕xb2

a) Nach der Ungenauigkeit 24.♖b1?! und der pointierten Antwort 24...♖c8! hilft nur eine beherzte Königsflucht, um zumindest noch eine tendenzielle Gewinnstellung zu bewahren.

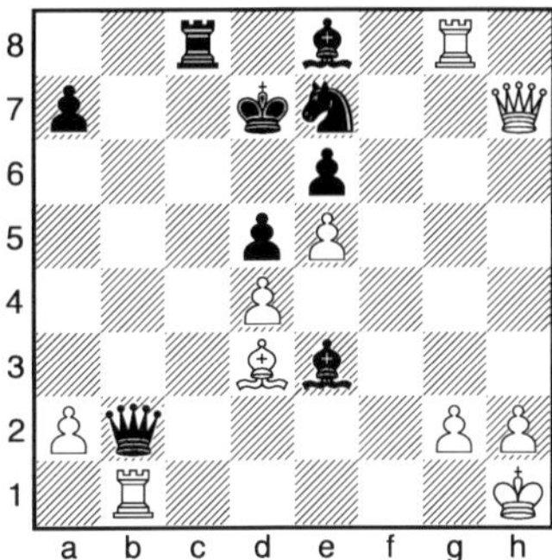

Und zwar 25.g3! ♖c1+ 26.♖xc1 ♕xc1+ 27.♔g2 ♕b2+ 28.♔h3 ♗g1 29.♖g7 ♕xh2+ 30.♔g4 ♕xh7 31.♖xh7 ♔d8 32.♖h8 ♘c6! 33.♗g6 ♗xd4 34.♖xe8+ ♔d7 35.♔h5~+–

b) 24.♖d1 ♖c8 25.a4

– 25...♖c1 26.♗b5+ ♕xb5 27.♖xc1 ♕xa4 28.♖b1 ♗xd4 29.♖xe8! ♔xe8 30.♕h8+ ♔f7 31.♕h5+ ♔g7 32.♕h4 ♔f7 und nach dem stillen Sicherungszug 33.g3!+– können sich die Schwerfiguren in Ruhe um den gegnerischen König kümmern.

– 25...♔d8 26.♗b5 ♘xg8 27.♕xg8 ♖c1 28.♕xe8+ ♔c7 29.♕e7+ ♔b8 (29...♔b6 30.♕xe6+) 30.♕d6+ ♔b7 31.♗a6+ ♔a8 32.♕d8+ ♕b8

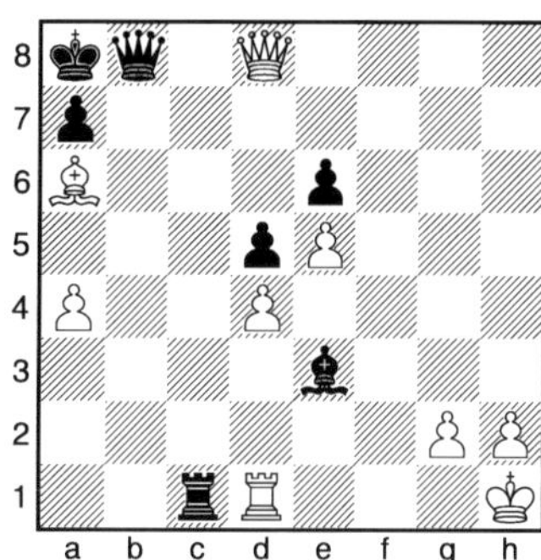

Und nun der Showdown zum gewonnenen Endspiel mit ungleichen Läufern 33.♖xc1! ♕xd8 34.♖c8+ ♕xc8 35.♗xc8 ♗xd4 36.♗xe6 ♗xe5 37.♗xd5+.

B) 19...♖g8

1) 20.h4+? ♖g5!!∞ nicht jedoch 20...♗g5?? 21.♕h7+– Δ21...♖f8 22.♕g7 ♗h4 23.♕h6 bzw. 22.♘xe6 ♔xe6 23.♕f5+ usw.

2) 20.b4!!

a) 20...♕xb4 21.♖ab1+– Δ21...♕xd4 22.♖xf7+! ♗xf7 23.♖b7+

b) 20...♘xd4 21.♕h4+

– 21...♗g5 22.♕h7; 22.♕xd4

– 21...♖g5 22.♖ae1

– 21...♔f8 22.♖xf7+! ♗xf7 23.♘d7+ ♔e8 24.♘xb6 axb6 25.a4+–

V) Auch nach **13...♗f8? 14.♕c2** (14.♕e2) kann Weiß noch fulminant angreifen, obwohl dies bei bester Verteidigung nur noch zu bedeutendem Vorteil reicht.

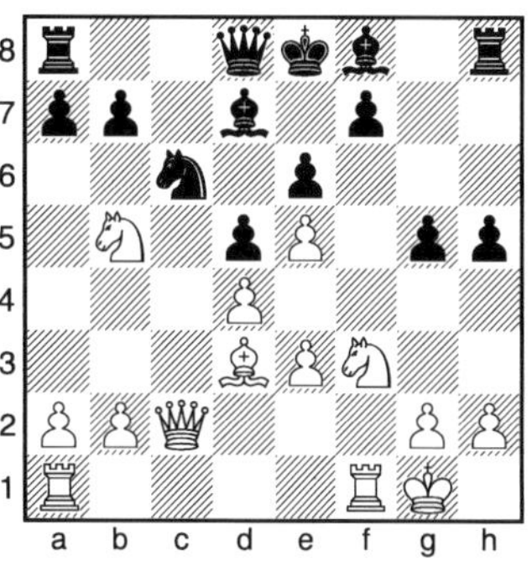

A) 14...a6? 15.♗g6!! axb5 16.♗xf7+ ♔xf7 17.♘xg5+ +−

B) 14...g4 15.♗g6!! gxf3 16.♗xf7+ ♔xf7 17.♖xf3+ ♔e7 18.♕c5+ ♔e8 19.♖xf8+! ♖xf8 20.♘d6+ ♔e7 21.♘xb7 ♔e8 22.♘xd8±

VI) Nach **13...♖g8?** (13...♔f8? 14.♘d6+±) muss Weiß auf spektakuläre Angriffsaktionen verzichten und mit **14.♘d2!**± auf ruhiges Positionsspiel umschalten; z.B. **14...g4 15.♘b3** (Δ♖c1 nebst ♘c5) **Δ15...a6 16.♘d6+!?** (16.♘c3) **16...♗xd6 17.exd6 Δ17...♗c8 18.e4!** usw.

VII) In der Partie fand Schwarz den einzigen Zug **13...♕b6!**, dessen Pointe nach **14.♘xg5 ♗xg5 15.♘d6+** ...

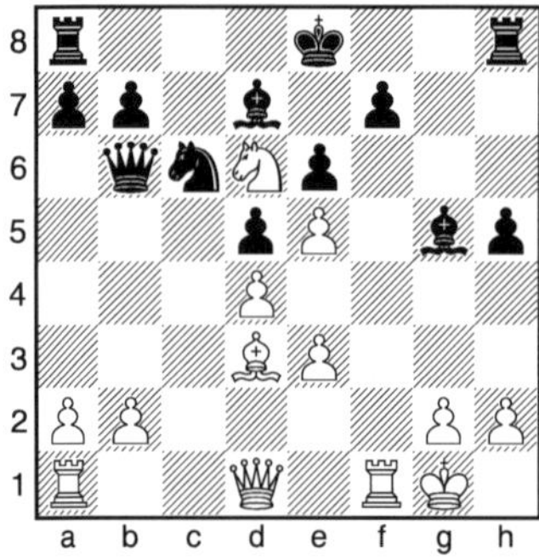

... in der Finte **15...♔e7!** bestand. Denn nach **16.♖xf7+ ♔d8 17.♕f3** und nun besser **17...♔c7 18.♘b5+ ♔c8** hätte Weiß nicht mehr als ‘ausgezeichnete Kompensation’ vorweisen können.

30

Ishkanov – Lobo

Berkeley 2005

1.e4 e6 2.d4 d5 3.♘c3 ♘f6 4.e5 ♘fd7 5.♘ce2 c5 6.f4 ♘c6 7.♘f3 f5 8.c3 ♗e7 9.h3 0–0 10.a3 a5 11.♗e3 a4 12.g4 g6 13.gxf5 gxf5 14.♘g5 ♘b6 15.♖g1 ♔h8 16.♘c1

Unter weitgehender Vernachlässigung der Entwicklung hat Weiß frühestmöglich auf die Öffnung der g-Linie hingearbeitet und muss nun unter Beweis stellen, dass dieses Herangehen nicht minderwertig ist, sondern Sinn macht. Und Schwarz muss höllisch aufpassen, dass es sich nicht unversehens als mörderisch sinnvoll herausstellt.

I) In der Partie ignorierte bzw. unterschätzte Schwarz die Gefahr, die von dem harmlos erscheinenden Rückzug 16.♘c1 ausgeht (Öffnung der Diagonale d1–h5!) und ließ mit **16...cxd4??** den vermeintlichen ‘Abtausch’ auf d4 folgen.

A) Tatsächlich revanchierte Weiß sich mit dem Gegenfehler **17.♗xd4??** (17.cxd4?? ♕e8 Δh6; Δ♘c4) und nach **17...♘xd4 18.cxd4** (⌓18.♕xd4) **18...♕e8 19.♗e2** Δh6; Δ♘c4 konnte eher Schwarz sich Hoffnung auf Minimalvorteil machen.

B) Stattdessen hätte das Figurenopfer **17.♕h5!** in allen Varianten zum Gewinn geführt; z.B. **17...♗xg5 18.fxg5**

1) Nach **18...dxe3 19.g6 ♕e7 20.g7+ ♕xg7 21.♖xg7 ♔xg7 22.♕g5+ ♔h8 23.♕xe3** ...

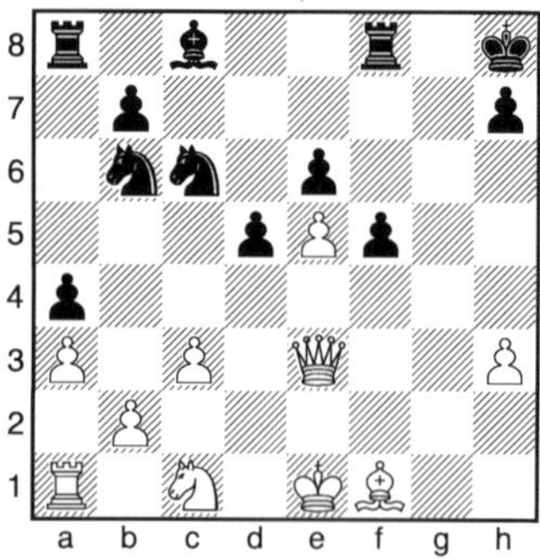

... hat Schwarz mit Turm, Springer und Bauer entschieden zu wenig Holz für die Dame; z.B. **23...d4 24.♕h6! ♗d7 25.♘d3** oder **25.♘e2** alsbald gefolgt von einer recht späten (jedoch immer noch legalen) langen Rochade.

2) 18...♖g8 19.cxd4 ♖g6 20.♘e2 ♘c4 21.♘f4 ♕a5+ 22.♔f2 ♘e7 23.♗xc4 dxc4 24.♖ad1 Δd5

3) 18...♘e7 19.g6 (19.♗xd4) **19...♘xg6 20.♗g5** Δcxd4

II) Mit **16...♗xg5??** wird Schwarz zwar den mörderischen Springer los, ruft allerdings einen nicht weniger tödlichen Rammbock auf den Plan. Auch die Varianten nach **17.fxg5** sprechen weitgehend für sich und sind sogar an vielen Stellen nebenlösig; z.B. **17...♘e7**

- 17...cxd4 18.♕h5 führt zur Partiefolge.
- 17...♖g8 18.♕h5; 18.dxc5
- 17...♕e8 18.dxc5

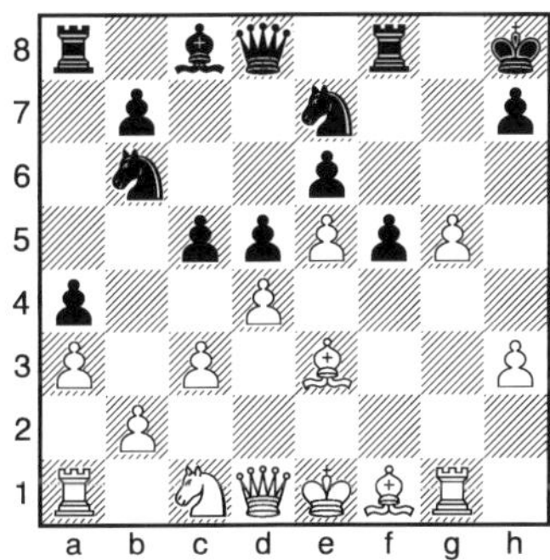

A) 18.g6 ♘xg6 19.♗g5

1) 19...♕e8 20.h4; 20.♘d3 c4 21.♘c5

2) 19...♕c7 20.♕h5; 20.♘d3 c4 21.♘f4 ♘xf4 22.♗xf4

B) 18.♘d3

1) 18...cxd4 19.g6! (19.♗xd4) 19...♘xg6 20.♗g5

2) 18...♘c4 19.g6! ♘xg6 20.♗g5

C) 18.♕h5 Δ18...♘g6 19.h4

D) Und quasi 'zur Not' reicht auch der Bauerngewinn **18.dxc5?!** mit der möglichen Folge **18...♘c4 19.♗xc4 dxc4 20.♘e2** Δ♘f4.

III) Nur mit dem Bauernopfer **16...♕e8! Δ17.dxc5 ♘c4 18.♗xc4 dxc4**=∞ ...

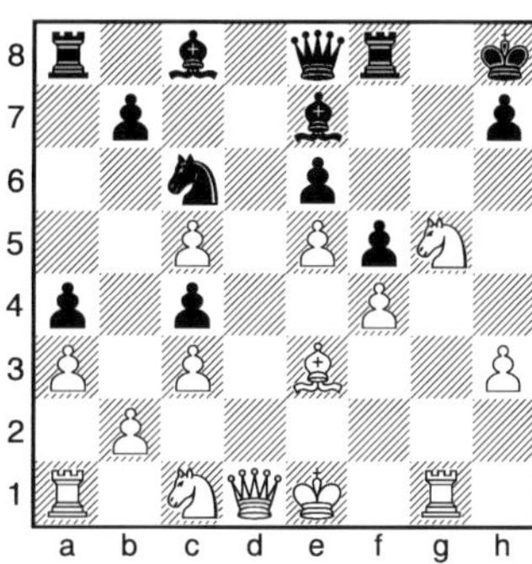

... Δ h6; Δ♖g8; Δ♘a5–b3 kann Schwarz das Gleichgewicht wahren bzw. sich ausreichende Kompensation sichern.

31

Liberzon – Kortschnoi

Beersheba 1978

1.e4 e6 2.d4 d5 3.♘d2 ♘f6 4.e5 ♘fd7 5.c3 c5 6.♗d3 ♘c6 7.♘gf3 ♕b6 8.0–0 ♗e7 9.♖e1 cxd4 10.cxd4 ♘xd4 11.♘xd4 ♕xd4 12.♘f3 ♕b6 13.♕a4 ♕b4 14.♕c2 ♘c5 15.♗d2 ♕a4 16.b3 ♕a3 17.♗f1 ♗d7 18.♘d4 0–0

Offenbar ist die von Weiß gewählte Gambitvariante nicht ganz im Sinne des Erfinders verlaufen. Immerhin ist der schwarze Mehrbauer kein x-beliebiger, sondern ein gedeckter Zentrumsfreibauer, und auch das weiße Läuferpaar ist nichts, auf das man von Herzen stolz sein könnte. Allerdings weist die schwarze Stellung bei genauerer Betrachtung einen unschönen Schwitzfleck auf.

1) In der Partie fügte Weiß sich mit **19.f3?** quasi in sein Schicksal und nahm nach **19...♖ac8**∓ mit **20.♕b1 ♘a6** (Δ♘b4; Δ♗c5) ...

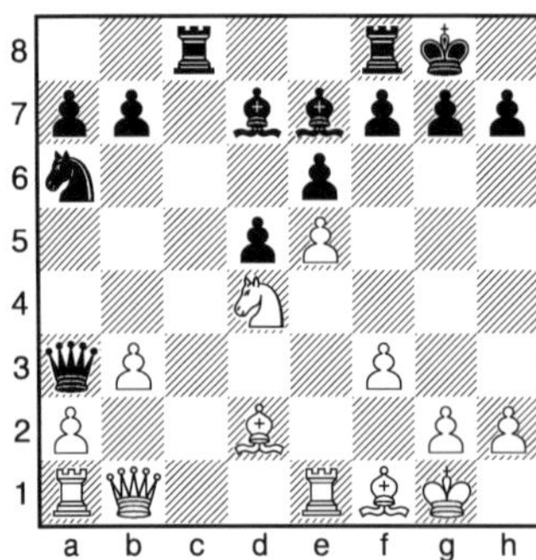

... Δ21.♘c2? ♕c5+ −+ eine ebenso freud- wie letztlich auch hoffnungslose Verteidigung in Angriff.

2) Der besagte Schwitzfleck besteht in der momentanen Pattstellung der schwarzen Dame, und diese hätte mit **19.♕b1!** Δ♘c2 vortrefflich ausgenutzt werden können.

(Nicht jedoch 19.♕d1? wegen 19...♘e4∓.)

a) Zunächst scheitert **19...♘a6??** an **20.♘c2 ♕c5 21.♗xa6 bxa6 22.♗b4**, denn um noch den Hauch einer Überlebenschance zu bewahren, müsste Schwarz mit **22...♕xb4** oder **22...♕xc2** die Dame für zwei Leichtfiguren geben.

b) Sollte Weiß auf **19...♘e4** etwa das Qualitätsopfer **20.♖xe4! dxe4** übersehen haben, das nach **21.♘c2 ♕c5 22.♗b4 ♕xe5 23.♗xe7 ♖fe8** ...

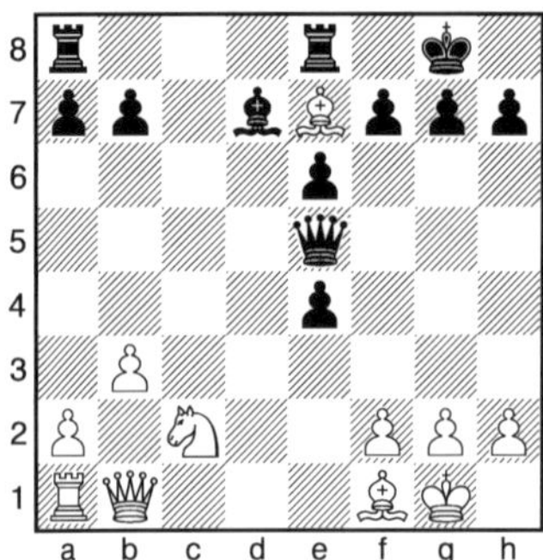

... zu einer unklaren bzw. ausgewogenen Stellung führen würde?

c) Und nach **19...b5 20.♗xb5 ♘e4 21.♗xd7 ♘xd2 22.♕c1!**∞ herrscht sogar völliges materielles Gleichgewicht und die Stärke des Zentrumsfreibauern wird durch die eventuelle Schwäche des Rand-Isolanis aufgewogen.

32

Podobnik – Bilobrk

Kroatien 1998

1.e4 e6 2.d4 d5 3.♘d2 ♘c6 4.♘gf3 ♘f6 5.e5 ♘d7 6.♗e2 ♗e7 7.♘f1 b6 8.♘e3 ♘cb8 9.0–0 c5 10.c3 ♗a6 11.♗xa6 ♘xa6 12.g3 ♘c7 13.h4 0–0 14.♔g2 c4 15.♘g5 ♕e8 16.♕h5 h6 17.♘g4

Zwar muss der weiße Angriff ohne den weißfeldrigen Läufer auskommen, aber mit vier Angreifern und angesichts der Angriffsmarke auf h6 verfügt er trotzdem über gehörige Wucht. Da versteht es sich von selbst, dass für den Verteidiger die Schicksalsfrage 'Leben oder Tod?' von der Anwesenheit bzw. Abwesenheit der weißen Dame abhängt.

1) In der Partie wählte Schwarz den vielversprechenden Selbstmordversuch **17...♗xg5??**, der nicht allein wegen der Öffnung der h-Linie zum Gelingen verurteilt ist, sondern auch wegen des alsbald erscheinenden Sargnagels in Form eines weißen Bauern auf g6.

18.hxg5 Δ19.♘xh6+; 19.♘f6+ **18...f5 19.♘xh6+! gxh6 20.g6** Δ21.♖h1; 21.♗xh6 **20...f4**

Auch diese Rettungsmaßnahme kommt zu spät, weil der weiße Turm bereits vor einem Schachgebot auf f3 die h-Linie erreicht.

21.♖h1 ♕e7 22.♗xf4 ♖xf4 23.gxf4 ♕g7 24.♕xh6!

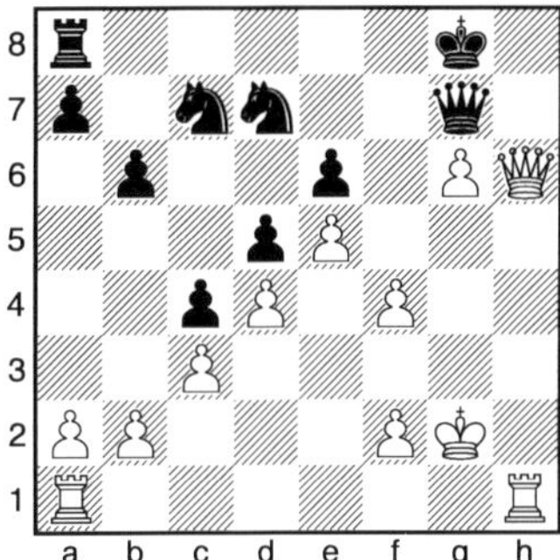

Womöglich war es erst *diese* Kalamität, die Schwarz bei seinem Herangehen übersehen hatte: Da es um gar keinen direkten *Matt*angriff geht, sondern um eine vorrückende Freibauernschar, kann Weiß getrost auf die Dame verzichten.

24...♘f8 25.♔f3 ♕xh6 26.♖xh6 ♘e8 27.♖ah1 ♔g7 28.♖h8

Selbst das zweitbeste Verfahren (statt der ersten Wahl 28.f5 exf5 29.f4 ♘xg6+ 30.♔xf5) ist immer noch stark genug.

28...b5 29.♔g4 a5 30.♔g5

30.f5 exf5 31.♔xf5

30...b4 31.♖h7+

31.f5 exf5 32.♔xf5 a4 33.a3

31...♘xh7 32.♖xh7+ ♔g8 33.♔h6 a4 34.a3 bxc3 35.bxc3 ♖b8 36.g7 ♘xg7 37.♖xg7+ ♔f8 38.♖a8 ♖xc3 39.♔g6 ♖xc3 40.♔xf6 und hier kommt (für Computer) bereits Matt in Sicht.

2) Der Versuch **17...f5?** scheitert daran, dass nach **18.♘xh6+! gxh6 19.♕xh6** der ♘g5 über eine (tödliche) Daueraufenthaltsgenehmigung vor dem gegnerischen König verfügt, was in folgenden Varianten zum Untergang führt:

a) 19...♗xg5 20.hxg5 ♕f7 21.♖h1 ♕g7 21.g6 ♕xh6 22.♗xh6

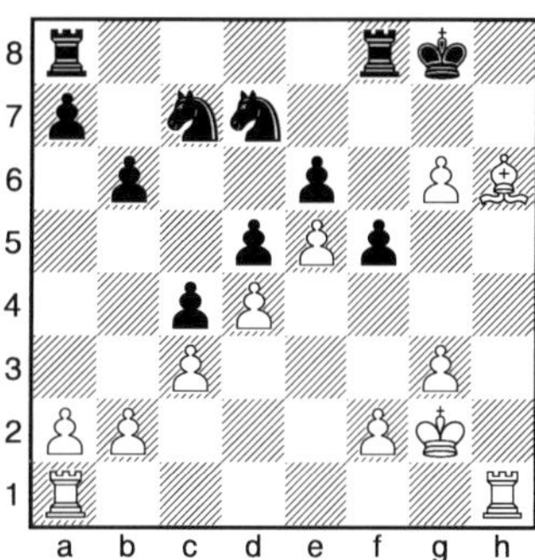

Und nach der Turmverdopplung gibt es für Schwarz kein Entkommen mehr, wie aus folgender Fantasievariante hervorgeht: 22...♖fb8 23.♖h4 b5 24.♖ah1 ♘e8 25.♗g5 ♔g7 26.♖h7+ ♔xg6 27.♖1h6+ ♔xg5 28.f4+ nebst Matt.

b) Und nach 19...♖f7 ist am stärksten 20.♘xe6+− (20.♘xf7 ♕xf7~+−), denn nach 20...♘xe6 21.♕xe6 verfügt Weiß für die Figur alsbald über *vier* Bauern und Angriff.

3) Einzig richtig ist also **17...f6!**, denn nach der erzwungenen Antwort **18.♕xe8** und der Folge **18...♖fxe8** (18...♖axe8!?) **19.exf6 ♘xf6 20.♘xf6+ gxf6 21.♘h3 ♗f8 22.♘f4** hat Weiß nur Minimalvorteil.

33

Manik – Schneider Zinner

Österreich 2003

1.e4 e6 2.d4 d5 3.e5 c5 4.c3 ♘c6 5.♘f3 ♗d7 6.♗e2 ♘ge7 7.0–0 ♘f5 8.♘a3 cxd4 9.cxd4 ♖c8 10.♘c2 ♘b4 11.♘xb4 ♗xb4 12.♗g5 f6 13.♗d2 ♕b6 14.♗xb4 ♕xb4 15.♗d3 ♘e7 16.a3 ♕b6 17.exf6 gxf6

In der Tat macht die schwarze Bauernstruktur in der rechten Hälfte einen verletzlichen Eindruck, allerdings ist die Frage, ob dies augenblicklich auszunutzen ist. Denn wenn dies nicht der Fall sein sollte, kann Schwarz sich früher oder später einen gedeckten Zentrumsfreibauern verschaffen.

Der Angriffsversuch **18.♘h4?!** läuft letztlich auf Zeitverschwendung und Dezentralisation hinaus.

Hingegen hätte Weiß nach den soliden weiteren Entwicklungszügen 18.♕d2 oder 18.♕e2 Minimalvorteil behalten.

18...♔d8

Zunächst sei verraten, worauf Weiß gehofft hatte: Nach 18...0–0? 19.♕g4+ ♔h8 20.♕h5 f5 21.♘f3± Δ ♘g5 ...

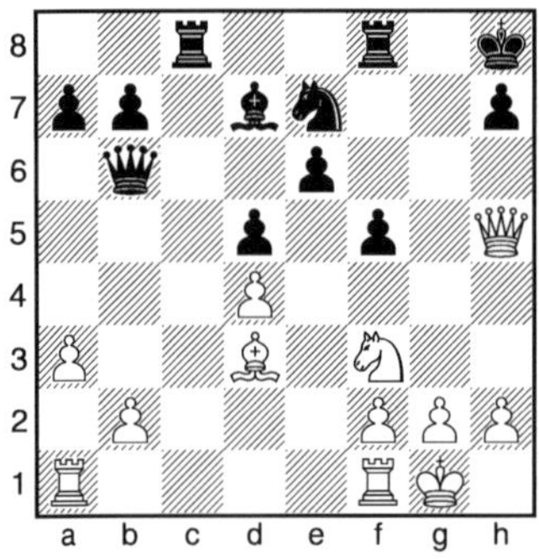

... hätte ihm die Entdynamisierung der schwarzen Bauernstellung bedeutenden Vorteil eingeräumt.

Der Partiezug veranschaulicht, was Weiß bei seinem Herangehen außer Acht gelassen hatte, dass nämlich der König bequem und gefahrlos künstlich rochieren oder u.U. sogar im Zentrum verbleiben kann. Allerdings wäre es wohl noch etwas stärker gewesen, wenn man mit 18...♘c6!∞ Δ19.♕h5+ ♔d8 eine eventuelle Aufforderung dazu abgewartet hätte, schließlich hätte Schwarz dann beim Gegenangriff auf die Bauern d4 und b2 ein Tempo mehr gehabt.

19.♘f3 ♘c6

Nach 19...♕xb2!? 20.♖b1 ♕xa3 21.♖xb7 ♖c3 22.♘e1 ♗c8 23.♖c1 ...

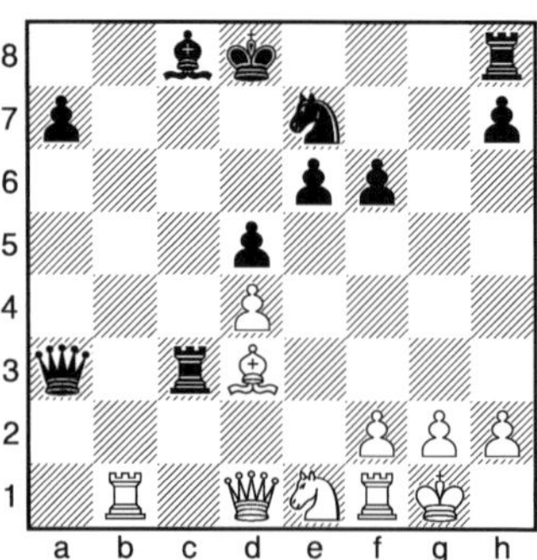

... ist nicht klar, ob Weiß nur gute Kompensation oder doch schon etwas Vorteil hat.

Und jetzt hätte statt **20.♗c2** wohl eher 20.♗e2 Minimalvorteil ergeben.

34

Malinarski – Krayz

Tel Aviv 1994

1.e4 e6 2.d4 d5 3.♘d2 ♘f6 4.e5 ♘fd7 5.♗d3 c5 6.c3 ♘c6 7.♘df3 cxd4 8.cxd4 f6 9.♗f4 ♕a5+ 10.♔f1 ♕b6 11.♖b1 ♘b4 12.♗e2 ♘xa2 13.h4 ♗e7 14.♘h3 ♘b4 15.g3 ♘b8 16.♔g2 ♘8c6 17.exf6 gxf6 18.♕d2 ♗d7 19.♖hc1 0–0–0 20.♕e3 ♖de8

Nachdem der schwarze König der Angriffsmaschinerie am Königsflügel im vorletzten Zug entkommen ist, hat Weiß mit seinen letzten beiden Zügen unmissverständlich darauf hingearbeitet, ihn nunmehr am Damenflügel zu erlegen, wobei er sich vorneweg auf das Offensivpotenzial auf der Diagonale h2–b8 verlässt.

21.♘e5??

21.♖a1 Δ♖a3 war eines von vielen Verfahren, mit denen genügend Kompensation nachgewiesen werden konnte.

21...fxe5 22.♕xe5 ♔d8–+

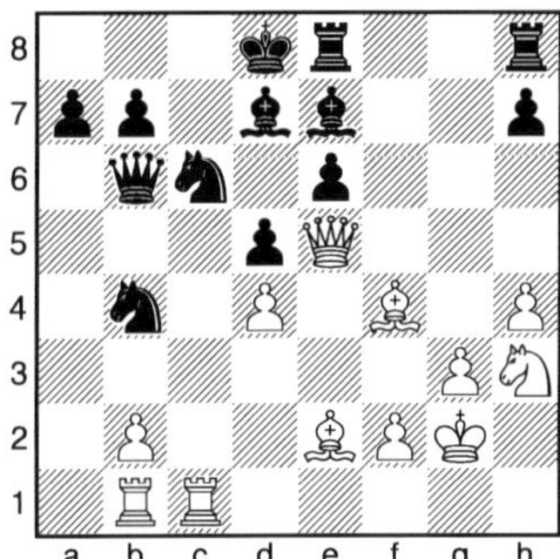

Vorsicht, Feind denkt mit! Durch die Entfernung der Epaulette auf d8 wurde dieser nicht unkomische Gewinnzug ermöglicht.

35

Kokkila – Norri

Espoo 1984

1.e4 e6 2.d4 d5 3.♘d2 ♘f6 4.e5 ♘fd7 5.♗d3 c5 6.c3 ♘c6 7.♘e2 ♗e7 8.0-0 0-0 9.f4 f6 10.exf6 ♘xf6 11.♘f3 ♕c7 12.♘e5 cxd4 13.cxd4 ♘d7 14.♗e3 ♘dxe5 15.fxe5 ♗d7 16.♘f4 h6 17.♕g4 ♗g5 18.♖ae1 ♘e7 19.h4 ♗xf4 20.♗xf4

Eins dieser Beispiele, bei denen allein schon das krasse Missverhältnis von Angreifern und Verteidigern Bände spricht, denn bei fünf weißen Langschrittlern gegen zwei überforderte Leibwächter des schwarzen Königs ist es eigentlich ein Wunder, dass dieser nicht unrettbar dem Tode geweiht ist. *Kein* Wunder ist es hingegen, dass der geringste Fehler zu diesem Ergebnis führen sollte.

Und diesen ließ Schwarz sich mit dem unbedachten sidestep **20...♔h8??** zuschulden kommen.

Nach der einzigen Defensivmaßnahme 20...♘f5 und der Folge 21.♗xf5 exf5 22.♕g6 ♕c6 (22...♗e8 23.♕e6+) 23.♕xc6 ♗xc6 24.e6 ...

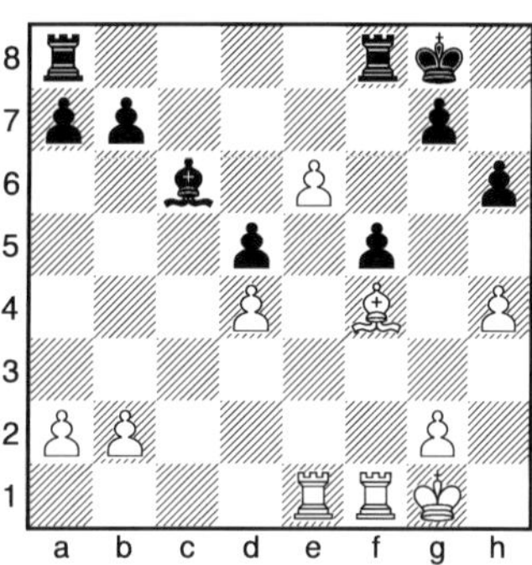

... bleibt der Vorteil allein deswegen im Bereich ±, weil der mörderisch wirkende Freibauer sicher auf e8 blockiert werden kann.

21.♔h1??

Diese 'Nachahmung' des gegnerischen Sicherungszuges ist umso grotesker, weil der wirklich nicht schwer aufzuspürende Opferangriff 21.♗xh6! gxh6 22.♕h5 mühelos zum Gewinn geführt hätte, wie aus folgenden Varianten hervorgeht:

1) Nach 22...♔g7 ...

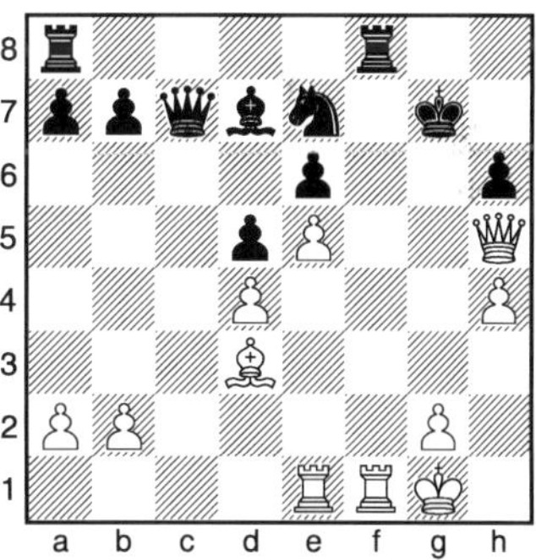

... hatte Weiß vermutlich schlicht den Schlüsselzug 23.♖f6! übersehen, nachdem es wie folgt zu Ende geht: 23...♖xf6 24.exf6+ ♔xf6 25.♕xh6+ ♔f7 26.♖f1+ ♘f5 27.♗xf5 exf5 und wenn Weiß nun partout kein Matt findet, kann er sich mit dem schnöden Damengewinn 28.♕h7+ ♔f8/♔f6 29.♖xf5+ zufrieden geben.

2) Nicht weniger hoffnungslos ist 22...♘f5 23.♗xf5

a) 23...exf5 24.♕xh6+ ♔g8 25.e6 (25.♖f3 f4)

b) 23...♖xf5 24.♕xh6+ ♔g8 25.♖xf5 exf5 26.♖e3 f4 27.♕xf4

21...♕b6??

Auch die aus diesem 'Gegenangriff' sprechende Ahnungslosigkeit grenzt schon an ein Wunder. Wieder wäre Weiß bei korrekter Verteidigung auf ± beschränkt geblieben; z.B. 21...♘f5 22.♗d2 ♕b6 23.♗c3± Δ23...♗b5

(Womöglich ist 23...♖g8!? weniger riskant.)

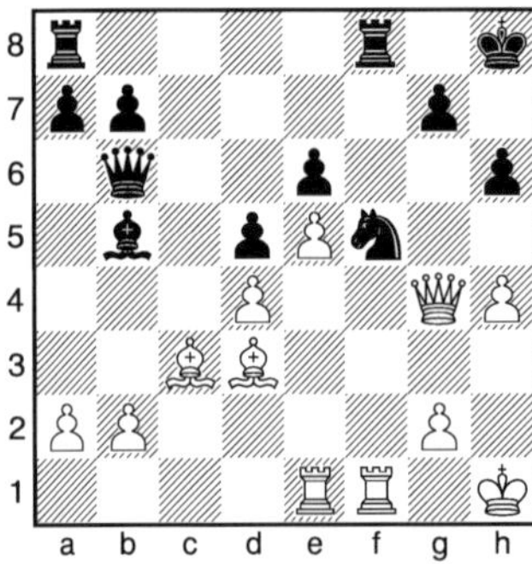

24.♗xf5! ♗xf1 und nun 25.♗b1 oder 25.♗xe6 usw.

22.♗xh6 gxh6 23.♖f6 ♘f5 24.♗xf5 exf5 25.♕g6 mit absehbarem Matt.

36

Caputo – Reides

Villa Ballester1996

1.e4 e6 2.d4 d5 3.♘c3 ♘f6 4.e5 ♘fd7 5.♘ce2 c5 6.c3 ♕a5 7.f4 b5 8.♘f3 b4 9.cxb4 cxb4 10.♔f2 ♗a6 11.g3 ♘c6 12.♗e3 ♗e7 13.h4 h5 14.♗h3 g6 15.♖e1 ♔f8

Der Zug ♔f8 (den man im Online-Schach für einen 'mouse slip' halten würde und der besser durch 15...♖c8∞ ersetzt gehörte) ist strategisch durchaus wohlbegründet: Schwarz will künstlich rochieren, weil er nach der natürlichen Rochade mit g4-g5 am Königsflügel überrannt würde. Ganz losgelöst von feinsinnigen strategischen Erwägungen gibt es allerdings einen ziemlich grobschlächtigen Taktikböller, der entweder komplett übersehen oder maßlos unterschätzt wurde.

Zwei Fragezeichen sind wohlverdient, weil Schwarz sich nach **16.♗xe6! fxe6 17.♕c2** am Rande einer positionellen Verluststellung wiederfand.

1) In der Partie nahm er dem Gegner nun mit dem Materialausgleich **17...♘cxe5?!** auch noch die Arbeit ab, Linien und Felder für den weiteren Angriff zu öffnen. Entsprechend war nach **18.fxe5 ♔f7 19.♗g5** ...

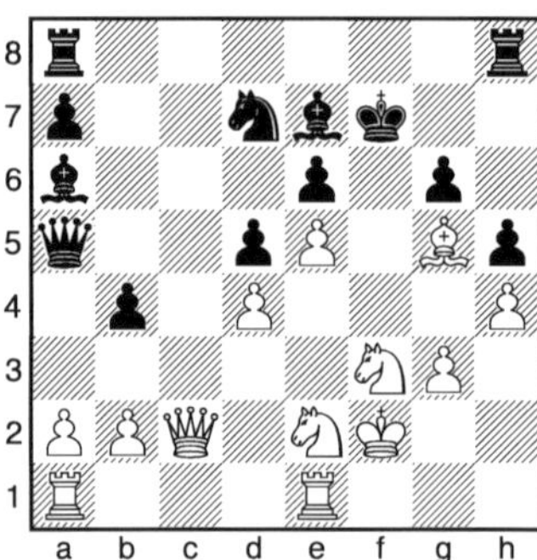

... der Rand zu einer positionellen Verluststellung ziemlich eindeutig überschritten.

Die Suche nach Verbesserungen müsste sich auf die folgenden drei Alternativen konzentrieren:

2) Das Spiel auf Blockade der c-Linie mit **17...♘c5** könnte Weiß mit **18.♕xg6!** erfolgreich unterlaufen.

(Obwohl natürlich auch 18.dxc5 nach beispielsweise 18...♗xe2 19.♖xe2 ♔f7

20.♖d2 o.ä. zu einer Gewinnstellung führt.)

18...♘d3+

Zu 18...♗xe2 19.♖xe2 ♘e4+ siehe Abspiel 3.

19.♔g1 ♘xe1 20.♖xe1+− Δf5 nebst ♘f4; Δ**20...♗xe2 21.♖xe2** und nun hat Schwarz dem Durchbruch f4−f5 nichts mehr entgegenzusetzen; z.B. **21...♕xa2**

21...♕b5 22.♔f2+++; 21...♖g8 22.♕xe6

22.f5! (22.♔g2; 22.♔f2) **22...♕b1+ 23.♘e1!** ...

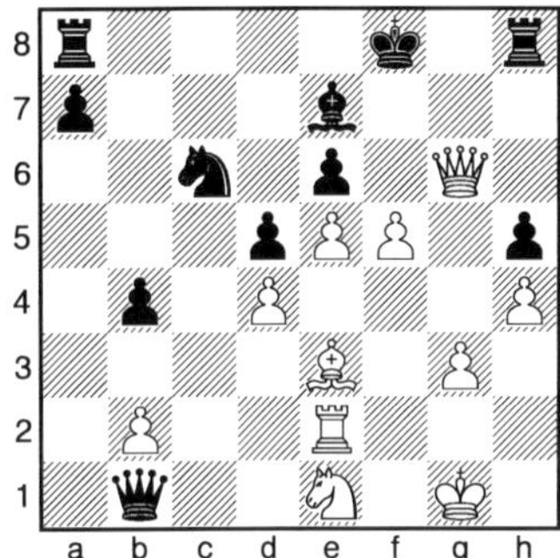

... mit der Nebendrohung ♗h6+ und der Hauptdrohung ♔h2 oder sogar ♔f1 nebst ♖f2 usw.

3) Auch nach der Zugfolge **17...♗xe2 18.♖xe2 ♘c5** gilt: 19.dxc5 reicht vollkommen aus, aber **19.♕xg6!** ist überzeugender. Allerdings muss Weiß nach **19...♘e4+** einen Schablonenzug vermeiden.

a) Denn nach **20.♔g2?? ♖g8∞** stünde er plötzlich mit leeren Händen da; z.B. **21.♕h6+ ♔e8**

Nach 22.♕xh5+?? ♔d7−+ Δ23.♘g5 ♗xg5 folgt auf 24.fxg5 oder 24.hxg5 jeweils die entscheidende Konsolidierung mit 24...♘e7, wonach Weiß schlicht ein Figur fehlt.

22.♗f2 ♕b5 23.♖c2 ♕d3; 23...b3

b) Korrekt ist **20.♔g1!** mit Gewinn nach **20...♖g8 21.♕xe6** ...

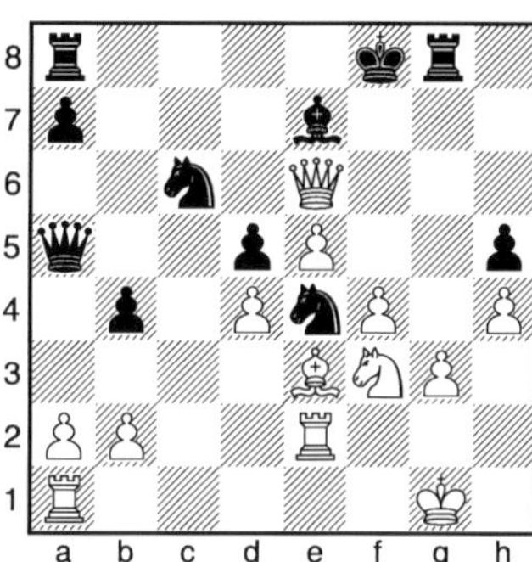

... denn auf **21...♖xg3+** oder **21...♘xg3** macht **22.♖g2** jegliche Angriffshoffnung zunichte.

4) Der beste Verteidigungsansatz ist **17...♔f7** und in den Varianten nach **18.♕xc6** (die alle zumindest *tendenziell* gewonnen sind) besteht das Erfolgsrezept für Weiß darin, den Mehrbauern bei erster passender Gelegenheit mit f4−f5 zurückzugeben, um wiederum Linien und Figurenfelder freizuziehen.

a) 18...♗b5 (18...♗xe2 19.♖xe2) **19.♕c2 ♖ac8**

19...♕a6 20.f5! gxf5 21.♘f4

20.♕d2 ♗xe2 21.♖xe2

− 21...♘b6 22.f5 (22.b3) 22...gxf5 23.♗g5 (23.b3) 23...♘c4 24.♕f4

− 21...♕a6 22.f5! gxf5 23.♗g5 und nach beispielsweise 23...♕c4 ...

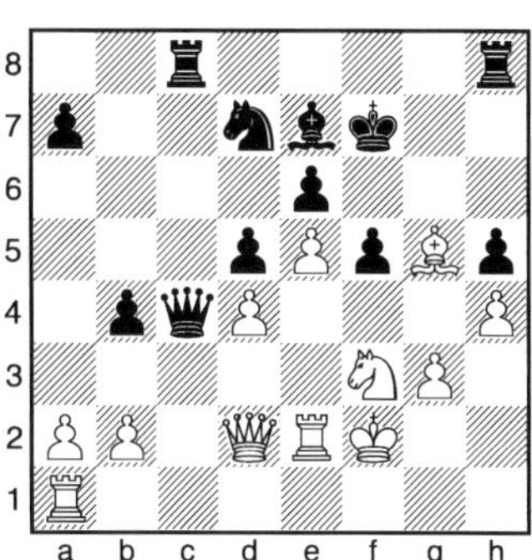

... wird die schwarzfeldrige Strategie mit 24.♗f6! gekrönt.

b) 18...♕b5 19.♕xb5 (19.♖ac1) **19...♗xb5 20.f5!?** (20.♖ac1)

- 20...exf5? 21.e6+ ♔xe6 22.♗g5
- 20...♗xe2 21.fxe6+
- 20...gxf5 21.♘f4

37

Hagege – Benitah

Frankreich 1998

1.e4 e6 2.d4 d5 3.e5 c5 4.c3 ♘c6 5.♘f3 ♗d7 6.♗e2 ♘h6 7.0–0 ♘f5 8.♗d3 ♘h4 9.♘bd2 ♘xf3+ 10.♘xf3 ♕b6 11.dxc5 ♗xc5 12.b4 ♗e7 13.a4 ♕c7 14.♖e1 f5 15.♗a3 a6

Die weiße Expansion am Damenflügel birgt gehöriges Offensivpotenzial, kann jedoch im Falle zu zögerlichen Spiels auch als Schwäche zurückbleiben. Zur Orientierung sollte dem Weißen auch die Tatsache dienen, dass der gegnerische König zwar zur Rochade bereit steht, aber eben noch nicht rochiert hat.

1) Der unbesonnene Partiezug **16.♖c1?** stellte sich nach **16...♘a5!**= Δ♘c4 als Schlag ins Wasser heraus, nach dem Weiß jegliche Hoffnung auf Vorteil begraben konnte.

2) Das allzu optimistische Opferspiel **16.♗xf5? exf5** ergibt nach **17.e6** (17.♕xd5!?) **17...♗c8 18.♕xd5** ...

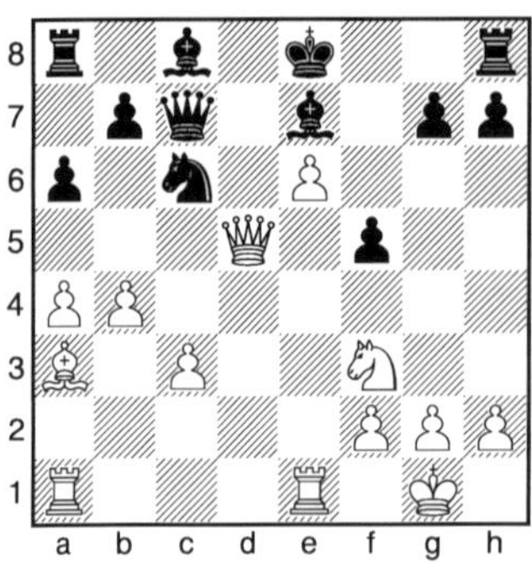

... allenfalls gute Kompensation; z.B. **18...0–0** (18...g6) **19.b5 axb5 20.axb5 ♔h8!?** (20...♘d8) **21.♗d6 ♗xd6 22.♖xa8 ♘e7 23.♕d4** usw.

3) Ein erster seriöser Kandidat besteht in der Verstärkungsmaßnahme **16.♕b3!?** mit der prinzipiellen Anschlussidee c3–c4 und deutlichem Vorteil in folgenden Abspielen:

a) 16...0–0? 17.c4 dxc4 (17...d4 18.c5+–) **18.♗xc4**~+–

a) 16...♘d8 17.c4±; **17.♗b2**; **17.♘d4**

b) 16...♖c8 17.♗xf5!± **Δ17...exf5? 18.e6+–**

c) 16...♔f7 17.c4 (⌓17.♖ac1± Δc4) **17...dxc4**

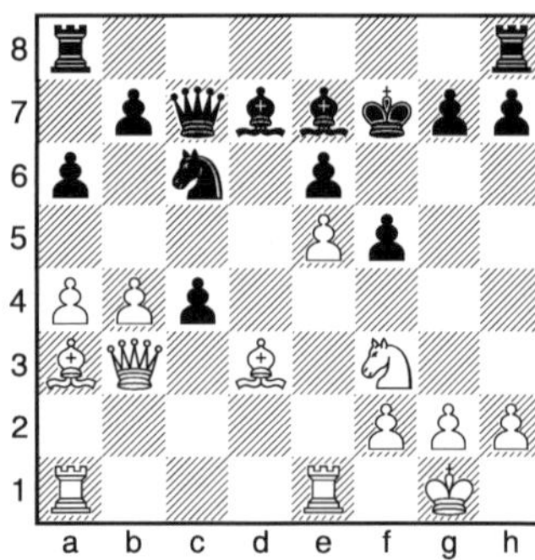

- 18.♗xc4? b5!∞ Δ19.axb5 axb5 20.xb5 ♖hb8⩲

- ⌓18.♕xc4!~± Δ18...b5 19.♕f4!

4) Den Vogel schießt allerdings das Bauernopferangebot **16.c4!** ab, wie folgende Varianten unter Beweis stellen:

a) 16...♗xb4? 17.cxd5+– 17...♗xe1 (17...exd5 18.e6) **18.dxc6** (18.♕xe1) **18...♗xf2+ 19.♔xf2 ♗xc6 20.♖c1**

b) 16...♘xb4 17.cxd5 ♘xd5 18.♗xf5±

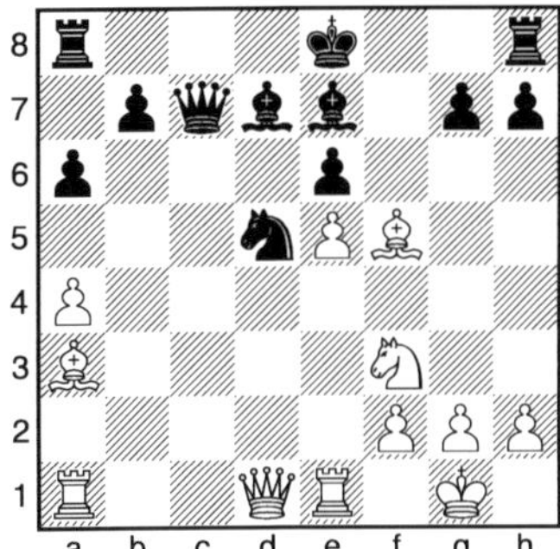

Δ18...♘c3? 19.♕d3+− 19...♗xa3 (19...exf5 20.d6!) **20.♖xa3 ♘xa4 21.♗g4**; **21.♗e4**; **21.♗xh7? 0–0–0**

c) 16...dxc4 17.♗xc4± Δ**17...♘xb4?** (⌓17...b5) **18.♕b3+−**

38

Imanaliev – Tomorhuyag

Bishkek 1993

1.e4 e6 2.d4 d5 3.♘d2 ♘f6 4.e5 ♘fd7 5.♗d3 c5 6.c3 ♘c6 7.♘df3 f6 8.♗f4 g6 9.h4 ♗e7 10.♘h3 0–0

Angesichts des krassen Missverhältnisses, dass den potenziell *sechs* weißen Angreifern bei Weitem keine ausreichende Anzahl von Verteidigern gegenübersteht, darf man die Offensive wohl zumindest als *vielversprechend* bezeichnen. Auch versteht es sich eigentlich von selbst, dass Weiß unterwegs sogar den ein oder anderen Angreifer für das höhere Ziel ins Geschäft stecken darf – und zwar speziell dann, wenn die Dame dadurch dem gegnerischen König näher auf den Pelz rücken kann.

I) In der Partie verschenkte Weiß mit dem diffusen Prophylaxezug **11.g3?** (zwecks Überdeckung des ♗f4?!) ein entscheidendes Angriffstempo. Nach **11...cxd4 12.cxd4∞** ließ Schwarz allerdings das diffuse Störschach **12...♕a5+?** folgen und nach der Antwort **13.♔f1±** machte der Zug des g-Bauern doch noch Sinn, um bei Bedarf mit ♔g2 die künstliche Rochade vollenden zu können.

Hingegen wäre Weiß nach dem besseren **12...♕b6** (mit der Doppeldrohung ♘xd4 und ♕xb2) wohl am besten beraten gewesen, seine Stellung nicht zu überziehen, sondern sich mit ausgeglichenen Verhältnissen bzw. mit einem Remis zufrieden zu geben, welches sich nach folgenden Beispielvarianten hätte ergeben können.

13.h5 g5

A) 14.exf6?! ♗b4+ 15.♗d2 ♘xf6∓; 15...h6

B) 14.♗xh7+!

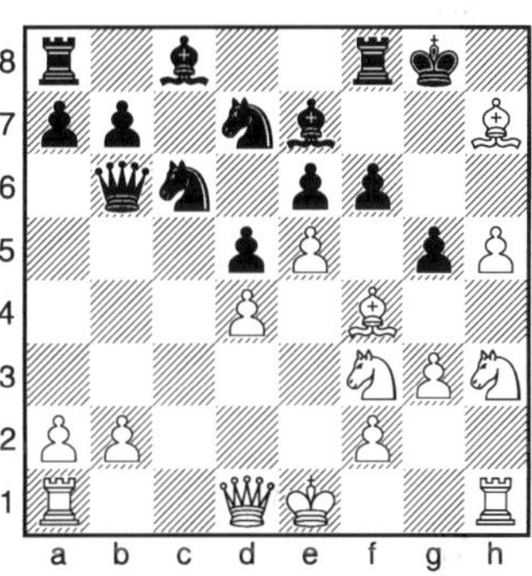

1) 14...♔h8 15.♗c2 gxf4 16.♘xf4⩲

2) 14...♔xh7 15.♕d3+

a) 15...f5 16.♘hxg5⩲; 16.♗xg5

b) 15...♔h8 16.♕g6 nebst Dauerschach

II) Ein Spiel auf Gewinn wäre nur mit **11.h5!** möglich gewesen, wie aus folgenden Varianten hervorgeht:

A) 11...cxd4 12.hxg6 fxe5 (12...hxg6 13.♗xg6+−) 13.♘xd4!+− (13.♘fg5; 13.♗h6) 13...exd4 14.♕h5 ♘f6 15.♕h6

1) 15...♕d7 16.♗g5; 16.♘g5

2) Und nach 15...♗d6 würde sich ein kurioses Beispiel zur potenziellen Kraft von Doppelbauern ergeben, wobei der

Vorstoß des hinteren mit 16.g4 Δg5 sogar noch stärker wäre als der des vorderen mit 16.g7.

B) 11...g5

1) 12.exf6?! gxf4 13.♗xh7+! ♔xh7 14.♘hg5+ ♔h8 15.♘xe6 ♕e8 16.♘c7±

2) 12.♕c2!

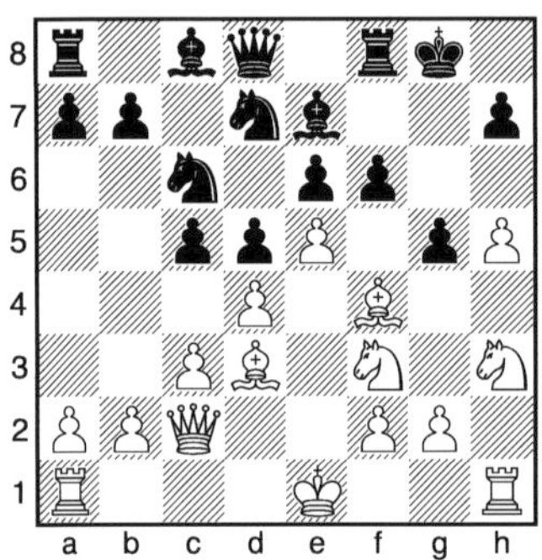

a) 12...fxe5 13.♗xh7+ ♔h8 14.♘fxg5 ♖xf4 15.♘xe6 ♘xd4 16.cxd4 ♕a5+ 17.♔d1 ♖f6 (17...♖g4 18.♗f5) 18.♕g6! ♖xg6 19.hxg6 mit baldigem Matt

b) 12...gxf4? 13.♗xh7+ ♔h8 14.♘xf4+−

c) 12...♖f7 13.exf6 gxf4 14.fxe7 ♕xe7 15.♘hg5~+− (15.0−0−0)

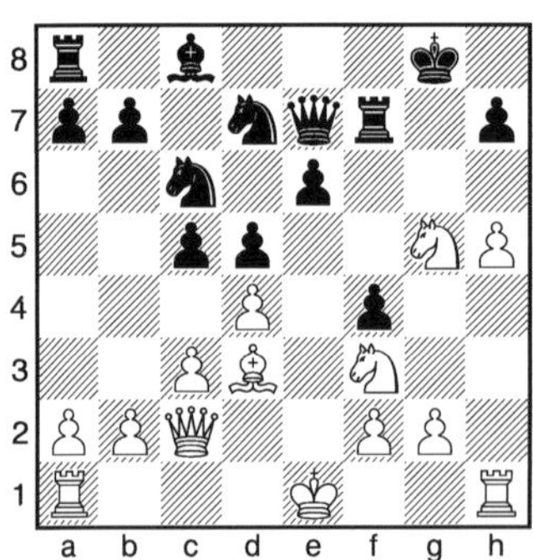

− 15...♖g7 16.♗xh7+ ♖xh7 17.♕xh7+ ♕xh7 18.♘xh7 ♔xh7 19.♖h4! (19.0−0−0!?) 19...cxd4 20.cxd4 e5 21.0−0−0

− 15...c4 16.♗xh7+ ♖xh7 17.♕xh7+ ♕xh7 18.♘xh7 ♔xh7 19.♘g5+ ♔h6 20.♘xe6

39

Eisenbeiser − Shtyrenkov

Alushta 2005

1.e4 e6 2.d4 d5 3.♘d2 ♘f6 4.e5 ♘fd7 5.♗d3 c5 6.c3 ♘c6 7.♘df3 c4 8.♗b1 b5

Das Herangehen, frühzeitig vom Bauern d4 abzulassen und die Bauernketten−Strategie stattdessen 'weiter unten' (nämlich am Bauern c3) wieder aufzugreifen, sieht von Hause aus suspekt aus. Schließlich hat ja der weiße Königsläufer bereits die Kurve auf die Diagonale b1−h7 gekriegt und somit stehen sage und schreibe *fünf* weiße Angreifer bereit, um über den gegnerischen Königsflügel herzufallen.

1) In der Partie ging Weiß mit dem ordentlichen Entwicklungszug **9.♘h3?** viel zu behäbig ans Werk.

9...♗e7?

Allerdings wählt auch Schwarz einen 'ordentlichen Entwicklungszug', statt sich mit 9...h6∞ einen gegnerischen Springer vom Leib zu halten.

10.0−0?!

Mit 10.♘fg5± konnte Weiß die zweite Chance nutzen, zum direkten Angriff überzugehen.

Und nach jetzt dann doch **10...h6** mit der Folge **11.♘f4 ♘b6** ...

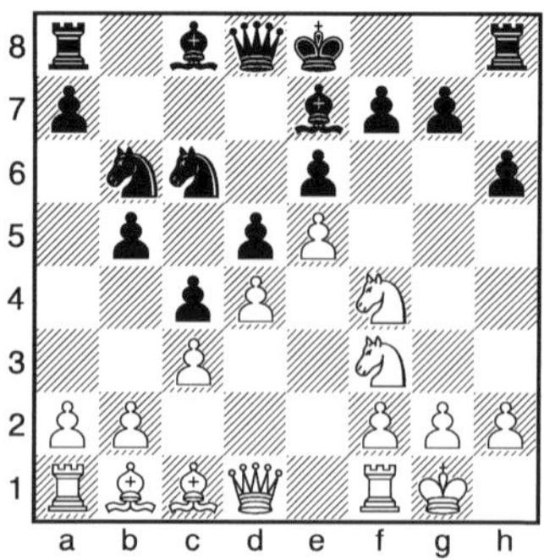

... verfügte Weiß allenfalls noch über

Minimalvorteil, zumal der schwarze König sich nunmehr auch zum Damenflügel absetzen kann.

2) Mit **9.♘g5!** konnte Weiß deutlichen Vorteil erzielen, wie aus folgenden Varianten hervorgeht:

a) 9...h6? 10.♕h5+− Δ10...♕e7 11.♘xf7

b) 9...♗e7 10.♘1h3± Δ♕f3;Δ♘xh7; Δ♗xh7; Δ♘xe6 (10.h4 Δ♘xh7)

c) 9...g6 10.h4 (10.♕g4; 10.♕f3) **10...h6**

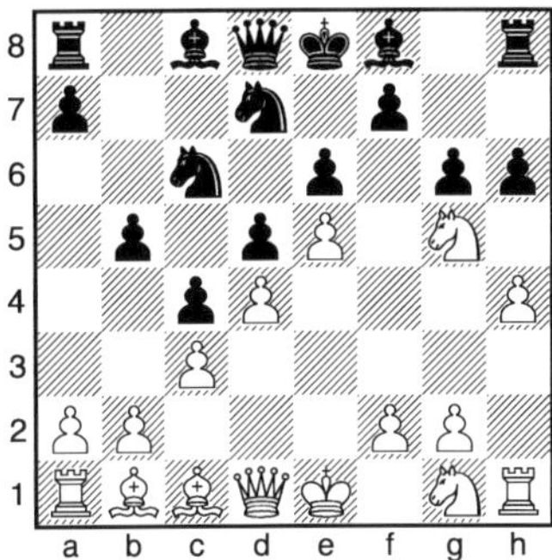

– 11.♘xf7!? ♔xf7 12.♘h3 Δ♗xg6+!

– 11.♘xe6 fxe6 12.♗xg6+ ♔e7 13.♘e2± Δ♘f4; 13.♘h3

40

Krupa – Ivanov

Barlinek 2002

1.e4 e6 2.d4 d5 3.♘d2 ♘f6 4.e5 ♘fd7 5.♗d3 c5 6.c3 ♘c6 7.♘df3 cxd4 8.cxd4 f6 9.♗f4 ♗b4+ 10.♔f1 0–0 11.g3 ♗e7 12.h4 ♕b6

Die Konstellation mit dem Läufer auf d3, dem Turm auf h1 und dem Bauern auf h4 wird auch in einigen anderen Stellungen untersucht. Es ist klar, dass ein Opferangriff immer zu einigen Schachs führt – aber wohin würde er hier in letzter Konsequenz führen?

In der Partie setzte Weiß auf **13.♘g5** und wurde nach einem später folgenden massiven Verteidigungsfehler tatsächlich mit einem schönen Kurzsieg belohnt.

Bessere Chancen auf Minimalvorteil sollten allerdings mit der Alternative 13.♕c2!? einhergehen.

13...fxg5

Wollte gar der Schwarze die Partie auf mehr als Ausgleich anlegen, käme zu diesem Zweck die interessante Alternative 13...h6!? 14.♘xe6 ...

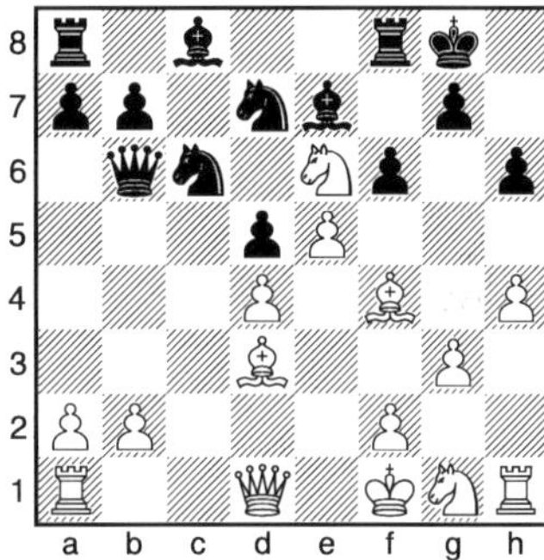

... 14...♘dxe5!∞ (14...fxe5? 15.♘xf8±) Δ15.♘xf8 ♘xd3 16.♕xd3 ♗xf8⩲ in Betracht.

14.♗xh7+ ♔xh7 15.hxg5+ ♔g8 16.♕h5 ♖f5??

Nach 16...♗xg5 17.♗xg5 wäre Weiß sowohl nach 17...♖f5 als auch nach 17...♘xd4 oder 17...♕xb2 dazu gezwungen, mit Dauerschach Vorlieb zu nehmen.

17.♕h8+ ♔f7 18.g6+! ♔xg6 19.♕g8!

Objektiv wäre 19.g4 sogar noch stärker.

Nun gestattete Schwarz mit **19...♘f8** den Kurzschluss **20.♖h6#**.

Die einzige lebensverlängernde Maßnahme bestand in 19...♖xf4 20.gxf4 ♘dxe5 21.♘e2! mit der Beispielvariante 21...♘g4 22.f5+! und baldigem Matt oder leichtem Gewinn.

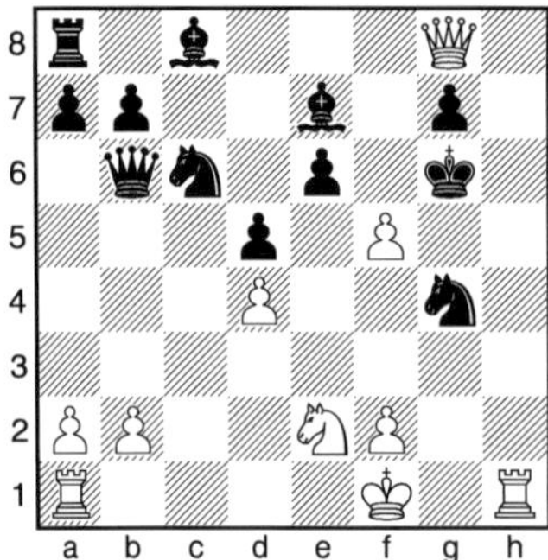

- 22...♔xf5 23.♕f7+
- 22...♔f6 23.♖h7
- 22...exf5 23.♘f4+ ♔g5 24.♘xd5

41

Papp – Petenyi

Slowakei 2013

1.e4 e6 2.d4 d5 3.e5 ♘c6 4.f4 f6 5.♘f3 ♕e7 6.c3 ♗d7 7.♗d3 0–0–0 8.0–0 ♕f7 9.b4 ♔b8 10.a4 ♘ge7 11.♘bd2 a5 12.bxa5 ♘xa5 13.♗a3 ♘ec6 14.♗xf8 ♖hxf8 15.♕c2 ♕h5

Dank seines festen Zentrums kann Weiß kann Weiß Spiel auf der b- und eventuell auch der c-Linie anstreben. Dagegen ist Schwarz um Schaffung von Gegenspiel am anderen Flügel bemüht und zu diesem Zweck auch zum Opfer des h-Bauern bereit. Bei der Bewertung von dessen Annahme ist nicht so sehr wegen der *kurzfristigen* Folgen präzise Berechnung erforderlich, sondern weil es nach einigen forcierten Zügen für Schwarz an ganz anderer Stelle weitergeht.

1) Die Idee des wenig überzeugenden Partiezugs **16.h3?!** bestand darin, sich nach **16...♕h6∞** mit **17.♘h2** um den latent gefährdeten Bauern f4 kümmern zu können. Allerdings bot dies dem Gegner die Gelegenheit, nach **17...f5** mit g5 nebst Tg8 einen effektiven Hebel ansetzen zu können.

2) Nur die Ansätze **16.♘b3** und **16.♖ab1** boten Aussicht auf mehr oder weniger kräftigen Minimalvorteil.

3) Von dem Bauernraub **16.♗xh7?** sollte Weiß besser Abstand nehmen, wenngleich aus anderen Gründen, als man spontan erwarten würde.

a) So könnte es mit **17...♖h8** auf der h-Linie weitergehen, obwohl Weiß den dortigen Druck nach **18.♗d3 fxe5 19.fxe5 g5** ...

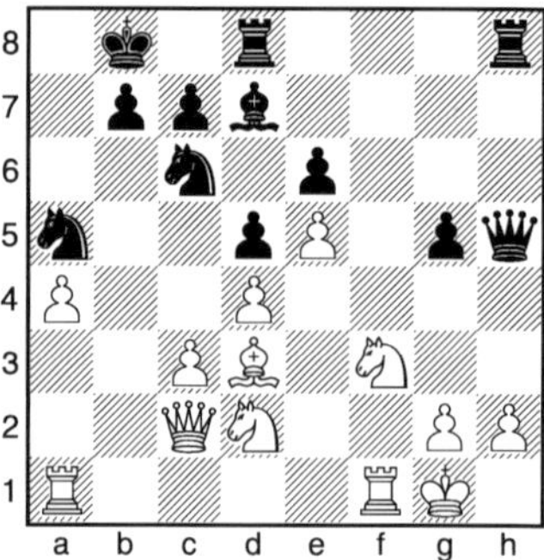

... mit **20.g3** Δ♖f2, ♕d1–e2 usw. bequem auffangen könnte und Schwarz auf Kompensation eingeschränkt bliebe.

b) Hingegen zeigt sich nach den forcierten Zügen **17...f5 17.♘g5 ♖h8 18.♖f3 ♖xh7 19.♖h3 ♕e2**, an welcher *ganz anderen Stelle* das schwarze Gegenspiel weitergeht.

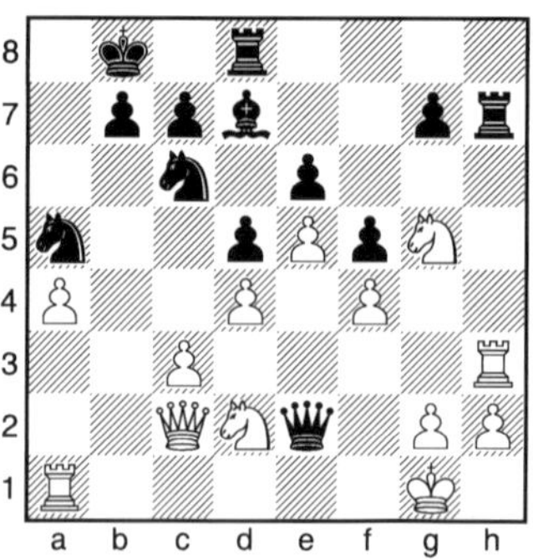

Die Fesselung auf der zweiten Reihe ist dermaßen nachhaltig, dass Schwarz nach **20.♖xh7** (20.♘xh7?! ♘c4∓) **20...♘c4 21.♖h3 ♕xd2** oder **21...♘6a5** ganz offensichtlich nicht um Gegenspiel verlegen ist.

42

Menvielle Laccourreye – Larsen

Las Palmas 1976

1.e4 c5 2.♘f3 e6 3.c3 d5 4.e5 ♘c6 5.d4 ♗d7 6.♗e2 ♘ge7 7.0–0 ♖c8 8.♖e1 cxd4 9.cxd4 ♘f5 10.♘c3 ♗e7 11.a3 0–0 12.♗d3

Bei diesem Beispiel ist zu beachten, dass Weiß nach der eventuellen Annahme des Bauernopfers nicht auf die Standardantwort mit sofortigem Rückgewinn beschränkt ist, sondern auch über die Alternative verfügt, auf dem Bauernopfer zu beharren und auf Angriffskompensation abzuzielen.

In der Partie kam Schwarz zu der richtigen Erkenntnis, dass **12...♘cxd4** vollkommen in Ordnung ist. Verglichen mit dem soliden Ansatz 12...♘h4∞ kommt sogar hinzu, dass der Textzug dem Gegner Gelegenheit bietet, sich von der ein oder anderen naheliegenden Ungenauigkeit am Wegesrand verführen zu lassen.

13.♘xd4 ♘xd4 14.♕g4

Die erste Verführung bestand in der Routinereaktion 14.♗xh7+?! ♔xh7 15.♕xd4, denn nach 15...♕b6! Δ16.♕xb6 axb6 Δb5–b4 würde das Läuferpaar Minimalvorteil in Aussicht stellen.

14...♘f5

Mit der Spielerei 14...♘b3!? 15.♗h6 g6 16.♗xf8 ♗xf8 könnte Schwarz bequeme Kompensation nachweisen.

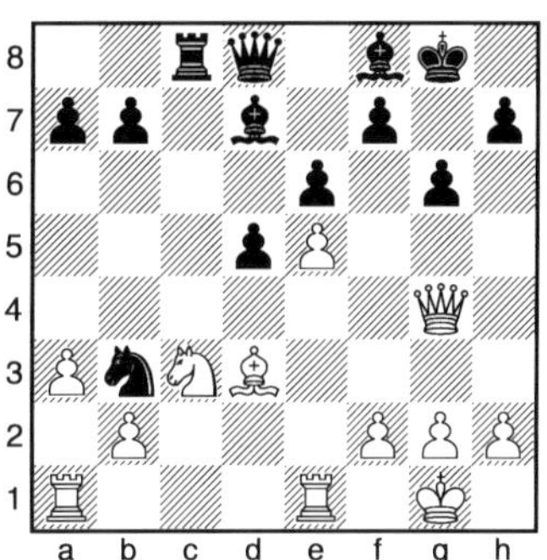

17.♖b1 (17.♖d1 ♗xa3) und nun 17...♘d2 18.♖bd1 ♘c4, denn hier wäre 17...♗xa3? wegen 18.♕d1!± Δ18...♘a5 19.♘xd5 exd5 20.bxa3 verfehlt.

15.♗xf5?!

Sicherer war 15.♘xd5 exd5 16.♗xf5∞, denn nach beispielsweise 16...♖c4 17.♕f3 ♗xf5 18.♕xf5 war der schwarze Freibauer mit korrektem Spiel unter Kontrolle zu halten.

15...exf5 16.♕d4?

Das ist allerdings schon ein echter Fehler. Nach stattdessen 16.♕g3 ♖c4 17.♘xd5 ♗h4 18.♕b3 ♕a5 19.♘c3 hätte Weiß höchstens einen Hauch von Vorteil gehabt.

16...♗c5

Schwarz setzt auf freie Bahn für die Läufer, obwohl das Festhalten an dem Mehrbauern mit 16...♗e6!? wohl etwas stärker gewesen wäre; z.B. 17.♕xa7?

(⌓17.♖d1 ♗c5∓; 17.♖c4)

16...d4–+ Δ17.♖d1

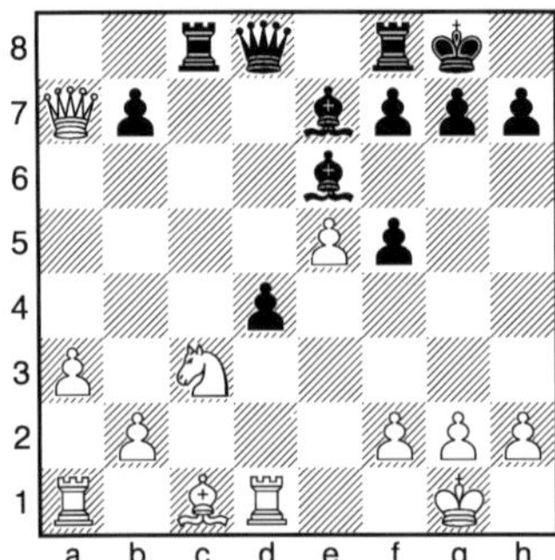

17...dxc3! 18.♖xd8 ♖fxd8

17.♕xd5 ♕b6 18.♕f3 ♖fe8 19.♖e2

19.♘d5!? hätte wohl eine etwas zähere Verteidigung ermöglicht, obwohl die Stellung nach dem folgenden Fehler sowieso wieder unklar bzw. ausgeglichen ist.

19...♗d4?

⌓19...♕e6∓; 19...♕g6

20.♗e3! ♗c6

20...♗xe3 21.♕xe3 ♕xe3 22.♖xe3∞

21.♕xf5=

43

Kafka – Edlund

Stockholm 2005

1.e4 e6 2.d4 d5 3.e5 c5 4.c3 ♘c6 5.♘f3 ♗d7 6.♗e2 ♘h6 7.0–0 ♘f5 8.♗e3 ♗e7 9.♗d3 ♕b6 10.dxc5

Die schwarzen Zukunftsperspektiven sind ohnehin nicht schlecht, denn er könnte sich das Läuferpaar verschaffen und langfristig Druckspiel gegen den 'isolierten' Bauern e5 aufbauen. Es bleibt also abzuwägen, ob die Zerstörung der weißen Damenflügelstruktur vielleicht nicht noch etwas besser wäre, obwohl in diesem Fall der Bauer auf c5 am Leben bliebe.

1) Mit **10...♕xb2** ist im gegebenen Fall keinerlei Gefahr für die Dame verbunden, wohl jedoch die, nach **11.♗xf5** nicht einmal Minimalvorteil nachweisen zu können. Wenn Schwarz jedoch in der Folge partout *ohne* Dame weiterspielen will, kann er dies durchaus bewerkstelligen, ohne dass es allerdings etwas an der Stellungsbeurteilung ändern würde, wie die folgenden Varianten nahelegen:

a) 11...♕xa1

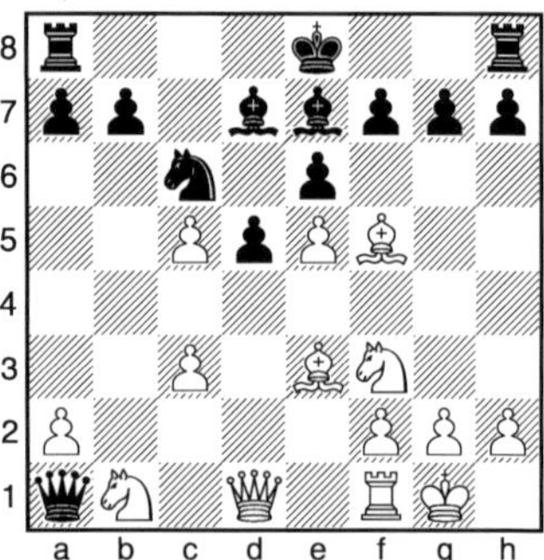

– 12.♕d2 exf5 13.♘a3 ♕xf1+ 14.♔xf1 0–0∞

– 12.♕c2 exf5 13.♘bd2 ♕xf1+ 14.♘xf1 g6 15.♕b3 0–0–0∞ 16.♕xd5?? ♗e6–+

b) 11...exf5 12.♕b3 ♕xa1 (12.♕xb3 axb3∞) **13.♘bd2 ♘a5 14.♕a3 ♕xf1+ 15.♔xf1 ♘c6 16.♕b3 ♘a5∞ Δ17.♕xd5?? ♗b5+ 18.c4 ♖d8 19.♕xd8+ ♔xd8 20.cxb5**

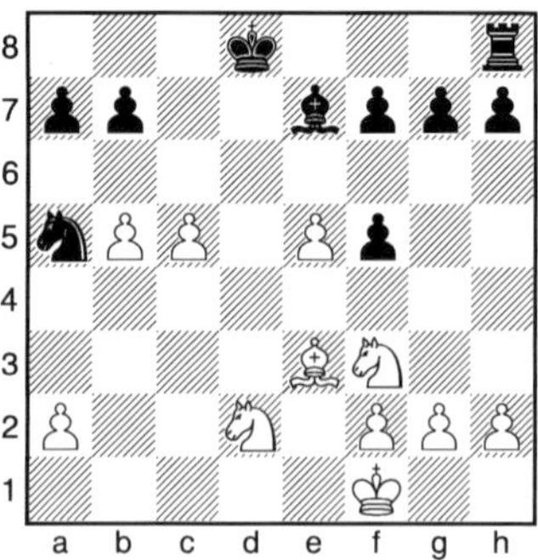

Und hier wäre der schwarze Vorteil allein wegen der wirklich *schändlichen* Situation seines Randspringers auf eine *tendenzielle* Gewinnstellung eingeschränkt.

2) In der Partie folgten auf die solide Wahl **10...♘xe3** zunächst die erzwungenen Züge **11.cxb6 ♘xd1 12.♖xd1**.

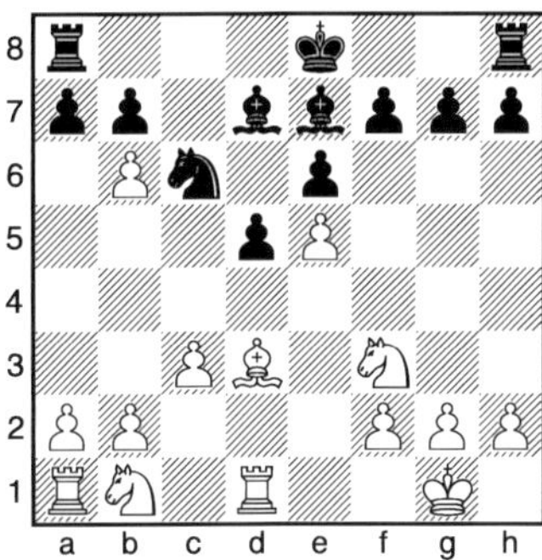

Und nun entschied Schwarz sich für **12...axb6∓**, um anschließend mit g7–g5 den weißen Zentrumsbauern unter Druck zu setzen.

Zum Spiel auf Minimalvorteil kam durchaus auch sogleich 12...g5 infrage mit der Hauptvariante 13.bxa7 g4 14.♘d4 ♘xe5 15.♘b5 usw.

44

Hogenacker – Kummerow

Deutschland 2001

1.e4 e6 2.d4 d5 3.♘d2 ♘f6 4.e5 ♘fd7 5.c3 c5 6.f4 ♘c6 7.♘df3 cxd4 8.cxd4 ♕b6 9.a3 ♗e7 10.b4 0–0 11.♗d3 f6 12.♖a2

Bei der Fragestellung ist selbstverständlich nicht an den Gewinn des weißen d-Bauern gedacht, sondern an ein Zertrümmerungsopfer, das mit ♘xd4 eingeleitet wird. Schließlich hinkt Weiß deutlich in der Entwicklung hinterher und die Öffnung der Diagonale a7–g1 sowie der f-Linie stellt allerlei Taktikmotive in Aussicht.

1) In der Partie ließ Schwarz mit **12...♔h8?** einen nicht gerade subtilen Vorbereitungszug für den de facto Bauern*gewinn* ♘xd4 folgen.

13.♗b1?

Weiß revanchiert sich mit der auch nicht viel subtileren positionellen Falle 13...a5? 14.♕d3 f5 15.b5±, statt mit 13.♘e2± auch ohne Fallenstellerei bedeutenden Vorteil zu erzielen.

13...♖f7?

⌓13...f5∞ Δa5

Und hier hätten außer dem Partiezug **14.♕d3** auch die Alternativen 14.♘e2 und 14.h4 das Urteil ~± gerechtfertigt.

Das Figurenopfer zur Zertrümmerung des weißen Zentrums kann in zwei Versionen erfolgen, wobei sich der Hauptunterschied im 15. bzw. 16. Zug zeigt.

2) 12...♘xd4!? 13.♘xd4 fxe5 14.fxe5 ♘xe5

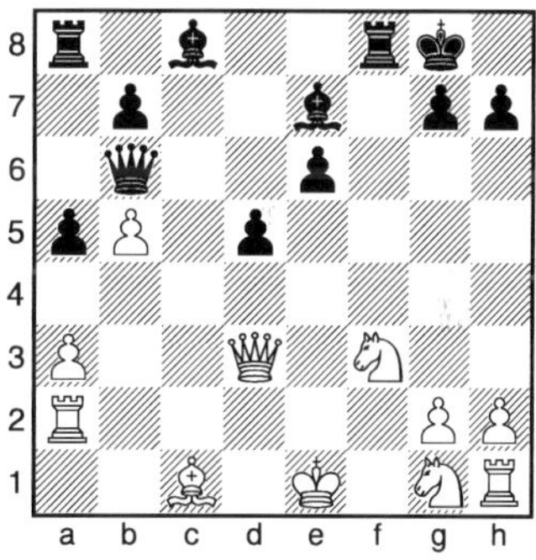

a) 15.♘gf3? ♘xd3+ 16.♕xd3 e5∓ 17.♘xe5 ♕c7 18.♕e3 ♗f6

b) 15.♘df3 ♘xd3+ 16.♕xd3 e5!⩱ Δ17.♘xe5? ♗h4+ 18.g3 ♗f5

3) 12...a5!? 13.b5 ♘xd4! 14.♘xd4 fxe5 15.fxe5 ♘xe5

a) 16.♘df3? ♘xd3+17.♕xd3

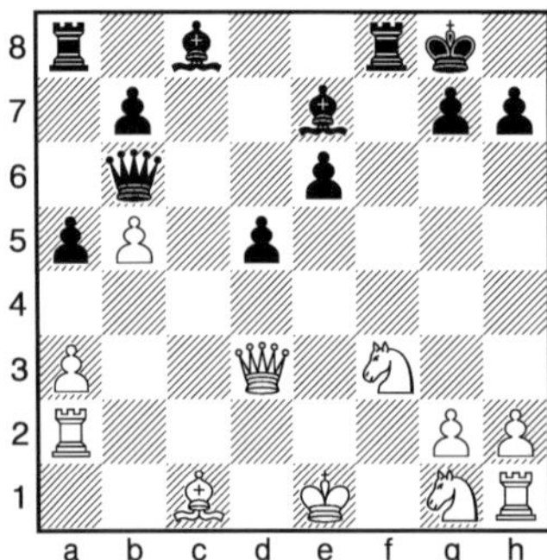

Und hier würde (statt e6–e5) angesichts des vorgerückten weißen b-Bauern 17...♗d7∓ Δ18.a4? e5!–+ zum Vorteilsnachweis reichen.

b) 16.♘gf3 ♘xd3+ 17.♕xd3 e5 18.♘xe5 ♕c7 19.♕e3 ♗f6≅ 20.♘df3 ♗xe5 21.♘xe5 d4 22.b6 ♕xb6 23.♕e2 ♗e6

45

Van Eijk – Michielsen

Hengelo 2007

1.e4 e6 2.d4 d5 3.♘d2 ♘f6 4.e5 ♘fd7 5.♗d3 c5 6.c3 ♘c6 7.♘df3 cxd4 8.cxd4 f6 9.exf6 ♘xf6 10.♘h3 ♗d6 11.0–0 0–0 12.♖e1 ♕b6 13.♘hg5 ♘b4 14.♗b1 h6 15.a3 hxg5 16.axb4 ♗xb4 17.♖e3 ♗d6 18.♖b3 ♕c7 19.♖c3 ♕b8 20.♗xg5 ♘e4 21.♗h4 ♘xc3 22.bxc3

1) In der Partie flehte Schwarz mit **22...♖f5?** quasi um einen kurzen Prozess – und ahnte nicht, dass er damit (fast) seine Begnadigung erwirkt hätte. **23.♗xf5 exf5 24.♘g5?!**

Das ist immer noch vollkommen ausreichend, obwohl 24.♕b3! ♗e6 25.♘g5 usw. etwa doppelt so tödlich gewesen wäre.

24...♗xh2+?!

Getreu dem Motto 'Ein Sterbender darf alles essen'. Tatsächlich wäre jedoch statt dieser Henkersmahlzeit 24...♗e7 Δ25.♕h5 ♗xg5 26.♕e8+ ♔h7 27.♗xg5 wesentlich zäher gewesen.

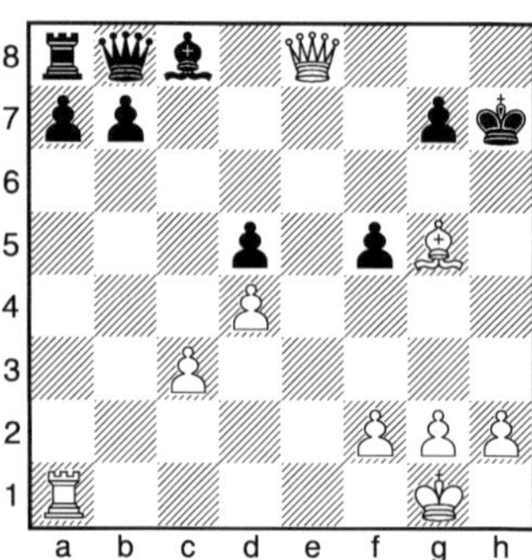

Denn nach 27...f4 Δ♗f5 hätte Weiß sich womöglich noch in einem Endspiel mit ein paar Mehrbauern herumquälen müssen.

25.♔h1 ♗f4 26.♕h5??

Das ist allerdings schon ein kapitaler Bock, statt dessen die ungewöhnliche Nutzung einer Kreuzfesselung mit 26.♗g3! den Springer am Leben und das Todesurteil gegen den schwarzen König somit aufrechterhalten hätte.

26...♗xg5 27.♕e8+ ♔h7 28.♗xg5 ♕d6??

Hier hätte Weiß nach 28...f4! mit Mühe und Not noch ± behalten, weil ihm im Unterschied zur vorletzten Anmerkung der h-Bauer abhanden gekommen ist.

29.♖e1+–

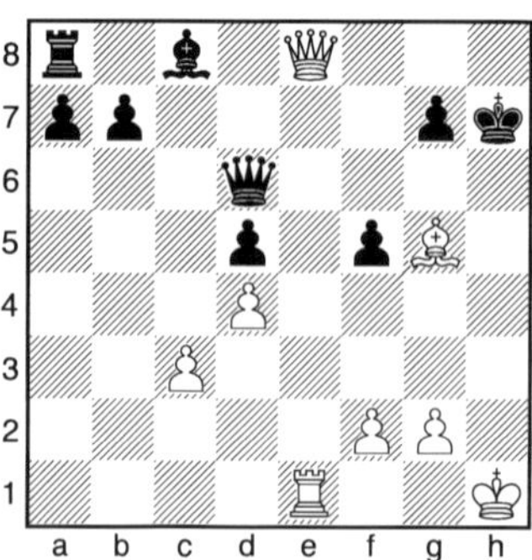

Jetzt ist wieder alles im Lot,

denn der schwarze König geht tot.

29...♕g6 30.♕d8 b6 31.♖e8 ♕h5+ 32.♔g1 ⌓32.♗h4 **32...♕d1+ 33.♔h2 ♗b7 34.♖h8+ ♔g6 35.♖h6+** nebst Matt in 3 Zügen

2) Was die lebensverlängernden Maßnahmen anbetrifft, sei nur erwähnt, dass sowohl **22...♕c7!** Δ**23.♕d3 g6! 24.♕xg6+ ♕g7** als auch **22...♖f6!** Δ**23.♗xf6?! gxf6±**; ⌓**23.♗g5!** Δ♕d3 diesbezüglich Erstaunliches geleistet hätte, ohne jedoch den geringsten Unterhaltungswert beizusteuern.

3) Ganz anders der Ansatz mit dem 'Versöhnungsopfer' **22...♖xf3**, der strenggenommen auch ein Fragezeichen verdient und glatt verliert, der jedoch dem Weißen die Gelegenheit geboten hätte zu demonstrieren, dass man auch eine Exekution mit Humor erledigen kann.

23.gxf3 ♗xh2+ 24.♔h1

Auch 24.♔f1 ♕f4 24.♕h5 ♕c1+ 25.♔e2 ♕b2+ 26.♔d1 ♔f8 27.♕h8+ ♔f7 28.♕d8 ♕b5 29.♔e1! gewinnt, ist aber deutlich weniger komisch.

24...♕f4 24.♕h5 ♕c1+ 25.♔h2 ♕f4+

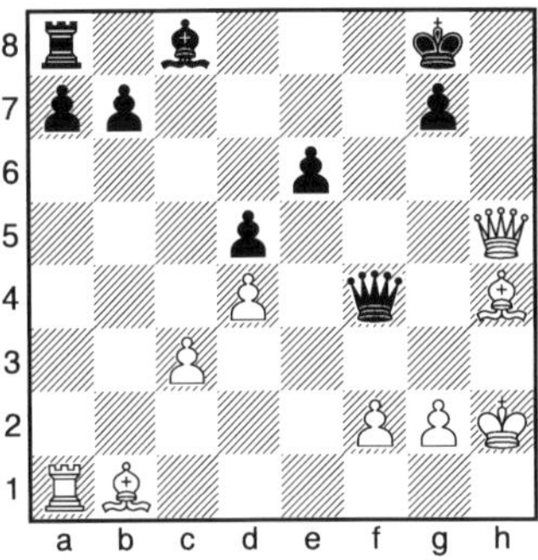

26.♔h3!

Auch der Gewinnzug 26.♗g3 ist zu trocken – jedenfalls an dieser Stelle statt sechs Züge später. Schließlich geht es bei dieser Demonstration darum, den Gegner so lange wie möglich glauben zu machen, er können vielleicht doch noch ein Dauerschach abstauben.

26...e5+ 27.g4 ♕f3+ 28.♗g3 ♕h1+ 29.♗h2 ♕f3+ 30.♔h4 ♕f6+ 31.g5 ♕xf2+ 32.♗g3

Und wie man im Milieu so schön sagt: Es hat sich ausgeschacht.

46

Biryukov – Khamitskiy

Saratov 2008

1.e4 e6 2.d4 d5 3.♘d2 ♘f6 4.e5 ♘fd7 5.♗d3 c5 6.c3 ♘c6 7.♘e2 cxd4 8.cxd4 f6 9.exf6 ♕xf6 10.♘f3 h6 11.♗b1 ♗d6 12.♘g3 0–0 13.♕d3 ♗b4+ 14.♔f1 ♔f7

Es ist leicht nachzuempfinden, dass seine Majestät sich in der Residenz im Ostteil seines Reiches nicht mehr recht wohlfühlte und dass ihm ein Tapetenwechsel geraten erscheint. Da allerdings nicht nur fünf tatendurstige Angreifer in diesen Bereich schauen, sondern dort auch allerlei u.U. störende Epauletten aus eigenem Besitz in der Gegend herumstehen, gebietet es der gesunde Schachverstand, dass die geplante Abreise in den Startlöchern steckenbleiben sollte.

I) In der Partie bereitete Weiß mit **15.♕h7??** den Springerausfall nach h5 vor, nur wäre dieser nach korrekter Verteidigung kraftlos verpufft. Daran ließ Schwarz es mit **15...♖g8??** allerdings mangeln und nach dem ursprünglich geplanten Ausfall **16.♘h5** und der Folge **16...♕e7 17.♗g6+ ♔f8** ...

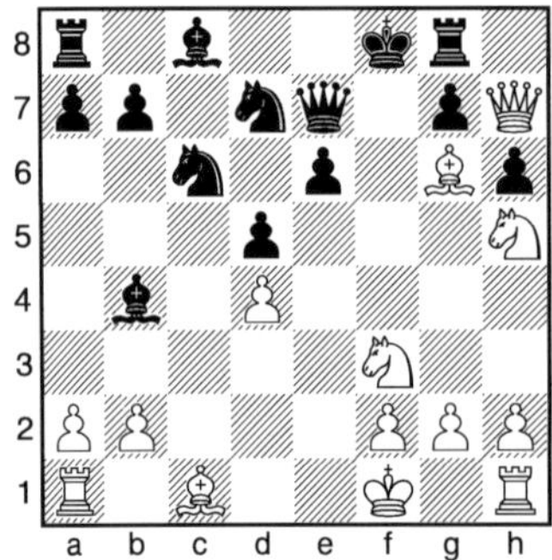

... wäre 18.♘xg7 noch verheerender gewesen als **18.♗xh6** usw.

II) Die korrekte Verteidigung bestand in der Fortsetzung der ursprünglich geplanten Abreise mit **15...♔e7!**, wonach Weiß mit leeren Händen dagestanden hätte.

A) So wäre nach **16.♘h5 ♕f7∞** der Bauer g7 tabu gewesen.

1) Nach 17.♘xg7? (⌓17.♘f4; 17.♗g6) 17...♘f6 18.♕g6 ♖h8!∓ Δ♔f8 wäre es dem ♘g7 an den Kragen gegangen.

2) Und nach 17.♕xg7? ♕xg7 18.♘xg7 hätte der stille Zug 18...b6! nunmehr auf die missliche Situation des *weißen* Königs aufmerksam gemacht.

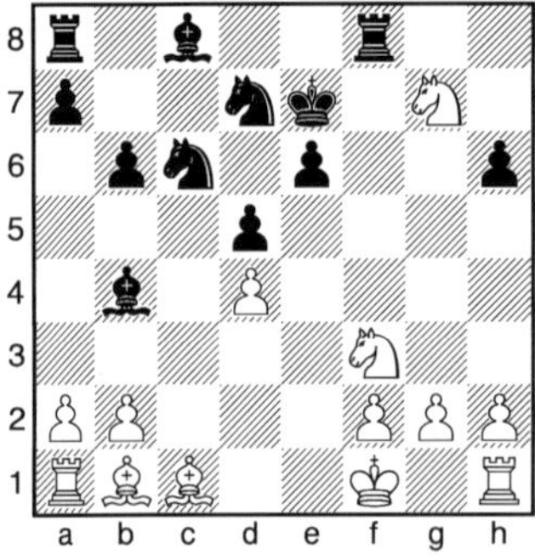

Dabei spielt ein Qualitätsopfer auf f3 durchweg die Hauptrolle – mit mehr oder weniger schlimmen Konsequenzen in folgenden Varianten:

a) 19.♗e3? ♗a6+ 20.♔g1 ♖xf3! 21.gxf3 ♖g8−+

b) 19.♗xh6? ♗a6+ 20.♔g1 ♖xf3! 21.gxf3 ♘xd4 23.h4 ♖h8−+

c) 19.♘h5 ♗a6+ 20.♔g1 ♖xf3! 21.gxf3 ♘xd4∓

d) 19.♗d3 ♖xf3! 20.gxf3 ♘xd4

– 21.♗xh6? ♘e5! 22.♗e2 ♘xe2 23.♔xe2 ♗a6+ 24.♔d1 ♘d3−+

– 21.♖g1? ♘e5! ~+– 22.♗e3 (22.♗e2 ♘exf3) 22...♘xd3 (22...♘dxf3) 23.♗xd4 ♗a6 24.♔g2 ♗c5 (24...♘f4+ 25.♔h1) 25.♗xc5+ bxc5

– 21.f4 ♘c5 22.♗e2 e5!∓

– 21.♗e3 ♘e5! 22.♗xd4 ♘xd3∓

B) Und nach **16.♗g6** hätte Schwarz es einzig und allein dem pointierten Qualitätsopfer **16...♖h8!!** zu verdanken, dass er sich überhaupt noch zur Wehr setzen kann.

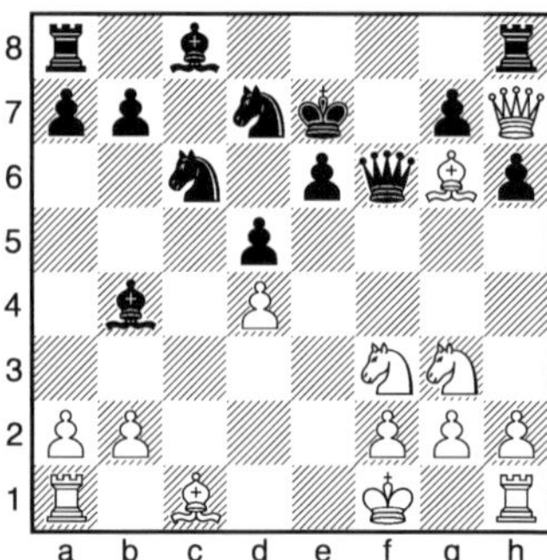

Und dies sogar überraschend erfolgreich, weil ja nach **17.♕xh8 ♕xg6** auch auf weißer Seite angesichts der Stellung beider Majestäten sowie der allgemeinen Unterentwicklung noch allerlei im Argen liegt. So ergibt sich nach **18.h4 b6 19.h5** eine Position, in der beide Damen sich in vertrackten Fressvarianten dafür entscheiden müssen, welcher Happen denn als nächster verspeist werden sollte. Dabei fällt die Wahl mit **19...♕xg3** zunächst noch leicht, aber dann wird es schwieriger.

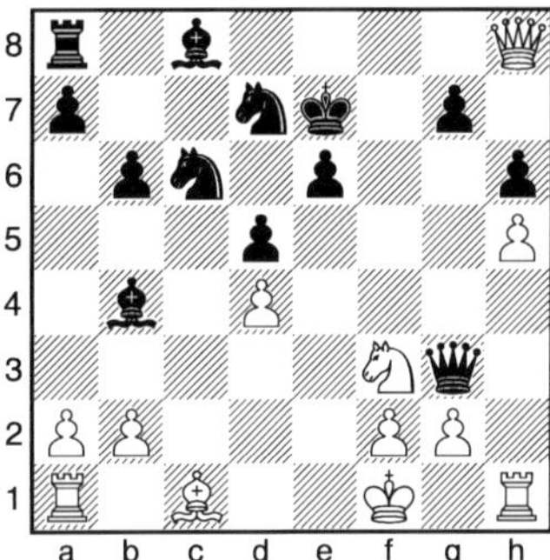

1) Auf den ersten Blick scheint **20.♕xc8** der einzige Zug zu sein, nach dem es wie folgt weitergehen würde:

a) Nach 20...♕xf3 21.♕xd7+ ♔xd7 22.gxf3 ♘xd4 23.♖g1 (23.♖h4 Δ♖g4) wäre der Vorteil doch zumindest noch tendenziell im Bereich ±; z.B. 23...♗f8 24.♗f4 (24.♖g3) 24...♘xf3 25.♖g3 ♘d4 26.♖c1 ♘c6 27.b4! Δ27...b5 28.♖gc3 bzw. 27...a6 28.a4; 28.♖gc3.

b) Hingegen bliebe der weiße Vorteil nach 20...♕xf2! 21.♔xf2 ♖xc8 22.♗f4 ♗d6 23.♗xd6+ ♔xd6 24.♖ac1 noch im Minimalbereich.

2) Allerdings gibt es noch die sehr beachtliche Spitzfindigkeit 20...♔g1!, die Schwarz noch einmal zu größter Vorsicht zwingt.

a) So würde nämlich der Wegzug 20...♕g4? nach 21.♖h4 zu einer glatten Verluststellung führen.

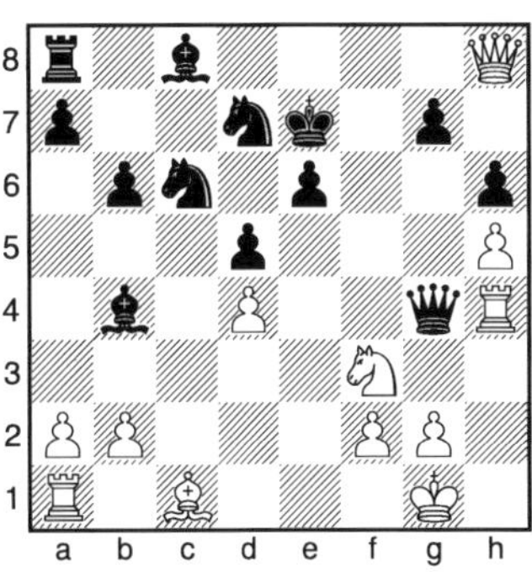

Z.B. 21...♗b7 (21...♕f5 22.♕xg7+) 22.♕xa8 ♕xf3 23.♕xb7 ♕d1+ 24.♔h2 ♗d6+ und nun könnte Weiß sich die Sache mit 25.g3? noch einmal unnötig schwer machen (⌓25.♗f4! ♗xf4+ 26.♖xf4), denn nach 25...♕f3 26.♗e3 ♘a5 27.♕a6 ♘c4 28.♖g1 und nun 28...♔d8! Δ♗e7 wäre der Vorteil wieder auf ± geschrumpft.

b) Korrekt muss das große Fressen also mit 20...♗b7 21.♕xa8 ♕xf3 fortgesetzt werden, wonach Weiß noch einmal präzise spielen muss.

– Nach 22.♕xb7? ♕d1+ 23.♔h2 ♕xh5+ müsste er nämlich Dauerschach zulassen, weil 24.♔g3?? nach 24...♗d6+ (24...♕xh1?? 25.♗g5+ +–) 25.f4 ♕xh1 26.♕xc6 ♘f6 sogar zu seinem Verlust führen würde.

– Und auch nach 22.♗g5+! hxg5 23.♕xb7 ♕e2 24.♕xc6 ist Weiß noch längst nicht am Ziel, ...

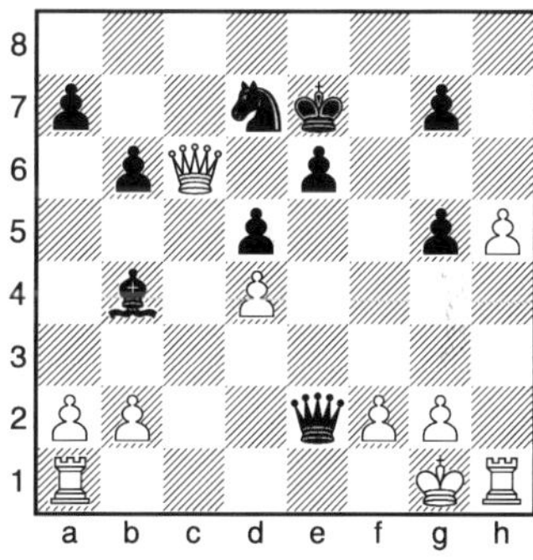

... denn mit 24...♗e1! und nach der Folge 25.♖xe1 ♕xe1+ 26.♔h2 ♕xf2 27.♕c3 mit 27...g4! könnte Schwarz ihm die Sache so schwer machen, dass auch hier nur das Urteil ± zutreffen würde.

II) Nach dem trügerisch stillen Zug **15.♘h5!** wäre die schwarze Stellung augenblicklich aufgabereif gewesen.

A) So führt **15...♕e7 16.♕g6+ ♔g8 17.♕h7+ ♔f7 18.♗g6#** zu einem typischen Epauletten-Matt.

B) Nach **15...♕d8 16.♕g6+ ♔e7 17.♕xg7+ Δ17...♔d6 18.♗f4+** bzw. **17...♖f7 18.♕xh6** geht zu viel Material verloren.

C) Und nach **15...♕f5 16.♕e2!**

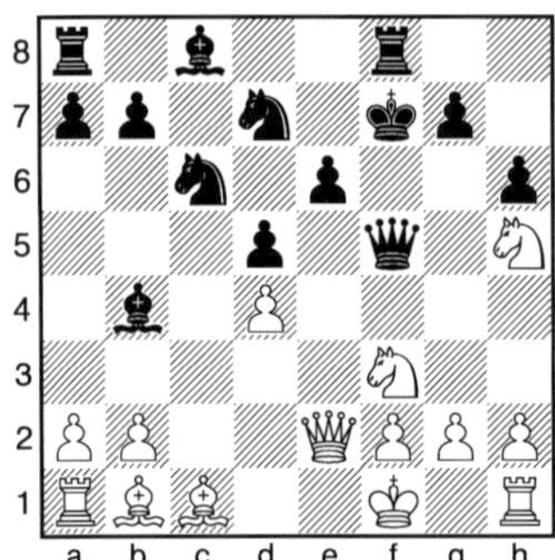

Δ16...♕xh5 17.♘e5+ bzw. **16...♕g4 17.♘g5+** ist es überraschender Weise um die *andere* Majestät geschehen.

47

Lundin – Raud

Buenos Aires 1939

1.e4 e6 2.d4 d5 3.♘c3 ♘f6 4.e5 ♘fd7 5.♘ce2 c5 6.c3 f6 7.♘f4 ♕e7 8.♗d3 fxe5 9.dxe5 ♘c6 10.♘f3 ♘d8

Wann immer einem Klumpatsch von Verteidigern eine ganze Anzahl vorbildlich postierter Angreifer gegenübersteht, gehen die Gedanken stets zuerst in Richtung von Gewaltmaßnahmen. Und häufig besteht dann die Gefahr, dass der Angreifer sich sagt 'Wird schon irgendwie passen!' oder auch 'Was nicht passt, wird passend gemacht!' – Und wie sieht es diesbezüglich im gegebenen Fall aus?

Natürlich steht Weiß nach 11.0–0, 11.♕c2, 11.h4 oder 11.c4 mehr oder weniger deutlich auf Gewinn, aber um es vorwegzunehmen: Mit Gewaltmitteln ist weder dem König noch der Dame etwas anzuhaben.

1) Dies musste Weiß nach **11.♘g6?** gefolgt von **11...hxg6 12.♗xg6+ ♘f7 13.♗g5** und nun **13...♘f6** zu seiner womöglichen Verblüffung erkennen.

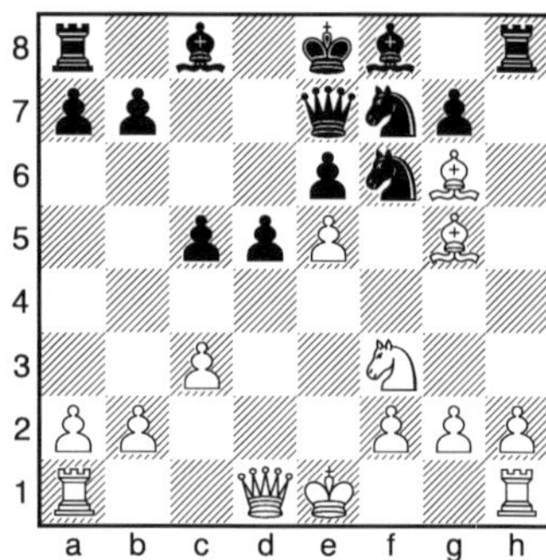

Entsprechend ließ er mit **14.exf6** quasi das Erstbeste folgen, obwohl der Gegner nach 14.♕c1!? ♔d8 15.♕f4 ♘xg5 16.♘xg5± bestimmt schwierigere Probleme zu lösen gehabt hätte.

Auch nach **14...gxf6 15.♘e5 fxg5** traf er mit **16.♗xf7+?!** (statt 16.♘xf7 ♖g8 17.♗h5 ♔d7 18.♕f3±) erneut nicht das Beste, und nach **16...♔d8** hätte (statt 17.♗h5? ♖h7∞) allenfalls noch 17.♕f3 Minimalvorteil gesichert.

2) Der Vollständigkeit halber sei noch erwähnt, dass die alternative Gewaltmaßnahme **11.♗g6+??** bei korrekter Defensive noch weniger einbringt.

a) Allerdings wäre nach **11...♘f7? 12.♗xf7+ Δ12...♔xf7?** (⌓12...♕xf7 13.♘g5±) **13.♘xe6+- Δ13...♔xe6? 14.♘g5+ ♔xe5 15.0–0** ...

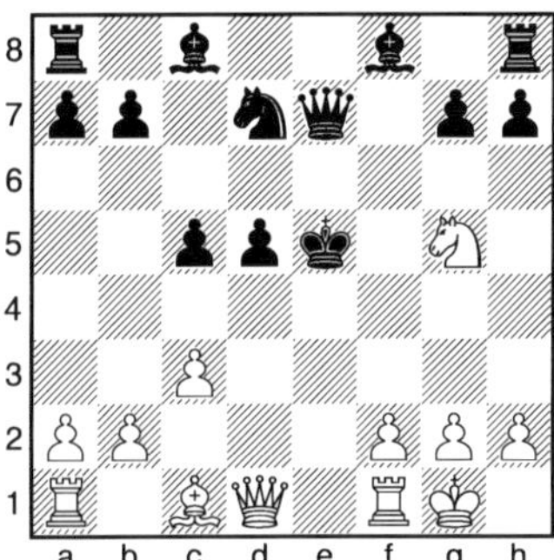

... eine Stellung entstanden, die dem Weißen wohl prinzipiell als 'gerechte Strafe' für die schwarze Eröffnungsmisshandlung vorgeschwebt hatte.

b) Hingegen hätte er nach **11...hxg6 12.♘xg6 ♕f7 13.♘xh8 ♕h5 14.♕d3 ♕xh8 15.♕g6+ ♘f7 16.♕xe6+ ♗e7 17.♕xd5** rein rechnerisch etwa einen Bauern in Front gelegen, aber nach **17...♕h5∞ 18.g4 ♘f6** ...

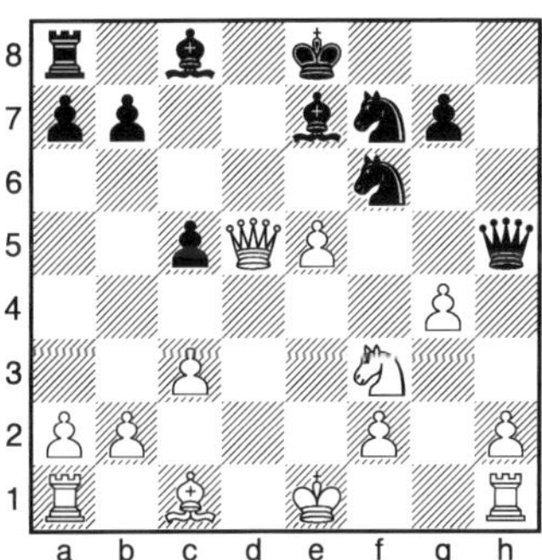

... **19.gxh5 ♘xd5 20.♖g1** wäre natürlich auch die *Qualität* der Bauern ins Gewicht gefallen.

48

Winge – Jepson

Schweden 2002

1.e4 e6 2.d4 d5 3.♘c3 ♘f6 4.e5 ♘fd7 5.♘ce2 c5 6.c3 cxd4 7.cxd4 f6 8.exf6 ♘xf6 9.f4 ♘c6 10.a3 ♗d6 11.♘h3 0–0 12.♘f2 ♕b6 13.g3

Es fällt schwer, die richtigen Worte für die weiße Eröffnungsbehandlung mit exf6 nebst f4 gefolgt von ♘h3–f2 zu finden, aber mit 'exzentrisch' dürfte man kaum verkehrt liegen. Wie auch immer, hat Weiß damit eine Stellung errichtet, die eigentlich dazu prädestiniert sein sollte, nunmehr von dem gezielten Einschlag einer Abrissbirne in eine Ruine verwandelt zu werden. Allerdings kann der verflixte 13. Zug ja für *beide* Seiten mit unerfreulichen Konsequenzen behaftet sein.

I) Der allzu *positionell* gedachte Partiezug **13...♘e4?** wirkte verglichen mit dem Einschlag einer Abrissbirne eher wie ein zaghafter Schubser. Entsprechend hätte dieser bei korrekter Verteidigung kaum mehr als kräftigen Minimalvorteil ergeben sollen.

14.♘xe4 dxe4 15.♗e3 e5!

Es war dem Schwarzspieler also bekannt, dass solcherlei Gewaltmittel im Schach durchaus erlaubt sind (siehe 2), auch wenn dieses in der gegebenen Form mit keinem nennenswerten Materialopfer verbunden ist.

Hingegen hätte Weiß nach 15...♕xb2? 16.♗g2∞ mit Fug und Recht behaupten dürfen, seine Stellung sei vollkommen in Ordnung.

16.dxe5??

Bei einem *schwedischen* Spieler liegt man wohl kaum verkehrt, diese Herangehensweise als zu *blauäugig* zu bezeichnen. Nach der geordneten Defensive 16.♕d2 ...

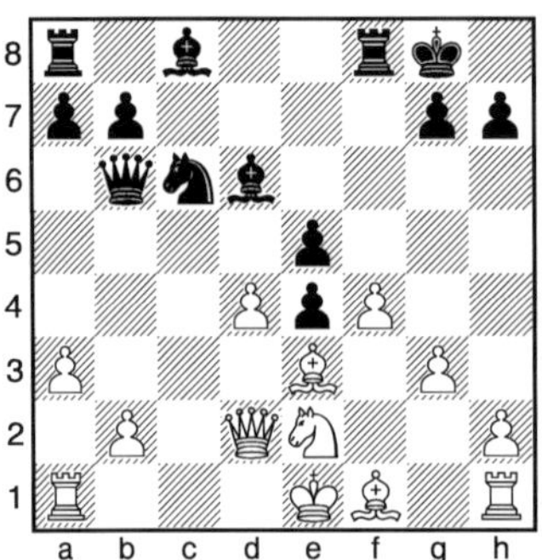

... hätte Schwarz nicht viel vorzuweisen gehabt:

– 16...exd4 17.♘xd4 ♗c5 18.♘c2 ♖d8∓; 18...♗xe3

– 16...exf4 17.♘xf4 ♗xf4 18.gxf4 ♘e7 19.d5 ♕h6∓

16...♕xe3 17.exd6 ♗g4

Schwarz steht auf Gewinn, da ziemlich bald der Materialausgleich mittels ♖d8 nebst ♖f6 o.ä. auf dem Programm steht, wonach die weiße Positionsruine keinen langen Bestand mehr haben wird.

II) Eine ganz andere Sprache hätte der sofortige Vorstoß **13...e5!!** gesprochen, wobei die Gewinnvarianten an etlichen Stellen nebenlösig sind:

A) 14.fxe5 ♘g4!

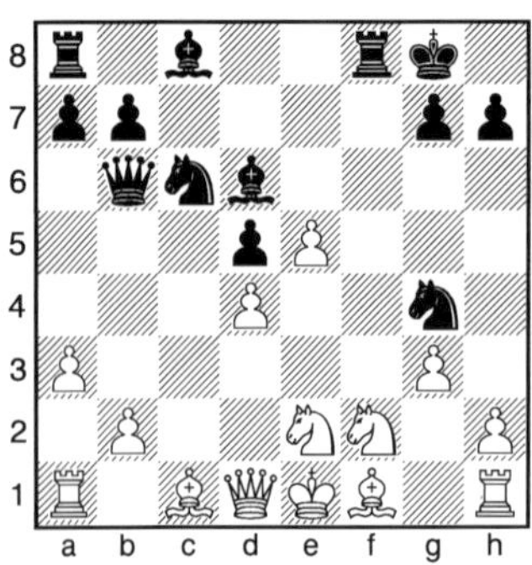

1) 15.♘xg4 ♗xg4

2) 15.♘h3 ♗xe5! 16.dxe5 ♘gxe5

3) 15.♘d3 ♘xd4 16.♘xd4 ♕xd4 Δ17.exd6 ♘f2

B) 14.dxe5

1) 14...♗c5 15.♘d3

a) 15...♘g4 16.♗g2 ♗f2+ 17.♔f1 ♗f5

b) 15...♘e4 16.♗g2 ♘xe5 17.♘xc5 ♕xc5 18.♖f1

(18.♕d4 ♘d3+ 19.♔f1 ♕c2)

18...♘c4 19.♕d4 (19.♘xe4 dxe4) und nun der subtile Einsatz von positionellem Zugzwang mit 19...♖e8! ...

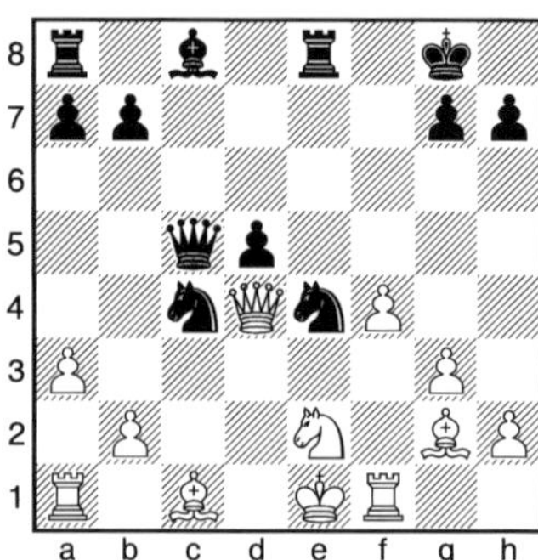

... und der Folge 20.♕xc5 ♘xc5 21.♗xd5+ ♗e6 22.♗xe6+ ♖xe6 mit witzigem Qualitätsgewinn nach dem Fluchtversuch 23.♔f2 ♘d3+ 24.♔f3 ♘xc1 25.♖fxc1 ♘d2+ 26.♔f2 ♘b3.

2) Alternativ geht auch das Gewinnverfahren 14...♗xe5 15.♗g2 (15.dxe5 ♘xe5) mit der kräftigen Folge 15...♗d4! 16.♘xd4 (16.0–0 ♗g4) 16...♖e8+! (16...♘xd4) 17.♘e2 (17.♔f1? ♘xd4 Δ♗f5) 17...♗g4 18.♘xg4 ♘xg4 19.♕xd5+ ♔h8 20.♕f3 ♘d4! 21.♕xg4 ♖xe2+ 22.♕xe2 ♘xe2 23.♔xe2

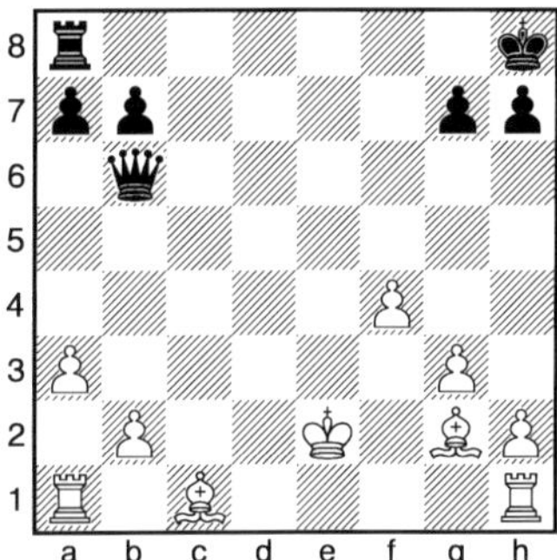

Und obwohl die Dame noch kräftig abgeräumt hat, ist Weiß nach 23...♖e8+ verloren, da er sich zwecks Mattvermeidung von dem losen Läufer ♗g2 trennen muss: 24.♔d3 (24.♔f1 ♕a6+) 24...♕a6+ Δ25.♔c3? ♖c8+ usw.

49

Mandl – Maier, C.

Kirchheim 1982

1.e4 e6 2.d4 d5 3.e5 c5 4.c3 ♘d7 5.f4 ♘e7 6.♘f3 ♘c6 7.♗e2 a5 8.0–0 ♘b6 9.♗e3 cxd4 10.cxd4 a4 11.♘c3 ♗d7 12.♘e1 ♗e7 13.g4 g6 14.♘g2 ♖c8 15.♖c1 a3 16.b3 ♘b4

Der schwarze Aufbau hat starke Ähnlichkeit mit der 'Leningrader Variante' (1.e4 e6 2.d4 d5 3.♘d2 ♘f6 4.e5 ♘fd7 5.f4 c5 6.c3 ♘c6 7.♘df3 cxd4 8.cxd4 ♘b6), bei der Schwarz frühestmöglich und unter Rochadeverzicht auf gezieltes und kräftiges Spiel am Damenflügel setzt. Allerdings hat er es hier versäumt, am Königsflügel die eigentlich typisch zum System gehörende Auffangstellung mit g6 und h5 zu errichten, so dass Weiß zur Durchsetzung seines strategischen Schlüsselzuges f4–f5 auch den g-Bauern heranziehen konnte.

1) In der Partie deutete Weiß mit **17.♕e1** die Verlegung der Dame zum Königsflügel an. Da mit deren Entfernung vom Damenflügel allerdings kein echter Kraftzuwachs erzielt wird, wäre im abwartenden bzw. verstärkenden Sinne eher 17.♕d2!?± mit Überdeckung des Bauern a2 und der Eventualidee ♘b5 infrage gekommen.

17...♘a8!?

Aus menschlichem Ermessen ist dieser bizarre Rückzug aufs Eckfeld eine gute Wahl, denn obwohl damit keine Verbesserung der schlechtesten Figurenposition einhergeht, wird zumindest der Dame der Weg nach draußen geöffnet.

– Gefühllose Computer sehen in 17...0–0!? das geringste Übel und bezweifeln, dass der weiße Vorteil bereits aus dem Minimalbereich heraus ist.

– Von Interesse ist allerdings auch das Opferkonzept 17...♖xc3!? 18.♖xc3 ♘xa2, denn angesichts des Gespenstes eines gedeckten Freibauern auf a2 käme als Gewinnversuch wohl nur das Gegenopfer 19.♖c5!? mit Gefährdung des Springers a2 infrage.

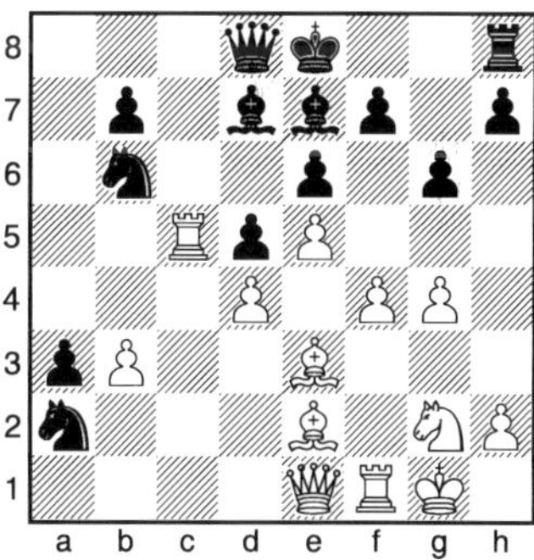

Danach läuft die weitgehend forcierte Variante 19...♗xc5 20.dxc5 d4 21.cxb6 dxe3 22.♕a5 ♕e7 23.♖a1 ♘b4 24.♕a8+ ♕d8 25.♕xd8+ ♔xd8 26.♖xa3 ♘d5 27.♗f3 letztlich auch nur auf Minimalvorteil hinaus.

18.♕g3?!

Hier hätte nur der Korrekturzug 18.♕d2

Chancen auf Minimalvorteil bewahrt.

18...♕a5?!

Und hier hätte Schwarz mit dem beherzten Herangehen 18...♖xc3! 19.♖xc3 ♘xa2 ausreichende Kompensation erzielen können.

19.♔h1?!

Statt dieser unnötigen Prophylaxe wäre nun endlich 19.f5!± angebracht gewesen.

19...♖xc3!=∞

2) Die Ausführung des Schlüsselzuges **17.f5!** bedurfte keiner weiteren Vorbereitung, wie ein Blick auf folgende Varianten veranschaulicht.

a) 17...gxf5? 18.♕d2+− Δgxf5 (18.gxf5!?); **Δ18...fxg4? 19.♗h6; 19.♗xg4**

b) 17...exf5 18.gxf5 ♗xf5 19.♗b5+

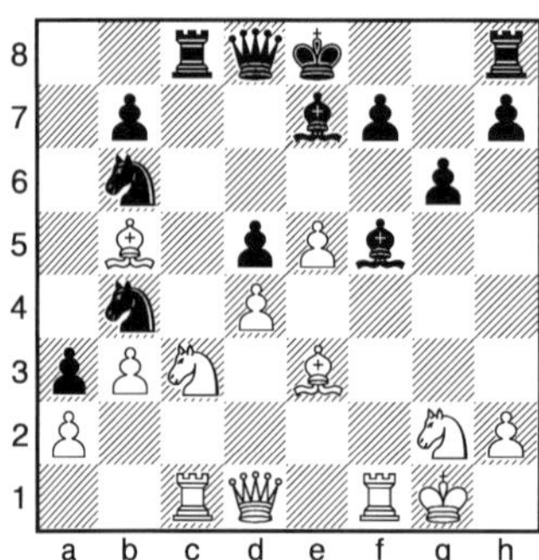

19...♘c6

19...♗d7? 20.♗h6 Δ♕f3+−

20.♖xf5! gxf5 21.♕h5±

c) 17...♖xc3 18.♖xc3 (18.fxe6) **18...♘xa2 19.♖c2 ♘b4 20.♖c1±**

50
Oll − Malaniuk
UdSSR 1985

1.e4 e6 2.d4 d5 3.♘d2 ♘f6 4.e5 ♘fd7 5.♗d3 c5 6.c3 ♘c6 7.♘e2 ♖b8 8.0−0 b5 9.f4 g6 10.♘f3 b4 11.g4 h5

Schwarz verlässt sich offenbar vollkommen darauf, dass seinem unrochierten König auf absehbare Zeit nicht beizukommen ist. In diesem Glauben widmet er sich seit mehreren Zügen einer lupenreinen Bauernketten-Strategie (deren Krönung strenggenommen in dem weiteren Vorstoß a7−a5−a4−a3 gegeben wäre). Und der entsprechenden Strategie des Gegners am Königsflügel hofft er durch den soeben geschehen Unterminierungszug den Zahn zu ziehen, der selbstverständlich in dem Vorstoß f4-f5 bestünde.

In der Partie war Weiß sich dessen bewusst, dass er angesichts der Fortschritte des schwarzen Gegenspiels am Damenflügel keine Zeit verlieren durfte und legte entsprechend energisch mit **12.f5!!** los.

Nach sämtlichen Alternativen stünde er nämlich mit leeren Händen da:

− Nach Verriegelung des eigenen Spielflügels mit 12.g5?? kann Schwarz sogleich mit 12...♕a5 Δ♗a6 oder nach Vorschaltung der Linienöffnung 12...bxc3 13.bxc3 und erst jetzt 13...♕a5 an seinem Spielflügel aktiv werden.

− Die Linienöffnung am eigenen Spielflügel mit 12.gxh5?? würde nach 12...♖xh5 selbstredend eher im Interesse des Gegners ausfallen.

− Und nach der Stützung der Bauernkette 12.h3?? und der Folge 12...hxg4 13.hxg4 bxc3 14.bxc3 ♕a5 ...

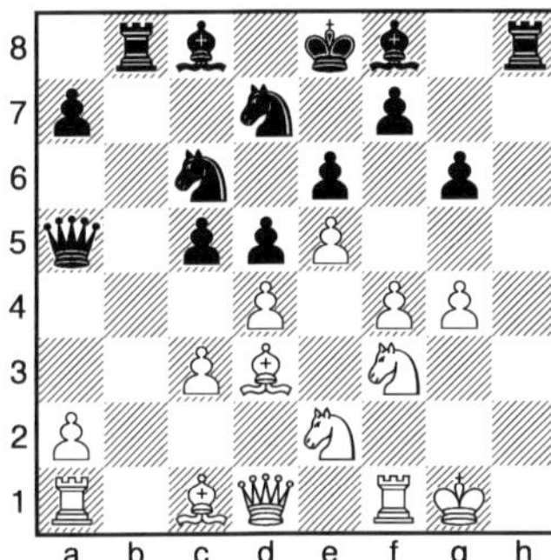

... könnte Weiß das Bauernopfer 15.f5! nicht etwa im Angriffssinne anbringen, sondern müsste zwecks Wahrung des Gleichgewichts dazu greifen.

12...hxg4

– Der Zwischentausch 12...bxc3 13.bxc3 und erst jetzt 13...hxg4 hat nach 13.fxg6 usw. keine eigenständige Bedeutung.

– Und den Zwischenzug 12...c4 kann Weiß mit 13.fxe6 oder 13.fxg6 ignorieren, obwohl der Rückzug 13.♗c2 noch stärker zu sein scheint.

– Und die Zugfolgen 12...gxf5 13.gxf5 exf5 bzw. 12...exf5 13.gxf5 gxf5 führen nach 14.♘f4 oder auch 14.♘g3 zu einer mehr oder weniger deutlichen Gewinnstellung.

13.fxg6

13.fxe6?? wäre natürlich verfehlt, weil der schwarze König nach 13...gxf3 14.exf7+ ♔xf7 15.♖xf3+ ♔g8∞ wenigstens noch über *einen* Schutzbauern verfügen würde.

13...gxf3

Es gibt keine sinnvolle Ausflucht mehr; z.B. führt auch 13...♕b6, um dem König nach 14.gxf7+ den sidestep 14...♔d8 zu ermöglichen, nach 15.♘f4 oder 15.♘g5 zu einer hoffnungslosen Stellung.

14.gxf7+ ♔xf7 15.♖xf3+ ♔g8 16.♖g3+

Eine wichtige Nebenlösung besteht in 16.♘f4

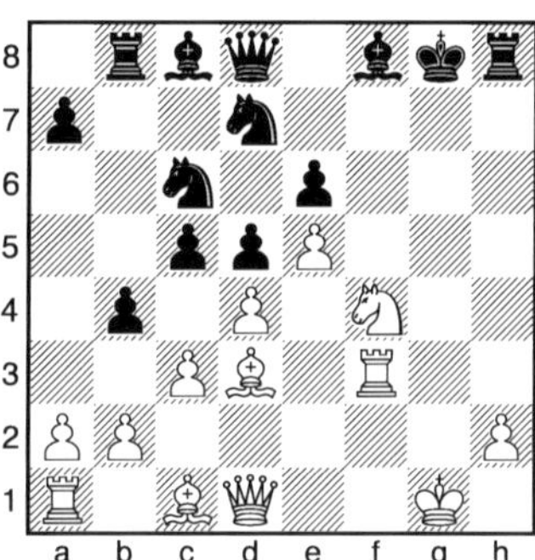

– 16...♘dxe5 17.♖g3+ (17.dxe5 ♖b7) 17...♗g7

– 18.♘h5 ♖b7 19.♗g5

– 18.dxe5 Δ18...♕h4 19.♕e2

– 16...♗g7 17.♖g3 (17.♘g6) Δ17...♕h4 18.♕e2 ♘f8 19.♕g2 ♖b7 20.♗e3 bxc3 21.bxc3 cxd4 22.cxd4 ♘b4 (22...♖f7 23.♔h1) 23.♖b1 ♕e7 24.♘g6 ♘xg6 25.♗xg6 ♘c6 26.♖f1; 26.♖c1

16...♗g7 17.♗g5 (17.♘f4) **17...♕f8**

Auch nach 17...♕b6 18.♗f6 ♘xf6 19.exf6 ♖b7 ...

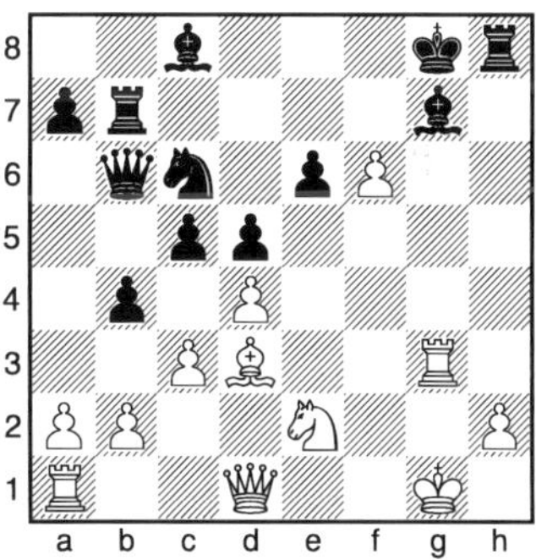

... geht die komplette schwarze Hilflosigkeit daraus hervor, dass außer dem direktesten Anschluss 20.fxg7 nicht nur die Verstärkungszüge 20.♘f4 und 20.♕d2 in Betracht kommen, sondern auch der halb-prophylaktische Zug 20.♔h1, dessen 'bessere Hälfte' in dem Anschlussplan ♕g1–g2 nebst ♖g1 bestünde.

Und hier ließ Weiß sich mit dem 'Ausflug zur falschen Seite' **18.♕a4** gewissermaßen einen Stilbruch zuschulden kommen, zumal er mit 18.♕d2 Δ♖f1 oder 18.♘f4 beim einmal gewählten Thema 'Königsangriff' bleiben konnte.

51

Carbone – Summermatter

Mendrisio 1986

1.e4 e6 2.d4 d5 3.♘d2 ♘f6 4.e5 ♘fd7 5.♗d3 c5 6.c3 ♘c6 7.♘e2 cxd4 8.cxd4 f6 9.exf6 ♘xf6 10.a3 ♗d6 11.♘f3 ♕c7 12.h3 0–0 13.0–0 ♗d7 14.♗e3 ♗e8 15.♘c3 a6 16.♘g5 ♕d7 17.♕c2 h6 18.♘h7 ♘xh7 19.♗xh7+ ♔h8 20.♗d3 g5 21.♗g6 ♕g7 22.♗xe8 ♖axe8 23.♖ad1

Da Weiß seinem Spiel keine rechte Spitze zu geben vermag, hat Schwarz weitgehend freie Hand bei der Verfolgung eigener Absichten. Dabei ist allerdings zu beachten, dass das großzügige Vorgehen der Rochadebauern sich nicht unversehens als folgenschwere Lockerung herausstellt, die jeglichen Fortschritt erschwert bzw. sogar völlig unmöglich macht.

I) In der Partie spannte Schwarz mit **23...♗b8?** (Δ♕c7) den Bogen, wonach Weiß seine Stellung jedoch mit 24.♘e2∞ ausreichend hätte konsolidieren können.

Es folgte die ungeschickte Verlegung der Dame in die e–Linie mit **24.♕e2?**, die Schwarz allerdings mit dem weiteren Fehler **24...♖f5?** ungestraft ließ.

Nach dem Durchbruch 24...e5! (24...♘e7∓ Δ♘f5) und der Folge 25.♕g4 ♗a7! hätte sich ein nützlicher Nebeneffekt des eigentlichen Fehlers im 23. Zug gezeigt. Denn da Weiß dem Druck auf d4 nicht mehr standhalten könnte, müsste er mit 26.♘xd5 nachgeben, was nach 26...exd4 27.♗d2 a5! zur Gefährdung des Springers in der gegnerischen Hälfte geführt hätte.

(27...♖d8!? 28.♘b4 ♘e5)

Hier ein ausführlicher Überblick über die teilweise haarsträubenden bzw. skurrilen Varianten, von denen sich einige bis weit ins Endspiel erstrecken:

1) Vollkommen verfehlt wäre 28.♖fe1? ♖e5! 29.♖xe5 ♕xe5 30.♘e3 ♕f6! und erst nach 31.♔h1 dxe3–+ mit der Zwangsfolge 32.♗c3 ♗d4 33.♖xd4

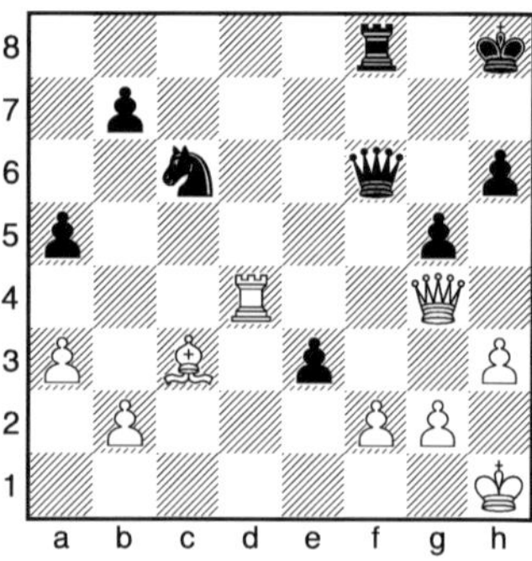

33...♘e5! 34.♕e2 exf2 35.♕f1 ♔g8 Δ♕a6!

2) 28.f4 ♖d8 29.♕e6 ♖fe8 30.♕f5 d3+ 31.♔h1 ♘d4 32.♕xd3 ♖xd5 33.fxg5 hxg5 34.♗c3 ♖ed8

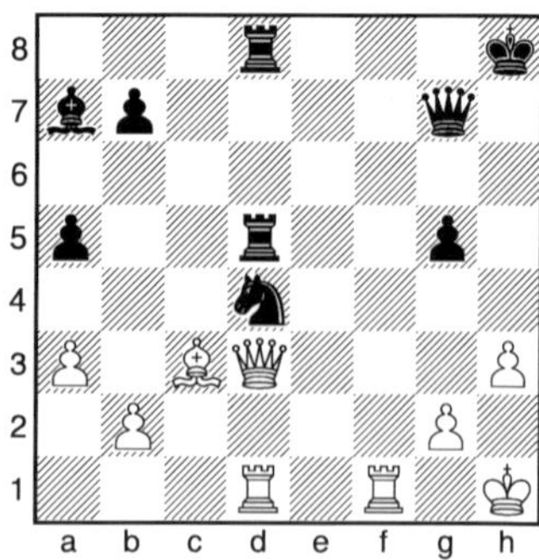

Angesichts der Mehrfigur ist das Urteil ∓ kaum anzuzweifeln, obwohl es nach beispielsweise 35.♖f5 oder 35.♕e4 u.a. wegen der offenen schwarzen Königsstellung wohl der Fähigkeiten des legendären Entfesselungskünstlers Houdini bedürfte, um dieses zu –+ zu verdichten.

3) 28.♖de1 ♖xe1 29.♖xe1 ♕f7

a) 30.♕e6 ♕xf2+ 31.♔h1 ♔g7 32.♘e7 ♕f6 33.♕xf6+ ♖xf6 34.♘xc6 bxc6 35.♗xa5 ♔f7~–+

b) 30.♕f3 ♕xf3 31.gxf3 ♖xf3

– 32.♔g2 ♖b3 33.♘e7 ♘xe7 34.♖xe7 ♗c5! 35.♖c7

(35.♖e8+? ♔g7 36.♗xa5 ♖xb2–+)

35...b6 36.♗xa5 ♖xb2 und nach dem weiteren Bauernopfer 37.♗b4! ♗xb4 38.axb4 ♖xb4 39.♔f3 b5 40.♔e4 ♔g8 41.♖b7 ♔f8 ...

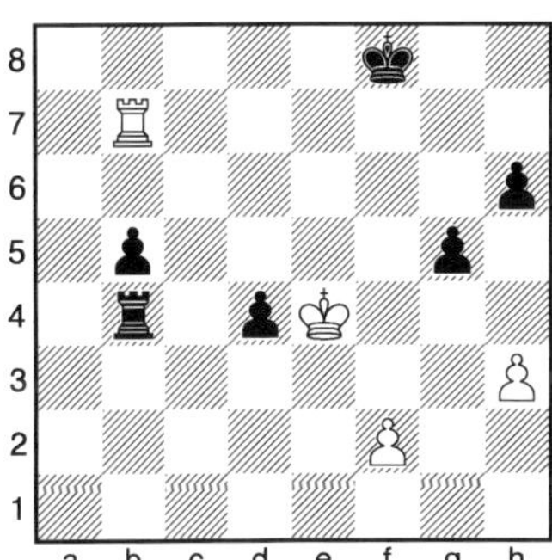

... stehen die schwarzen Figuren zu unglücklich, um bereits Gewinnvorteil zu reklamieren.

– 32.♖e6 ♔g7 33.♘e7

Nun wären die ersten beiden Fortsetzungen nur gewinnträchtig, während Schwarz sich in der letzten dank spektakulärem Einsatz von Zugzwang durchsetzen könnte.

– 33...♘xe7 34.♖xe7+ ♖f7 35.♖xf7+ (35.♖e5 d3) 35...♔xf7 36.♗xa5 ♔e6

– 33...♖f6 34.♖xf6 ♔xf6 35.♘xc6 bxc6 36.♗xa5 ♔e5

– 33...♔f7! 34.♖xc6 bxc6 35.♘xc6 ♖b3! 36.♘xa7 ♖xb2 37.♗xa5 d3–+ 38.♔f1 ♖b1+ 39.♔g2

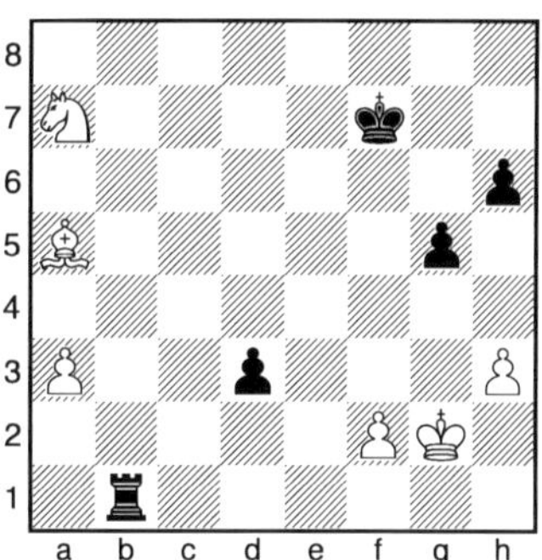

39...♖b6!! Δ♖a6; Δ40.♘c8 ♖c6; 40.♗e1 ♖b2; 40.♗c3 ♖b3

25.♕d3??

25.♕h5∞ Δ♘e2

25...♕c7?

25...g4! 26.h4

1) 26...g3?? 27.fxg3 ♕xg3 28.♖xf5 exf5 29.♘xd5 ♖e4⩲ 30.f1; 29...♖g8 30.♕d2

2) 26...♕f6! 27.g3 ♘e7 (Δ♘g6 nebst ♘xh4) 28.♘e2 ♘g6 29.♗xh6 ♘xh4 30.♗f4 ♗xf4

– 31.gxf4? ♖h5–+;31...♕h6

– 31.♘xf4 ♖xf4 32.gxf4 ♕xf4

26.g3 ♖f3 27.♘e2

II) Nach dem energischen Vorstoß **23...g4!** wäre der Angriff früher oder später durchgedrungen.

A) Nach **24.♕e2 gxh3 25.g3** führt **25...♕g6** die Liste der gewinnträchtigen Züge an. Es folgt die Verlegung der Türme auf die halboffenen Linien sowie des Springers zum Königsflügel.

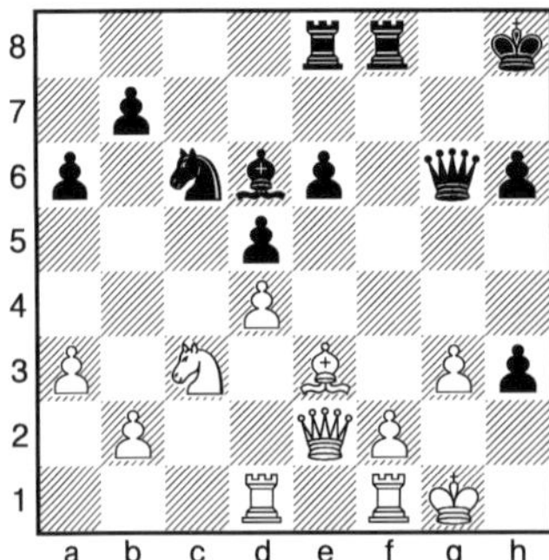

Z.B. **26.♔h2 ♖f7 27.♖g1 ♖g8** oder **27...♘e7** Δ♘f5; Δ♘g8-f6.

B) Und nach **24.hxg4 ♕xg4** ergibt sich folgendes Bild:

1) 25.f4

a) Nach 25...♗xf4?! 26.♗xf4 ♖xf4 27.♘e2 kann Weiß sich spürbar entlasten und der schwarze Vorteil ist noch im Bereich ∓.

b) Ganz anders nach 25...♖g8! Δ26.♖f2 ♘e7 (26.♕e2 ♕h4 siehe 2) mit zumindest *tendenzieller* Gewinnstellung.

2) Ähnliches gilt für 25.♕e2 ♕h4 26.f4 ♖g8 ...

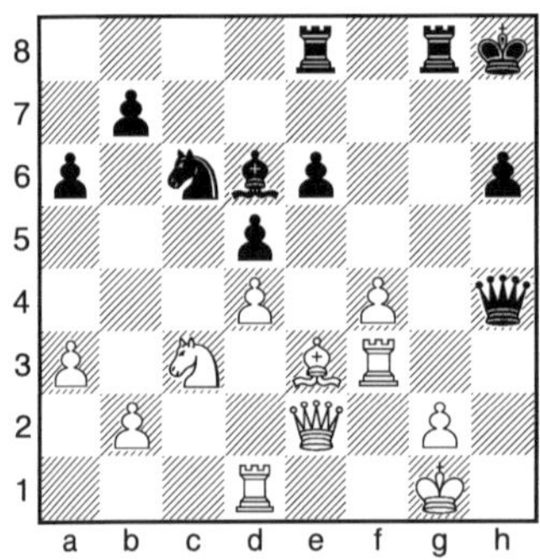

... und nun beispielsweise 27.♖f3 ♖xg2+ 28.♕xg2 ♖g8 29.♕xg8+ ♔xg8 30.♔g2 ♘e7; 30...♔f7; 30...♔h7.

52

Keller – Dückstein

Schweiz 1962

1.e4 e6 2.d4 d5 3.♘d2 ♘c6 4.c3 f5 5.e5 ♘h6 6.♘df3 ♘f7 7.h4 ♗e7 8.g3 ♘b8 9.♗e3 0-0 10.♘h3 c5 11.♗d3 cxd4 12.cxd4 ♕b6 13.♔f1 ♘c6 14.♔g2 ♗d7 15.♘f4 ♘h6 16.♘g5 ♘d8

Gäbe es einen Preis für den misslungensten Franzosen, so dürfte der Schwarzspieler sich berechtigte Hoffnung machen, diesen zugesprochen zu bekommen und ihn dann daheim auszustellen – gleich neben den Skalps von solchen Giganten wie Larsen, Euwe und sogar Botwinnik, die er diesen in der Tat einmal abgeknöpft bzw. abgetrennt hatte. Alle Hebel ausverkauft, ohne dass ein Hauch von Gegenspiel dabei herausgekommen wäre – impotente bzw. deplatzierte Figuren, wohin das Auge schaut – da möchte man alsbald das Handtuch werfen, wenn man nicht im Rahmen eines Länderkampfes auch für eine Mannschaft und sogar eine ganze *Nation* in der Pflicht wäre.

17.g4!

Angesichts der schwarzen Misere versteht es sich von selbst, dass der Job auch mit so manchem Verstärkungszug wie vorneweg 17.♖c1+- zu erledigen sein sollte, nur dass dann keine Glanzpartie zustande gekommen wäre. Obwohl ...

17...♗xg5?

Hätte Schwarz geahnt, wozu dieses Entgegenkommen führt! Diese selbstmörderische Öffnung der h-Linie, die ja deutlich schwächer ist als beispielsweise 17...g6 18.♘xh7!+- (18.gxf5) 18...♔xh7 19.g5 mit dem 'premove' 20.h5 auf beispielsweise 19...♗e8 und sogar auf 19...♔g7.

18.hxg5+- 18...♘xg4 19.♖xh7!!

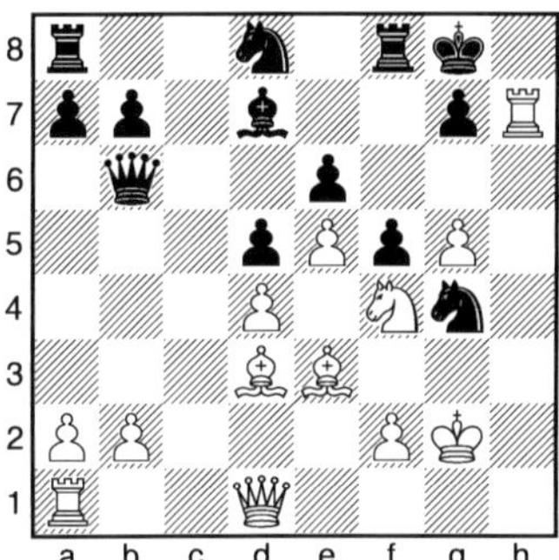

Erst dieser Einschlag (mit der Hauptdrohung ♕h1) ist die wahre Pointe der Kombination – ein hemdsärmeliger Knüller, der dem Gegner unmissverständlich zu verstehen gibt, dass das Gewinnpotenzial in einem Bereich angesiedelt ist, der in der Militärsprache als 'overkill' bezeichnet werden könnte, weil es dazu ausreicht, ihn gleich mehrfach zu vernichten.

19...♕xb2

Auf 19...♘xe3+ 20.fxe3 ♕xb2+ 21.♔g3 würde selbst 21...♕xa1 mit 22.♕h5! nebst Matt in sechs Zügen beantwortet (Δ22...♕g1+ 23.♘g2 bzw. 22...♕e1+ 23.♔g2 ♕d2+ 24.♗e2), weil nämlich nach dem 'Schönheitsfehler' 22.♕xa1 das Matt erst geschlagene *fünf* Züge später erfolgen würde.

20.♕h1

Natürlich reicht auch 20.♔g3 ♔xh7 21.♖b1 ♕a3 22.♕xg4 ...

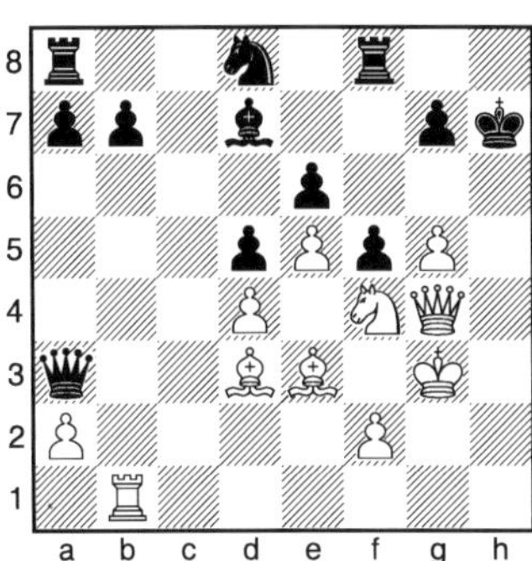

... noch dicke für einen 'overkill', aber da ist ja auch noch diese Sache mit 'Glanz' und 'Schönheit'.

20...♘f7

20...♘xe3+ 21.♔f3

21.g6 ♘fh6 22.♖e1 ♖fe8 23.♘h5 ♖e7 24.♖e2

Eine unnötige Feinheit, denn nach 24.♘f6+ oder 24.♕h4 wäre bereits Matt in Sicht gekommen.

24...♕a3 25.♗xh6 gxh6 26.♕h4??

Auch nach 26.♘f6+ ♘xf6 und der Feinheit 27.♖xh6! ...

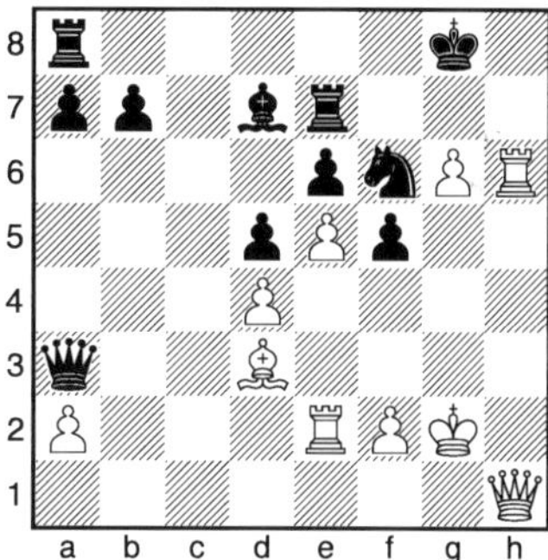

... wäre das Matt nur noch mit dem sinnlosen Damenopfer 26...♕c1 ein paar Züge hinauszuzögern gewesen. So jedoch folgt der todtraurige Partieteil mit dem Titel 'Von 100 auf 0 in 5 Zügen' – oder genauer: Von +100 auf −100'.

26...♖xh7 27.gxh7+ ♔h8 28.♕g3?

28.♘f4 war immer noch im Gewinnbereich, wenngleich weit entfernt vom 'overkill'.

28...♖f8 29.♘f4?

Und hier hätte 29.♖c2± Δ♖c7; Δ29...♗c6 30.♘f4 immer noch einen Restvorteil festgehalten.

29...♖f7∞ 30.f3?? Schockstarre und −+ nach **30...♖g7** usw.

53

Darban – Mousavi

Iran 2003

1.e4 e6 2.d4 d5 3.♘d2 ♘f6 4.e5 ♘fd7 5.♗d3 c5 6.c3 ♘c6 7.♘df3 cxd4 8.cxd4 f6 9.exf6 ♘xf6 10.♘h3 ♗b4+ 11.♗d2 ♕b6 12.♗xb4 ♕xb4+ 13.♕d2 ♗d7 14.♖c1 0–0 15.a3 ♕d6 16.♗b5

Mit seinem letzten Zug 16.♗b5 zielt Weiß offenbar auf die Besetzung der Felderschwäche e5 ab, was buchstäblich 'ganz am Rande' auch das Problem des u.U. deplatzierten ♘h3 vom Tisch schaffen würde. Entsprechend wird an dieser Schnittstelle entschieden, wie der Eröffnungskampf ausgeht, und wenn Schwarz auf Vorteil abzielt, muss er unbedingt mehr als reines Schablonendenken aufbieten.

1) Eben daran scheiterte Schwarz in der Partie, denn mit **16...♘e4?** wählte er gewissermaßen eine falsche Zugfolge und geriet nach **17.♕e3** mit **17...♖f5?!** völlig vom Kurs ab.

Denn hier hätte die versäumte kräftige Auftaktidee e6–e5 wenigstens noch Chancengleichheit bewahrt; also 17...e5 ...

a) ... und nun würde 18.♗xc6?? nach 18...exd4 vollkommen nach hinten losgehen; und zwar 19.♗xd5+ ♕xd5 20.♕xd4 (♘xd4 bxc6)

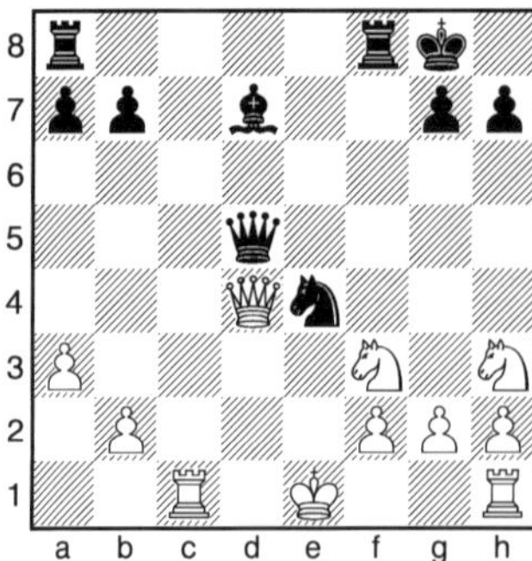

– 20...♕xd4?! 21.♘xd4 ♗xh3 22.gxh3 ♖xf2∓

– 20...♘f6! 21.♕xd5+ ♘xd5 mit schwarzer Gewinnstellung, denn außer den Einschlägen auf h3 oder f3 droht vor allem auch ♖ae8+.

b) Und die besagte Ausgleichsvariante lautet 18.dxe5 ♘xe5 (18...♕g6) 19.♗xd7 ♘xd7 20.0–0∞.

18.0–0?!

Auch Weiß ist nicht auf der Höhe, denn mit 18.♗xc6 hätte er wegen der Felderschwäche e5 mehr oder weniger deutlichen Vorteil erzielen können:

– 18...bxc6?! 19.0–0± u.a. Δ♖fe1 nebst ♘hg5

– 18...♗xc6 19.0–0 ♖af8 20.♖fe1±; 20.♖c2

So jedoch war das Spiel nach **18...♘f6**∞ Δ♘g4 wieder völlig offen.

2) Nach dem taktisch abgesicherten Zentrumsdurchbruch **16...e5!** hat Weiß größte Mühe, den Schaden auf ∓ einzugrenzen.

– Zunächst scheitert **17.♖xc6?** an **17...bxc6 18.dxe5 ♕c5**–+.

– Und nach **17.♗xc6** wäre der Störzug **17...♘e4!** richtig platziert gewesen.

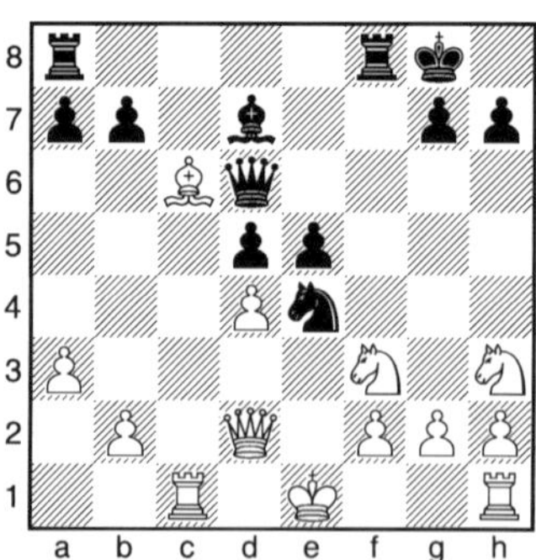

a) 18.♕e3? exd4–+ siehe Variante 1 – Alternative 17...e5 18.♗xc6?? exd4 usw.

b) 18.dxe5? ♘xd2 19.exd6 ♘xf3+ 20.gxf3 bxc6 (20...♖ae8+) **21.♘g1 ♖ab8**–+ (21...♖ae8+)

– 22.b4 a5 23.bxa5 f7! Δe6 nebst xd6

– 22.♖c2 f7; 22...♖ae8+; 22...d4

c) 18.♕a5? bxc6 19.♘xe5 ♕h6 20.0–0 ♗xh3 21.♖xc6 ♗e6 22.♘g4 ♕g6 23.♘e5 ♕f5–+

d) Am besten ist noch **18.♕b4 ♕xb4+ 19.axb4 bxc6 20.♘xe5 ♗xh3 21.gxh3.**

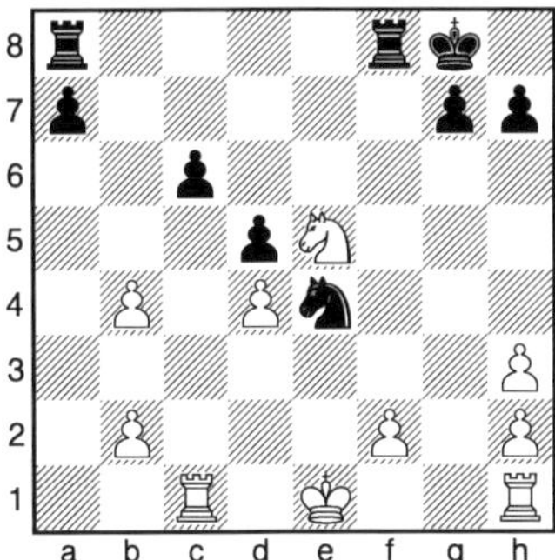

Aber jetzt nicht etwa 21...♘xf2? 22.♖f1±, sondern **21...♖xf2∓**.

54

Eisenbeiser – Müller, O.

Deutschland 2008

1.e4 e6 2.d4 d5 3.♘d2 ♘f6 4.e5 ♘fd7 5.♗d3 c5 6.c3 ♘c6 7.♘df3 cxd4 8.cxd4 ♘b6 9.♘h3 ♗d7 10.0–0 ♘b4 11.♗b1 ♗b5 12.♖e1 a5

Ganz allgemein gesagt: Wenn Weiß mit sage und schreibe *sechs* Angreifern gegen einen unentwickelten schwarzen Königsflügel anstürmen kann, dann müsste es schon mit dem Teufel zugehen, wenn dieser Angriff nicht zum Erfolg führt. Und apropos *sechs* Angreifer – aber dazu siehe besser die erste Anmerkung zu Punkt 3.

1) In der Partie stellte sich heraus, dass selbst der positionelle Zug **13.a3?!** nach **13...♘c6 14.♘fg5** mit der primitiven Drohung ♘xh7 zu einigem Vorteil führt.

14...g6

Ganz indiskutabel ist natürlich 14...h6? 15.♕h5!+–.

Hingegen wäre nach dem überstürzten Vorgehen 15.♘xf7? ♔xf7 16.♘f4 ♘e7 17.♕f3 unklar, ob der Vorteil überhaupt aus dem Minimalbereich heraus ist.

15.♘xf7!? ♔xf7 16.♘g5+ ♔e8?

Das ist sicherlich die schwächste Fortsetzung.

16...♔e7 (16...♔g8 ♘xe6±) hat wenigstens den Vorteil, dass Weiß fehlgreifen könnte.

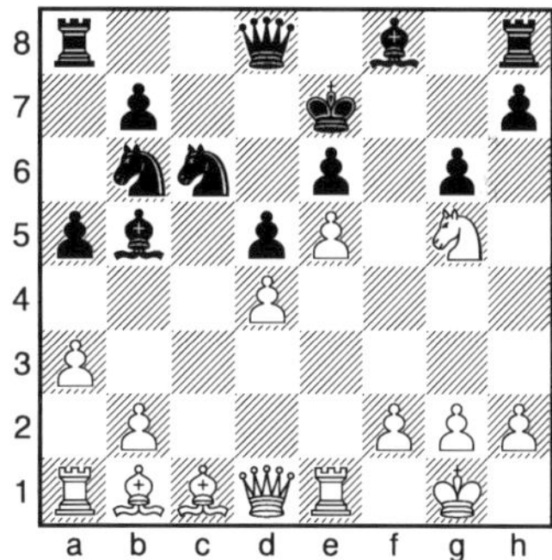

– Und zwar mit 17.♕f3? ♔d7 Δ18.♘f7 ♘xd4!∞ Δ19.♕f4/19.♕d1 ♕c7

– Nach dem nicht einfach zu findenden Zug 17.♕b3! (u.a. Δ♕h3) ist 17...♗a6 18.♕h3 wohl etwas deutlicher von einer Gewinnstellung entfernt als 17...♘xd4 18.♕e3 ♘e2+ 19.♖xe2 ♗xe2 20.♕xe2 ♖c8 21.♗d3 ♗g7 22.♕g4 usw.

17.♘xe6+– ♕e7 18.♕g4 ♘d8?

Und noch einmal macht Schwarz dem Gegner die Sache viel zu einfach. Unter den Verbesserungsvorschlägen sind Exoten wie 18...♔f7 19.f4! (19.♘f4) 19...♕xe6 20.f5 Δ20...♕e7 21.♗g5 ♕e8 22.e6+ ♔g8 23.f6.

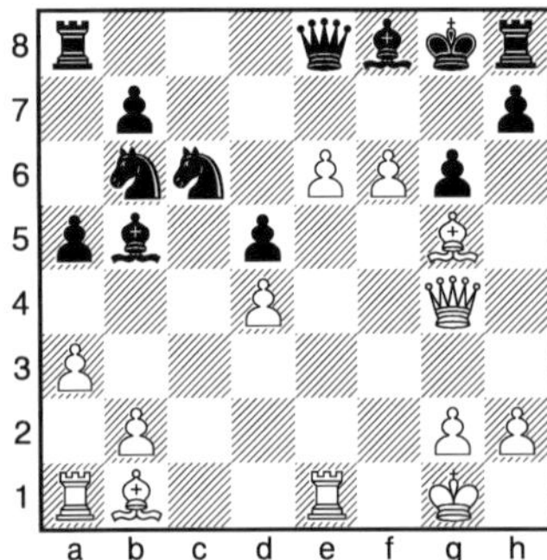

Und obwohl Schwarz ja sogar *zwei* Figuren für die beiden Killer–Bauern zurückgeben könnte, ist er um seine Aufgabe wahrlich nicht zu beneiden.

19.♘xd8 ♖xd8 (19...♕xd8 20.e6) **20.♗g5**

2) Der übliche Angriffszug **13.♘fg5!?** (der auch in anderen Beispielen untersucht wird) führt auch hier zu einer zumindest tendenziellen Gewinnstellung, wie folgende Varianten veranschaulichen:

a) 13...♘c6 14.♘xf7 (14.♗xh7!?) **14...♔xf7 15.♘g5+**

b) Auf **13...♗e7** sieht z.B. 14.♕f3 oder auch 14.♘xh7!? gewinnträchtig aus, aber am besten ist die Vorschaltung von **14.a4!** mit der exemplarischen Folge **14...♗d7 15.♘xh7**; **15.♗xh7**.

c) Und auf **13...g6** ist **14.a4!** sogar der einzige überzeugende Gewinnzug, weil damit die Zusatzmöglichkeit ♖a3–f3 einhergeht. Aber dazu mehr unter Punkt 3.

An dieser Stelle nur noch ein wichtiger Gedankensplitter. Wenn einem Turmschwenk auf der 3. Reihe solch enorme Bedeutung zukommt – warum ist denn dann sofort 14.♖e3 nicht besser? Tatsächlich hat dieser Turm eine andere Aufgabe zu erledigen, nämlich die Überdeckung der Grundreihe, was sich nach 14...♖c8∞ ...

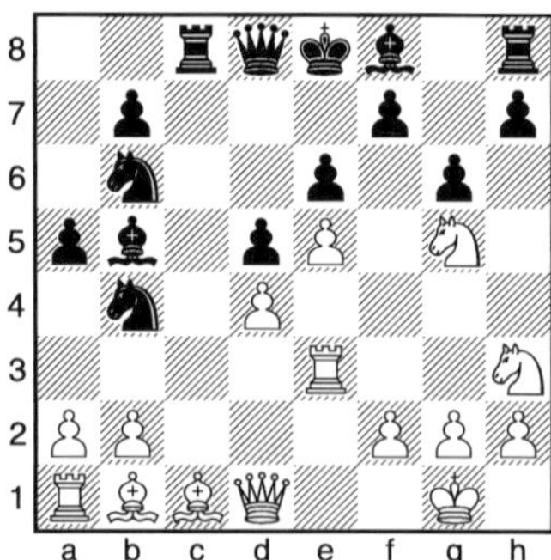

... Δ15.♖f3?? ♗e2–+ schmerzlich zeigen könnte.

3) Am stärksten ist tatsächlich der sofortige Vorstoß **13.a4!+–**, weil die erwähnte Zusatzmöglichkeit ♖a3–f3 alle denkbaren Varianten entscheidend verstärkt. Denn tatsächlich ist es ja so, dass dann nicht nur *sechs*, sondern sogar *sieben* Angreifer am Königsflügel eingesetzt werden können – und somit die gesamte weiße Figurentruppe außer dem König!

a) So gewinnt auf **13...♗c6**, **13...♗c4** und **13...♗c6** jeweils **14.♘fg5 g6 15.♖a3** oder **15.♘xf7!?**.

b) Und auf **13...♗d7 14.♘fg5 g6** kommt außer **15.♖a3** dann doch auch **15.♖e3!?** infrage; z.B. **15...♗g7 16.♖f3 0–0**

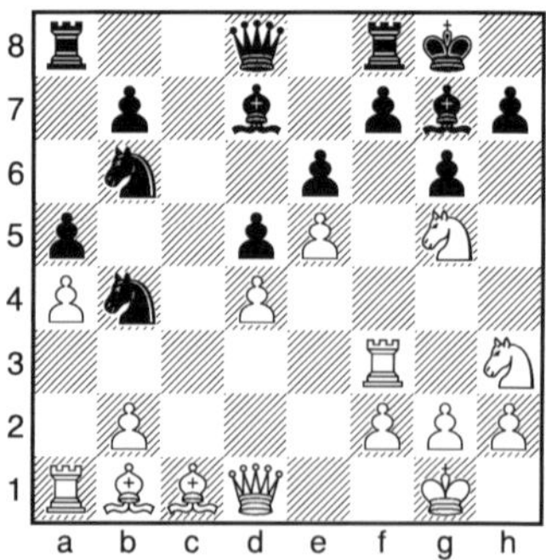

Und nun (zwecks Eliminierung aller drei Rochadebauern in nur vier Zügen) die muntere Opferfolge **17.♘xh7! ♔xh7 18.♖xf7!?** (18.♗g5!) **18...♖xf7 19.♘g5+**

♔g8 **20.♗xg6 Δ20...♖e7 21.♕h5**

– 21...♘c4 22.♕h7+ ♔f8 23.♘e4! (23.♘f3; 23.♘h3) Δ♗h6

– 21...♖c8 22.♗h7+ ♔h8 23.♗c2+ ♔g8 24.♖a3 usw.

55

Benjamin – Lein

USA 1981

1.e4 e6 2.d4 d5 3.♘d2 ♘c6 4.♘gf3 ♘f6 5.e5 ♘d7 6.♗d3 ♘b4 7.♗e2 c5 8.c3 ♘c6 9.0–0 ♕b6 10.♗d3 ♗e7 11.♖e1 cxd4 12.cxd4 ♘xd4 13.♘xd4 ♕xd4 14.♘f3 ♕b6 15.♕c2 h6 16.♗e3 ♗c5 17.♗f4 g5 18.♗e3 g4 19.♘d2 ♖g8 20.♘b3 ♗xe3 21.♖xe3 ♖g5 22.♖ae1 a5 23.♗f1 a4 24.♘c1 ♘f8 25.h4 ♖f5

Nach sage und schreibe 25 Zügen hat Schwarz den Damenflügel insofern entwickelt, dass der dort gebürtige Springer nunmehr auf f8 geparkt wurde. Dank dieser Vorsichtsmaßnahme konnte der Königsturm sich nach f5 versteigen, ohne den Einbruch der gegnerischen Dame auf h7 fürchten zu müssen.

(Besser war übrigens die Materialrückgabe mit 25...gxh3 26.♖xh3 ♗d7 27.♖xh6 und Ausgleich nach 27...♖g8, 27...♗c6 oder 27...♕d4.)

Muss man eine Eröffnung noch absurder behandeln, um dem Gegner bedeutenden Vorteil geradezu aufzunötigen?

I) In der Partie verschenkte Weiß mit **26.g3??** ein entscheidendes Tempo, wonach Schwarz aufatmen und mit **26...♗d7** endlich die Entwicklung des Damenflügels in Angriff nehmen konnte.

Mit der ehrgeizigeren Alternative 26...d4!? hätte er sogar versuchen können, das gegnerische Versäumnis zu bestrafen:

– 27.♖d3? ♘g6∓

– 27.♖a3? ♗d7∓

– 27.♖3e2?! ♗d7∓

– 27.♖e4 h5∞

27.♕d2⩳ ♖c8 28.♗d3 ♖f3

– 28...♖h5?! 29.♘e2±

– 28...d4 29.♖3e2 f3∞

29.♖xf3 gxf3 30.♗f1

Und hier hätte sich der Weiße noch mit 30.h5!? ♕d4 31.♕xh6 ♖xc1 32.♖xc1 ♕xd3∞ ...

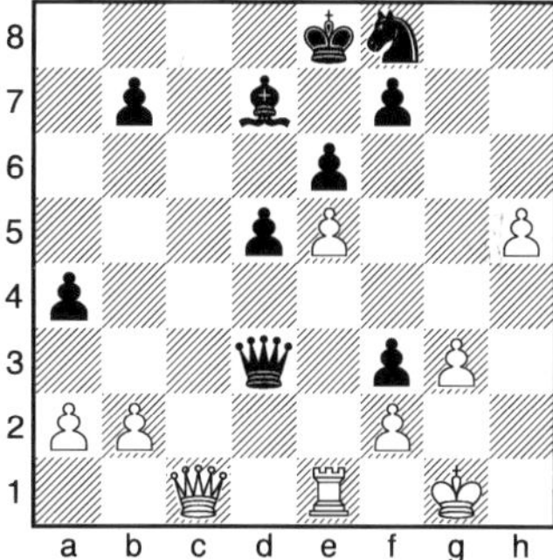

... ins Zeug legen und eine brisante Materialverteilung herbeiführen können.

30...h5 31.♘d3 mit baldigem Rückgewinn des Bauern auf f3 oder h5 und völligem Ausgleich.

II) Nach der sofortigen Belästigung des verlaufenen Turms mit **26.♗d3!** hätte Weiß bedeutenden Vorteil erzielen können. Denn jegliche Bedenken bezüglich der Sicherheit des Bauern h4 bzw. der Betretbarkeit des Feldes f4 hätten sich als unnötig erwiesen, wie aus folgenden Varianten hervorgeht:

A) 26...♖h5 27.g3 Δ♕d1; z.B. **27...♗d7 28.♕d1 d4 29.♖e4**

1) 29...♗c6 30.♖xg4 ♖a5 31.f4 ♕xb2 32.♗e4+–; 32.♕e2

2) 29...♕xb2 Δ30.♕xg4?! (⌓30.♖xg4!+–) 30...♖f5 31.♖4e2? (⌓31.f4±) 31...♕c3

Δ32.♗xf5 exf5 33.♕h5 ♘e6 34.♖d1 ♕c6≌ Δ35.♖ed2 ♕e4 und nach 35.♕xh6 ...

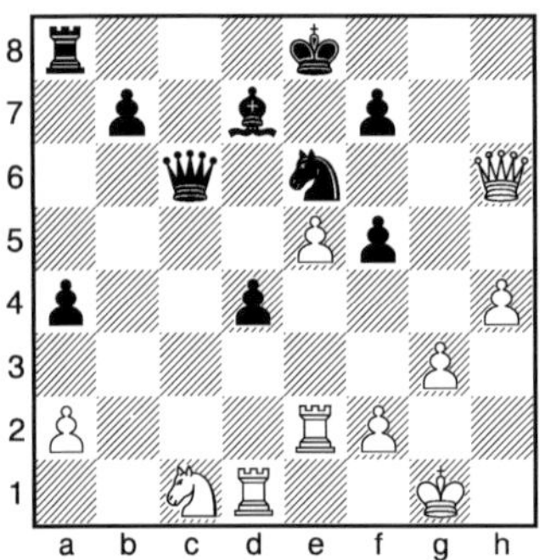

... hätte Schwarz sich mit 35...0-0-0! die Extravaganz einer sicherlich nicht verfrühten Rochade erlauben können.

B) 26...♖f4 27.a3+− Δ♘e2; **Δ27...g3 28.fxg3 ♖g4 29.♔h2**; **29.♕f2**

C) 26...d4

1) Nun würde Weiß die Sache mit 27.♖g3? angesichts der Folge 27...♕a5! 28.♕e2 h5 Δ29.♗xf5 exf5 30.e6 ♘xe6 31.♖d3± unnötig verkomplizieren.

2) Zu einem glatteren Gewinn führt 27.♖e4.

a) Denn nach 27...♘g6 28.♖xg4 ♖xe5 29.♖xe5 ♘xe5 30.♖g8+ ♔d7 31.♕d2 wird der unrochierte König doch noch in Mitleidenschaft gezogen.

b) Und nach 27...♕a5 28.♕d1 verfügt Weiß in der Folge über einen entscheidenden Zwischenzug zwecks Entlastung des Bauern e5.

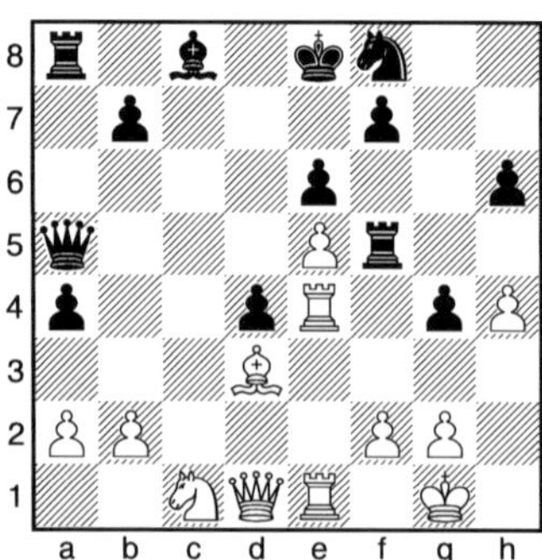

− 28...♘d7 29.b4! ♕xb4 30.♕xg4

− 28...♘g6 29.b4! (29.♖xg4) 29...♕xb4 30.♖xg4 Δ30...♖xe5 31.♗e4!

56

Geller − Simagin

Leningrad 1960

1.e4 e6 2.d4 d5 3.♘d2 ♘f6 4.e5 ♘fd7 5.♗d3 c5 6.c3 ♘c6 7.♘e2 ♘b6 8.0-0 ♗d7 9.♘f3 h6 10.♖e1 ♕c7 11.dxc5 ♗xc5 12.♘ed4 a6 13.♗f4 ♘c4

Mit seinem letzten Zug (13...♘c4? statt 13...♘xd4 mit minimalem Nachteil nach 14.♘xd4 ♘c4 bzw. 14.cxd4 ♗e7) hat Schwarz unbewusst Geister herbeigerufen, derer er bei optimalem Angriffsspiel eigentlich nicht mehr hätte Herr werden können. Dabei spielt mehr noch als der unrochierte König das Röntgen-Gegenüber auf der Diagonale h2−b8 eine entscheidende Rolle.

In der Partie kam Schwarz nach dem lahmen Defensivzug 14.♕c1? und der Folge 14...♕b6 15.b3 mit minimalem Nachteil davon, wobei 14...g5!? vielleicht noch stärker gewesen wäre.

Nach dem richtigen Ansatz **14.♗xc4** sind beide Hauptvarianten ungefähr gleichwertig im Sinne von gleich schlecht für Schwarz.

I) 14...♗xd4

A) Nun führt der verführerische Bauerngewinn **15.♗xd5?** nach der furchtlosen Riposte **15...♗xf2+!** in einer ebenso langen wie verrückten Variante zum Ausgleich: **16.♔xf2 exd5 17.e6 ♕xf4 18.exd7+ ♔xd7 19.♕xd5+ ♔c7 20.♖e4 ♕f6 21.♕c4** Δ♖f4 **21...g5** (21...♖hf8 22.♖f4±) **22.♖ae1 ♖ad8**∞ **23.♖e7+ ♖d7 24.♖xd7+ ♔xd7 25.a4 ♔c7 26.b4 b5!?**

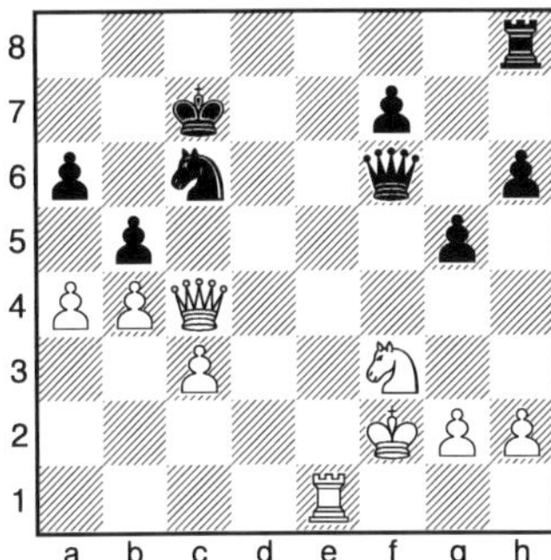

Damit beginnt der verrückte Teil dieser Variante, während das Spiel nach 26...♔b8 eher normal und somit farblos verlaufen wäre.

27.axb5 axb5 28.♕xb5 g4 29.♕c4

Die Einleitung eines verzögerten 'Wie du mir, so ich dir'-Spiels!

29...gxf3 30.b5 fxg2+ 31.♔g1 ♖d8 32.bxc6 ♖d2 33.♕c5 ♕g5!?

Wieder könnte Schwarz mit 33...♕xc6 etwas weniger Aufregendes wählen.

Und nach **34.♖e7+ ♔c8 35.♖e8+** muss er ein letztes Mal entscheiden, ob normal **35...♖d8** oder verrückt **35...♔c7**, denn nach **36.♕a7+ ♔xc6** ...

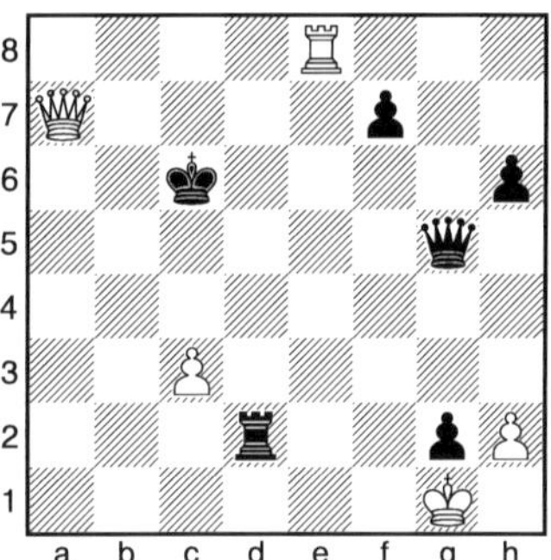

... sind alle schwarzen Wertgegenstände gedeckt und allem Augenschein zum Trotze ist dem König absolut nichts anzuhaben.

B) 15.♘xd4

1) 15...dxc4?! 16.♘f5 ist ~+− nach beispielsweise 16...♔f8 17.♘d6 usw.

2) Nach 15...♘xd4 fällt das Urteil '±' nach der Mitnahme eines Zentrumsbauern mit 16.♗xd5 kräftiger aus als nach der eines Randbauern mit 16.♗xa6.

II) Und nach **14...dxc4** thematisiert Weiß mit **15.♘f5!**± ...

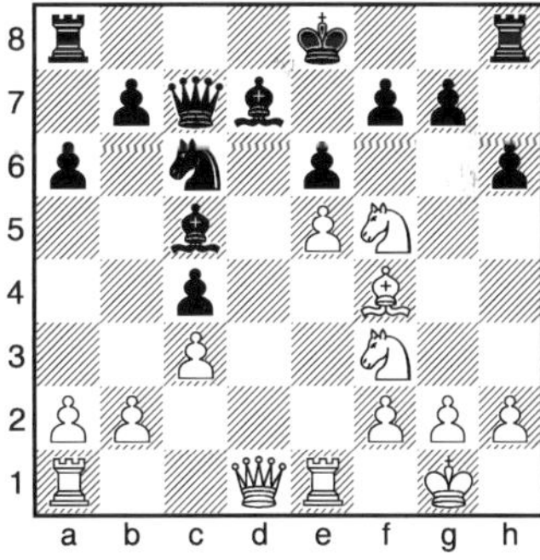

... ein Abzugsmotiv, das ein Top-GM wie Geller eigentlich in einer Blitz- oder Simultanpartie aus dem Ärmel schütteln konnte. Tatsächlich wird er es gesehen – sich jedoch in einer der komplizierten Varianten verrechnet haben.

Hier ein Überblick über die mehr oder weniger schlimmen Folgen:

A) Nach **15...exf5?? 16.e6**+− **Δ16...♗xf2+ 17.♔f1** kann Schwarz offenbar aufgeben.

B) Für selbiges Resultat muss Weiß sich nach **15...0−0?** etwas mehr ins Zeug legen.

1) 16.♘xh6+!? gxh6 17.♗xh6 f5 18.♘g5

18.♕d2?! ♗e7 19.♖ad1±

18...♖fd8 19.♕h5 ♗e8

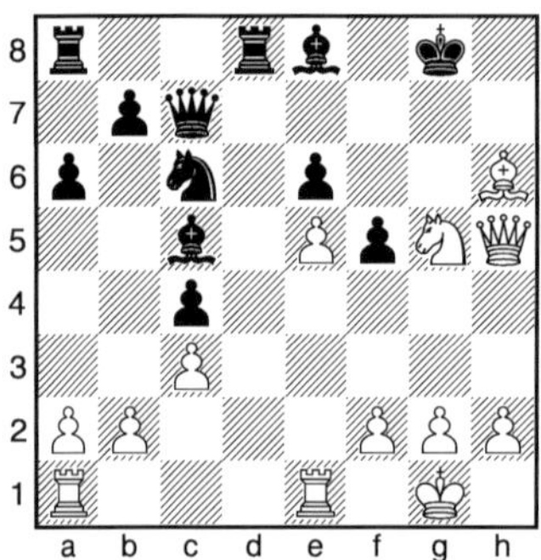

a) Jetzt nur nicht überstürzt 20.♘xe6? wegen unklaren Verhältnissen in den Abspielen

− 20...♗xh5 21.♘xc7 ♖ac8 22.♘e6

− 20...♗xf2+ 21.♔xf2 ♕b6+ 23.♗e3 ♕xe3+

b) 20.♕h4 ♖d5

(Nach dem naheliegenden Bock 20...♕e7?? verdient der skurrile Gewinnzug 21.♗f8! ...

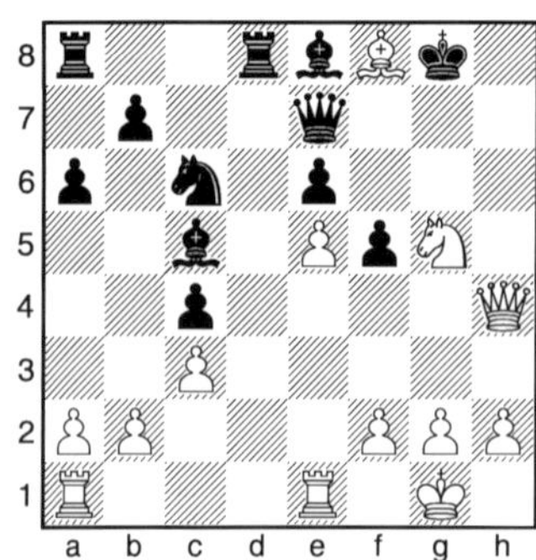

... ein eigenes Diagramm!)

− 21.♕g3?!

− Nach 21...♖d3?! 22.♘xe6+ ♖xg3 23.♘xc7 ♖g6 24.♘xa8 ♖xh6 25.♘c7 ♗h5 28.♘d5~+− hätte der weiße Springer wahrlich eine Auszeichnung als bester Einzelkämpfer verdient.

− Hingegen bleibt der weiße Vorteil nach 21...♗g6 22.♘xe6 ♕h7 23.♗e3 ♗xe3 24.♖xe3 allein wegen der Möglichkeit 24...♖d3 im Bereich ±.

− 21.♘xe6~+−

− 21...♕h7 22.♘xc5 ♖xc5 23.♖e3

− 21...♕f7 22.♘xc5 ♖xc5 23.e6 ♕g6 24.♖e3 f4 25.♕xf4 ♖f5 26.♕e4

2) Deutlicher fällt der Gewinn nach dem ebenso ruhigen wie tödlichen Vorbereitungszug **16.♕d2!** Δ♘xg7 aus.

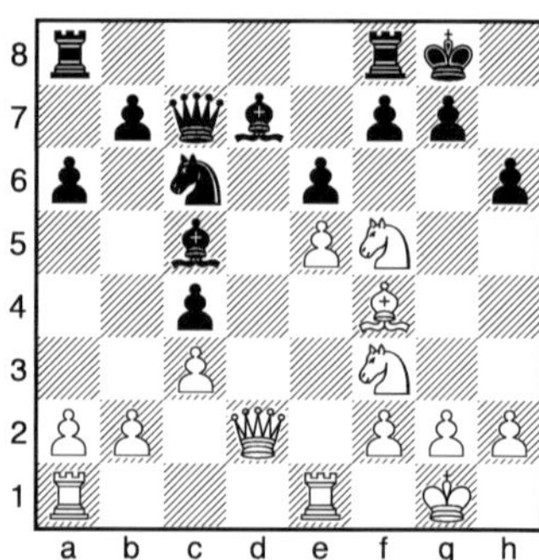

a) 16...♗e7 17.♘xg7 ♔xg7 18.♗xh6+

− 18...♔h7 19.♖e4; 19.♘g5+

− 18...♔g6 19.♖e4

b) 16...exf5 17.e6+− Δ17...♗xf2+ 18.♔f1

C) 15...g5?

1) 16.♘d6+ ♗xd6 17.exd6 ♕a5 18.♗g3~+−

2) 16.♗e3

a) 16...exf5 17.♗xc5 Δ♗d6; z.B. 17...♗e6 18.♗d6+−

b) 16...♗xe3 17.♘d6+ (17.♘xe3±) 17...♔f8 18.♖xe3

− 18...b5 19.a4+−

- 18...♘e7 19.♘d4+-; 19.♖e4

- 18...♖d8 19.♘xc4~+-

D) Nach **15...♗f8 16.♘d6+ ♗xd6 17.exd6** bleibt der weiße Vorteil allein wegen der Möglichkeit **17...♕a5** im Bereich ±.

E) 15...♔f8 16.♘d6 ♘e7 (16...b5?! 17.a4~+-) **17.♗e3±**

17.♘xc4 ♘d5 wäre weniger klar.

17...♗xe3 18.♖xe3; **18.fxe3!?**

57

Fernando – Giaccio

Santa Clara 2005

1.e4 e6 2.d4 d5 3.e5 c5 4.c3 ♘c6 5.♘f3 ♘ge7 6.♘a3 cxd4 7.cxd4 ♘b4 8.♗e2 ♗d7 9.0–0 ♘c8 10.♗e3 ♗e7 11.♘e1 ♘b6 12.b3 0–0 13.f4 f5 14.exf6

Eine Standardsituation nach f7–f6 (bzw. f7–f5) und exf6 (was in der Partie übrigens die Chance vergab, mit 14.♘ac2 soliden Minimalvorteil zu sichern), obwohl häufig sogar noch die vierte Möglichkeit ♘xf6 besteht.

Mit **14...gxf6?** wählte Schwarz in der Partie den klaren Abstiegskandidaten.

Sowohl nach 14...♗xf6 als auch nach der etwas uneleganteren Alternative 14...♖xf6 sind die Chancen ziemlich gerecht verteilt. Denn während sich der weiße Springer von dem Vorposten auf e5 angezogen fühlt, strebt der schwarze via c8–d6 nach e4 bzw. f5.

Was mag Schwarz sich bei seiner Fehlentscheidung gedacht haben? Vorneweg womöglich 'So halte ich einen gegnerischen Springer sicher von e5 fern'. – Vermutlich aber auch 'Vielleicht kann ich Gegenspiel auf der g–Linie organisieren' – und am Ende sogar 'Vielleicht kann ich irgendwann mit e6–e5 durchbrechen und mir einen Freibauern verschaffen'.

Nicht unter den Gedanken anzutreffen war allerdings die Frage 'Was mach ich eigentlich, wenn er **15.f5!** spielt?'

Und da 15...e5 nach 16.♗h6 einfach eine Qualität kostet, weil der Turm ja wegen ♕g4+ nicht wegziehen darf (16...♖f7 17.♗h5), blieb nichts anderes übrig, als sich nach **15...♔h8 16.fxe6 ♗xe6** mit einer positionellen Ruine anzufreunden.

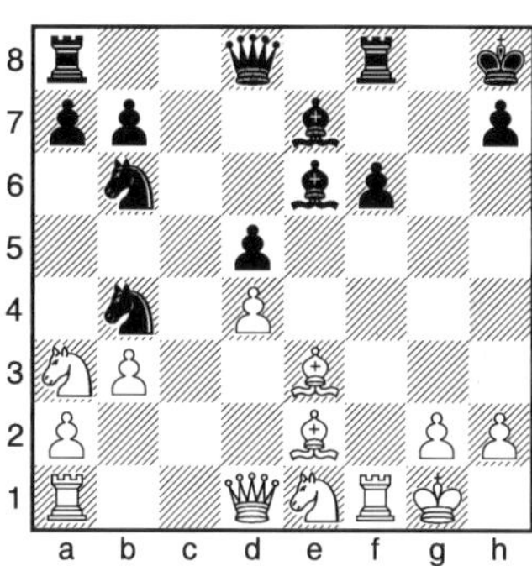

Mit **17.♘ac2±** kämpft Weiß das Feld d3 für Läufer und/oder Springer frei und bringt früher oder später auch die Dame und den Damenturm wirksam am Königsflügel in Stellung.

58

Kutuzovic – Kovacevic

Kroatien 2000

1.e4 e6 2.d4 d5 3.♘c3 ♘c6 4.♘f3 ♘f6 5.♗g5 ♗e7 6.♗xf6 ♗xf6 7.♗b5 0–0 8.♕d2 a5 9.0–0–0 ♘b4 10.e5 ♗e7 11.h4 ♗d7 12.♗xd7 ♕xd7 13.♖h3 c5 14.dxc5 ♖fc8 15.♖g3

Die weiße Angriffsmaschinerie am Königsflügel ist dermaßen besorgniserregend, dass die schwarzen Überlebenschancen einzig und allein von dem Gegenspiel in der c–Linie abhängen, das in Verbindung mit dem Vorpostensprinnger auf b4 geschaffen werden kann.

I) In der Partie wählte Schwarz mit **15...♖xc5??** den klaren Abstiegskandidaten, weil er wohl dermaßen auf die Ereignisse in der c- und g-Linie fixiert war, dass er ganz vergaß, dass es auch in der d-Linie ein bedeutendes taktisches Motiv gibt. So war er nach **16.♕h6**+−, was u.a. die Fernwirkung ♖d1/♕d7 freilegt, bereits rettungslos verloren.

16...♗f8

Noch weniger Gegenwehr wäre mit 16...g6 17.♘g5 ♗xg5+ 18.hxg5 zu leisten.

Nach **17.♘e4** versuchte Schwarz noch **17...♘xa2+**, stand jedoch nach **18.♔b1** aufgabereif.

Von Interesse war höchstens noch der mit einer Falle verbundene 'sidestep' **17...♔h8** ...

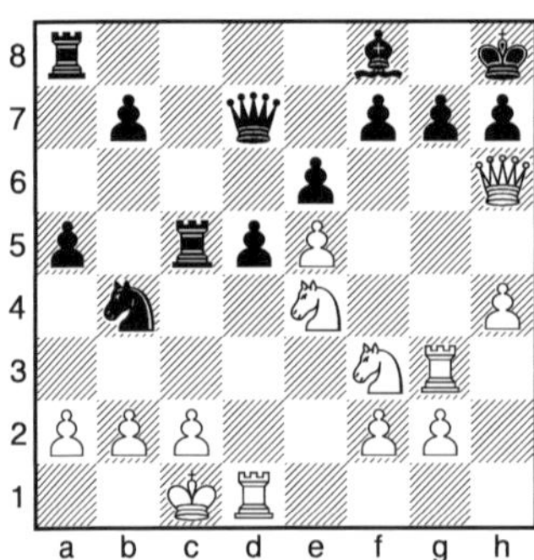

A) 18.♘xc5? ♘xa2+

1) 19.♔b1 ♘c3+ Δ20.♔a1 gxh6 21.♘xd7 ♘xd1∞

2) 19.♔d2 ♕c7 20.♕f4 ♗xc5 21.♘g5

21...♖f8

(21...♔g8 22.♖f3 ♖f8 23.c3 h6 ist Zugumstellung)

22.c3 h6

a) 23.♖a1 ♘b4 (23...d4) 24.cxb4 ♗xb4+ 25.♔d1 hxg5 26.hxg5 ♖c8

– Nach 27.♖c1 ♕xc1+ 28.♕xc1 ♖xc1+ 29.♔xc1 würde die Königsaktivierung 29...♔h7 Δ♔g6 den Gewinn noch nach Kräften erschweren.

– Anders nach der Feinheit 27.♖h3+! ♔g8 und erst jetzt 28.♖c1 ♕xc1+ 29.♕xc1 ♖xc1+ 30.♔xc1 usw.

b) 23.♖f3 ♔g8 (23...hxg5? 24.hxg5) 24.♘xf7! ♖xf7 25.♕xf7+ ♕xf7 26.♖xf7 ♔xf7 27.h5

B) Hingegen führt **18.♘f6!** ...

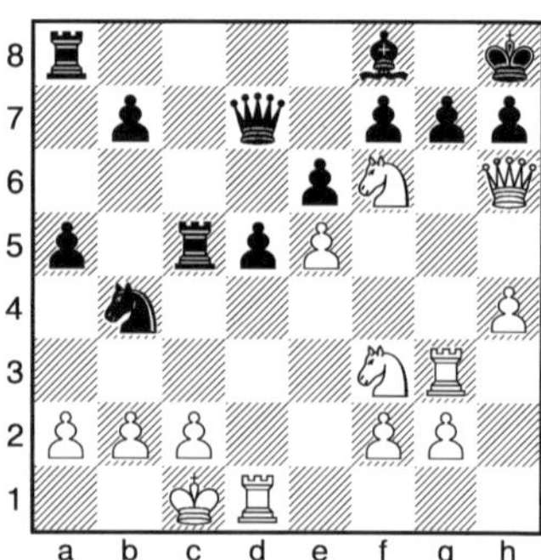

... nach der forcierten Folge **18...♘xa2+ 19.♔b1 ♘c3+ 20.bxc3 ♖b5+ 21.♔c1 ♗a3+ 22.♔d2 gxh6 23.♘xd7** zu einer glatten Mehrfigur.

II) Auch nach **15...♕c7?!** hat Schwarz noch allerlei Schwierigkeiten zu bewältigen, die vor allem von der Frage abhängen, ob der Springer nach **16.a3** von seinem Aktivposten weichen muss oder nicht.

A) 16...♘c6?? 17.♘b5+−; 17.♕h6

B) 16...♕xc5? 17.axb4 axb4 18.♘b1±

C) 16...♗xc5?!

1) 17.axb4? axb4 18.♘b1 ♖a1⩲

2) 17.♕h6

a) 17...♘a2+? 18.♔d2! ♗f8 19.♘g5!

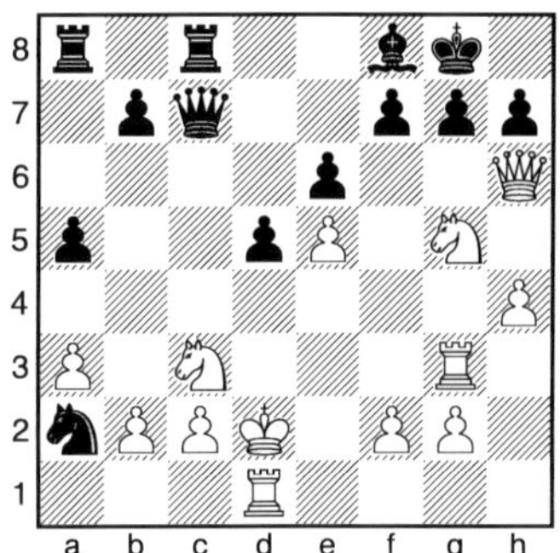

– 19...gxh6? 20.♘xe6+ ♔h8 21.♘xc7+−

– 19...♕xc3+ 20.bxc3 gxh6 21.♘xe6+ ♔h8 22.♘xf8 ♖xf8 23.♖a1±

b) 17...♗f8? 18.♘g5!±

c) 17...f6

– 18.♕xf6? ♘a2+ 19.♔d2 ♘xc3 20.♕xe6+ ♔h8 21.bxc3 ♖a6! 22.♕f5 g6 23.♕d3 ♗xf2≌

– 18.♖d2! ♔h8 19.♕h5 ♘c6 20.exf6 gxf6 21.♖e2±

D) Am besten ist also 16...♘a6! 17.♕e2 Δ♘d4; z.B. 17...♘xc5 18.♘d4⩲ Δ18...♗xh4?! 19.♖g4 ♗e7 20.♖h1±

III) Die beste Verteidigung besteht in **15...♗xc5!** mit folgenden Abspielen:

16.a3

Auf 16.♕h6 ♗f8 17.♘e4 ♔h8 18.♘f6 ...

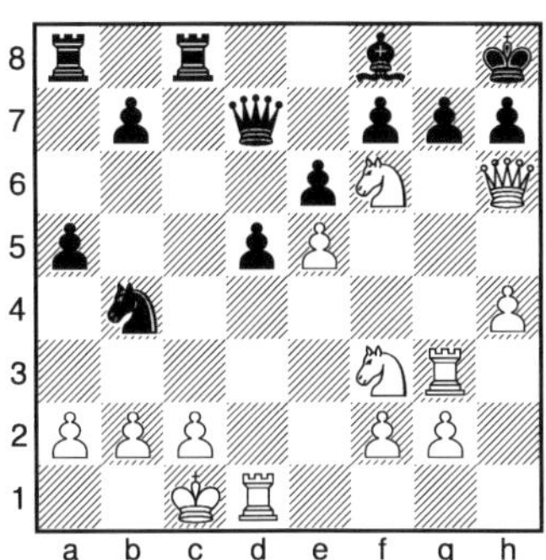

... folgt 18...♘xa2+ 19.♔b1 (19.♔d2?? ♖xc2+ −+) 19...♘c3+ mit Remis durch Dauerschach.

16...♘a6??

⌓16...♕e7 17.♕h6 (17.axb4 axb4 18.♘b1⩲) 17...♗f8 18.♘g5 gxh6 19.♘xe6+ ♔h8 20.♘xf8 ♖xf8 21.axb4 axb4∞; 21...♗xf2

16...♘e4

A) 17...♔h8 18.♕g5 (18.♘fg5!?; 18.♘f6!?) 18...♗f8 19.♘f6 ♕e7

1) 20.♘xh7?! ♕xg5+ 21.♘hxg5; 21.♘fxg5

2) 20.♖d4! ♖c4 21.♖xc4 (21.♖dg4) 21...dxc4 22.♕g4

B) 17...♕c7 18.♘f6+ ♔h8 19.♘xh7

1) 19...♔xh7 20.♘g5+ ♔g8 21.♕d3

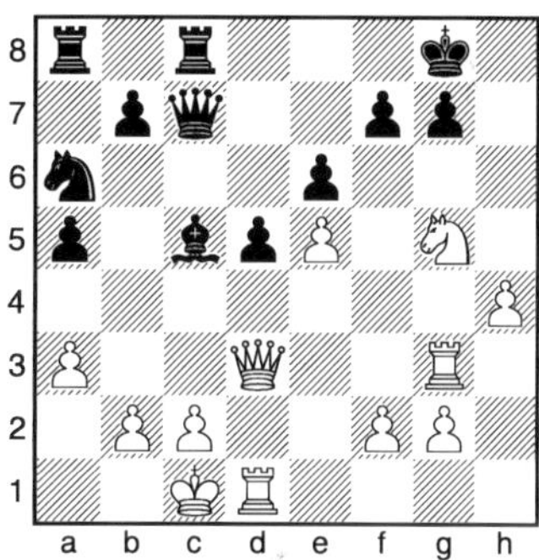

a) 21...♕xe5 22.♕h7+ ♔f8 23.♖f3 f5 24.♘xe6+! ♕xe6 25.♖xf5+ ♔e8 26.♕h8+ ♔d7 27.♕xg7! e7 28.♖e5; 28.♖dxd5

b) 21...g6 22.♘xf7! ♕xf7 23.♖xg6+ ♔h8 24.♖h6+ ♔g8 25.♕g3+ ♕g7 26.♖g6

c) 21...♔f8 22.♖f3 ♕e7 23.♖xf7 ♕xf7 24.♘xf7 ♔xf7 25.h5+− +++

2) 19...♗e3 20.fxe3 ♘c5 21.♕e2

a) 21...♔xh7

– 22.♖d4!? Δ22...♘b3+ 23.♔b1 ♘xd4 24.♘xg5+ ♔g8 25.exd4

– 22.♘g5+ ♔g8 23.♖f3 (23.♖f1) 23...♘e4 (23...♖f8 24.♖df1) 24.♖xf7

b) 21...♘e4 22.♖g4 ♔xh7 23.♘g5+

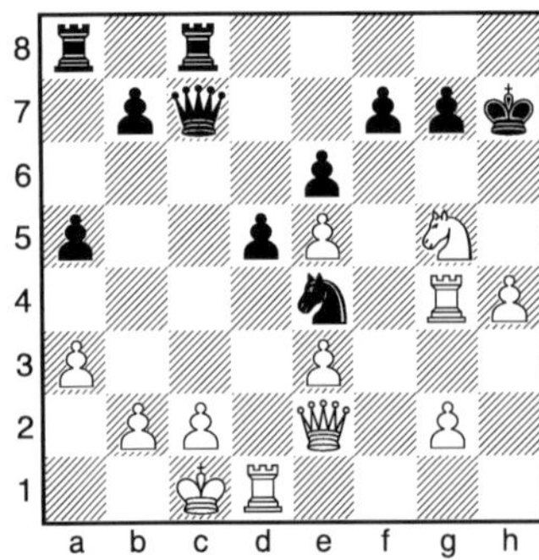

– 23...♔g8 24.♘xe4 dxe4 25.♖xe4+–

– 23...♘xg5 24.hxg5 (24.♖xg5!?) 24...♕xe5

– 25.♖h4+ ♔g8 26.♕h5 ♔f8 27.♖f1

– 25.♖h1+ ♔g8 26.♕f2 Δ♖gh4 – auch nach 26...♕f5 27.♖gh4 f6 (27...♔f8 28.♖f4) 28.♕xf5 exf5 29.g6 ♔f8 30.♖d1 (30.♖d4) 30..♖d8 31.♖xd5 ♖xd5 32.♖h8+ ♔e7 33.♖xa8

59

Voigt – Lamprecht

Deutschland 1993

1.e4 e6 2.d4 d5 3.♘c3 ♘f6 4.e5 ♘fd7 5.♘ce2 c5 6.c3 ♕b6 7.f4 f6 8.♘f3 ♗e7 9.f5

Mit seinem letzten Zug hat Weiß dem gegnerischen Herangehen, frühestmöglich *beide* Standardhebel anzusetzen, quasi die Krone aufgesetzt, indem er auch seinen *eigenen* Standardhebel unter Verzicht auf jegliche Figurenunterstützung angesetzt hat, um den Bauern d5 zu unterminieren. Bei den zahlreichen daraus resultierenden Schlagmöglichkeiten geht es speziell um die Frage, ob der momentane Raummangel zum *Nachteil* von Schwarz ausschlägt – oder der gegnerische Raumvorteil aufgrund der damit einhergehenden Hinterlandschwächen zu seinem *Vorteil*. Auch ist zu beachten, dass sein König zur Rochade bereit steht, während der weiße noch etliche Züge davon entfernt ist.

I) In der Partie kam Schwarz dem gegnerischen Ansinnen mit **9...exf5?** quasi hilfreich entgegen und stand nach **10.♘f4±** bereits mit dem Rücken zur Wand.

10...cxd4

Die eventuelle Preisgabe des Bauern d5 ist letztlich noch am besten, wie ein Blick auf zwei Alternativen bestätigt:

A) Nach 10...♕c6? bringt 11.a4! Δ♗b5 ein taktisches Standardmotiv ins Spiel, wobei allerdings die Frage des richtigen Zeitpunkts bleibt; z.B. 11...a6

(Auch mit 11.c4 12.b4!+– Δb5 ist die Stellung nicht zu entlasten.)

Nun steht Weiß in beiden folgenden Varianten auf Gewinn, wobei dieses Urteil in der zweiten wegen der offeneren Stellung noch klarer auszufallen scheint.

1) 12.♗b5!? axb5 13.axb5 ♖xa1 14.bxc6 bxc6 15.0–0

2) 12.e6 Δ12...♘f8

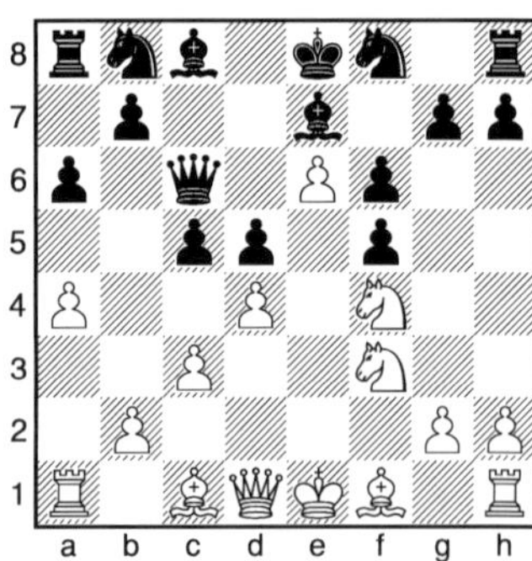

13.c4! ♗e6 14.cxd5 ♗xd5 15.♗b5! axb5 16.axb5 ♖xa1 17.bxc6 ♗xc6 18.0–0+–

B) 10...fxe5?

1) 11.♘xd5?! führt nur nach 11...♕d6? zum Ziel.

(⌓11...♕d8 12.dxe5 ♘c6 13.♗b5±)

Und zwar mit 12.dxe5 ♘xe5 13.♘xe5+− (13.♗f4) 13...♕xe5+ 14.♔f2! Δ♗b5+ nebst ♖e1.

2) Und auf 11.dxe5+− Δ11...♘c6 (11...d4 12.♗c4) folgt nicht etwa 12.♘xd5?! ♕d8 13.♗b5±, sondern 12.♕xd5 usw.

11.e6 ♘f8 (11...♘e5? 12.♘xd4+−) **12.♘xd4**

Der interessante Seitenhieb 12.♕a4+?! (Δ12...♘c6? 13.♘xd4~+−) stellt sich nach 12...♔d8! als weniger nachhaltig heraus als die Textfolge; z.B. 13.♘xd4 ♘xe6 14.♘xd5 ♕d6 15.♘xe6+ ♕xe6+ 16.♗e3 mit der Drohung 0−0−0, aber nach 16...♗d7 Δ♗c6 nebst ♘d7 usw. hat Weiß kaum mehr als ~±.

12...♗xe6 13.♘dxe6?

Der erste von zwei direkt aufeinanderfolgenden Fehlern, nach denen 'möglicher Gewinnvorteil' zu 'Ausgleich' verpufft.

Besser war 13.♕e2 mit spektakulärem Einsatz des g−Bauern in den beiden folgenden Varianten:

(13.♗b5+!? ♔f7 14.♕e2)

1) 13...♔f7?! 14.g4! fxg4 15.♗g2+− z.B. 15...♘a6 16.♘xd5 ♕d8 17.♘xe6 ♘xe6 18.♗e3 Δ0−0−0

2) 13...♗d7 14.♘xd5 ♕d6

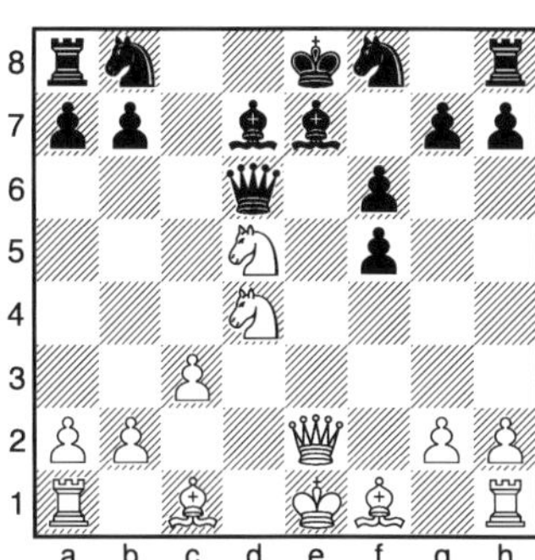

15.g3!!~+− Δ♗g2; Δ15...♕xd5 16.♗g2 ♕d6 17.♗xb7 ♘c6 18.♗xa8 ♘xd4 19.cxd4 Δ19...♕xd4 20.♗e3 ♕b4+ 21.♔f2

13...♘xe6 14.♕xd5?

⌓14.♕h5+ ♔f8 Δ15.♘g6+? (⌓15.♘xd5! ♕d6 16.♕xf5±) 15...hxg6 16.♕xh8+ ♔f7⩲

14...♘xf4 15.♗xf4 ♘c6 16.♗c4 und hier hätte der einzige Zug 16...♘e5! (statt 16...♖f8?? 17.0−0−0+−) nach 17.♗xe5 ♕e3+ 18.♔f1 ♕xe5 19.♕f7+ ♔d8 20.♖d1+ ♗d6 21.♕xb7 ♖c8 ...

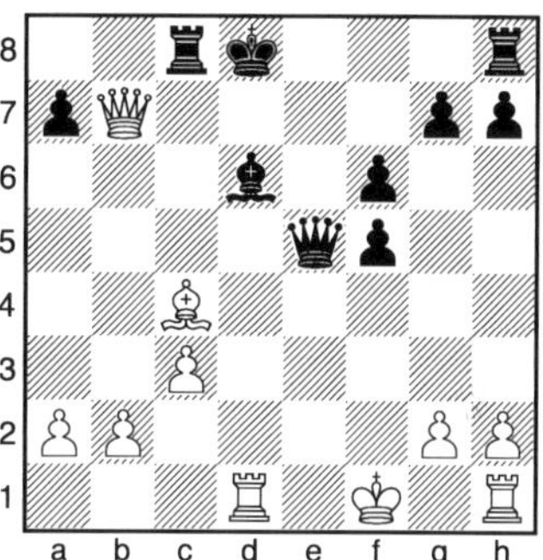

... zu einer suspekt wirkenden, aber durchaus haltbaren Stellung geführt, zumal auch der weiße König nicht ordnungsgemäß geparkt ist.

II) Nach **9...cxd4** ist klar, dass ein *Springer* zurückschlagen sollte. Nur welcher?

A) Mit **10.♘exd4?!** vergibt Weiß die essenzielle Möglichkeit ♘f4 und Schwarz kommt mit **10...♘xe5** in Vorteil.

1) 11.♘xe5 fxe5 12.♕h5+ ♔d8 13.♘xe6+ ♗xe6 14.fxe6

a) 14...♕xe6?! 15.g3!⩲ Δ♗h3

b) 14...♘c6!∓ 15.♕e2 Δ♗e3, 0−0−0

2) 11.♗b5+ ♘bc6 12.♘xe5 fxe5 13.♗xc6+ bxc6 14.♕h5+ ♔d8 15.♘xe6+ ♗xe6 16.fxe6 ♖f8∓

B) Besser ist also **10.♘fxd4 ♘xe5 11.♘f4 exf5 12.♘xd5 ♕d8 13.♕b3⩲**.

C) Und notfalls scheint auch **10.fxe6 ♘xe5 11.♘fxd4∞ Δ11...♗xe6 12.♘f4⩲** infrage zu kommen.

III) Zu ungleich größeren Verwicklungen führt **9...fxe5 10.dxe5 ♘c6! 11.♘f4**.

Nach 11.fxe6 ♘dxe5∞ Δ12.♕xd5 führt schlicht 12...0–0 Δ13.♘xe5 ♖f5 zu ausreichender Kompensation (14.♘xc6?? ♗h4+!–+).

Allerdings könnte ein verspielter Charakter zum selben Zweck auch auf die Idee 12...♗xe6!? 13.♕xe6 ♘d3+ 14.♔d2 ♖d8 verfallen, ...

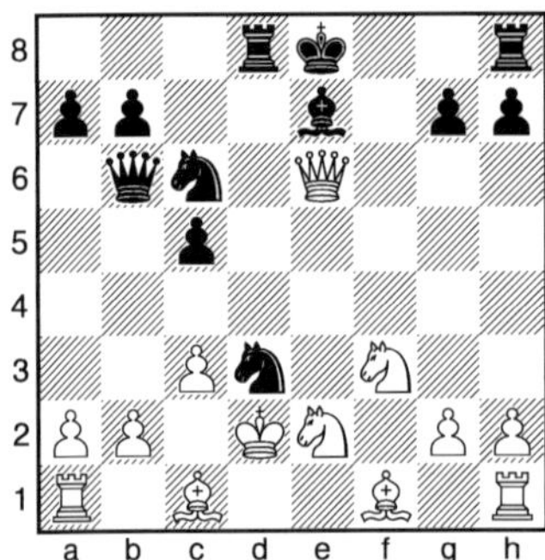

... die wohl auf die ein oder andere Weise zu einer Zugwiederholung führen sollte.

A) Nach **11...♘dxe5 12.♘xe5 ♘xe5 13.♕h5+ ♘f7 14.fxe6+ ♗xe6** führt der Trick **15.♗b5+! ♕xb5 16.♘xe6** nur bei fehlerhafter Defensive zum Erfolg.

1) 16...♕c6?? 17.♘xg7+ ♔f8 18.0–0+–

2) Nach 16...♕d3! steht hingegen wieder eine Variante auf dem Programm, die zu Ausgleich – oder besser gesagt: zu einem Gleichgewicht des Schreckens führt; und zwar 17.♘c7+

(17.♖f1 ♕e4+ 18.♕e2 ♕xe2+ 19.♔xe2 ♗d6! 20.♘xg7+ ♔e7∞)

17...♔d7 18.♘xa8 (18.♕xd5+ =) 18...♗h4+!!

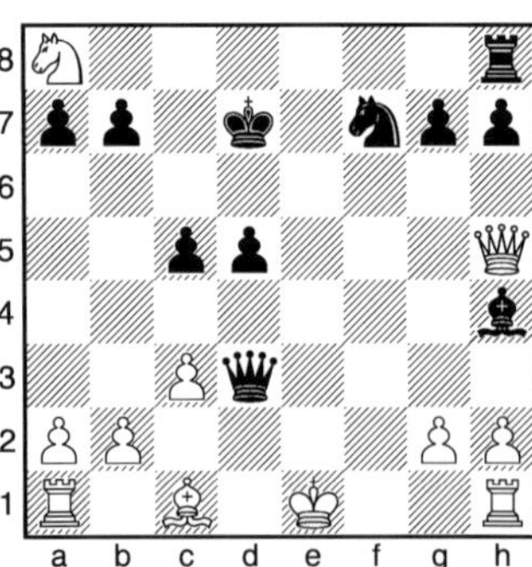

a) Nach dieser Temporäumung der e-Linie führt die 'harmlosere' Variante 19.g3 auf die ein oder andere Weise zum Dauerschach; z.B. 19...♕e4+ (19...♖e8+ 20.♔f2 ♕c2+ usw.) 20.♔f2

– 20...♖f8 21.♕f3 ♘g5! 22.♕xf8 ♘h3+ 23.♔f1 ♕xh1+ 24.♔e2 ♕g2+ usw.

– 20...♘e5 22.♖f1 ♖f8+ 23.♔g1 ♖xf1+ 24.♔xf1 ♕h1+ usw.

b) Und nach 19.♕xh4 ♖e8+ ist 20.♗e3 ...

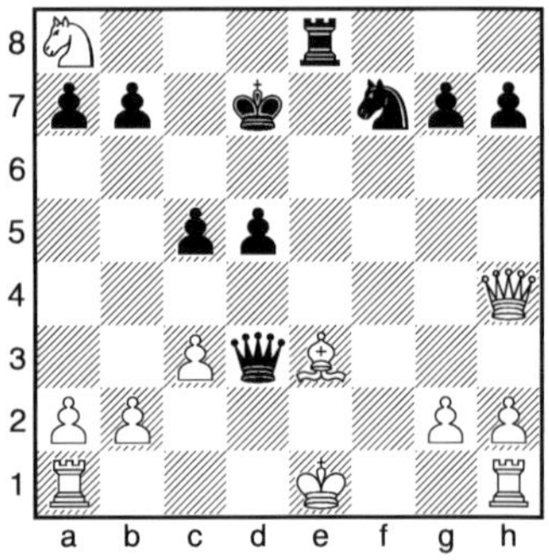

... der einzige Zug, um den König am Leben zu halten; und zwar 20...♕xe3+

(20...♖xe3?? 21.♔f2+–; ♘d6!⩲)

21.♔f1 ♘g5 22.♕f2 ♖f8! 23.♕xf8 ♕d3+ 24.♔g1 ♘h3+! 25.gxh3 ♕g6+ erneut mit Dauerschach.

B) Nach **11...0–0** bringt **12.f6! gxf6 13.♘xe6∞** Unordnung in die schwarze Stellung, so dass noch einmal präzise Defensive gefordert ist; und zwar nicht

13...♖e8?!

⌓13...♖f7 14.♘f4 dxe5 15.♘xd5 ♕d8∞

14.♕xd5 ♔h8 15.♗h6

1) Der Ernst der Lage geht aus der Variante 15...♕xb2?? 16.♗g7+ ♔g8 17.♘eg5+ ♔xg7 18.♕f7+ nebst # hervor.

2) Nach 15...♘dxe5 führt das Motiv 16.♗g7+ ♔g8 hingegen allenfalls zu Minimalvorteil in der Variante 17.♘c7+ ♔xg7 18.♘xe8+ ♔f8 19.0-0-0 ♔xe8 20.♕g8+ ♗f8 21.♕xh7 usw.

3) Und hier aus reinem Spaß an der Freude noch ein genauerer Blick auf die funkensprühenden Varianten nach 15...♖g8 16.0-0-0 ♘dxe5 17.♘eg5!±

(17.♘xe5? ♘xe5 18.♘g5 ♖xg5! 19.♗xg5 ♗g4!⩱)

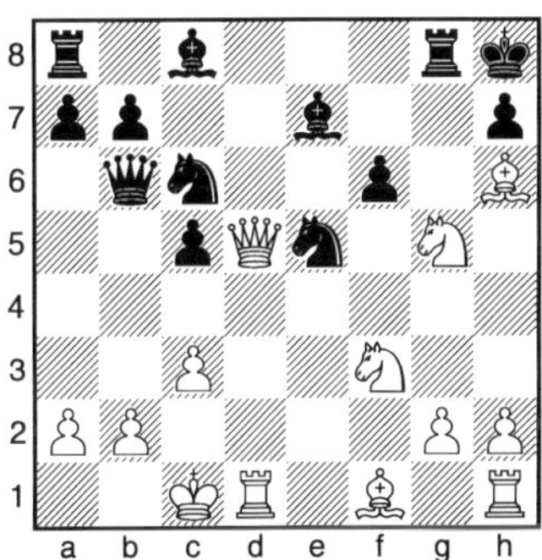

a) 17...♖g6 18.♘xe5 ♘xe5 19.♘f7+ ♘xf7 20.♕xf7

b) 17...fxg5 18.♘xe5 ♘xe5 19.♕xe5+

– 19...♕f6 20.♕xf6+ ♗xf6 21.♗d3 Δ♖hf1

– 19...♗f6 20.♕e4 ♗e6?!

(⌓20...♕e6 21.♗d3 ♕xe4 22.♗xe4)

21.h4!~+– z.B. 21...♗f7?! 22.hxg5 ♖xg5

– Δ23.♗xg5?? ♗xg5+ 24.♔b1 ♗g6–+

– 23.♖d7 Δ23...♗g6

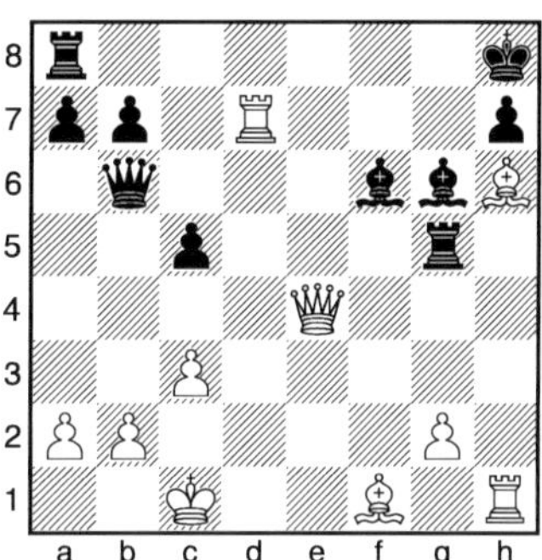

24.♖xh7+! ♗xh7 25.♗f8! ♔g8 26.♕xh7+ ♔xf8 27.♗c4 ♖g7 28.♕h8+ ♔e7 29.♕xa8

60

Grabics – Lindberg

Budapest 1999

1.e4 c5 2.♘f3 e6 3.d4 cxd4 4.♘xd4 ♘c6 5.♘c3 a6 6.f4 d5 7.♗e3 ♘f6 8.e5 ♘d7 9.♕d2 ♗e7 10.0-0-0 ♕c7 11.♗d3 0-0 12.h4

Ungeachtet der entgegengesetzten Rochaden ist Weiß keinesfalls reich mit Angriffsmotiven gesegnet und kurzfristig kommt diesbezüglich höchstens der Turmschwenk ♖h3-g3 in Betracht. Ganz anders sieht es am Damenflügel aus, wo Schwarz auf der Basis der vollzogenen Metamorphose von Französisch zu Sizilianisch auf das gesamte Angriffsarsenal der zuletzt genannten Eröffnung zurückgreifen kann. Es bleibt die Frage, in welcher Reihenfolge die einzelnen Maßnahmen geschehen sollten und welche Rolle der Zeitfaktor spielt.

In der Partie schätzte Schwarz diesen falsch ein, stellte mit **12...♘a5?** die weitere Entwicklung zurück und konfrontierte seinen Gegner stattdessen mit der positionellen Drohung ♘c4.

Die genannten Alternativen 12...♘c5, 12...♘xd4 und 12...b5 sind tadellos spielbar.

13.♕e2!

Auf den ersten Blick scheint dieser subtile Damenzug sich nur gegen die genannte positionelle Drohung zu wenden, aber tatsächlich bringt er eine eigene und ungleich kräftigere Drohung ins Spiel.

1) Die Partiefolge **13...♘c5?** war schwach, weil Weiß nach dem Opfer **14.♗xh7+! ♔xh7 15.♕h5+ ♔g8** genug Zeit hatte, ...

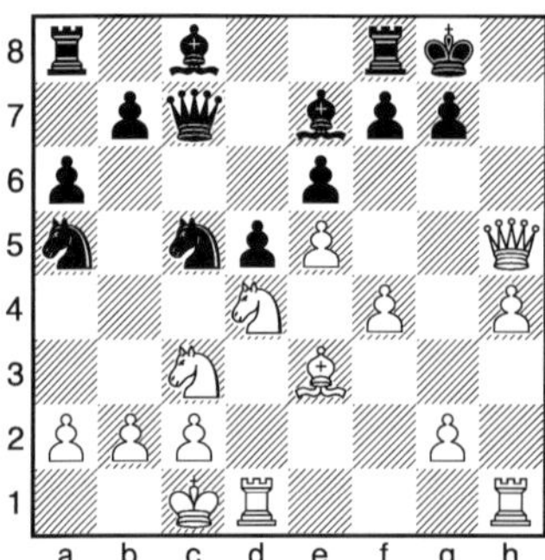

... mit **16.♘f3!** den entscheidenden Angreifer heranzuführen. Es folgte noch **16...♖d8** (16...f6 17.♘g5!) **17.♘g5 ♗xg5 18.hxg5 ♔f8 19.♕h8+ ♔e7 20.♕xg7** Δ20...♖f8 21.♖xd5; 21.g6 und baldigem Gewinn.

2) Die Weiterführung des Plans mit **13...♘c4** trifft auf die Widerlegung **14.♘f5!**+− mit der möglichen Folge **14...♗c5 15.♗xc5 ♘xc5 16.♗xc4 dxc4 17.♘d6**.

3) Den Störzug **13...♗b4** kontert Weiß mit dem eigenen und ungleich kräftigeren Störzug **14.♕h5**+− mit folgenden Möglichkeiten:

a) Nach **14...g6 15.♕h6** kann der ‘premove’ h4–h5 sogar auf **15...♗xc3 16.h5!** folgen.

b) Nach **14...h6** hat Weiß die freie Auswahl:

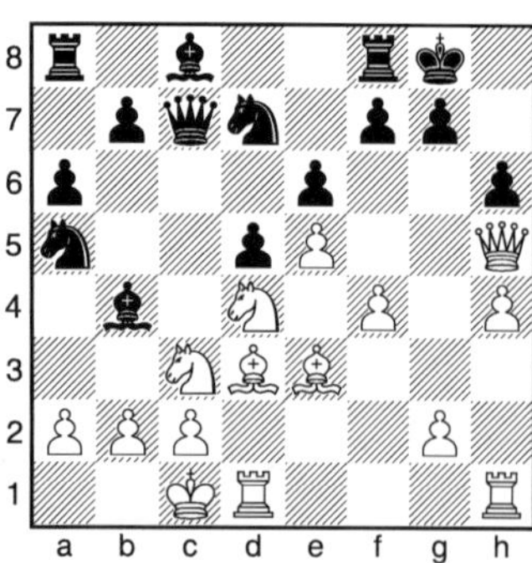

– 15.♘f5! ♗xc3 (15...exf5 16.♘xd5) 16.♘xh6+ gxh6 17.♖h3

– Nach 15.♖h3 kann der ‘premove’ ♖g3 sogar auf 15...♗xc3 16.♖g3! folgen.

– Und ‘zur Not’ geht auch 15.♘xd5!? exd5 16.♘f5 mit der möglichen Folge 16...♘c5 17.♘xh6+ gxh6 18.♗xc5 ♗xc5 19.♕xh6

4) Am zähsten ist noch **13...♖d8 14.♕h5**, wobei Weiß in sämtlichen Abspielen etliche Nebenlösungen zur Verfügung stehen:

a) 14...g6 15.♘xe6! fxe6 16.♗xg6 ♘f6 17.exf6 ♗xf6

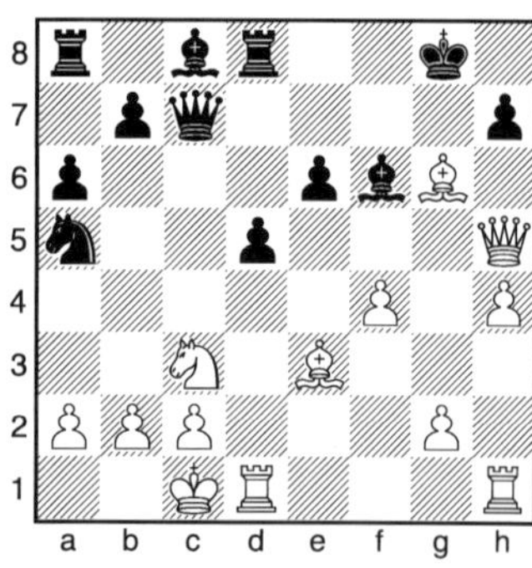

18.♗b6 (18.♗d3; 18.♘e4) **18...hxg6 19.♕xg6+ ♕g7 20.♕xg7+ ♔xg7 21.♗xa5**

b) 14...h6 15.♘f5 (15.♖h3) **15...exf5 16.♘xd5 ♘f6 17.♘xf6+!**

Mit dem de facto stärkeren 17.♘xc7 ♘xh5 18.♘xa8 würde Weiß sich gewissermaßen einen Stilbruch zuschulden kommen lassen.

17...♗xf6 18.exf6 ♗e6 19.fxg7 ♗xa2!

Offenbar ist Schwarz mit seinem Latein noch längst nicht am Ende und tatsächlich ist die Drohung ♘b3# nur auf eine einzige Art siegreich zu parieren.

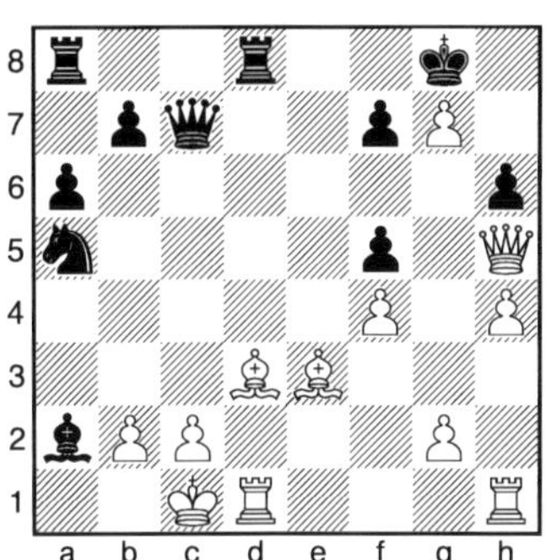

20.♖d2!! Δ20...♘b3+ 21.♔d1 ♘xd2 22.♕xh6 f6 23.♕h8+ ♔f7 24.♕h7! ♖g8 25.♕h5+ ♔xg7 26.♕xf5

c) 14...♘f8 15.♘f3! ♘c4 (15...♗b4 16.♘e2)

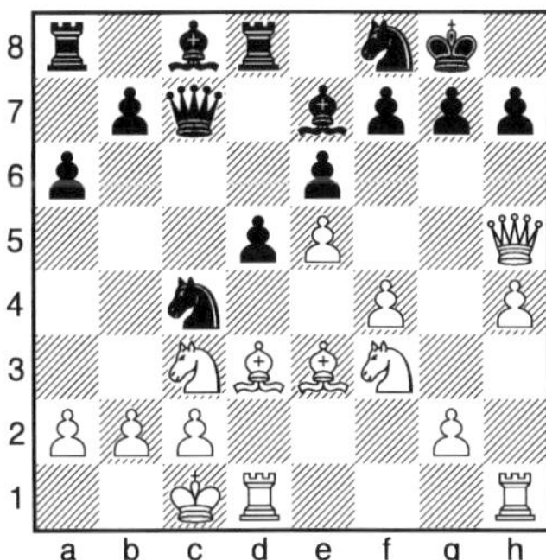

16.♗xh7+!!

Mit diesem Kraftzug und der anschließenden Opferfolge führt Weiß die 'sichere Überdeckung' des Bauern h7 ad absurdum.

16...♘xh7 17.♘g5 ♗xg5 18.hxg5 ♘xe3 19.♕xh7+ ♔f8 20.♕h8+ ♔e7 21.♕xg7 Δ21...♘xd1 (21...♔d7 22.♖d3) **22.♖xd5** (22.g6) **22...exd5** (22...♖xd5 23.♖h7) **23.♕f6+ ♔d7 24.♕xf7+ ♔c6 25.♖h6+**

61

Meessen – Claesen

Belgien 2002

1.e4 e6 2.d4 d5 3.♘d2 ♘f6 4.e5 ♘fd7 5.c3 c5 6.♗d3 ♘c6 7.♘df3 cxd4 8.cxd4 f6 9.exf6 ♘xf6 10.♘h3 ♗b4+ 11.♗d2 ♕b6 12.0–0

Da es kein direktes Abzugsmotiv auf der d-Linie gibt und da der schwarze König zur Abreise bereitsteht, spricht eigentlich nichts Naheliegendes gegen den Bauernraub auf d4. Größte Beachtung verdient allerdings die Tatsache, dass der ♗b4 u.U. in Gefahr schwebt, eben weil der König noch auf e8 steht.

In der Partie unterschätzte Schwarz die negativen Auswirkungen des Bauernraubs **12...♘xd4?**, weil er sich der Gefahr nicht bewusst war, die auf der verletzlichen Position des ♗b4 beruhen.

- 12...♗xd2?! 13.♕xd2 0–0 14.♖ad1±
- 12...♗d7?! 13.♗e3± Δ♘e5
- ⌓12...0–0 13.♗c3⩲ Δ13...♗xc3 14.bxc3 ♕c7 15.♖e1

13.♘xd4 ♕xd4 14.♗e3 ♕xb2

Dieser weitere Bauernraub verlangt dem Angreifer in der Tat mehr Präzision und Ideenreichtum ab als die Alternative 14...♕h4, nach der Weiß in der Hauptvariante 15.♗g5+– sage und schreibe *vier* Tempogewinne einstreichen kann.

(15.♕a4+!? ♗d7 16.♗b5 a6 17.♗xd7+ ♘xd7 18.♘g5)

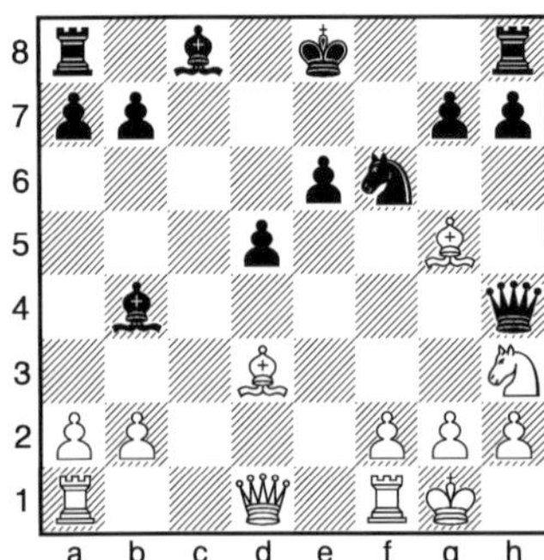

15...♕g4 16.♗e2 ♕e4 17.♗f3 ♕c4 18.♖c1 ♕b5 19.♗xf6 gxf6 20.♗h5+ ♔d8 21.♕g4; 21.♘f4

Und nun wurde Weiß mit **15.♗d4??** zum Opfer der fixen Idee, ein Bauernopfer auf d4 müsse im Franzosen immer mit irgendeinem Abzugsmotiv zu tun haben, wobei er allerdings die Möglichkeit **15...♕d2∓** vollkommen übersehen hatte.

Nach der korrekten Folge **15.♖b1 ♕a3 16.♖b3 ♕a5** ...

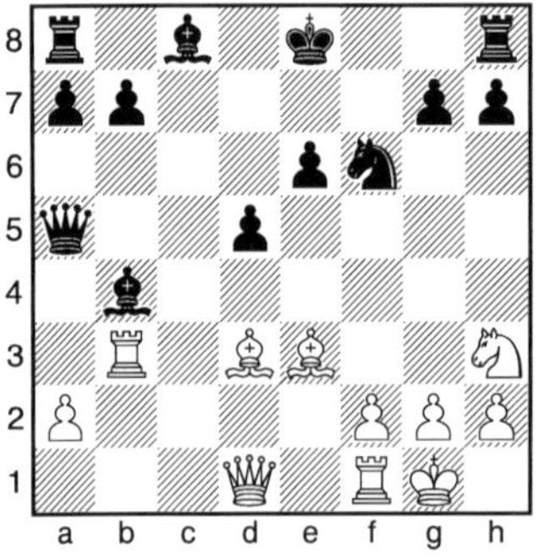

... führt der nicht leicht zu findende Anschlusszug **17.♕b1!** in allen Varianten zum Gewinn; z.B. **17...♗d6**

Nach 17...♗e7 18.♘g5 fehlt Schwarz in der Folge auch noch die Ausflucht ♔e7.

18.♘g5 Δ♖xb7! **18...♕d8 19.♖c1!**

Stark ist auch 19.♖e1!?, während 19.♖xb7? ♗xb7 20.♕xb7 0-0 21.♘xe6± nur zu einem mühselig zu verwertenden Endspielvorteil führen würde.

19...♔e7

19...b6 20.♗g6+!

20.♖e1!

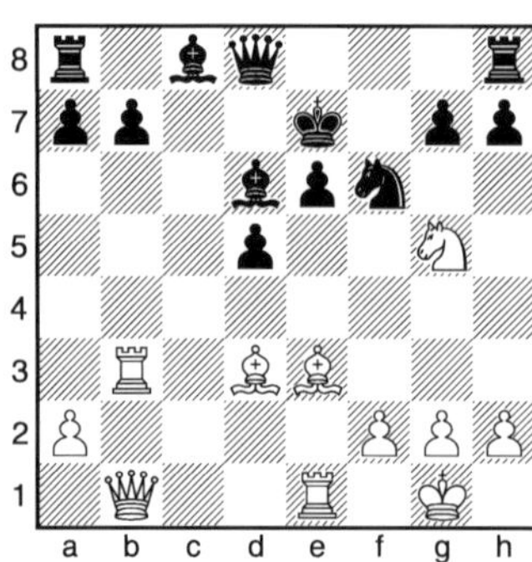

20...e5

20...h6 21.♘xe6! ♗xe6 22.♗d4

21.♗d4 e4 (21...h6 22.f4!) **22.♗xe4!** (22.f3) **22...dxe4 23.♘xe4** usw.

62

Iten – Summermatter

Schweiz 1987

1.e4 e6 2.d4 d5 3.♘d2 ♘f6 4.e5 ♘fd7 5.c3 c5 6.♗d3 ♘c6 7.♘e2 cxd4 8.cxd4 f6 9.exf6 ♘xf6 10.♘f3 ♗d6 11.0-0 ♕c7 12.♘c3 a6 13.♗g5 0-0 14.♗h4 ♘h5 15.♖c1 g6 16.♘a4 ♗d7 17.♘c5 ♖ae8 18.b4 ♗c8 19.♗b1 ♕g7 20.♗g5 ♘f4

Auf den ersten Blick scheint der weißen Stellung nichts zu fehlen, aber schon der zweite führt zu der Erkenntnis, dass nicht nur direkt der Bauer b4, sondern auch ‘indirekt’ der auf d4 hängt. Es ist nun die Frage, ob das Herangehen richtig ist, drohenden Bauernverlust dadurch zu vermeiden, dass man zunächst selbst einen erobert. Schließlich muss nicht allein dem Materialbestand Rechnung getragen werden, sondern auch der Tatsache, dass die Präsenz schwarzer

Angreifer am Königsflügel gelinde gesagt *beachtlich* ist.

1) Man kann dem Weißen kaum einen Vorwurf machen, weil er mit **21.♘xa6?** zugriff, denn die Tatsache, dass auch der Gegner die Widerlegung im übernächsten Zug nicht fand, deutet darauf hin, wie schwer es gewesen wäre, diese sogar *vorherzusehen*.

(An dieser Stelle sei Folgendes erwähnt: Nach dem naiven Deckungszug 21.a3? zeigt sich mit der Standardkombination 21...♘xd4!∓ 22.♘xd4 ♕xd4 23.♕xd4 ♘e2+ das simple taktische Kernmotiv dieser Stellung.)

21...♘xd4!

Auch hier ist das erwähnte Kernmotiv stärker, denn nach 21...h6?! 22.♗xf4 ♗xf4 23.♖c3 g5 hätte Schwarz nur ausgezeichnete Kompensation.

22.♘xd4 bxa6?

Vermutlich war dieser Materialausgleich die vorgefertigte Fortsetzung der Kombination, die womöglich sogar a tempo ausgeführt wurde.

Tatsächlich hätte auch 22...♕xd4? 23.♕xd4 ♘e2+ 24.♔h1 ♘xd4 25.♘c7 ♗xc7 26.♖xc7∞ zu nichts geführt, aber mit 22...♕e5!! stand Schwarz ein ebenso subtiler wie kräftiger Zwischenzug zur Verfügung.

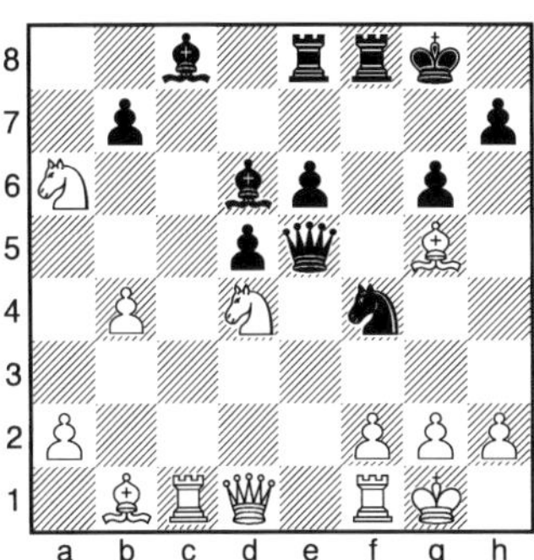

Hier ein Überblick über die wichtigsten Varianten:

a) 23.g3 ♕xg5 24.♘b5

(24.♘c5? e5–+; 24.♘c7 ♗xc7 25.♖xc7 e5–+)

24...♘h3+ (24...♗e5!?) **25.♔g2 ♗xg3!**

– 26.hxg3? ♘f4+ 27.♔g1 bxa6–+

– 26.fxg3 ♗d7∓; 26...♘f4+?? 27.♔h1+–

b) 23.♗xf4 ♖xf4∓

– 24.♕e1 ♖e4 25.♘f3 ♖xe1 26.♘xe5 ♖xf1+; 26...♖xc1; 26...♖xe5

– 24.♖e1 ♖xd4 25.♖xe5 ♖xd1+ 26.♖xd1 ♗xe5 27.♘c5 d6

Und nun hätte (statt des pseudoaktiven Vorstoßes 23.♘c6) der Rückzug 23.♘e2 in einer pointierten Variante sicher zum Ausgleich geführt: 23...♘xe2+ 24.♕xe2 ♗xb4 25.♗d3 Δ25...a5 26.♗b5 ♗d7 27.♖c7 ♖f7 28.♗xd7 ♖xd7

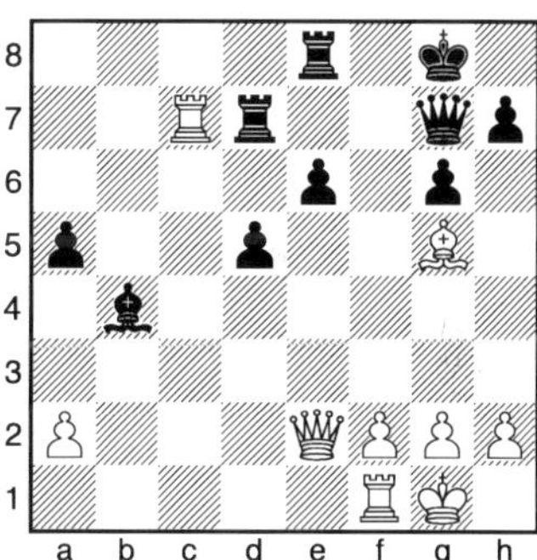

29.♕b5! ♖xc7 30.♕xe8+ ♗f8 31.♕xe6+ ♕f7=.

2) An dem Sicherungszug **21.♘d3** missfiel dem Weißen womöglich, dass damit kein Bauer gewonnen wird, sondern dass einer verlorengeht. Allerdings belegen die folgenden Varianten, dass das Spiel unklar bliebe bzw. dass die Kompensation völlig ausreichen würde.

a) 21...♘xd4 22.♘xf4 ♗xf4 23.♘xd4 ♗xg5

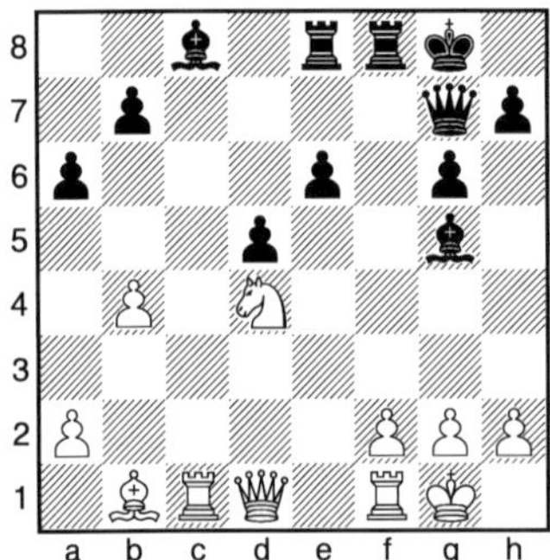

24.♖xc8 ♖xc8 25.♘xe6∞

b) 21...♘xd3 22.♕xd3 ♘xb4 23.♕a3⩲ Δ♘e5; **22...♗xb4 23.♕e3⩲**

63

Nechaev – Ovchinnikova

Russland 1997

1.e4 e6 2.d4 d5 3.♘d2 ♘f6 4.e5 ♘fd7 5.♗d3 c5 6.c3 ♘c6 7.♘e2 cxd4 8.cxd4 f6 9.exf6 ♕xf6 10.0–0

Eigentlich wollte Weiß mit der Rochade nur auf eine Zugumstellung hinaus, aber offenbar hielt Schwarz dies für einen Eröffnungsfehler. Oder sollte eine russische Spielerin mit dem WIM–Titel allen Ernstes noch nie etwas von den Risiken massiver Linienöffnung bei massivem Entwicklungsnachteil gehört haben?

Wie auch immer, stand nach **10...♘xd4??**, womit dem weißen Angriff Tür und Tor geöffnet wurde, eine Miniatur fürs Lehrbuch auf dem Programm.

Auch nach der erwähnten Zugumstellung 10...♗d6 11.♘f3 h6 (11...0–0 12.g5 f7 13.h4) 12.g3 hat Weiß mindestens kräftigen Minimalvorteil, was jedoch nichts im Vergleich zur Partiefolge ist.

11.♘xd4 ♕xd4 12.♘f3+– ♕b6

Keine der Alternativen macht einen wirklich besseren Eindruck und Weiß kann zumeist unter etlichen Nebenlösungen auswählen:

- 12...♕f6 13.♗g5 ♕f7 14.♕c2; 14.♖c1
- 12...♕b4 13.♘g5; 13.♖e1
- 12...♕c5 13.♘g5; 13.♖e1
- 12...♕g4 13.♖e1; 13.h3

13.♘g5 ♘f6 14.♗xh7!

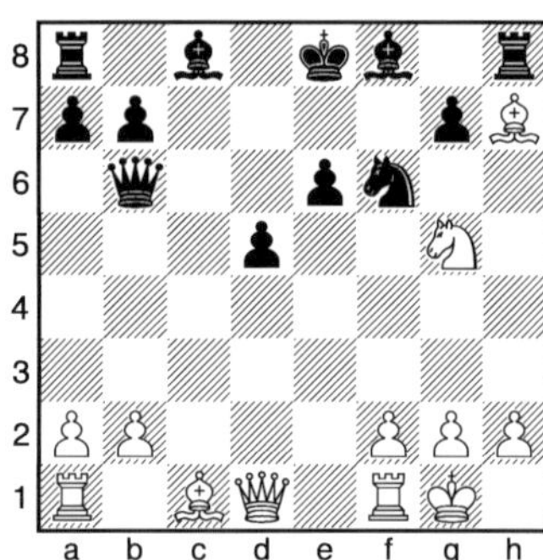

Bei dieser 'petite combinaison' geht es natürlich nicht um den Bauern, sondern um die Betretbarkeit des Feldes g6 und somit auch f7.

14...♗c5

Nach 14...♕xh7 15.♕h5+ ♔d7 16.♘f7 könnte Schwarz getrost aufgeben und auch 14...♗d6 15.♗e3 bzw. 15.h3 ist nicht viel besser als der Textzug.

15.♕c2 ♖f8

Schwarz kann nicht mehr tun, als seine Wertgegenstände notdürftig zu decken. Denn der Versuch, die Stellung mit 15...♔f8 zusammenzuhalten, wird mit 16.♕g6 ♕c7 17.♗f4 ♕e7 18.♖ac1 Δ♖xc5 überrannt.

16.♕g6+ ♔d7?

Schwarz hat die Flinte offenbar ins Korn geworfen. Nach dem besseren 16...♔d8 würde Weiß sich die Sache mit 17.♕xg7 unnötig schwer machen (⌓17.♕f3 Δ♗g5; 17.♗d2 Δ♖ac1), denn mit 17...♕c7 nebst ♕e7 könnte Schwarz seine Stellung etwas konsolidieren.

17.♕xg7+ ♔c6 (17...♗e7 18.♗e3) **18.♗e3 ♗xe3 19.♖ac1+ ♗c5 20.♕xf8**

64

Bitoon – Gonzales

Manila 2008

1.e4 e6 2.d4 d5 3.♘c3 ♘c6 4.♘f3 ♘f6 5.♗g5 ♗e7 6.e5 ♘e4 7.♗f4 ♗b4 8.♕d3 ♗d7 9.♗e2 g5 10.♗e3 ♘a5 11.♘d2 ♘xd2 12.♕xd2 ♖g8 13.♕d3 ♕e7

Statt mit dem c– oder f–Bauernhebel zu arbeiten, hat Schwarz sich zu einer bedenklichen Schwächung des Königsflügels provozieren lassen. Ließe Weiß sich aufgrund dessen nun seinerseits zum Bauernraub auf h7 provozieren, so ist außer einer eventuellen Schwächung seines Damenflügels auch zu beachten, dass der Gegner (nach dem Motto 'Aufgeschoben ist nicht aufgehoben!') beide bislang versäumten Hebel nachliefern könnte.

1) Bei der Entscheidung für **14.♕xh7?** ließ Weiß jegliche positionelle Vernunft vermissen, weil allein die Zerstörung der Bauernstruktur am Damenflügel und die Nutzbarkeit des Vorpostens c4 ein Spiel auf nennenswerten Vorteil illusorisch macht.

14...0–0–0 15.g3?!

Dieser diffuse Anschlusszug stellt dem Gegner sogar ausreichende Kompensation in Aussicht. Hier ein Blick auf zwei bessere Optionen:

- 15.a3 ♗xc3+ 16.bxc3±
- 15.0–0± ♘c4 Δ16.♗xc4?! (⌓16.♗c1) 16...dxc4 17.♘e4 f5!⩮

15...♗xc3+ (15...♘c4⩱) **16.bxc3 ♘c4⩮**

Außer dem Vordringen des Springers in den geschwächten Bereich kam auch das der Dame mit 16...♕a3!? in Betracht, nur musste Schwarz nach 17.♕d3 ...

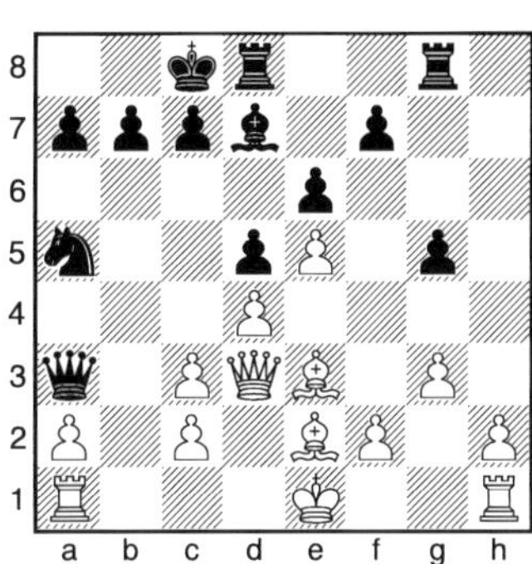

... von dem Trickversuch 17...♗b5?! absehen (⌓17...♘c4⩱), weil Weiß nach 18.♗c1! ♗xd3 19.♗xa3 ♗xc2 20.♗e7! Δf6 angesichts der späteren Karriere seines h–Bauern über soliden Minimalvorteil verfügt.

2) An deutlich besseren Ansätzen ist zunächst **14.0–0** zu nennen **Δ14...♘c4?!** ⌓14...0–0–0 15.a3±; 15.♘b1!?

15.♘e4!

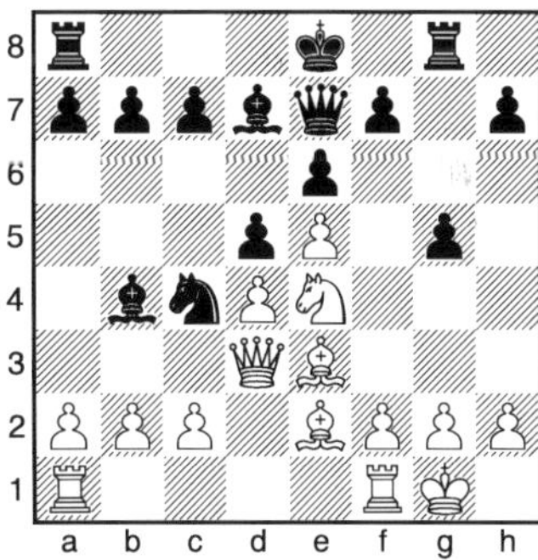

15...♘xb2 16.♕b3 dxe4 17.a3! (17.♕xb2 ♗c6) **17...♗a5 18.♕xb7 ♕d8 19.♕xb2 ♖b8 20.♕a2+–**

3) Noch besser ist aber wohl die Forcierung der Ereignisse mit **14.a3 ♗xc3+ 15.♕xc3**, wonach das positionelle Bauernopferangebot **15...♘c4** so gut wie erzwungen ist.

Denn nach **15...♘c6?! 16.b4 a6 17.0–0+–** hat Schwarz dem Läuferpaar und den Angriffschancen des Gegners nichts entgegenzusetzen.

a) Nach **16.♗xc4?! dxc4 17.♕xc4 ♗c6 18.0–0**±; **18.♖g1** müsste Weiß jegliche Gewinnhoffnungen deutlich zurückschrauben.

b) Von Interesse ist hingegen zunächst **16.b3!?**, um nach **16...♘xe3 17.fxe3 0–0–0 18.0–0 ♖df8** ...

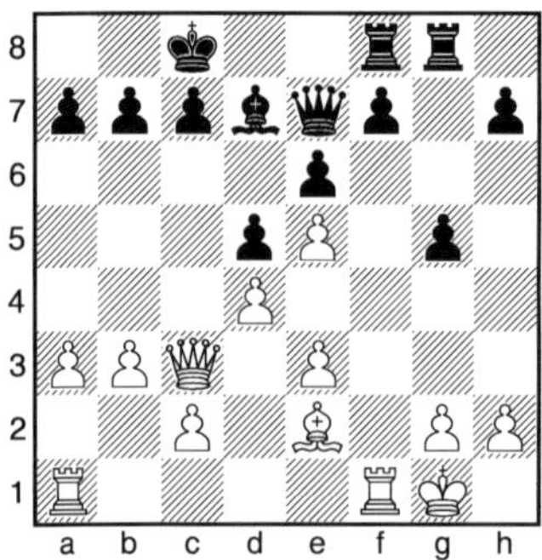

... mit dem Schlüsselzug **19.♕b4!**~+– eine nachhaltige Massage am Königsflügel mit Schwerpunkt auf der f–Linie einzuleiten.

c) Vergleichbar stark ist auch das Spiel auf Erhalt des Läuferpaars mit **16.♗c1 c5** mit einer tendenziellen Gewinnstellung nach beispielsweise **17.dxc5** (17.b3; 17.0–0) **17...♕xc5 18.b3**

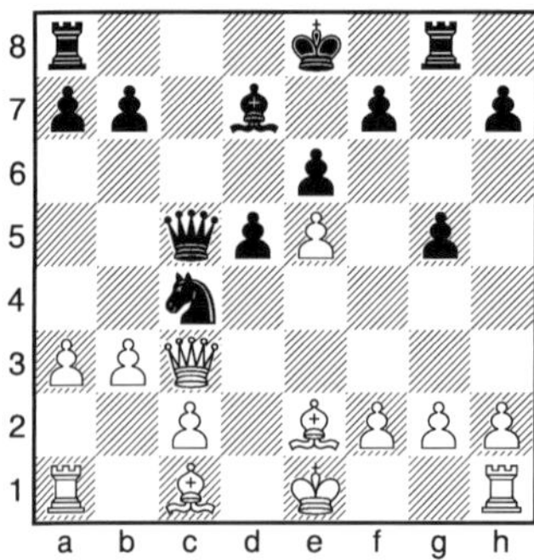

18...♕a5 19.♗d2 ♕xc3 20.♗xc3 ♘b6 21.0–0–0 usw.

65

Forgacs – Keitlinghaus

Bern 1988

1.e4 e6 2.d4 d5 3.♘c3 ♘c6 4.♘f3 ♘f6 5.e5 ♘e4 6.♗b5 ♘xc3 7.bxc3 ♗d7 8.♗g5 ♗e7 9.h4 ♘xe5 10.♘xe5 ♗xb5 11.♕g4 0–0 12.♖h3

Zwar muss der weiße Angriff ohne weißfeldrigen Läufer auskommen, aber das Hinzustoßen eines Turms auf der dritten Reihe bringt auch gehörige Gefahren mit sich. Dabei ist vor allem auch zu beachten, dass der ♖f8 gegebenenfalls den Bauern f7 zu bewachen hat und somit für keine andere Verteidigungsaufgabe zur Verfügung steht.

In der Partie war Schwarz ahnungslos, welche Geister er mit dem prophylaktischen Schablonenzug **12...♔h8?!** heraufbeschwören würde.

Nach 12...f5 13.♕f4 ♗f6 hätte er u.a. wegen der besseren Bauernstruktur Minimalvorteil verzeichnet.

13.♔d2?

Allerdings ist auch Weiß ahnungslos, welche Möglichkeiten sich ihm (dank der Anwesenheit des ♘e5) nach 13.♗h6! geboten hätten; und zwar nach der zunächst forcierten Folge 13...gxh6 14.♖g3 ♗g5 15.hxg5 ♕xg5 und jetzt 16.♕h3 vor allem mit der Absicht, ♕h2 nebst ♖h3 folgen zu lassen.

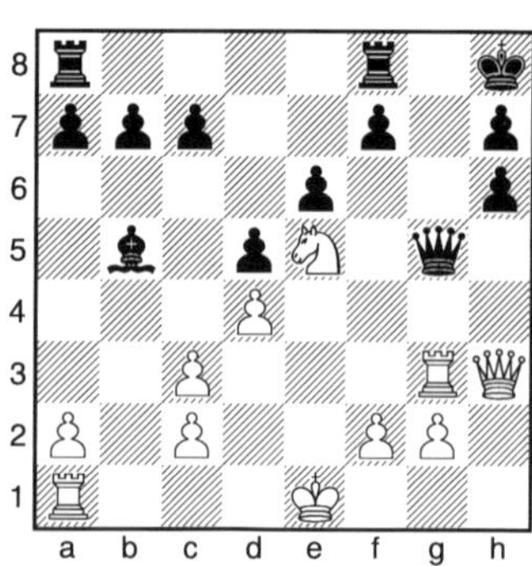

Hier ein Blick auf die wichtigsten Varianten:

I) Nach 16...♕f6?? 17.0–0–0 steht Weiß glatt auf Gewinn, weil auch noch der Damenturm in den Angriff integriert werden kann.

A) 17...♕xf2? 18.♖f3 ♕e2 19.♕xh6 ♕xg2 20.♖xf7 mit absehbarem Matt

B) Nach 17...♗a4 18.♔b2! Δ♖dd3 ist dem weißen König (wie auch an vielen weiteren Stellen) nicht beizukommen; z.B. 18...♕xf2 19.♕h4! ♗xc2 (19...♕xc2+ 20.♔a3) nur jetzt nicht 20.♖g8+?? ♔xg8 21.♕xf2 ♗xd1 22.♘d7 mit allenfalls noch etwas Restvorteil, sondern 20.♖d2!+–.

C) 17...c5 18.♕h2 Δ♖h3; ♖h1

1) 18...cxd4 19.♖h3; 19.♖xd4

2) 18...♗a4 19.f4! (19.♔b2) Δ19...♕xf4+ 20.♔b2 f6 21.♖dd3

II) 16...♕f4? 17.♖b1

A) 17...a6?

(17...c6? 18.♖f3+– läuft analog)

18.♖f3 ♕e4+ 19.♔d2 ♕e2+ 20.♔c1 ♗a4 nur jetzt nicht 21.♔b2?? (⌓21.♖b3!+–)

1) Nach 21...♕xc2?? ist 22.♔a3 wohl am stärksten, obwohl 22.♔a1 ...

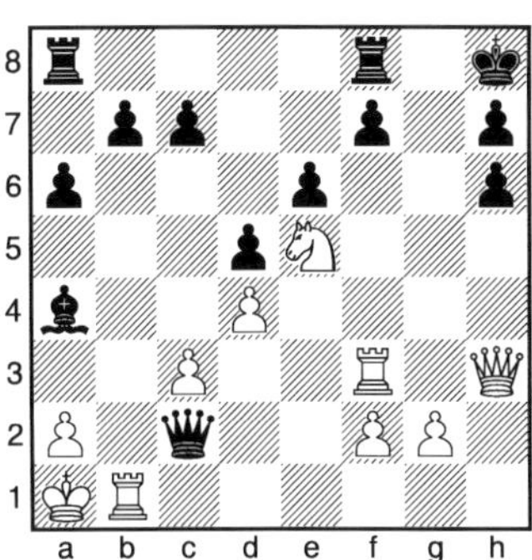

... wegen der gediegenen 'Fernopposition' der Könige einen ästhetischeren Eindruck macht.

2) 21...♗xc2! 22.♕xh6 ♗xb1+ 23.♔xb1 ♕b5+

B) 17...♗a4? 18.♖f3+– (18.♖g4 ♕f6 19.♖xb7)

1) 18...♕e4+ 19.♔f1 ♕xc2 20.♖e1 ♕d2 21.♖fe3

2) 18...♕g5 19.♘xf7+ ♖xf7 20.♖xf7 ♗xc2 21.♖a1

C) Nur mit 17...♗e8! zwecks Abschaffung des hässlichen Mattmotivs ♘xf7 ist der Nachteil auf ± einzugrenzen; z.B. 18.♕h2 (18.♘d3 Δ♖xb7)

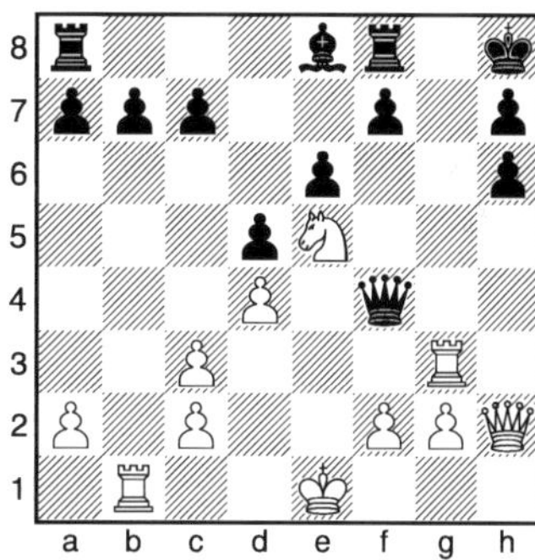

1) 18...♕f5 (18...♕f6 19.♖xb7±) 19.♕xh6 (19.♖xb7) 19...♖g8 20.♖f3 (20.♖xb7) 20...♕g5 (20...♕e4+? 21.♔d2+–; 21.♔f1) 21.♕xg5 ♖xg5 22.♖xb7 ♖xg2 23.♖xc7; 23.♘xf7+

2) 18...♕e4+

a) 19.♔d1 ♖g8 20.♖f3; 20.♖xb7

b) 19.♔f1 ♕xc2 20.♖e1 ♕d2 (20...♖g8 21.♕xh6) 21.♖f3 ♕d3+ 22.♔g1 ♖g8 23.♖xg8+ ♔xg8 24.♕xc7

III) Nur wenn Schwarz erkennt, dass sämtliche aktiven Optionen zum Nachteil führen und den passiven Rückzug 16...♕e7 wählt, bleibt Weiß nach 17.♕xh6 (17.♖b1) 17...♖g8 18.♕h4! ...

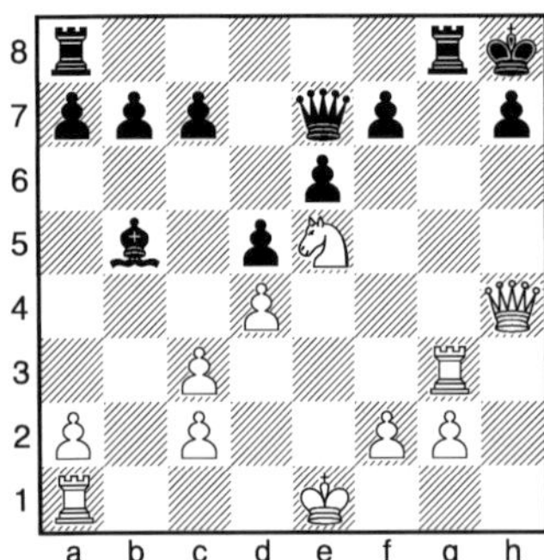

... 18...♖ae8 19.♖xg8+ ♔xg8 20.♕g4+ auf gute Kompensation eingeschränkt.

13...f6?

Die Ahnungslosigkeit beider Kontrahenten hält an. So hätte Schwarz mit dem Defensivzug 13...♗e8∓ bedeutenden Vorteil erzielen können.

14.♘f3??

Und Weiß verpasst gleich *zwei* gute Alternativen:

1) 14.♘g6+!?

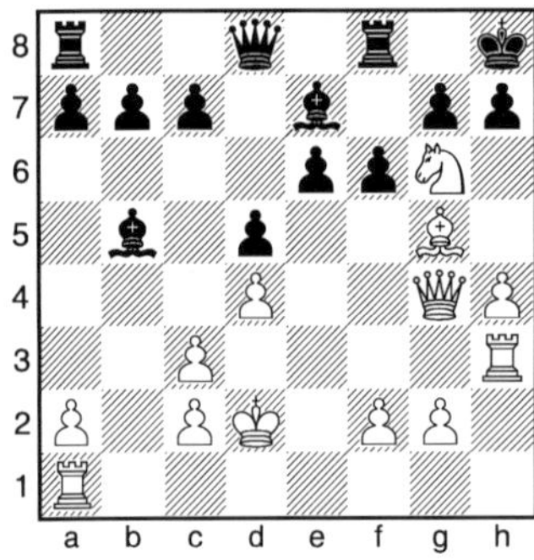

14...♔g8

(14...hxg6? 15.h5 nebst # in 5)

15.♘xf8 ♗xf8 16.♕xe6+ ♔h8 17.♗f4±

2) 14.♗h6! g6

(14...gxh6?? 15.♖g3 nebst #)

15.♘xg6+! hxg6 16.♕xg6 ♖g8 17.♕h5 ♖xg2 18.♗f8+ ♔g8

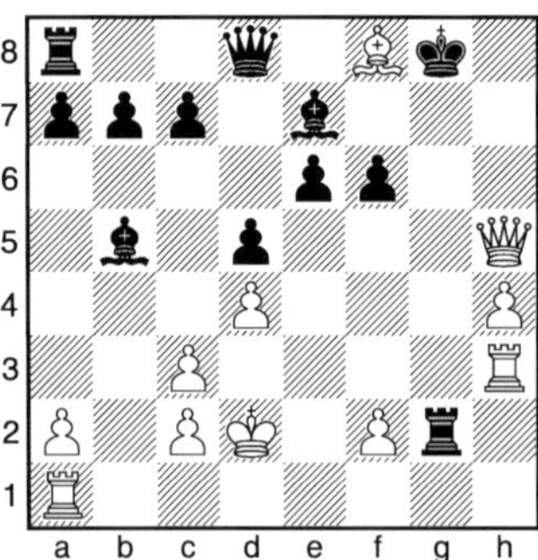

19.♖h2!+- Δ♖xh2 20.♖g1+ ♔xf8 21.♕h8+ ♔f7 22.♖g7#

Und nun bereitete **14...♗d7**−+ dem Spuk ein Ende.

66

Levy − Westerinen

Stockholm 1971

1.e4 ♘c6 2.♘f3 e6 3.d4 d5 4.♘c3 ♘f6 5.♗g5 ♗e7 6.e5 ♘e4 7.♗xe7 ♕xe7 8.a3 ♗d7 9.♕d3 f5 10.exf6 ♘xf6 11.♗e2 0−0 12.0−0 ♗e8 13.♖ae1 ♗g6 14.♕d2 ♘e4 15.♕e3 ♕f6 16.♗b5 ♘e7

Schwarz ist offenbar bemüht, die Schwächen auf der e-Linie durch Besetzung des Vorpostens auf e4 abzuschirmen. Allerdings ist dieser nicht auf Dauer haltbar und Weiß muss entscheiden, auf welche Weise er dies am effektivsten für seine Zwecke ausnutzt. Es versteht sich von selbst, dass die Kapriolen von vier putzmunteren Springern im Zentrum eine Menge taktischer Berechnungen erforderlich machen.

I) In der Partie verschenkte Weiß mit der falschen Zugfolge **17.♘e5?!** tendenziellen Gewinnvorteil und nach **17...♘f5** mit dem weiteren Fehler **18.♘xe4?** auch noch kräftigen Restvorteil, ...

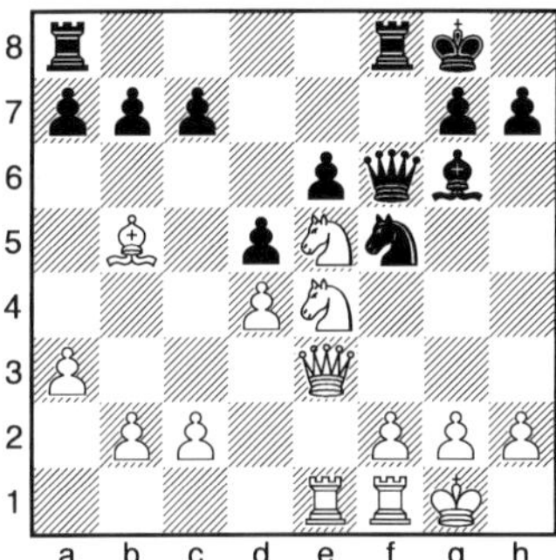

... zumal der kleine Zwischenzug **18...♕xe5!** nach der Folge **19.dxe5 ♘xe3 20.♖xe3 ♗xe4** zu völligem Ausgleich führte.

Mit 18.♕d3 hätte Weiß sich zumindest noch Vorteil in der Größenordnung ~± bewahren können; z.B. 18...c6 (18...♘h4 19.f3; 19.f4) 19.♘d7 ♕g5 20.♘xf8 (20.♖xe4? ♖fd8!∞) 20...♖xf8 21.♖xe4

- 21...♘h4? 22.♕g3 ♕xg3 23.fxg3!+−
- 23...♗xe4? 24.♖xf8+ ♖xf8 25.gxh4
- 23...dxe4 24.♗c4 ♖xf1+! 25.♔xf1 ♘f5 26.♗xe6+
- 21...dxe4 22.♘xe4 ♕e7 23.♗c4

II) Nach dem korrekten Ansatz **17.♘xe4** hätte sich folgendes Bild ergeben.

A) Ganz indiskutabel wäre **17...♗xe4?! 18.♘g5 ♘f5 19.♘xe4 dxe4 20.♕xe4** mit mehr oder weniger einfachem Gewinn in folgenden Abspielen:

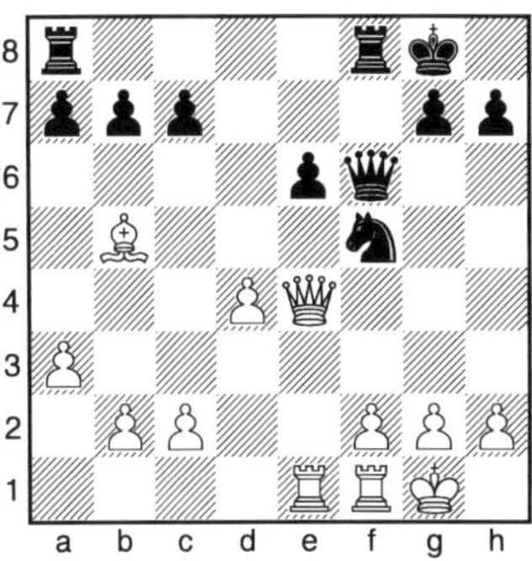

1) 20...♕xd4 21.♕xe6+; 21.♗c4

2) 20...♘xd4 21.♗d3; 21.♗c4

3) 20...♘d6 21.♕d3 ♘xb5 22.♕xb5 ♕xd4 23.♖xe6 ♖ad8 24.♖e7; 24.h3

B) 17...dxe4

1) Nun wäre 18.♘g5 nach 18...♘f5 19.♘xe4 ♕xd4 bzw. 19...♕d8 20.♕c3 ♘xd4 zunächst noch im Bereich ± angesiedelt.

2) Hingegen stünde Weiß nach 18.♘e5! eine tendenzielle Gewinnstellung in Aussicht.

a) Nach 18...♘d5 sollte die Dame mit 19.♕g3 in Königsnähe gehalten werden (19.♕b3 ♘f4); z.B. 19...c6 (19...♘f4 20.c3; ♗c4) 20.♘d7 ♕xd4 21.c3 ♕d2

- Der vermeintliche Tempogewinn 22.♖e2?! müsste nach 22...♕h6 23.♘xf8 ♖xf8 24.♗c4± und nun 24...♘f4 nebst b5 zurückerstattet werden.
- Hingegen sollte sich die Mehrqualität nach 22.♘xf8 ♖xf8 bei präzisem Spiel durchsetzen können; z.B. 23.♗c4~+− Δ♖e2; Δ23...♕xb2?! 24.♖b1+−.

b) Und nach 18...♘f5 führt der unerschrockene Schritt in den Abzug 19.♕xe4! zu ~+−.

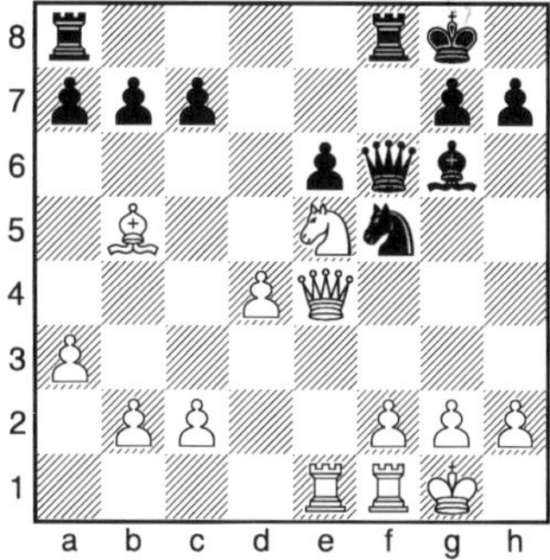

Und zwar 19...♘g3 20.fxg3 (20.♕xb7!? ♘xf1 21.♖xf1) 20...♗xe4 21.♖xf6 gxf6 22.♘d7 f5 23.♘xf8 ♔xf8 24.c3 ♔e7 nur jetzt nicht überstürzt 25.g4? (⌓z.B. 25.♗e2 Δ♗f3) wegen 25...♖g8 26.h3 h5≌.

67

Rogers – Vezzosi

Mendrisio 1989

1.e4 e6 2.d4 d5 3.♘c3 ♘f6 4.e5 ♘fd7 5.♘f3 c5 6.dxc5 ♘xc5 7.♗e2 ♘c6 8.0–0 ♗e7 9.♖e1 a6 10.♗f1 0–0 11.a3 b5 12.♘e2 ♗b7 13.♘g3 ♖c8 14.c3 ♕b6 15.♗e3 ♕c7 16.♖b1 ♘e4 17.♗f4 ♘xg3 18.hxg3 ♕b6 19.♗d3 ♖fd8

Bei diesem typischen Beispiel für eine unterversorgte Rochadestellung ist offenbar der weiße Springer 'am Zug', wobei sich die Frage stellt, ob dieser besser auf g5 aufgehoben ist oder nach einem kleinen Rückzieher auf g4. Dabei spielt offenbar auch der Zeitfaktor eine wichtige Rolle, zumal Schwarz mit dem Vorstoß d5–d4 ein beachtliches Gegenspiel in der Hinterhand hat.

1) In der Partie schlug der Springer mit **20.♘h2??** und der offenkundigen Absicht, nach ♕h5 den Neuanlauf ♘g4 folgen zu lassen, die vollkommen verkehrte Richtung ein. Diesen entsprechend kraftlosen Ansatz hätte Schwarz außer mit **20...d4 21.♕h5 g6 22.♕h6 ♗f8∞** wohl noch sicherer mit 20...g6 Δ21.♘g4 d4∞ parieren können, um die gegnerische Dame prinzipiell auf Distanz zu halten.

2) Dass ein gestandener GM auf den siegverheißenden Angriff mit **20.♘g5!** verzichtet, kann eigentlich nur daran liegen, dass er in den resultierenden Varianten etwas übersehen bzw. falsch bewertet hat. Schauen wir selbst und machen uns Gedanken, was dieses 'Etwas' gewesen sein könnte.

a) Dass die Folgen von **20...h6?** übersehen bzw. falsch bewertet wurden ist mehr als unwahrscheinlich, zumal gleich *zwei* einfache Gewinnfortsetzung um Aufmerksamkeit betteln.

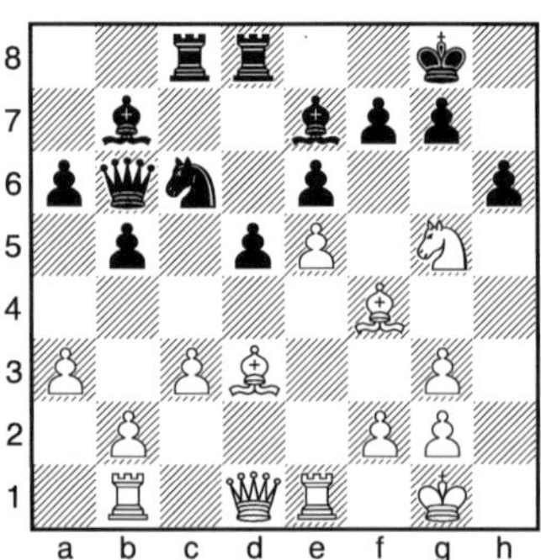

– 21.♘xe6! fxe6 22.♕g4

– 21.♘xf7!? ♔xf7 22.♕h5+ ♔f8 23.♗xh6; 23.♖e3

b) 20...g6? 21.♘xh7! d4 (21...♔xh7 22.♕h5+) 22.♕g4 Δ♗xg6. Und nach 22...♔g7 hat Weiß die Qual der Wahl – entweder einfallslos 23.♘g5 oder unnötig kompliziert 23.♕h3 oder verspielt 23.♗g5 und nach beispielsweise 23...♖h8 ...

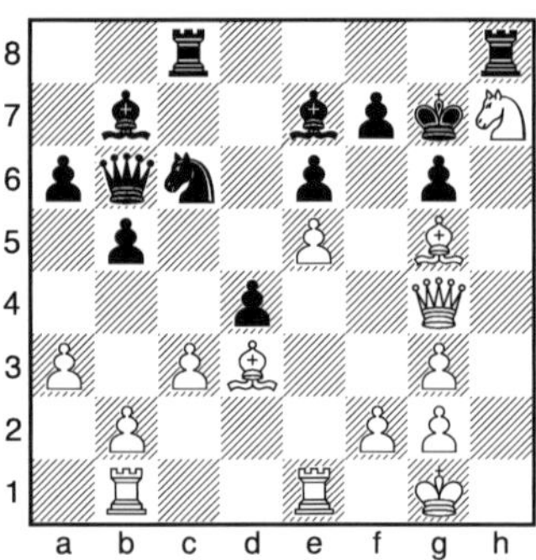

... die furiose Folge 24.♗f6+! ♗xf6 25.exf6+ ♔xh7 26.♗xg6+! fxg6 27.♕h3+ ♔g8 28.♕xe6+ ♔f8 29.♕d6+ ♔g8 30.♕d7 und das hübsche Finale 30...♕c7 31.♖e8+ ♖xe8 32.f7+ usw.

c) Und nach 20...♗xg5 21.♗xg5 ♖d7 22.♕h5 (22.♕g4) 22...g6 (22...h6 23.♗xh6!) macht allein schon die irreparable schwarzfeldrige Schwächung eine erfolgreiche Verteidigung illusorisch.

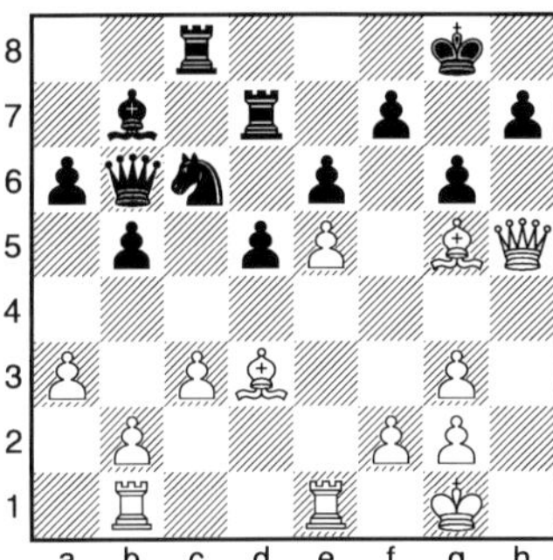

Z.B. 23.♕h4 ♕c5 24.♗f6 d4 25.g4 Δcxd4 nebst ♖e3 usw.

68

Sarapu – Aturupane

Dubai 1986

1.e4 e6 2.d4 d5 3.♘c3 ♗b4 4.e5 c5 5.dxc5 ♗xc3+ 6.bxc3 ♕c7 7.♘f3 ♘d7 8.♗e3 ♘xc5 9.♕d4 ♘d7 10.♗b5 a6 11.♗d3 ♘e7 12.0–0 ♘g6 13.♖fe1 0–0 14.♕g4

Bei der Beantwortung der Frage spielt außer den offensichtlichen Fesselungsmotiven auf der Diagonale h2–b8 speziell die latente Bedrohung der Punkte h7 und g7 eine wichtige Rolle.

In der Partie vergab Schwarz mit der Wahl **14...♘gxe5?** ...

(14...♕xc3?? 15.♗xg6 hxg6 16.♗d4+– Δ♘g5; ♖e3)

... jegliche Chance auf Eröffnungsvorteil, denn danach stand Weiß eine Ausrede zur Verfügung, die mit 14...♘dxe5 15.♘xe5 ♘xe5 hätte vermieden werden können (siehe Partiefolge – Anmerkung zum 16.Zug).

15.♘xe5?

Die besagte 'Ausrede' bestand in 15.♗xh7+! ♔xh7 16.♘g5+ ♔g8 (16...♔g6?? 17.♕g3+–) 17.♕h3 ♘f6 18.♗f4 ...

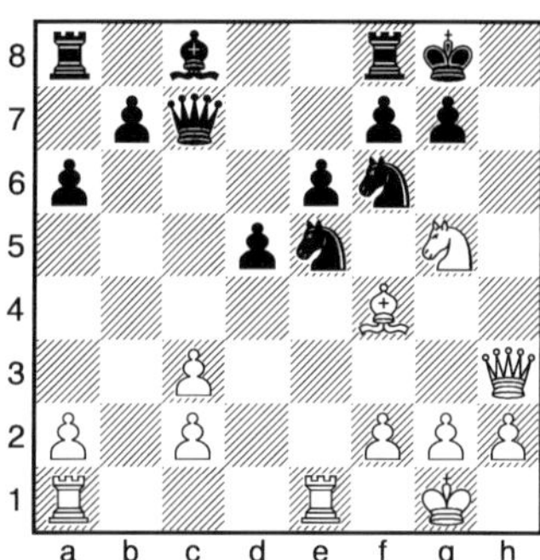

... wonach nunmehr *Schwarz* die Ausrede 18...♕c4! 19.♗xe5 ♕g4∞ hätte finden müssen, um das Gleichgewicht zu wahren.

15...♘xe5 16.♕f4?

Nach diesem weiteren Fehler (♘xd3 geschieht später mit Angriff auf die Dame) wächst der schwarze Vorteil aus dem Minimalbereich heraus. Korrekt war 16.♕g3 ♕xc3 17.♗f4, wonach die Abzugsdrohung ♗xh7+ die Möglichkeiten wie folgt eingeschränkt hätte:

1) 17...♘g6

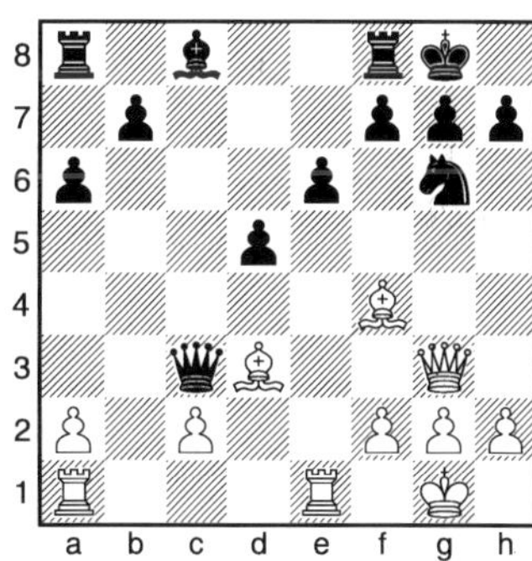

a) 18.♗xg6 ♕xg3 19.♗xf7+ (19.♗xh7+?? ♔xh7–+) 19...♖xf7 (19...♔xf7!?) 20.♗xg3/hxg3 ♗d7

b) 18.♗d6 ♖e8 (18...♖d8 19.h4 ♕c6) 19.♗xg6 ♕xg3 20.♗xf7+ ♔xf7 21.♗xg3/hxg3 ♗d7

c) 18.h4 Δ18...f5 19.♗d6 ♖f7 20.h5 ♘e7 21.♗e5

2) 17...♘xd3

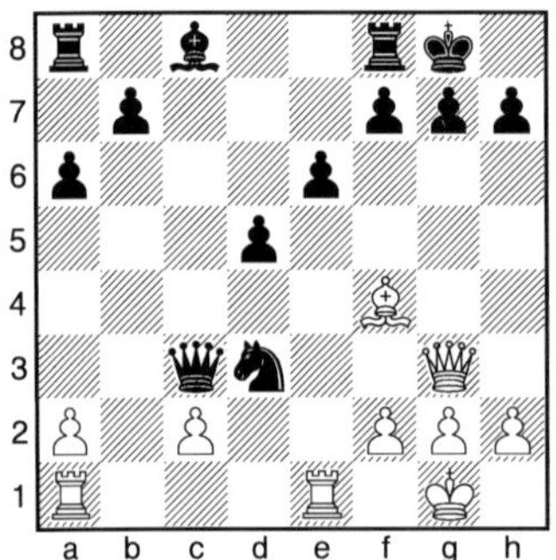

18.♗e5! (18.cxd3?! f6∓) 18...♛xe5 19.♖xe5 ♘xe5 20.♕xe5 ♗d7

16...♛xc3 17.♗d4 ♘xd3 18.cxd3 ♛xd3?!

Da dieser weitere Bauerngewinn dem Gegner den Turmeinsatz auf der dritten Reihe gestattet, war 18...♛b4!± viel besser.

19.♖e3 ♛f5

Diese Notbremse ist erzwungen, denn nach 19...♛c4?? 20.♕f6! oder 19...♛c2?? 20.♗xg7 ♔xg7 21.♖g3+ kann Weiß auf mehr oder weniger spektakuläre Art gewinnen.

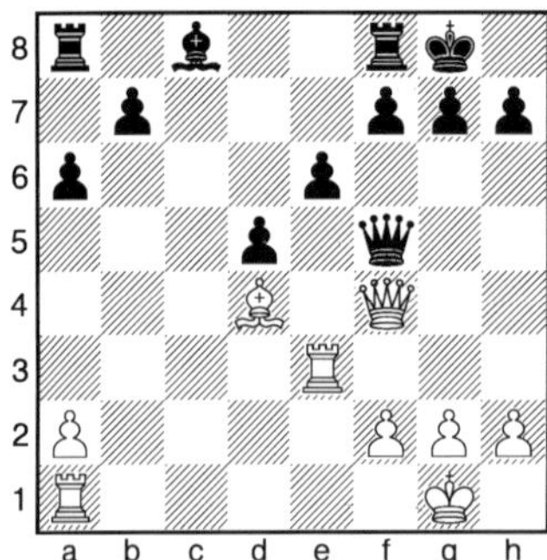

20.♕d6?

Weiß verpasst die Rettungschance 20.♕c7 e5∓ (20...f6 21.♖g3) und nun 21.♖xe5 ♛d3 22.♖xd5 ♗e6 oder vielleicht etwas besser 21.♗xe5 ♛d7 usw.

Denn nach dem fehlerhaften Textzug hätte Schwarz mit 20...f6 Δ21.♖c1 e5! 22.♗xe5 ♗d7! eine tendenzielle Gewinnstellung erreichen können.

69

Wang – Pitam

Jerewan 1996

1.e4 e6 2.d4 d5 3.♘d2 ♘f6 4.e5 ♘fd7 5.♗d3 c5 6.c3 ♘c6 7.♘e2 cxd4 8.cxd4 f6 9.exf6 ♘xf6 10.0–0 ♗d6 11.♘f3 ♛e7 12.♗g5 0–0 13.♘c3 a6 14.♖c1 ♛f7 15.♘a4 ♛h5 16.♗xf6 ♖xf6 17.h3

Durch den Einsatz des f–Bauernhebels und den Flügelwechsel der Dame hat Schwarz sich typisches Druckspiel am Königsflügel verschafft. Allerdings war Weiß nicht untätig und droht am Damenflügel nicht nur die Felderschwächen b6 und c5 auszunutzen, sondern hat außerdem ein Auge darauf, dass die Überlastung des Bauern b7 eventuell den Einschlag auf a6 gestattet. Bei der Wahl der angebrachten Reaktion sollte Schwarz sich u.a. daran orientieren, dass die eigentlich überflüssige Schutzmaßnahme 17.h3 (⌓17.♗e2! Δ17...♖xf3?? 18.g3+–) ja auch zu einer Schwächung geführt hat.

I) In der Partie fügte Schwarz sich mit **17...♗d7?** in sein positionelles Schicksal, den weißfeldrigen Läufer und somit den sicheren Bewacher des rückständigen Bauern auf e6 preiszugeben. Obwohl sich auch danach interessante Analyseansätze bieten, wollen wir diese nur streifen und uns stattdessen auf die Suche nach besseren Alternativen konzentrieren.

18.♘b6 ♖d8

18...♖xf3? 19.♗e2!+–

19.♘xd7±

19.♗xa6!?

19...♖xd7

19...♖xf3!?

20.♗xa6

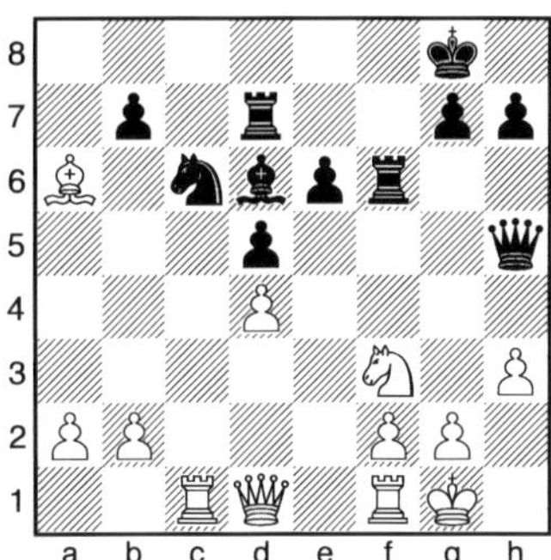

20...♘xd4?

⌓20...♖df7! Δ21.♗xb7 ♖xf3! bzw. 21.♗b5 ♖g6!

21.♖c8+ ~+−

II) Den stärksten Eindruck macht selbstverständlich der Befreiungszug **17...e5!**, weil sich der 'sichere Bewacher des rückständigen Bauern auf e6' angesichts der Opfermöglichkeit auf h3 schlagartig in einen gefährlichen Angreifer verwandelt.

Mit 17...♗f4?! 18.♖c3 ♖b8 19.♗c2± wird der weiße Turm nur auf ein besseres Feld getrieben, aber sofort 17...♖b8!? Δ18.♗xa6 e5!⩱ kommt infrage.

A) Nach **18.dxe5? ♘xe5∓** erhält Schwarz gewaltigen Angriff; z.B. **19.♗e2 ♘g6! 20.♘h2**

1) Nun wäre 20...♗xh2+? allerdings überstürzt, weil der weiße König sich in der Folge scheinbar selbstmörderische Ausflüge erlauben kann, die sich jedoch als vollkommen harmlos herausstellen; und zwar 21.♔xh2 ♕e5+ 22.g3 ♘f4! 23.♘c3 ♗xh3 24.gxf4 ♕xf4+ 25.♔xh3 ♖h6+ 26.♗h5

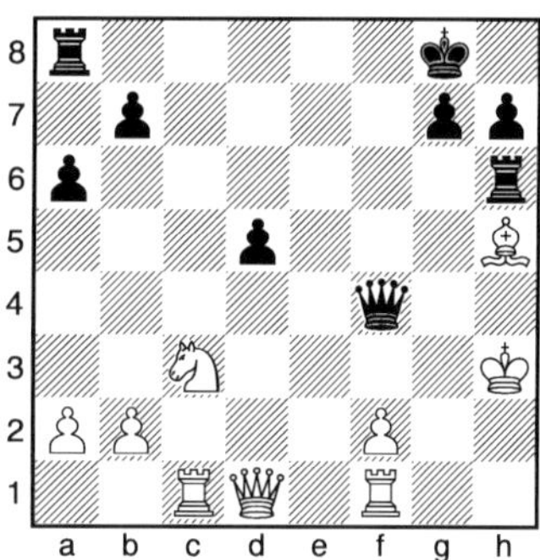

a) Nach 26...♕f7? 27.♔g2 ♖xh5 28.♘e2∓ Δ♘g3 wendet sich das Blatt sogar zu weißen Gunsten.

b) 26...♕f5+ 27.♔h4 g6 28.♕xd5+ ♕xd5 29.♘xd5 ♖xh5+ 30.♔g3 ♖g5+ 31.♔h3 ♖xd5 32.♖c7⩱ u.a. Δ♖e1−e7

2) Nach dem stillen Zug 20...♕g5! kann Schwarz hingegen großen Vorteil nachweisen, wie aus folgenden Varianten hervorgeht:

a) 21.♘g4 ♗xg4 22.♗xg4 (22.hxg4 ♖af8−+) 22...h5 23.♗xh5 ♘f4 24.♗g4

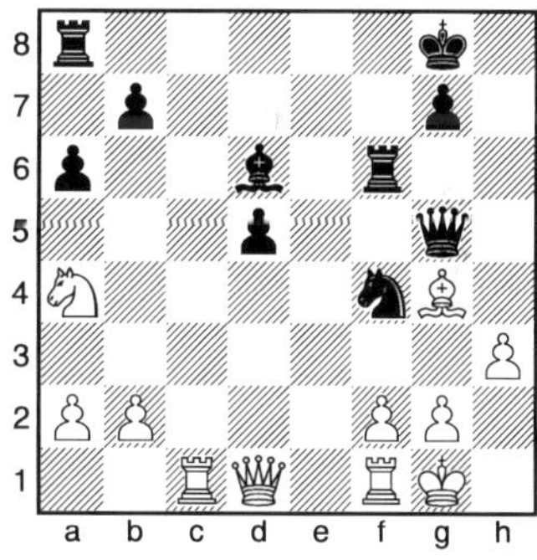

24...♘xg2!−+ 25.♘b6 (25.♔xg2? ♕f4) 25...♘f4 26.♔h1 und nun scheint jeder der Züge 27...♖h6, 27...♖d8, 27...♖e8 oder auch 27...♖af8 zum Sieg zu reichen.

b) 21.♗g4 ♗xg4 22.♕xg4

(22.♘xg4 ♖f7−+; 22.hxg4 ♗xh2+ 23.♔xh2 ♘f4−+)

22...♕e5 23.g3 h5 24.♕d1 ♖af8 25.♖c3 ♘f4 (25...d4 26.♖f3 b5) 26.gxf4 ♖xf4

27.♖g5 ♖xf2 28.♖xf2 ♖xf2 29.♘f1 ♖xf1+ (29...♖f6!? Δ♕f4) 30.♔xf1 ♕xg3 31.♕xd5+ ♔f8 32.♕f5+ ♔e7 mit kräftigem Vorteil in einem technisch schwierigen Endspiel.

B) Hingegen bleibt das Spiel nach **18.♘xe5** und der starken Antwort **18...♕g5!** ausgewogen; z.B. **19.f4**

19.♘f3? ♕h6!∓ Δ♗xh3; 19.♕b3!?∞

19....♖xf4 20.♘f3∞ ♕h5 (20...♕g3 21.♕e1) **21.♘b6**

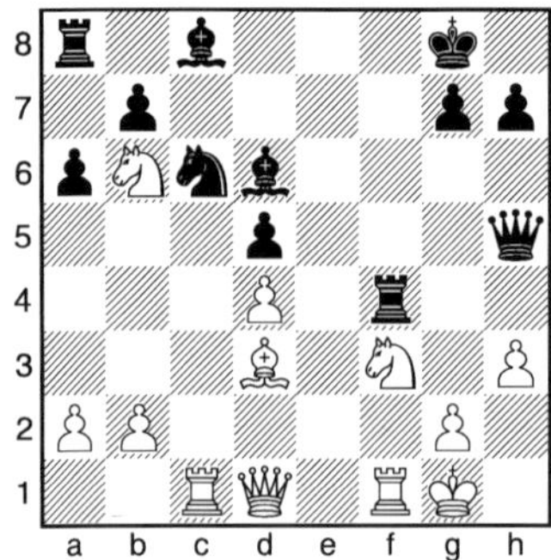

21...♗xh3 22.♘xa8 ♗xg2 23.♔xg2 ♕g4+ 24.♔f2 ♘xd4⩱

70

Arzumanian – Ljukin

Marganets 1999

1.e4 e6 2.d4 d5 3.♘d2 ♘f6 4.e5 ♘fd7 5.c3 c5 6.♗d3 ♘c6 7.♘e2 cxd4 8.cxd4 f6 9.exf6 ♕xf6 10.♘f3 h6 11.♘c3 ♗d6 12.♗e3 0–0 13.♖c1 ♖d8 14.h4 ♕f7 15.g4

Angesichts des letzten weißen Zuges ist man versucht, sich die Augen zu reiben und sich zu fragen „Träum ich oder wach ich?" – Denn tatsächlich scheint der weiße 'Bauernsturm' bei unblockiertem Zentrum und eigenem König in der Mitte aus einer ganz anderen Welt zu stammen – und zwar vor allem, wenn man ihn von einem angehenden *Großmeister* geboten bekommt.

In der Partie befolgte Schwarz mit **15...e5!** einfach den Leitsatz, dass ein Flügelangriff am besten im Zentrum gekontert wird.

Zwei Alternativen führen zu nichts Greifbarem, wobei aus diesen allerdings hervorgeht, dass der weiße 'Bauernsturm' nicht nur den eventuellen Vorstoß g4–g5 ermöglicht, sondern u.U. auch das Figurenopfer ♘g5.

1) 15...♘b6 16.g5∞ 16...♖f8 17.♗e2 Δ17...h5 18.g6!

2) 15...♖f8 16.♘g5! (16.♗e2) Δ16...hxg5 17.hxg5⩲ und nun scheint 17...♕e7 18.♗g6 die sicherere Option zu sein, weil einen nach 17...g6 18.♖h6 ♘e7 ...

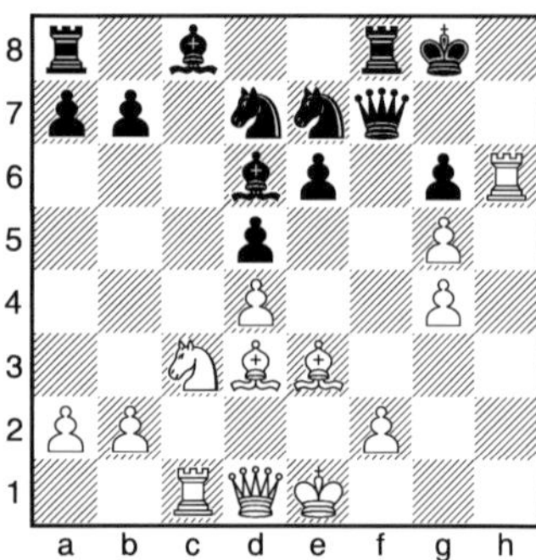

... vor allem angesichts der Möglichkeit 19.♔d2!? Δ♕h1 mulmige Gefühle beschleichen; z.B. 19...♕g7 20.♕e2 Δ♖ch1; 19...♕f3 20.♗e2; 19...♘b6 20.♕e2 Δ♖ch1.

16.♘xd5?

Vermutlich war diese Thematisierung der taktischen Umstände auf der Diagonale a2–g8 bereits im Vorfeld als 'Bestrafungsaktion' geplant. Allerdings weist sie zu viele taktische Löcher auf. Hier ein Überblick über die Alternativen:

1) 16.dxe5?? ♘dxe5–+ 17.♘xe5 ♗xe5

2) 16.♗e2? exd4 17.♘xd4 ♘xd4 18.♗xd4 (18.♕xd4? ♗e5~–+) 18...♗f4! 19.♗e3 (19.♖c2 ♘e5∓) 19...♘e5

a) 20.♘b5? a6

- 21.♖c7? ♘f3+ 22.♗xf3 ♗xc7−+
- 21.♘c7? ♘xg4−+
- 21.♘d4 ♖f8~−+

b) 20.♕d4 ♗xe3 21.fxe3 (21.♕xe3? ♖e8−+) 21...♘c6 22.♕f4 ♕xf4 23.exf4 d4∓

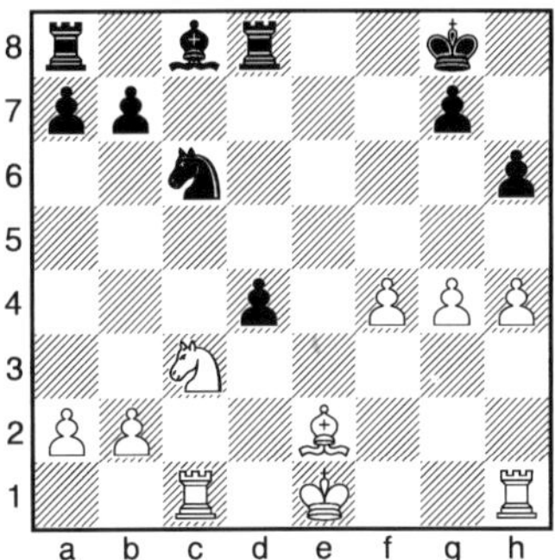

Und nach dem Damentausch behält Weiß gewisse Überlebenschancen, wenn er beispielsweise mit 24.♘b1 d3 25.♗d1 auf einen geordneten Rückzug setzt.

3) 16.g5! exd4 17.♘xd4 ♘xd4 18.♗xd4 ♘e5

(18...♘c5 19.gxh6∞; 18...♗f4 19.♖c2∞)

19.♗e2 ♗f5 20.♘b5 ♗b8 21.gxh6 a6

- 22.♘c3?? ♕e6−+
- 22.♘a3 ♕g6∓; ♖e8
- 22.♖g1 g6 23.♘a3 ♕e7∓; 23...♘c3? ♕e7∓

16...♘b6?!

Mit diesem Fehlgriff verschenkt Schwarz einen Gutteil seines Vorteils, der nach 16...exd4 wie folgt zum Gewinn geführt hätte:

1) Zunächst entscheidet nach 17.♗xd4 ♘f8 oder 17.♘xd4 ♘de5 jeweils die Öffnung der Diagonale c8−h3.

Und in den beiden anderen Abspielen kann Weiß auf höchst unbefriedigende Art die gegnerische Dame 'gewinnen'.

2) 17.♘g5 hxg5

(17...♕e8!? Δ18.♗c4 ♔h8 siehe 3)

18.♗c4 ♘de5 19.♘xe7+ ♗xe7 20.♗xf7+ ♔xf7−+

3) 17.♗c4 ♔h8 Δ18.♘g5 ♕e8 19.♕c2 ♘f8

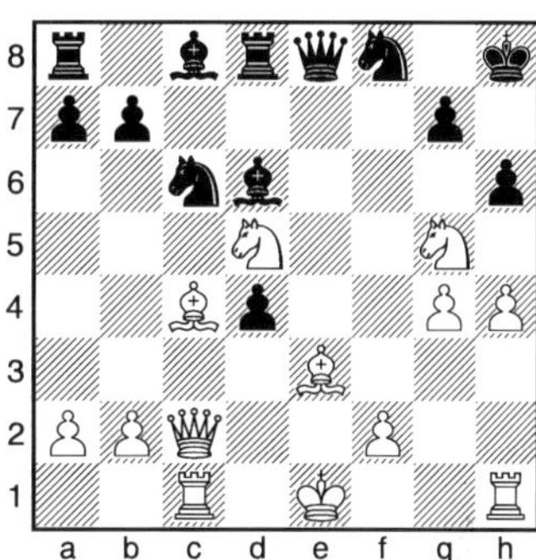

20.♘c7 ♗xc7 21.♘f7+ ♕xf7 22.♗xf7 dxe3 23.fxe3 und nach 23...♗a5+ oder 23...♗xg4 landet Weiß in einer Art Stellung, wie man sie nach dem Vorstoß g2−g4 eigentlich erwartet hat.

17.♘xb6

17.dxe5 ♘xd5 18.exd6

1) 18...♘xe3?! 19.fxe3 ♖xd6 20.0−0 ♕e7 21.♕b3+ ♔h8 22.♗b1 ♗xg4 23.♕c2 ♕xe3+ und nach 24.♕f2 ist der schwarze Vorteil noch nicht über ∓ hinaus.

2) 18...♖xd6 19.♘g5 hxg5 20.hxg5 g6 21.♗e4 ♕e6 22.♖xc6

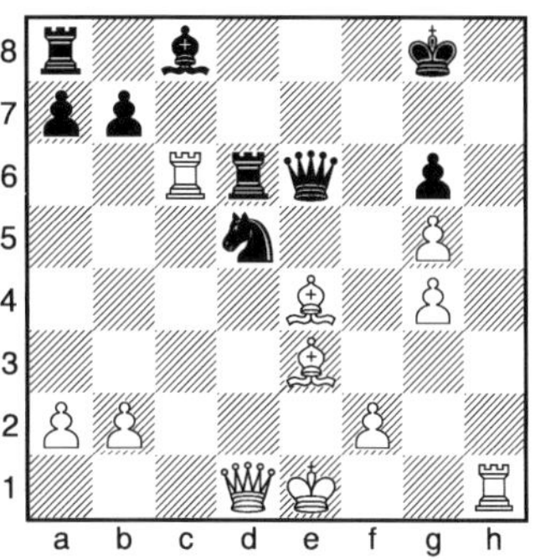

Hier muss Schwarz auf der Hut sein, denn nach 22...bxc6?? 23.♕d4 könnte er von Glück sagen, noch über die Rettung 23...♘f6∞ zu verfügen.

Und nach der korrekten Folge 22...♕xe4 rettet 23.♖h8+! nur scheinbar, weil Weiß nach 23... ♔xh8 24.♕d4+ ♕xd4 25.♗xd4+ ♔h7 26.♖xd6 ♘b4 letztlich doch verloren ist.

17...axb6 18.d5?!

⌓18.♗c4 ♗e6 19.♗xe6 ♕xe6∓; 19...♗b4+ 20.♔f1 ♕xe6

18...♘b4

Weniger stark ist 18...♗b4+ 19.♘d2 ♖xd5

(19...♘d4 20.♗e4 ♖xa2∓)

20.♗c4 ♗e6 21.♗xd5 ♗xd5∓, obwohl der weiße Königsflügel nach 22.♖h3 ♘d4 oder 22.0–0 ♘d4 immer noch einen grauenvollen Anblick bietet.

19.♗e4 ♘xd5 20.♕b3?!

Offenbar hat Weiß sich mit dem Verlust abgefunden, sonst hätte er noch 20.0–0 versucht und gehofft, dem Gegner nach der naheliegenden Antwort 20...♘f6 (⌓♗e6–+) mit 21.♖xc8! ♖axc8 22.♗f5 die Sache so schwer wie möglich zu machen.

20...♗e6–+

71

Sarbok – Schilow

Deutschland 2000

1.e4 e6 2.d4 d5 3.♘d2 ♘f6 4.e5 ♘fd7 5.♗d3 c5 6.c3 ♘c6 7.♘e2 cxd4 8.cxd4 f6 9.exf6 ♕xf6 10.♘f3 h6 11.♗b1 ♗d6 12.♕d3 ♘f8 13.a3 ♗d7 14.b4 0–0–0 15.b5 ♘e7

Nachdem Schwarz im Vorfeld den Befreiungszug 12...e5!∞ ausgelassen und stattdessen umständlich die lange Rochade vorbereitet und ausgeführt hat, muss er sich nun mit einer suspekten Königs- und einer allgemein unharmonischen Figurenstellung herumschlagen. Allerdings muss Weiß energisch vorgehen und darf dem Gegner nicht die nötige Zeit schenken, um den König zu sichern, die Figurenstellung zu harmonisieren und den Vorstoß e6–e5 womöglich doch noch nachholen bzw. Gegenspiel am Königsflügel einleiten zu können.

Mit dem schwarzfeldrig angelegten Bauernopferangebot **16.♘e5!** traf Weiß den Nagel auf den Kopf.

– Auch nach dem trockenen positionellen Herangehen 16.a4!? Δ♗a3 liegt der Vorteil deutlich im Bereich ±; z.B. 16...♔b8 17.♗a3 ♗xa3 18.♕xa3 ♗e8 usw.

– Hingegen wäre der Vorteil nach dem zu behäbigen Ansatz 16.0–0? und der Folge 16...♘fg6 17.♗b2 ♔b8 ...

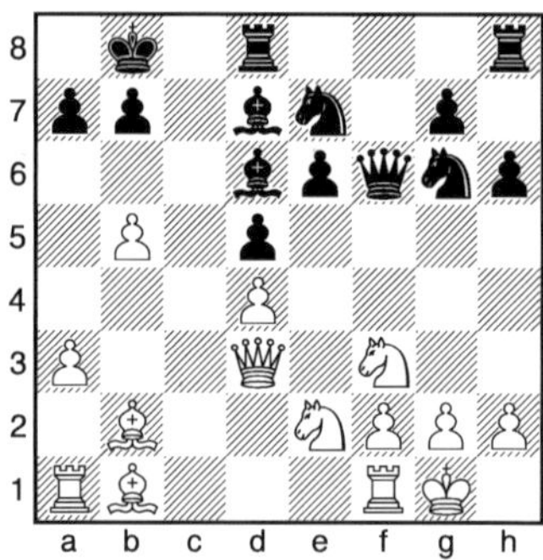

... Δe5 bzw. ♖he8 nebst e5 noch gar nicht weit aus dem Minimalbereich heraus.

16...♗xe5

Ein solch mächtiger Zentrumsspringer kann auf Dauer nicht ‘umspielt’ werden. So führen auf alle sinnvollen Alternativen wie 16...♗e8; 16...♔b8 oder 16...g5 die Züge 17.0–0, 17.a4 oder 17.f4 zu kräftig ±, und nur nach 16...♘f5 wäre 17.0–0?! wegen 17...♘xd4 zweifelhaft.

17.dxe5 ♕xe5 18.♖a2?!

Nach diesem unnötigen Sicherungszug geht allerdings ein Gutteil des tendenziellen Gewinnvorteils wieder verloren, der mit 18.0–0! nachzuweisen war, wie aus folgenden Abspielen hervorgeht:

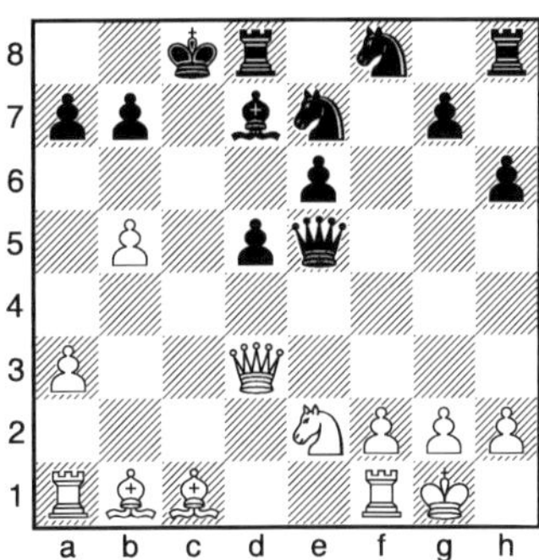

1) Dass 18...♕xa1? an 19.♕c2+ ♔b8 20.♗b2+– scheitert, war eigentlich nicht so schwer zu sehen.

2) Besser wäre 18...♘fg6 mit der möglichen Folge19.f4 (19.♗e3) 19...♕f6

(19...♕c7/♕d6 20.a4~+–)

20.♗e3 (20.♕b3) 20...♔b8

(20...♕b2?! 21.b6+–; 21.♗d4)

21.♗d4 ♕f7 22.a4~+–

Und nachdem Schwarz seine Figurenstellung mit **18...♘fg6** halbwegs harmonisieren konnte, ...

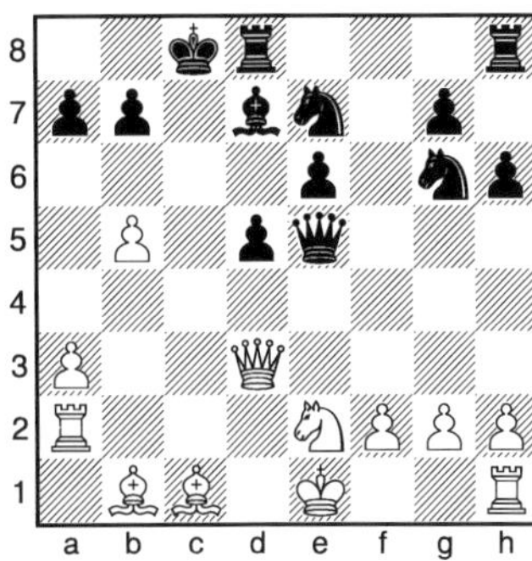

... hätten außer dem Textzug **19.h4** auch die Alternativen 19.f4 oder 19.0–0 nicht wirklich deutlich aus dem Minimalbereich herausgeführt.

72

Krieger – Hübner

Deutschland 1975

1.e4 e6 2.d4 d5 3.♘d2 ♘c6 4.♘gf3 ♘f6 5.e5 ♘d7 6.♗e2 b6 7.0–0 ♗b7 8.♖e1 ♕e7 9.b3 0–0–0 10.a4 f6 11.♗b5 ♕f7 12.c3 ♖e8 13.a5 fxe5 14.axb6 axb6 15.dxe5 ♗e7 16.b4 ♖ef8 17.♖e2 ♕g6 18.♔h1

Der 'sidestep' des Königs war nicht nur überflüssig (⌓18.♗xc6 ♗xc6 19.♘d4+– Δ19...♗b7 20.♖a7; 20.♘2b3), sondern außerdem funktioniert auch die beabsichtigte Prophylaxe überhaupt nicht, denn sollte Weiß den ♘d2 bewegen, würde Schwarz natürlich trotzdem das Qualitätsopfer auf f3 anbringen.

Entsprechend hätte ein EKG des Schwarzspielers an dieser Stelle sicherlich einen Freudensprung verzeichnet, zumal dem Statisten in seinem Ensemble (dem 'französischen Läufer', der in der Fianchetto-Stellung zwar auf andere Weise, aber immer noch *schlecht* stand), ganz plötzlich und unverhofft die Hauptrolle winkt.

Und mit entsprechendem Nachdruck wurde vermutlich dessen Befreiungszug **18...d4!** ausgeführt, worauf Weiß mit **19.♕a4** wenigstens noch Chancengleichheit sicherstellte.

I) Zu diesem Resultat hätte auch **19.♗b2 dxc3 20.♗xc3 ♖f4∞** geführt – bzw. **19.♗xc6 ♗xc6** mit den Abspielen 20.cxd4 ♗xb4; 20...♖f4 bzw. 20.b5 Δ20...♗xb5? (20...♗d5∞) 21.♘xd4 ♗xe2 22.♕xe2 ♘b8 23.♘2b3±; 23.♘e4; 23.h3.

II) Klar nachteilig wäre hingegen die Alternative **19.cxd4 ♘xd4** mit folgenden Varianten:

A) 20.♗xd7+ ♔xd7

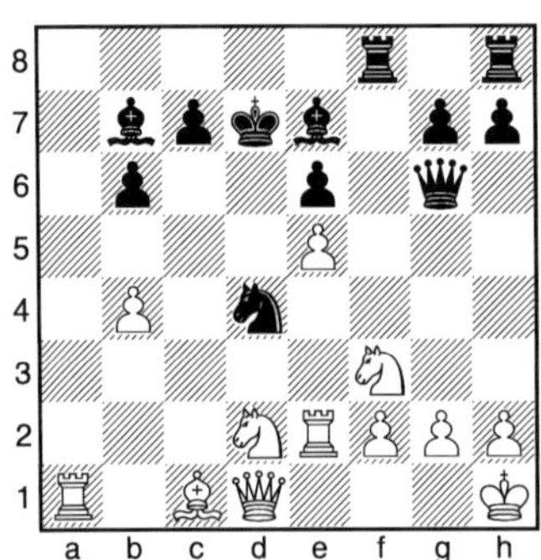

1) 21.♖e3? ♔c8−+

2) 21.♘e4? ♗xe4~−+ 22.♖d2 (22.♕xd4+ ♗d5)

a) 22…♖xf3?? 23.♖xd4+ ♔c8 24.gxf3 ♗b7⩲

b) 22…♔c8 23.♖xd4 ♗b7; 23…♖d8!?

3) 21.♘b3 ♖xf3 22.♗e3 ♖a8!∓

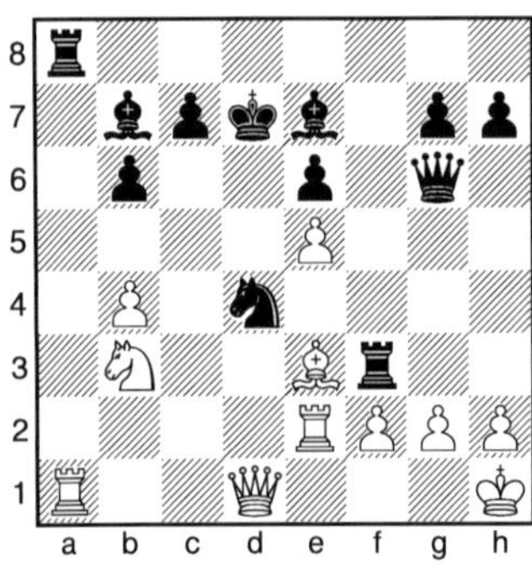

a) 23.♕xd4+? ♗d5−+ 24.♕d1 (24.♖xa8? ♖xe3) 24…♖xa1 25.♘xa1 ♖f4 26.f3 ♖xb4

b) 23.♖xa8 ♖f8! 24.f4 ♖xa8 25.♘xd4 ♔c8

c) 23.♖xd4 ♖xa1 24.♕xa1 ♖f8 25.♕a4+ ♔c8 26.f3 ♕d3 Δ27.♖e1 ♕c3

B) 20.♗a6

1) 20…♘xe2? 21.♕xe2 ♘b8 22.♗xb7+ ♔xb7 23.♘c4⩲ (23.♘e4) 23…♗xb4 24.a2

2) 20…♕c2!!

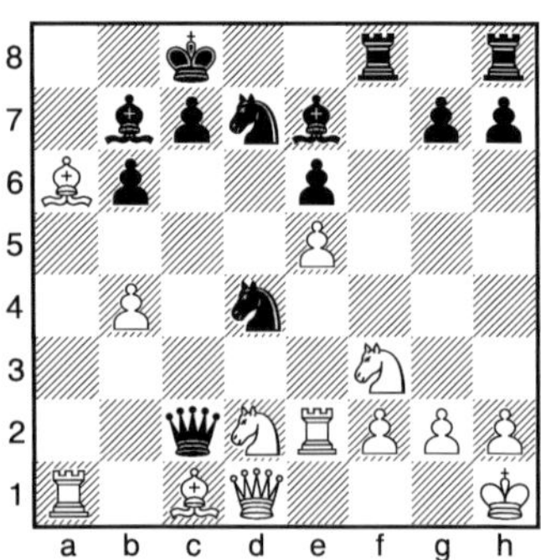

a) 21.♗xb7+ ♔xb7 22.♕xc2 ♘xc2 23.♖b1 ♘xb4∓

b) 21.♕f1 ♘xe2 22.♕xe2 ♕c6∓

Die Partie nahm folgenden weiteren Verlauf: **19…♘db8 20.♗b2 dxc3 21.♗xc3 ♖f4 22.♖g1??** (⌓22.♗c4∞) **22…♖hf8?** (⌓22…♘xb4−+) **23.♖e3?**

23.♗c4! ♖xc4! 24.♘xc4

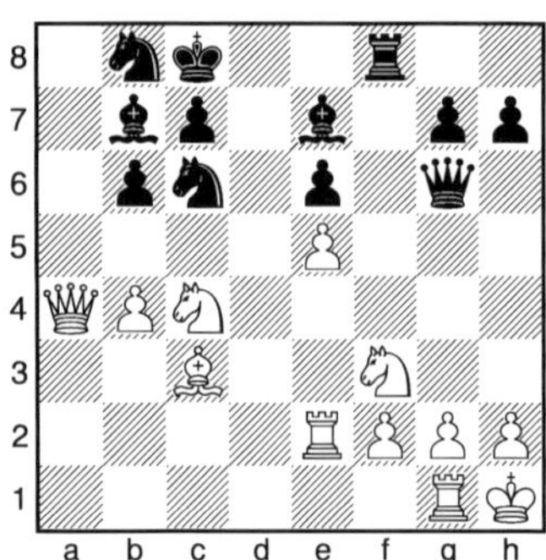

1) 24…♕d3? 25.♘d6+! cxd6 26.♖e3⩲

2) 24…b5! 25.♕xb5 ♗a6 26.♕a4 ♗xc4 27.♖e3 ♗d5 28.b5 ♘d8∓

23…♘xb4−+

73
Popov – Minev
Sofia 1959

1.e4 e6 2.d4 d5 3.♘c3 ♘f6 4.♗g5 ♗b4 5.e5 h6 6.♗e3 ♘fd7 7.♕g4 ♗f8 8.f4 g6 9.♗d3 h5 10.♕h3 c5 11.♘f3 ♕b6 12.0–0–0 c4

Zu dem Zertrümmerungsopfer **13.♗xg6!** – und zwar nach dem Motto 'Besser zu spät als nie', weil er dies nämlich bereits zwei Züge früher versäumt bzw. aus unerfindlichen Gründen verschmäht hatte.

(11.♗xg6!+–

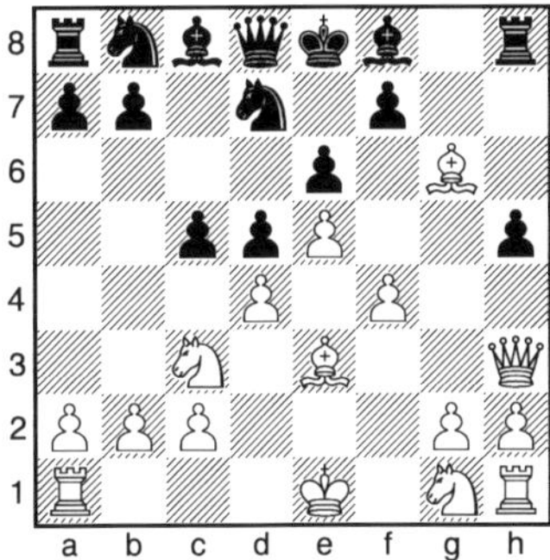

– 11...♘xe5 12.fxe5 fxg6 13.♘ge2; 13.♘f3; 13.dxc5

– 11...♕b6 12.♗xf7+! ♔xf7 13.♘f3)

Zwar führt die nachträgliche Version zu keinem direkten Mattangriff, wohl jedoch zu einer für Schwarz ebenso undankbaren wie hoffnungslosen Verteidigungsaufgabe.

– In der Partie war 13.♗e2? immer noch für ± gut, weil Schwarz ja durch den Vorstoß des c–Bauern jegliches Gegenspiel ad acta gelegt hat, so dass Weiß jede Menge Zeit für einen geordneten Neuanlauf zur Verfügung steht.

– Und der alternative Opferansatz 13.♗xc4?? dxc4 verdient die zwei Fragezeichen übrigens nicht etwa, weil er verlieren würde, sondern weil dabei nach 14.♘g5 bzw. 14.♖he1 Δd5 nicht mehr als 'ausgezeichnete Kompensation' herauskommen würde.

Hier ein Blick auf die Varianten nach **13...fxg6**:

1) 14.♘h4

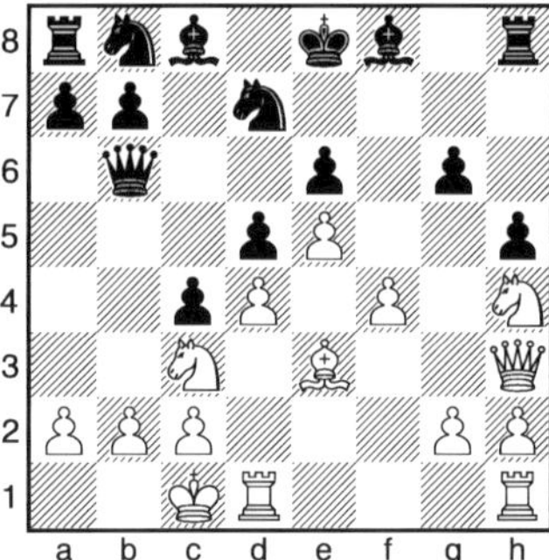

a) 14...♖g8 15.♘xg6 ♖xg6 16.♕xh5 ♔f7 17.f5

b) 14...♔f7 15.♘xg6 (15.♖hf1) 15...♔xg6 16.f5+

2) 14.♕g3

a) 14...♔f7 15.♘g5+ ♔e7

(15...♔e8 16.♘ge4; 15...♔g8 16.f5)

16.♘ge4 ♔f7 17.f5!

b) 14...♖g8 15.f5 Δ15...exf5 16.♘xd5 und nach beispielsweise 16...♕a5 ...

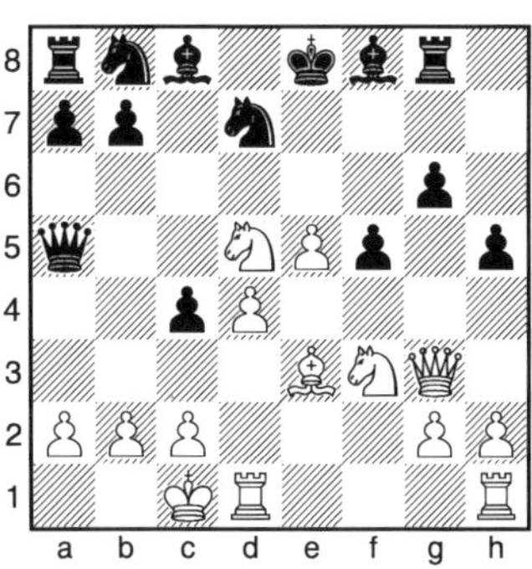

... sorgt 17.♘f6+! ♘xf6 18.exf6 für die nötige Linienöffnung, um dem unrochierten König mit ♖he1 usw. auf den Pelz zu rücken.

74

Negele – Borngässer

Wittlich 1980

1.e4 e6 2.d4 d5 3.♘c3 ♘f6 4.♗g5 ♗b4 5.e5 h6 6.♗d2 ♗xc3 7.bxc3 ♘e4 8.♗c1 c5 9.♗d3 ♘xc3 10.♕g4 g6 11.♗xg6

Und apropos 'Läuferopfer auf g6': Während der eine Maestro sich quasi selbst unter Folter nicht dazu durchringen kann, schüttelt der andere es leichtfertig aus dem Ärmel, obwohl es vollkommen inkorrekt ist.

1) Wie beispielsweise im gegebenen Fall, wo **11...fxg6 12.♕xg6+ ♔d7 13.♕g7+ ♔c6**-+ dem Spuk ein ebenso rasches wie deutliches Ende bereitet hätte.

2) Übrigens scheitert **11...♖g8??** offenbar an **12.♗xf7+ ♔xf7 13.♕f3+ ♔e8 14.♕xc3**, wonach Weiß zumindest über soliden Minimalvorteil verfügt.

3) In der Partie bildete der Verzicht auf die Annahme stattdessen den Auftakt zu einer wahren Komödie der Irrungen und Wirrungen, die nicht mehr vieler Worte bedarf. Oder zutreffender gesagt: zu deren Verlauf einem einfach die Worte fehlen.

11...cxd4?? 12.♗h5± (12.♗d3!?) **12...♘c6 13.♕g7?** (⌓13.♘f3; 13.♘e2)

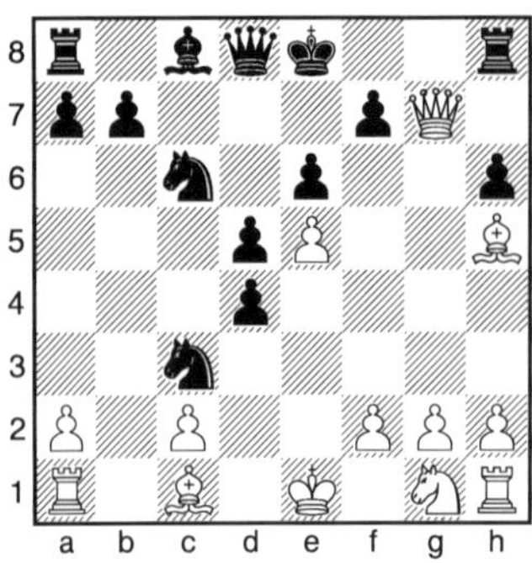

13...♔d7!!

Die Idee der Königsflucht war dem Schwarzen prinzipiell also doch bekannt!

14.♗xf7?

⌓14.♕xf7+ ♕e7 15.♕xe7+ ♔xe7∞

14...♔c7??

Damit (statt 14...♕f8∓) wird selbige Idee jedoch übertrieben.

15.♗g8+?

(15.♗xe6? ♔b6∞; 15.♗a3±)

15...♗d7 16.♕xh8?? (16.♗xe6 ♖e8⩳)

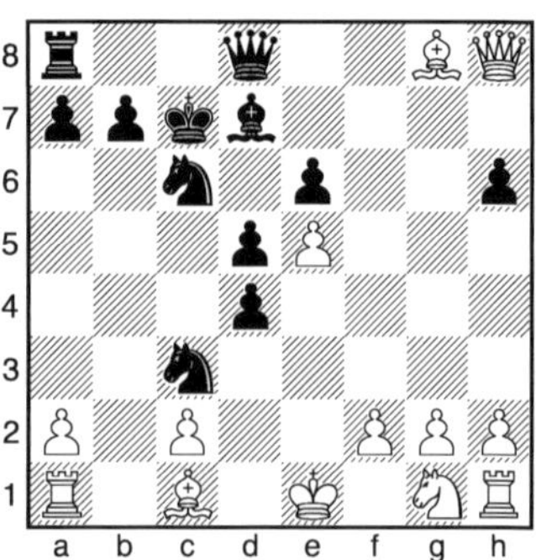

16...♕h4??

Offenbar hat Schwarz die Ereignisse am Damenflügel abgehakt; 16...♘b4–+ Δ17.♕h7 ♕xg8.

17.♗a3?? (17.♕h7∞; 17.♔f1) **17...♕e4+** –+ **18.♔f1 ♘xe5** (⌓18...♘e7! Δ♗b5+) **19.♕h7 ♖xg8 20.♕xg8? ♗b5+ 21.♘e2 ♕xe2+ 22.♔g1 ♕f1+**

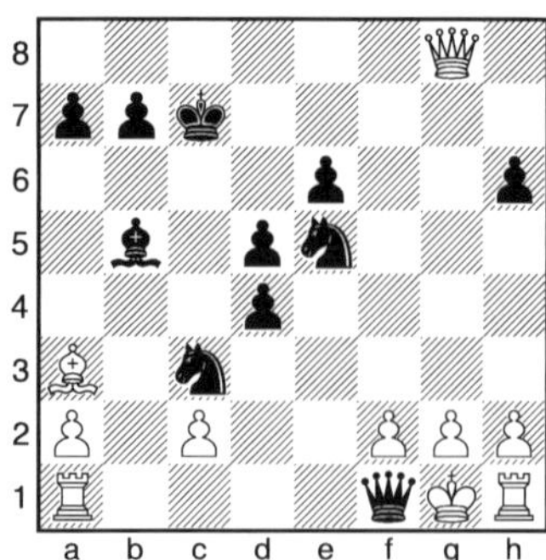

Wahrlich ein würdiges Ende für eine nicht gerade fehlerarme Partie – und gewissermaßen auch ein Fall von schachlicher Gerechtigkeit, weil Schwarz ja eigentlich schon zehn Züge früher eine Gewinnstellung hätte erreichen können.

75

Pollock – Harvey

Belfast 1886

1.e4 e6 2.d4 d5 3.♘c3 ♘f6 4.♗g5 ♗e7 5.♗xf6 ♗xf6 6.e5 ♗e7 7.♕g4 g6 8.0–0–0 c5 9.♗b5+ ♗d7 10.♗xd7+ ♘xd7 11.♘f3 ♕b6 12.♖he1 c4 13.♕f4 h6 14.h4 a5 15.a4 ♕b4

Hätte Weiß korrekt vorhergesehen, dass der Vorstoß des a-Bauern allem Anschein zum Trotze zu verantworten ist, hätte dieser sogar ein Rufzeichen verdient. Da jedoch aus der Folge hervorgeht, dass dies nicht der Fall war, wäre nachträglich ein Fragezeichen für 'Glücksspielerei' angebracht.

Und Glücksspielerei darf Weiß sich bestimmt nicht erlauben, denn obwohl all seine Kräfte gegen den unrochierten König tadellos zentralisiert sind, bietet sich selbst auf längere Sicht keinerlei Ansatzpunkt für einen effektiven Angriff; z.B. 16.♘xd5?? exd5 17.e6 fxe6 18.♖xe6 ♘f8+.

I) In der Partie überließ Weiß den a-Bauern mit **16.♖e3??** seinem Schicksal – wohl aufgrund gewisser Halluzinationen, denen sein Gegner sich mit **16...♖c8??** doch tatsächlich anschloss.

Bei diesen Hirngespinsten kann es sich nach 16...♘b6 eigentlich nur um den Gegenangriff 17.♘b5 gehandelt haben, dem Schwarz mit 17...♔d7 Δ18.b3 ♖ac8 Beachtung schenken könnte – oder mit 17...♘xa4! auch nicht, denn nach 18.♘c7+ ♔d7 19.♘xa8 ♕xb2+ (19...♖xa8) 20.♔d2 ♗b4+ 21.♔e2 ♕xc2+ 22.♖d2 ...

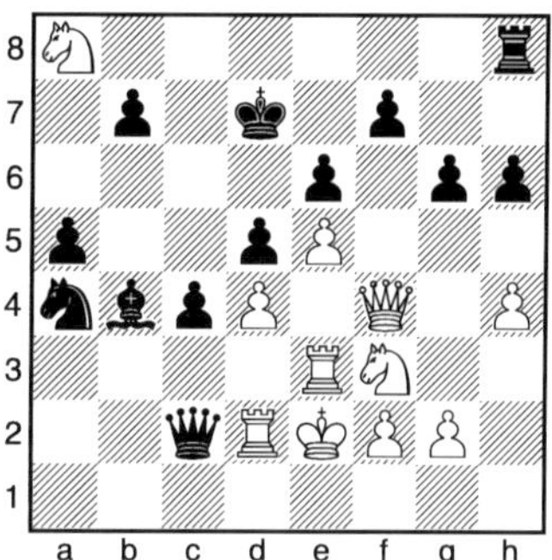

... würde 22...♕f5 jeglichen Hoffnungen auf Gegenspiel ein Ende bereiten.

Dank dieser gegnerischen Unterlassungssünde konnte Weiß mit **17.♔d2! ♘b6 18.♖a1∞** dann doch noch die rettende Idee aufs Brett bringen – oder genauer gesagt: *eine* der rettenden Ideen.

II) Denn tatsächlich gab es zu dem 'Nummer sicher'-Ansatz **16.♔d2 ♘b6 17.♖a1** als wesentlich couragiertere Alternative den Gegenangriff **16.♘b5!?**, der nach **16...♖c8 17.c3! ♕xa4 18.♘d6+ ♗xd6 19.exd6** zu der dringend nötigen Linienöffnung gegen den schwarzen König geführt hätte. Und nach beispielsweise **19...b5** hätte **20.♕g4!** (mit der unmissverständlichen Drohung ♖xe6+) folgende unterhaltsame Varianten nach sich ziehen können:

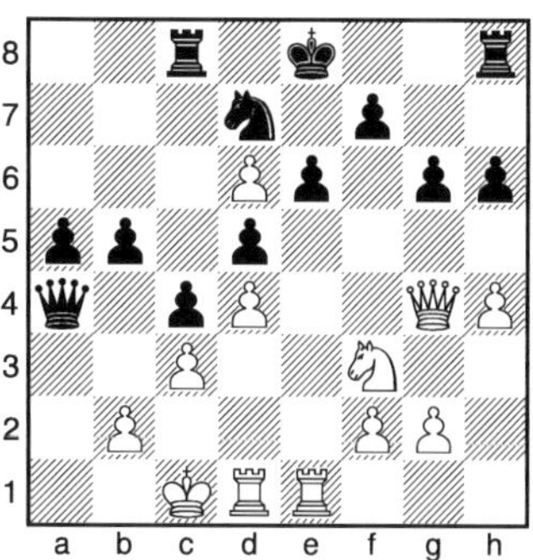

A) Mit **20...♖b8** räumt Schwarz seinem König das Fluchtfeld c8, aber nach

21.♖xe6+ fxe6 22.♕xe6+ ♔d8 23.♘e5 b4 24.♔d2!! gelangt auch der weiße König in Sicherheit, wonach die Kompensation uneingeschränkt gültig bleibt.

B) 20...0–0 21.♖xe6 (Δ♖xg6+)

1) 21...♔h7?? 22.♖e7+– Δ22...♘f6 23.♕e6

2) 21...♔g7 22.♖xg6+! (22.h5) 22...fxg6 23.♕xd7+ ♔h8 24.♖e1! (Δ♕xc8!; Δ♖e7) 24...cd8 25.♕c6⩲

3) 21...♔h8 22.♖e7 Δ22...b4?? (⌓22...♘f6 23.♕f4 ♔g7 24.g4!∞ Δg5) 23.♕xd7 ♕a1+ 24.♔d2 ♕xb2+

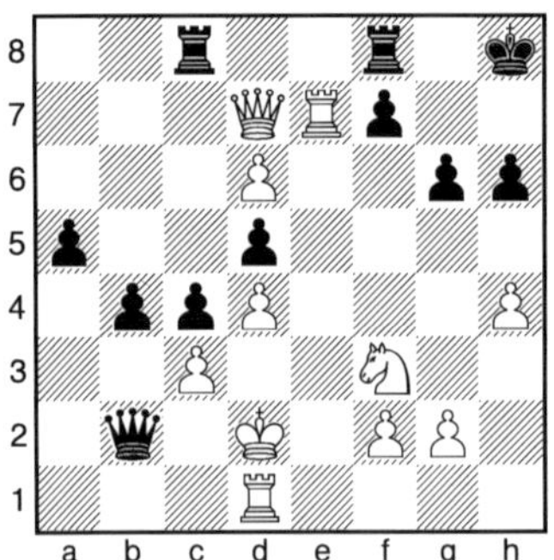

25.♔e3!

(Nach 25.♔e1?? bxc3 26.♖xf7 ♖xf7 27.♕xf7 c2 müsste Weiß sich mit 28.♕f6+ ins Dauerschach retten.)

a) 25...♕xc3+ 26.♔e2 (26.♔f4!?) 26...♕c2+ 27.♔e1

b) 25...♕c2 26.♖e1 ♕xc3+ 27.♔f4

c) 25...bxc3 26.♘e5 c2 27.♘xf7+ ♖xf7 28.♕xc8+ ♔g7 29.♖xf7+ ♔xf7 30.♕d7+ ♔f8 31.♕e7+ ♔g8 32.♖e1 c1♕+ 33.♖xc1 ♕xc1+ 34.♔f3 ♕c3+ 35.♔g4 ♕xd4+ 36.♔g3 ♕c3+ 37.♔h2

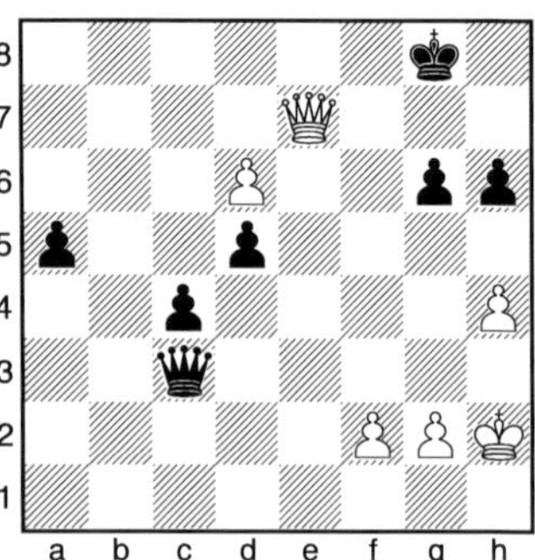

Und nach seiner ereignisreichen Odyssee hat der König endlich das Feld erreicht, auf dem er womöglich von Anfang an besser aufgehoben gewesen wäre.

76

Lein – Ritvin

Philadelphia 2000

1.e4 e6 2.d4 d5 3.♘c3 ♗b4 4.e5 c5 5.a3 ♗xc3+ 6.bxc3 ♘e7 7.♕g4 0–0 8.♘f3 ♘bc6 9.♗d3 f5 10.exf6 ♖xf6 11.♘e5 cxd4 12.cxd4 ♕a5+ 13.♗d2 ♕a4 14.♕h3

Womöglich war das klassische Vorbild dem Weißspieler bei **14...♕xd4??** in Vergessenheit geraten oder er glaubte fest daran, es besser zu machen.

Wie auch immer, hätte seiner Stellung nach 14...♘f5 15.c3∞ nichts gefehlt.

Nun ist der sofortige Einschlag **15.♕xh7+** de facto am stärksten, aber da er größeren Rechenaufwand mit sich bringt, hätte Weiß wohl am besten sogleich mit 15.♘xc6 im Stil der ‘Unsterblichen Partie’ fortgesetzt.

1) Nach 15...♕xa1+ 16.♔e2 ...

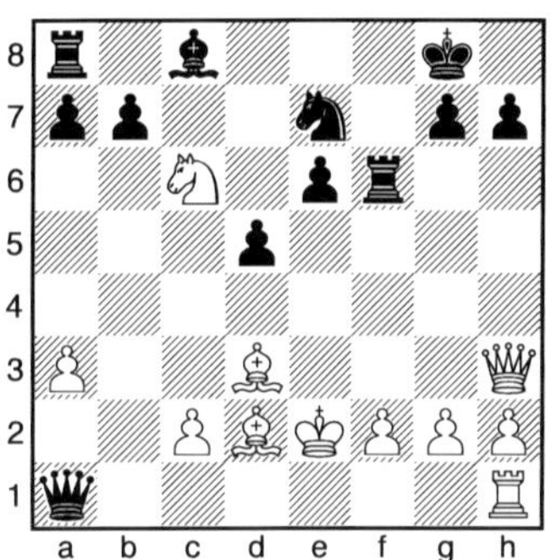

a) ... würde 16...♕xh1? 17.♕xh7+ ♔f7 18.♘e5+ bzw. 17...♔f8 18.♕h8+ ♘g8 19.♗b4+ zum Matt führen.

b) Und nach der Ausflucht 16...♖xf2+ 17.♔xf2 ♕f6+ 18.♔e2+– bliebe es wegen der Drohung 19.♕xh7+ ♔f8 20.♕h8+ ♘g8 21.♖f1 bei der weißen Mehrfigur.

2) Und nach 15...bxc6 16.♕xh7+ ♔f7 17.0–0 wäre selbst die beste Defensive mit 17...♗a6 nach 18.♗g5, 18.♖ab1 oder 18.♕h5+ zum Scheitern verurteilt.

15...♔f8 16.♕h8+ ♘g8 17.♘xc6 ♕xf2+

Hier würde 17...♕xa1+? 18.♔e2 ♕b2 (18...♕xh1? 19.♗b4+ nebst #) originell mit 19.♗b4+ ♔f7 20.♘d8+ widerlegt.

18.♔d1 bxc6

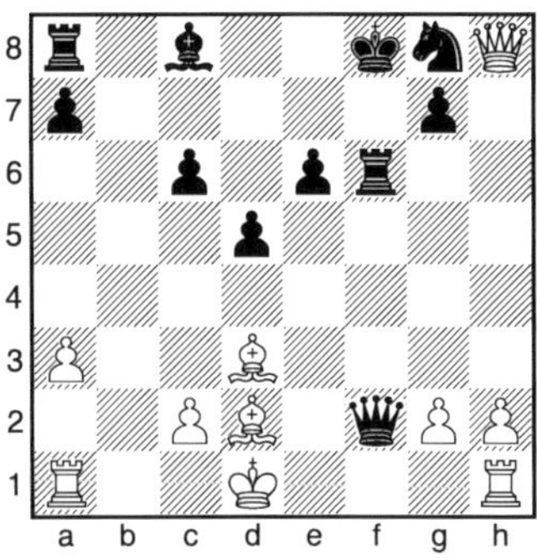

19.♗h7?!

Stärker war 19.♖b1 Δ19...♕xg2 20.♖e1 bzw. 19...e5 20.♗h7 usw.

19...♕xg2! 20.♖e1

Nach 20.♕xg8?? ♔e7 Δ♗b7 stünde plötzlich *Weiß* auf Verlust.

Und nach **20...♔e7 21.♗xg8** hätte 21...♗a6 die weiße Aufgabe maximal erschwert.

77

Travkina – Bivol

Kolomna 2016

1.e4 e6 2.d4 d5 3.♘c3 ♘f6 4.♗g5 ♗e7 5.e5 ♘fd7 6.h4 c5 7.♘f3 ♘c6 8.♗b5 cxd4 9.♘xd4

1) In der Partie ließ Schwarz sich nach **9...♘xd4? 10.♕xd4** mit **10...♗xg5 11.hxg5 ♕xg5** lieber den Bauern auf g5 schmecken, aber nach **12.f4!** (statt 12.♔f1?! a6 13.f4 ♕e7~∓) hätte Weiß ausreichende Kompensation gehabt.

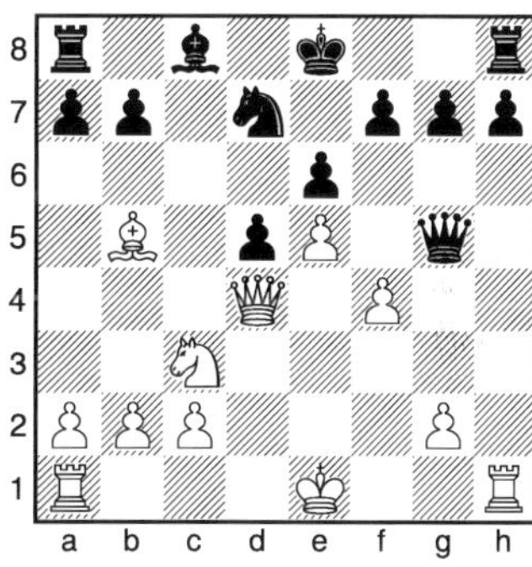

a) So wäre nach **12...♕xg2??** (⌓12...♕e7∞; 12...♕d8) **13.0–0–0** Δ♖dg1 die schwarze Dame nicht mehr zu retten.

b) Und auch nach **12...♕g3+ 13.♔d2!** Δ♘e2 wäre bedeutender Nachteil nicht zu vermeiden: z.B. **13...a6 14.♘e2 ♕g4** (14...♕xg2? 15.♗d3+– Δ♖ag1) **15.♗d3±** mit der Hauptdrohung g3 nebst ♖h4.

2) Auch die Schlagversion **9...♘dxe5?** ist weniger gut, weil nach **10.f4** der man–

gelhaft gedeckte Springer auf ♘c6 unter Druck gerät, was folgende Variante nach sich ziehen könnte: **10...a6 11.♗a4 b5 Δ12.♘cxb5?** (⌓12.fxe5 ♘xd4∞) **12...axb5 13.♗xb5 ♗d7** (13...♕a5+!? 14.c3 ♗a6) **14.fxe5 ♘xe5∓**

3) Hingegen läuft **9...♘cxe5!** nach **10.f4** (10.♕e2 0–0) **10...a6**

10...♘c4? 11.♗xc4 dxc4 12.♕e2± Δ0–0–0

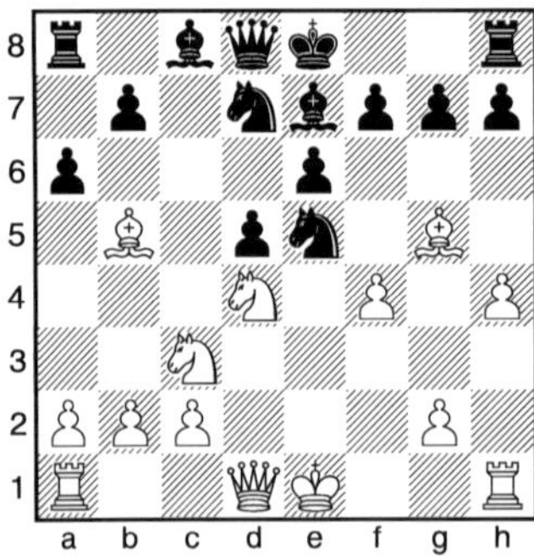

... **11.♗xd7+ ♘xd7; 11.♗e2 ♘c6; 11.fxe5 axb5** auf ∓ hinaus, während **11.♗a4? ♘c4** sogar zu –+ führen würde.

78

Kraai – Gontcharov

Dos Hermanas (Blitz) 2004

1.e4 e6 2.d4 d5 3.♘c3 ♗b4 4.e5 c5 5.a3 ♗xc3+ 6.bxc3 ♘e7 7.♕g4 0–0 8.♘f3 f5 9.exf6 ♖xf6 10.♕h5 h6 11.♗d3 c4 12.♗e2 ♘bc6 13.0–0 ♗d7 14.♘e5 ♖f5 15.♕g4 ♘xe5 16.dxe5 ♔h7 17.f4 ♕a5 18.♕h3 ♖af8 19.a4 ♘g6 20.♗g4 ♖5f7 21.♕g3

Zwar hat Weiß die eindeutig schlechtere Bauernstruktur und ist schlechter entwickelt, aber andererseits verfügt er über ein agiles Läuferpaar. Und dessen Einsatz über die Randfelder h5 und a3 muss geklärt werden, bevor man sich für den Bauerngewinn auf e5 entscheidet.

Wenn überhaupt, so kann Schwarz höchstens nach **21...♘xe5!** auf etwas Vorteil hoffen.

In der Partie konnte Weiß nach dem Rückzug 21...♘e7?! mit 22.♗a3 alle Missstände seiner Stellung beheben und somit das Gleichgewicht sichern.

22.♗h5

1) 22...g6 23.♗a3 gxh5 24.♗xf8 ♘g4⩱ Δ25.h3?

– ⌓25.♗b4 ♕b6+ 26.♔h1 ♘e3

– 25.f5!? Δ25...♖f8 26.h3

25...♕b6+ 26.♔h1 ♘e3 27.♖fb1 ♘f5

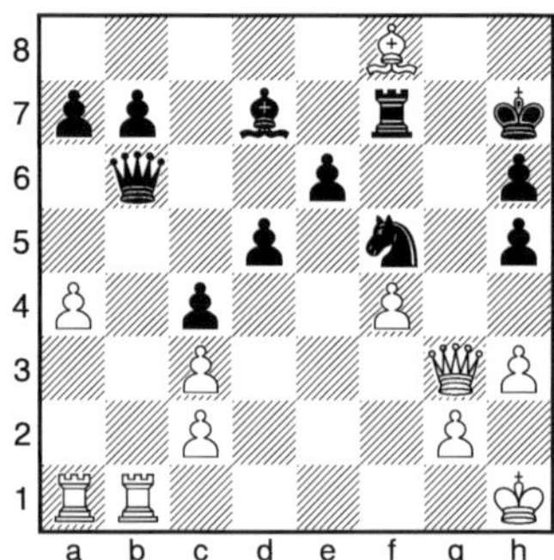

28.♕e1

Denn nach 28.♕f3? ♕c7 29.♗a3 ♗c6 hat Schwarz eine tendenzielle positionelle Gewinnstellung.

28...♕c7 29.♕e5! (29.♗a3?! h4∓) **29...♕xe5** (29...♕c8!?) **30.fxe5 ♗c6 31.♗c5 d4!∓**

2) 22...♖f5 23.♗a3 ♖g8 24.♕h3 ♘c6

24...g6 25.♗e2 ♘c6∓

25.g4 ♖xh5 26.gxh5 ♕xa4

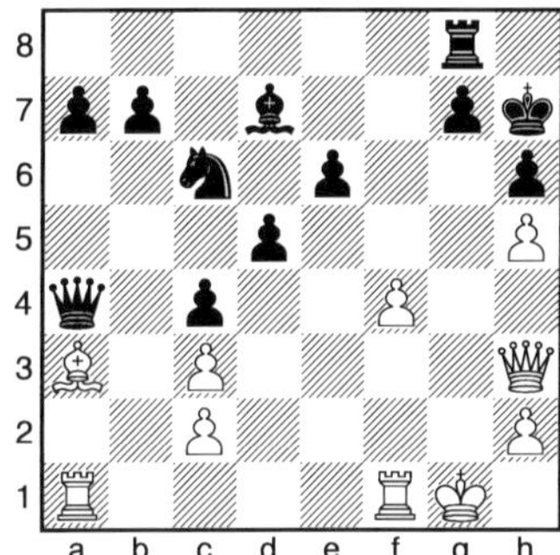

Nach dem Verlust des a-Bauern ist klar, dass Weiß sich äußerst aktiv und präzise verteidigen muss, da im Falle einer Spielberuhigung u.a. auch Bewegung in die schwarzen Bauern am Damenflügel kommen könnte.

a) Die Ansätze **27.♖fc1?! ♕a5∓** und **27.♖f2?! ♕a5∓** sind minderwertig, denn selbst wenn nach **28.♕e3** (28.♗b2 ♕d8) **28.♘e7 29.♗b2 ♕d8 30.♕xa7 ♘f5 31.♕xb7 ♗e8** die besagten Bauern am Damenflügel verlorengehen, so können andererseits sämtliche schwarzen Figuren ideale Posten beziehen.

b) ⌓27.♕g2 ♕a5

- 28.♗b4?! ♕b6+ 29.♕f2 ♕d8∓
- 28.♕f3 ♕d8∓; 28...g6!?

79

Sedlak - Stojanovic

Valjevo 2000

1.e4 e6 2.d4 d5 3.♘c3 ♘f6 4.e5 ♘fd7 5.f4 c5 6.♘f3 cxd4 7.♘xd4 ♕b6 8.♗e3

In der Partie verwarf Schwarz den normalen Entwicklungszug 8...♘c6∞ und vergriff sich stattdessen mit **8...♕xb2??** an einem Bauern, von dem ja aus der sogar nach ihm benannten 'Poisoned Pawn Variation' bekannt ist, dass er nun einmal *vergiftet* ist.

Dies mag entweder daran gelegen haben, dass er sich dachte 'Im klassischen Franzosen herrschen doch ganz andere Rahmenbedingungen als im Najdorf-Sizilianer!' - oder aber daran, dass er in der Folge eine taktische Kleinigkeit übersehen hatte. Für letztere Vermutung spricht die Tatsache, dass selbige Kleinigkeit auch seinem Gegner entging.

9.♘db5

Schwächer ist 9.♘cb5?!, weil der Vorteilsnachweis nach 9...♕b4+ weitgehend *positionell* geführt werden müsste; und zwar 10.♗d2! (10.c3? ♕a5 11.f5±) 10...♕c5 11.♖b1 mit der Absicht ♗b4 und zunächst nur tendenzieller Gewinnstellung.

9...♕b4

Nach 9...♗b4? 10.♗d2 ginge sogar die Dame verloren.

10.♕d2??

An dieser Stelle übersahen beide Kontrahenten, dass nach 10.♘c7+! ♔d8 11.♗d2! ...

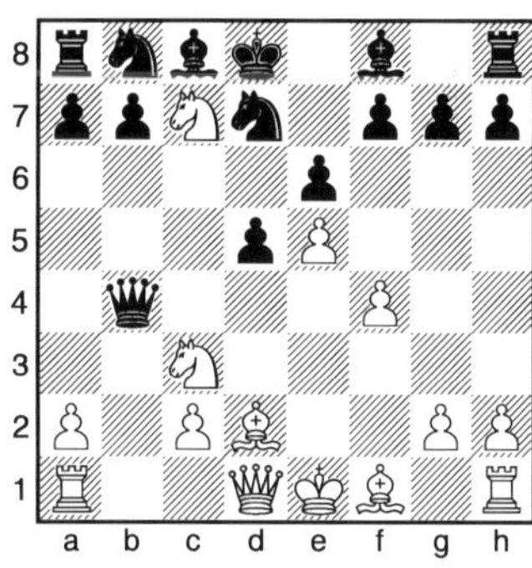

... beide Springer auf die ein oder andere Weise *gedeckt* sind.

10...♕a5 11.♘xd5 ♕xd2+ 12.♔xd2 exd5 13.♘c7+ ♔d8 14.♘xa8 b6∞

80

Wach – Weinzettl

Wien 1999

1.e4 e6 2.d4 d5 3.♘c3 ♘f6 4.e5 ♘fd7 5.f4 c5 6.♘f3 ♕b6 7.dxc5 ♘xc5 8.a3 ♗d7 9.♗e3

Und apropos ‘vergifteter Bauer b2’: Tatsächlich trifft dies nicht immer zu, wie beispielsweise im gegebenen Fall. Allerdings gibt es auch hier eine taktische Kleinigkeit, die Schwarz präzise vorhersehen muss, bevor er sich auf b2 bedient.

9...♕xb2!

Strenggenommen ist Schwarz sogar zu diesem Bauernraub gezwungen, weil er nämlich nach beispielsweise 9...a5? 10.♗e2 (oder einfach 10.♖b1) Δ10...♕xb2 11.0–0! Δ11...♕xc3 12.♗d4 ♕xa1 13.♕xa1 bedeutend schlechter stünde.

10.♘b5 ♗xb5 11.♖b1?

Mit diesem groben Fehler verschläft Meister Wach die deutlich bessere Alternative 11.♗d4! ...

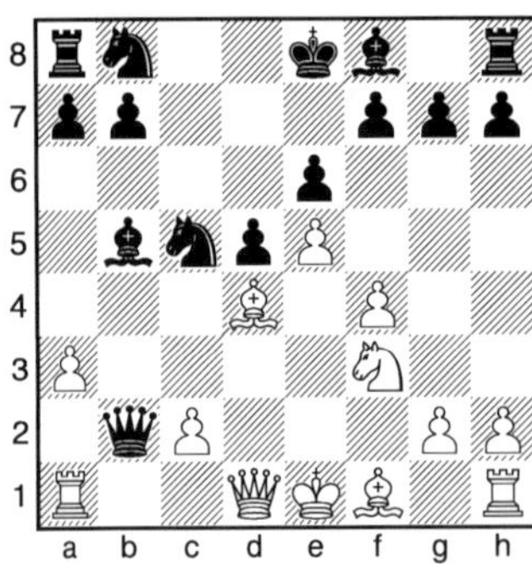

... wonach Schwarz die eingangs erwähnte taktische Pointe 11...♗e2! mit der möglichen Folge 12.♗xe2 ♕b6 13.0–0 ♘c6∓ hätte präsentieren müssen.

11...♕xa3 12.♗xb5+ ♘c6 und –+, denn für die mittlerweile *zwei* Minusbauern hat Weiß nicht die geringste Kompensation vorzuweisen.

81

Mogranzini – Rojas Keim

Turin 2006

1.e4 e6 2.d4 d5 3.♘d2 ♘c6 4.♘gf3 ♘f6 5.e5 ♘d7 6.♗e2 f6 7.exf6 ♕xf6 8.♘f1 b6 9.♘e3 ♗b7 10.c3 ♗d6 11.♕a4 a6 12.0–0 0–0 13.♗d3 ♗f4 14.♗d2 ♕h6 15.♕c2

Angesichts der Unerschütterlichkeit des ♘f3 wähnt Weiß sich am Königsflügel in Sicherheit und verband mit seinem letzten Zug (stattdessen ⌓15.♖fe1±) sogar eigene Angriffsabsichten in diesem Bereich. In der Tat wäre der wichtigste Leibwächter des weißen Königs nur zu erschüttern, wenn Schwarz seinen Damenläufer wie eigentlich üblich via e8–h5 einsetzen könnte, nur steht dieser hier ja an vollkommen anderer Stelle. Obwohl – Moment mal!

Mit dem ebenso subtilen wie brachialen Ablenkopfer **15...♘ce5!** konnte Schwarz sehr wohl Zweifel an der Unerschütterlichkeit des ♘f3 anmelden.

In der Partie verfügte Weiß nach dem Schablonenzug 15...♘f6?? und der Antwort 16.h3 über kräftigen Minimalvorteil, wobei die Alternativen 16.♖fe1 oder 16.♖ae1 wohl sogar noch etwas besser gewesen wären.

Danach führten sämtliche Varianten zu mehr oder weniger deutlich ausgeprägtem Vorteil in der Größenordnung ∓.

1) 16.♗xh7+ ♔h8 17.dxe5 ♘xe5 18.♘g4

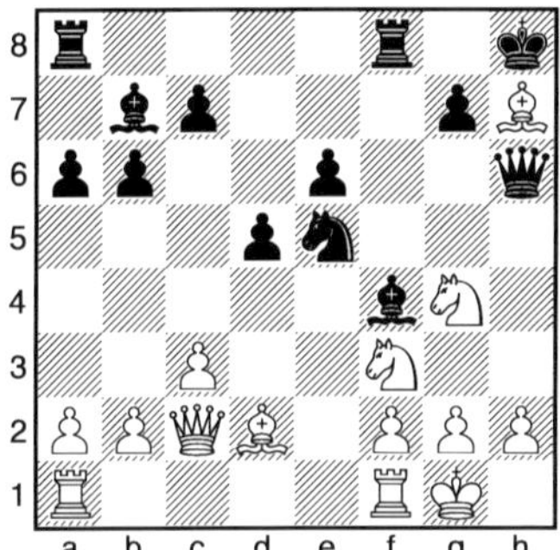

a) 18...♘xf3+ 19.gxf3 ♕xh7 20.♕xh7+ ♔xh7 21.♗xf4 ♖xf4 22.♖fe1 und nach 22...d4! könnte sogar der deplatzierte Damenläufer ein Wörtchen mitreden.

b) 18...♘xg4 19.h3 ♗xd2

– 20.♕xd2? ♖xf3!–+ 21.♕xh6 ♘xh6 22.gxf3 ♔xh7

– 20.♘xd2 ♘xf2 21.♖xf2 ♖xf2 22.♔xf2 ♕xh7 23.♕xh7 ♔xh7

2) 16.dxe5 ♘xe5 (17.♗xh7+ ♔h8) **17.♘g4 ♘xg4**

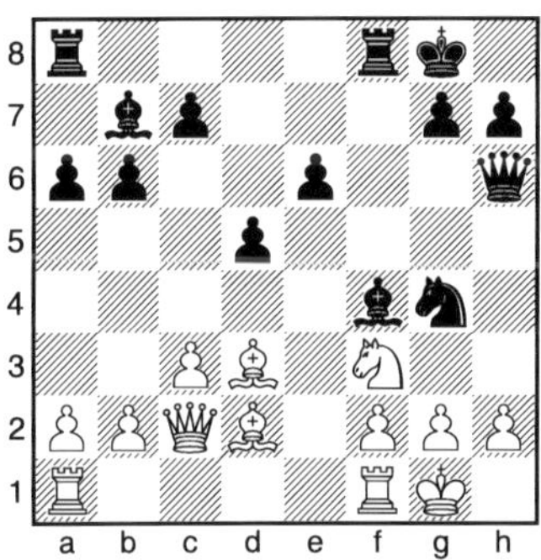

a) 18.h3 ♗xd2 19.♕xd2 ♕xd2 20.♘xd2 ♘e5

b) 18.♗xf4 ♖xf4 19.h3 ♘f6 (19...♖xf3!? 20.hxg4 ♖f6) 20.♘e5 ♕g5 21.♖ae1 ♘e4 22.♗xe4 dxe4 23.♘g4 ♖af8

82

Radibratovic – Podlesnik

Jugoslawien 1990

1.e4 e6 2.d4 d5 3.♘c3 ♘c6 4.♘f3 ♘f6 5.♗g5 ♗b4 6.e5 h6 7.♗d2 ♘e4 8.a3 ♘xd2 9.♕xd2 ♗f8 10.♗d3 ♗d7 11.♘e2

Da Schwarz auf den Einsatz des c-Bauernhebels von Hause aus verzichtet hat und da auch der f-Bauer stillhalten muss, stellt sich die Frage, wie denn dann überhaupt Gegenspiel geschaffen werden kann. Die pointierte Lösung liegt darin, dass die weiße Figurenstellung insofern unglücklich ist, als sie dem schwarzen c-Bauern (im Sinne der Devise ‘Besser zu spät als nie!) einen *verspäteten* Einsatz ermöglicht.

1) In der Partie machte Schwarz sich die Sache mit **11...g5** unnötig schwer, denn nach der starken Antwort **12.g4!** Δh4 (12.0-0-0±; 12.h3) konnte sogar Weiß selbst am Königsflügel auf Angriff spielen, was Schwarz mit **12...h5** zu unterlaufen versuchte.

– Ganz schlecht wäre der taktische Versuch 12...♘xd4? an dieser Stelle, denn nach 13.♘xd4 c5 14.h4! ...

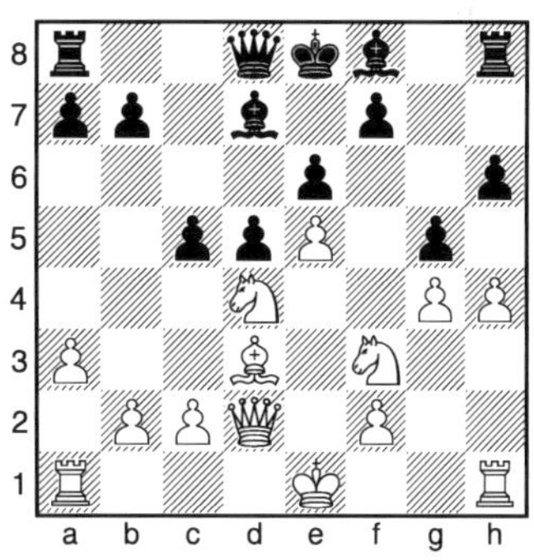

... 14...gxh4 15.♖xh4 (15.♘xh4) 15...cxd4 16.g5 h5 17.0-0-0 Δ♖dh1 verfügt Weiß über eine tendenzielle Gewinnstellung.

– Die solideste Wahl besteht in der Ermöglichung der langen Rochade mit

12...♕e7 (12.♗e7 13.♘g3± Δ♘h5) und der möglichen Folge 13.h4 (13.0–0–0) 13...gxh4

– Nach 14.0–0–0?! ♖g8 15.♕f4 (15.♖xh4 f6!∞) kann Schwarz auf erstaunliche Weise im Trüben fischen, indem er mit 15...b5! Δb4 darauf hinweist, dass die weiße Rochadestellung de facto eine Angriffsmarke aufweist.

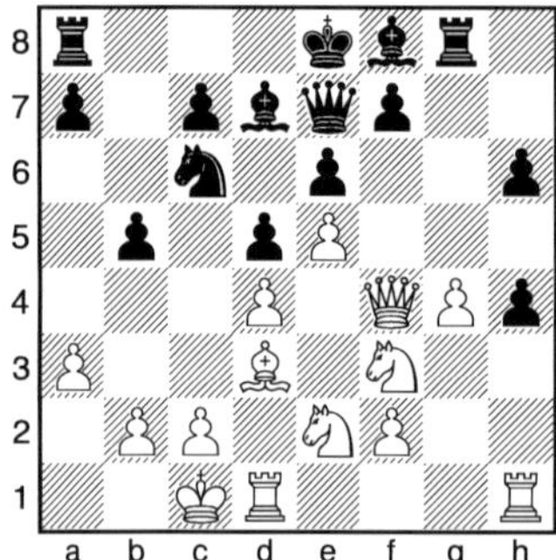

Es könnte folgen 16.♗xb5 ♘xe5 17.♘xe5 ♗xb5 18.♘c3 f6!∞

– 19.♘f3 ♗c6 20.♖xh4 0–0–0

– 19.♘d3 ♗xd3 20.♖xd3 ♕g7! Δ♕g5

– 19.♘xb5 fxe5 20.♕xe5 ♔d8; 20.dxe5 ♖b8

Hingegen führen zwei Alternativen zu solidem Minimalvorteil:

– 14.♖xh4 ♖g8 15.♕f4 ♗g7 16.0–0–0 0–0–0

– 15.♘f4 0–0–0 15.♘h5 ♘b8! Δc5

13.♘xg5 ♗h6

Die eigentlich wünschenswerte Fortsetzung 13...hxg4? trifft auf die überraschende Widerlegung 14.♘xf7!! mit langfristig unvermeidlichem Verlust nach 14...♔xf7 15.♕f4+ ♔g8 mit folgenden Abspielen:

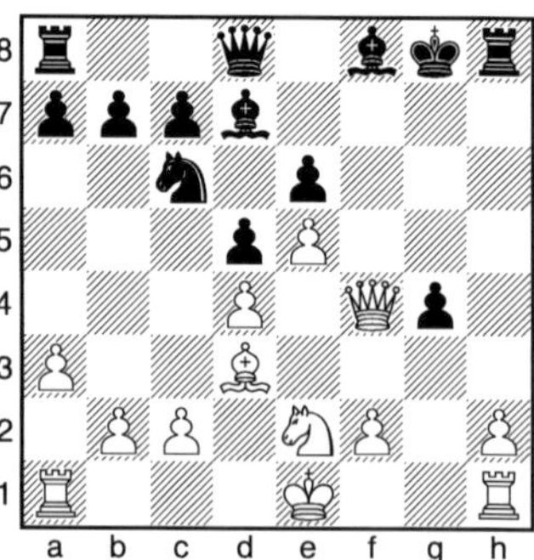

– 16.♕xg4+ ♗g7 17.♖g1 ♕e7 18.♘f4

– 16.♖g1

– 16...♗g7 17.♖xg4 ♕f8 18.♕g3

– 16...♖h4 17.♖xg4+ ♖xg4 18.♕xg4+ ♗g7 und nun 19.0–0–0 (oder auch 19.♔d2) Δ♖g1 usw.

14.h4

Etwas besser vielleicht sogar 14.f4!? hxg4 15.0–0–0 usw.

14...hxg4 15.0–0–0 f5?

Nach diesem folgenschweren positionellen Fehler kann Weiß im Zentrum aktiv werden. Besser war immer noch 15...♕e7, während 15...♖g8 seinen Zweck, Drohungen auf der Diagonale h6–c1 zu schaffen, nach 16.♕f4! (16.♔b1) nicht erfüllen kann, wie aus folgenden Varianten hervorgeht:

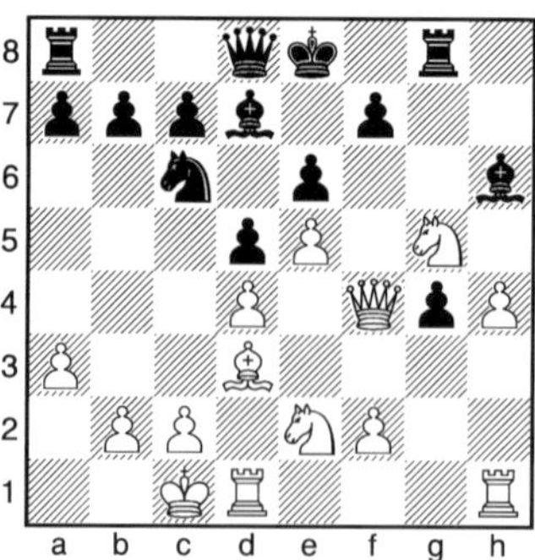

– Auf 16...♖xg5?? 17.hxg5 ♗xg5 folgt 18.♖h8+ nebst Matt in zwei Zügen.

– Und nach 16...♕e7 17.♕xg4 0–0–0 18.f4 oder 17.♖g1 0–0–0 18.♖xg4 verzeichnet Weiß wiederum kräftig ±.

16.c4!+– 16...dxc4

Von Interesse wären auch die Konsequenzen von 16...♕e7 – nämlich 17.cxd5 exd5 18.♘f4! ♘xd4 19.♔b1 ♗xg5 20.hxg5 ♖xh1 21.♖xh1 0–0–0 22.♕e3! ♘c6 23.e6 (23.♘xd5) 23...♗e8 24.g6 ♕f6 25.e7!? (25.♖h7; 25.♖h6)

– 25...♘xe7 26.♖h7 (26.♕xa7) 26...♘c6 27.♕e6+ ♕xe6 28.♘xe6

– 25...♕xe7 26.♗xf5+ ♗d7 27.♗xd7+ ♕xd7 (27...♖xd7 28.♖h8+) 28.♖h7 ♕f5+ 29.♔a2

17.♗xc4 ♕e7 18.♘f4

2) Nach dem Scheinopfer **11...♘xd4!** muss Schwarz zwar in gewissen Varianten eine Schwächung seiner Bauernstellung bzw. den Verlust des Rochaderechts in Kauf nehmen, aber dafür öffnet sich die Stellung für sein Läuferpaar.

12.♘fxd4

12.♘exd4 ist weniger gut, weil damit in der Folge die starke positionelle Möglichkeit ♘f4 verschenkt wird.

12...c5

Hier ein Überblick über die resultierenden Möglichkeiten mit Schwergewicht auf den Varianten, die zu den oben erwähnten Begleitumständen führen:

a) Nach **13.♘b3?! c4** kann eher Schwarz auf Minimalvorteil hoffen.

b) Nach **13.♘b5 c4** oder **13.c3 cxd4 14.cxd4** bzw. **14.♘xd4** sind die Chancen gleich verteilt.

c) Nach **13.♘f3 c4** kann Weiß mit **14.♗f5!** ...

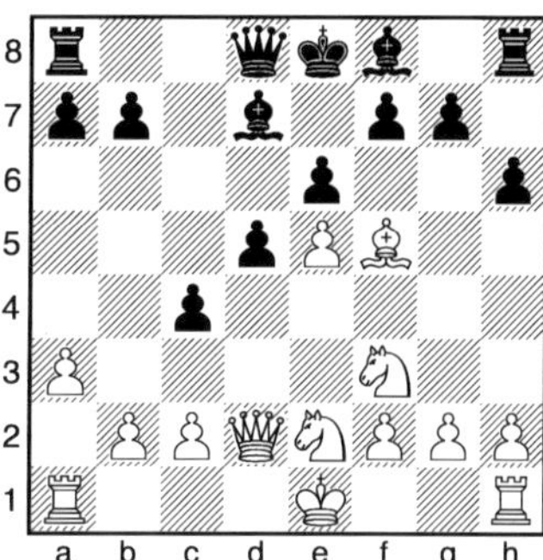

... eine Verschlechterung der gegnerischen Bauernstruktur bewirken, obwohl Schwarz nach **14...exf5 15.♕xd5 ♕b6!** durch dynamisches Spiel das Gleichgewicht wahren kann; z.B. **16.♘fd4** (16.0–0–0 ♗e6) **Δ16...♕xb2** (⌓16...♖c8) **17.0–0 ♕b6 18.♖fd1±**

d) Und nach **13.♘xe6 ♗xe6** muss Schwarz eventuell ohne Rochade auskommen, was aber angesichts des Verschwindens zweier Leichtfigurenpaare auch zu verantworten ist; z.B. **14.♘f4** (14.♗b5+ ♗d7) **14...c4 15.♗e2**

(15.♘xe6 fxe6 16.♗g6+ ♔d7)

15...♕c7 16.♘xe6 fxe6 17.♗h5+ ♔d7 18.0–0 und nun sogar unerschrocken **18...♕xe5!** ...

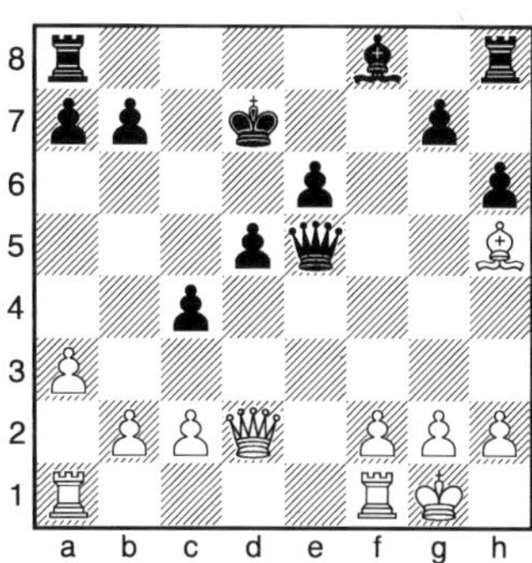

... mit der möglichen Folge **19.♗g4 ♕g5 20.♕d4 ♗c5** Δ21.♕xc5 ♕xg4 bzw. 21.♗xe6+ ♔d6 22.♕g4 usw.

83

Lobron – Kilian

Deutschland 1984

1.e4 e6 2.d4 d5 3.♘c3 ♘f6 4.e5 ♘fd7 5.f4 c5 6.♘f3 ♘c6 7.♗e3 a6 8.♕d2 g6 9.♗e2 b5 10.a3 h5 11.0–0 ♗b7 12.♖ad1 ♕b6 13.♔h1 c4 14.♘g5 ♘e7

Wenn es dem schwarzen Springer gelingt, sich unerschütterlich auf f5 niederzulassen, würde das weiße Spiel auf ewig seines einzigen noch verbliebenen leistungsfähigen Hebels beraubt, wonach nur noch *Schwarz* hoffen könnte, durch systematisches Druckspiel am Damenflügel in Vorteil zu kommen. Gegen dieses düstere Zukunftsszenario verfügt Weiß über einen Dynamisierungsversuch, der vor allem auf dem verdeckten Gegenüber von ♗e3 und ♕b6 beruht.

Bei Ausführung des Zuges **15.♘ce4!?** wird Weiß höchstens auf die Annahme des Opfers *gehofft*, jedoch kaum damit *gerechnet* haben – und tatsächlich wäre es interessant zu wissen, wie viel Bedenkzeit Schwarz für die Ablehnung investierte.

Nach 15...dxe4 16.d5 und der erzwungenen Antwort 16...♕c7

(16...♕d8?? 17.dxe6 fxe6 18.♕d6+–; 18.♘xe6)

ergäbe sich folgendes Bild:

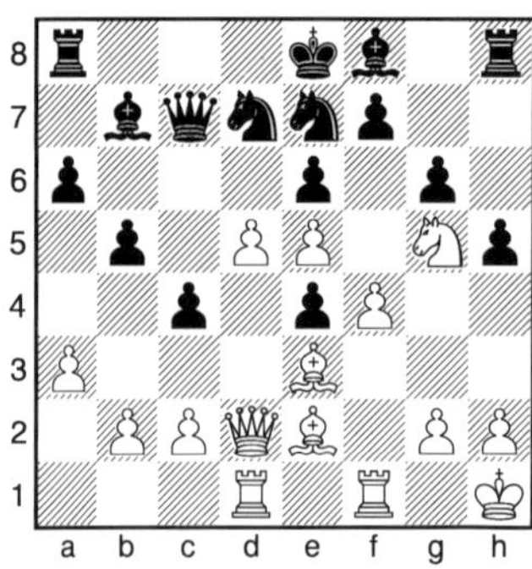

– Nach 17.dxe6 fxe6 18.♘xe6 ♕c6 19.♘d4 ♕c7 oder 19...♕c8 ist keine Fortsetzung zu sehen, die über Kompensation hinausginge.

– Und nach 17.d6 ♕c8 18.dxe7 ♗xe7 bliebe Weiß nichts Besseres, als mit 19.♘xf7 ♔xf7 20.♕xd7 den Materialbestand auszugleichen und nach 20...♖d8∞ mit dem erzwungenen Damentausch jegliche Königsgefährdung ad acta zu legen.

In der Partie setzte Weiß nach **15...♘f5** mit dem ‘nichtsnutzigen’ Rückzug **16.♘f2**∞ fort.

Mit 16.♘g3 hätte er wenigstens den starken gegnerischen Blockadespringer herausfordern und in der Folge doch noch auf Dynamisierung hoffen können; und zwar nach ♘xe3 17.♕xe3 h4 mit 18.f5!

(18.♘h5?! Δ18...gxh5?! 19.f5!⩲; ⌓18...♕d8!∓)

18...hxg3 19.fxe6

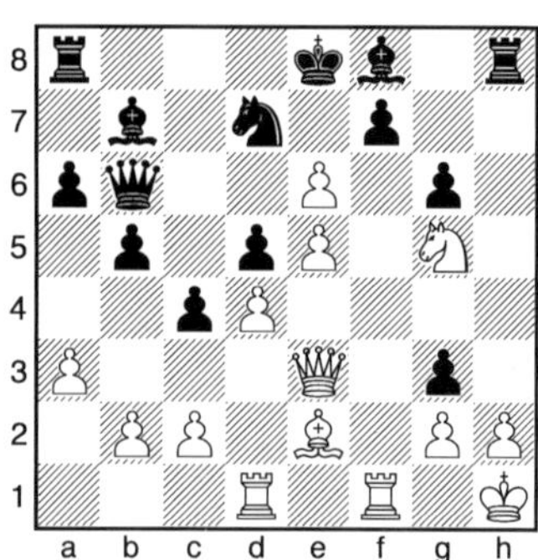

1) 19...♖xh2+? 20.♔g1 fxe6

a) 21.♗g4!? ♗h6 22.♕xg3 ♗xg5 23.♔xh2 ♘f8 24.♕h3 0–0–0 25.♕h8 ♘d7 26.♕g7±

b) 21.♕xg3 ♖h8 22.♘f7 (22.♗g4? ♘c5!∞) 22...♖g8 23.♕h4± Δ♕h7

2) ⌓19...fxe6 20.♕xg3 ♗e7 21.♘f7 ♖g8 22.♕f4 ♘f8 23.♘d6+ ♔d7 24.♕f7 ♖h8 25.♗g4⩲

84

Freundorfer – Messa

Caorle 1981

1.e4 e6 2.d4 d5 3.♘c3 ♗b4 4.e5 ♘e7 5.♕g4 ♘f5 6.♘f3 ♘c6 7.a3 ♗e7 8.♗d3 h5 9.♕f4

Bei oberflächlicher Betrachtung muss Schwarz sich nach dem Verzicht auf den Einsatz des c-Bauernhebels mit einer beengten Stellung ohne Gegenspiel anfreunden. Ein genauerer Blick führt jedoch zu der Erkenntnis, dass die taktischen Umstände zu seinem Glück einen ebenso pointierten wie effektiven Befreiungsschlag gestatten.

1) In der Partie gestattete Schwarz sich den Luxus, die korrekte Maßnahme mit **9...a6?** vorzubereiten, wohl weil er nach deren sofortiger Ausführung etwas falsch berechnet hatte (siehe 2). Wie auch immer, schaffte Weiß selbige Maßnahme mit **10.♘e2**± ein für allemal aus der Welt.

Vergleichbar stark ist auch 10.h4, während 10.♗xf5!? exf5 11.h4 ♗e6 12.♘e2 ♕d7 13.♗e3 Δ♘f4 quasi nur als 'Notlösung' in Betracht kommt.

10...h4

Denn jetzt ist es für 10...g5? zu spät, weil Weiß nach der Tauschaktion 11.♘xg5 ♗xg5 12.♕xg5 ♕xg5 13.♗xg5 ♘cxd4 14.♘xd4 ♘xd4 ...

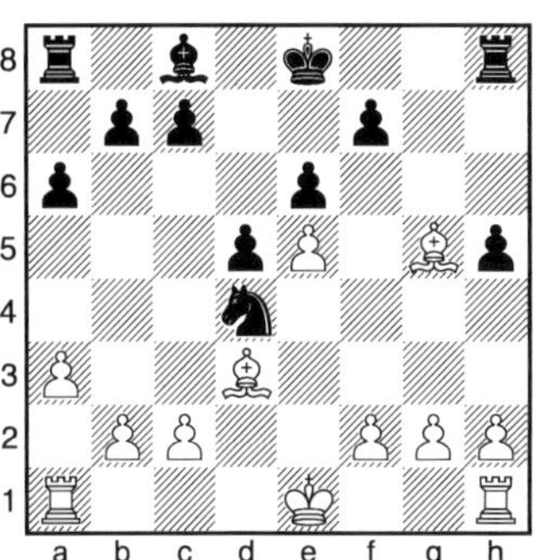

... mit 15.♗f6 eine zumindest tendenzielle Gewinnstellung erreicht.

2) Das Scheinopfer **9...♘cxd4!** führt zwangsläufig zum Chancenausgleich.

Hingegen behält Weiß nach 9...g5 10.♘xg5 ♘cxd4 und nun beispielsweise 11.♘b5 angesichts des Läuferpaars doch noch einen Hauch von Vorteil.

Nach **10.♘xd4 g5** folgt mit **11.♗b5+ c6** ...

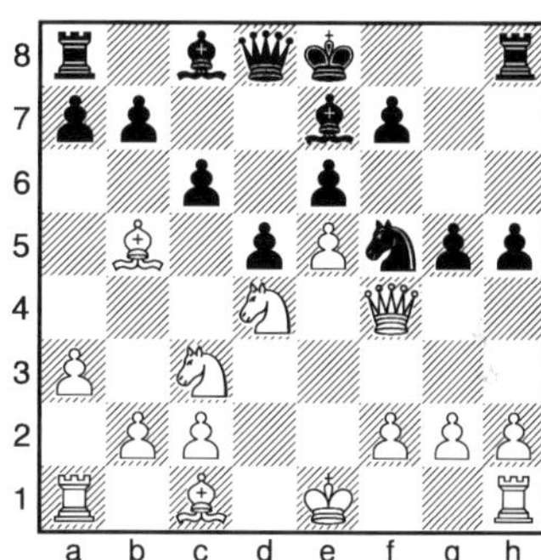

... die eingangs erwähnte Variante, die Schwarz wohl falsch berechnet hatte; und zwar **12.♘xc6?!**

⌓12.♕d2 ♘xd4 13.♕xd4 cxb5 14.♘xb5∞

12...bxc6 13.♗xc6+ ♔f8 (13...♗d7) **14.♕a4 ♖b8**∓ und hier kann Weiß mit **15.♕xa7??** sogar noch ins Unglück laufen (⌓15.0-0), weil nämlich **15...♖b6!** ...

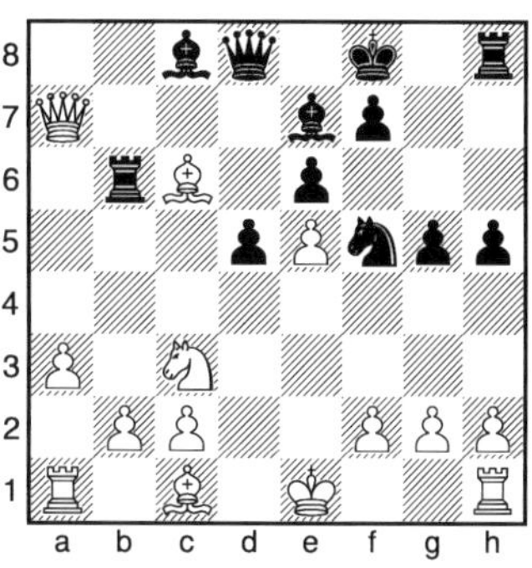

... in allen Varianten zum schwarzen Gewinn führt:

- 16.♕a4 ♖a6 nebst ♘d4
- 16.♗a4 ♖a6; 16...d4
- 16.♗b5 d4
- 16.♗a8 ♔g7! 17.0–0 ♖a6 18.♕b8 ♕a5

85

Milner Barry – Cafferty

Plymouth 1957

1.e4 e6 2.d4 d5 3.e5 c5 4.c3 ♕b6 5.♘f3 ♗d7 6.♘a3 ♘c6 7.♗e2 cxd4 8.cxd4 ♗b4+ 9.♔f1 ♘h6 10.♘c2 ♗e7 11.g3 ♘f5 12.♔g2 ♖c8 13.g4 ♘h4+ 14.♘xh4 ♗xh4 15.f4 ♘b4 16.♘xb4 ♕xb4 17.♖f1 ♗d8 18.a3 ♕b6 19.f5

Von einem Spieler mit GM–Stärke, der Großbritannien bei vier Olympiaden vertreten hat, sollte man eigentlich nicht erwarten, dass er auf wirklich simple (um nicht zu sagen *dumme*) Weise und ohne Zeitnot einen Bauern einstellt. Und die exponierte eigene Königsstellung sowie die Schwenkmöglichkeit der gegnerischen Dame längs der sechsten Reihe ist nun wirklich nicht so schwer zu sehen.

Dass der Bauer tatsächlich eingestellt war, konnte man daran ablesen, dass Weiß nach **19...exf5 20.gxf5 ♗xf5 21.♖xf5 ♕g6+** die Schockreaktion **22.♗g4??** folgen ließ und nach **22...h5**–+ getrost aufgeben konnte.

Leider blieb ihm sein ‘Glück im Unglück’ verborgen, denn tatsächlich hätte Schwarz nach **22.♖g5!! ♗xg5** ...

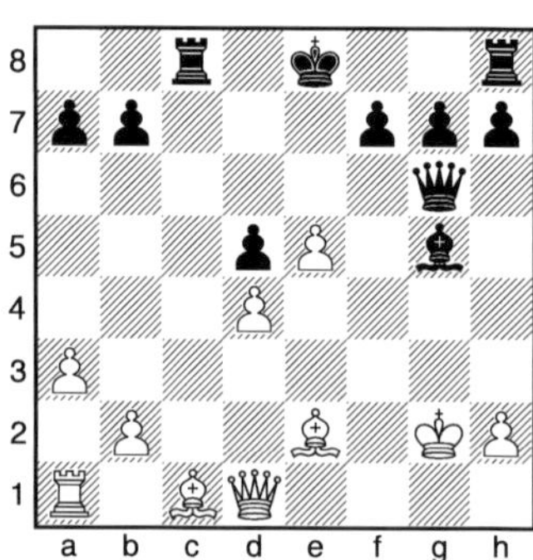

... **23.♗d3! ♕h6 24.♕g4 ♖xc1 25.♖xc1 0–0** höchstens einen Hauch von Vorteil verzeichnet – und zwar angesichts der ungleichen Läufer sowie der Tatsache, dass der Gegner die einzige offene Linie beherrscht.

86

Liberzon – Dückstein

Amsterdam 1978

1.e4 e6 2.d4 d5 3.♘c3 ♗b4 4.e5 c5 5.a3 ♗xc3+ 6.bxc3 ♘e7 7.♕g4 0–0 8.♘f3 ♘bc6 9.♗d3 f5 10.♕g3 c4 11.♗e2 ♗d7 12.h4 ♕a5 13.♗d2 ♔h8 14.h5 h6 15.♘h4 ♖f7 16.♘g6+ ♔h7 17.♕e3 ♕a4 18.♗d1 ♘g8 19.0–0 ♘ge7 20.♕h3 ♖e8 21.♔h1 ♘d8 22.♘f4 ♖ff8 23.♖g1 ♘f7 24.♕h4 ♘d8 25.♖a2 ♖f7 26.♗e2 ♘dc6 27.♘g6 ♖g8 28.♕h3 ♗e8 29.♘f4 ♗d7 30.g4 fxg4 31.♗xg4 ♘f5 32.♕g2 ♘ce7 33.♗h3 ♕a5

Wegen der unglücklichen Figurenstellung, die mit beispielsweise 33...♖b8 hätte vermieden werden können, wie die folgende amüsante Mustervariante veranschaulicht: 34.♗xf5 ♘xf5 35.♕g6+ ♔g8 Δ36.♘xe6 ♘e7 ...

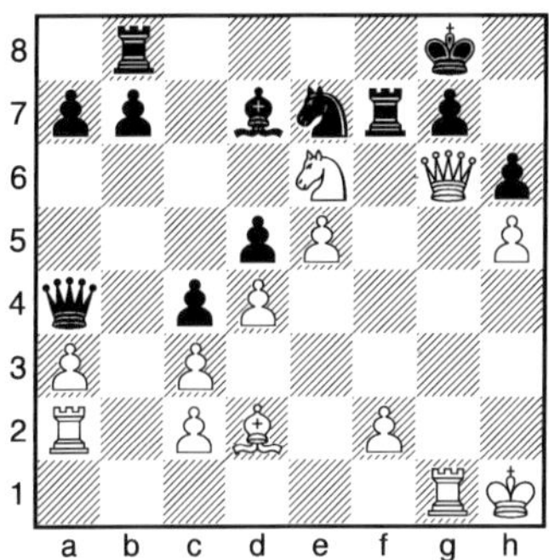

... und nun 37.♕xh6 ♘f5 38.♕g6 ♘e7 mit Zugwiederholung oder 37.♕xg7+ ♖xg7 38.♖xg7+ ♔h8 39.♖xe7 mit unklarer Stellung.

Nach **34.♕g6+! ♘xg6 35.hxg6+ ♔h8 36.gxf7** ...

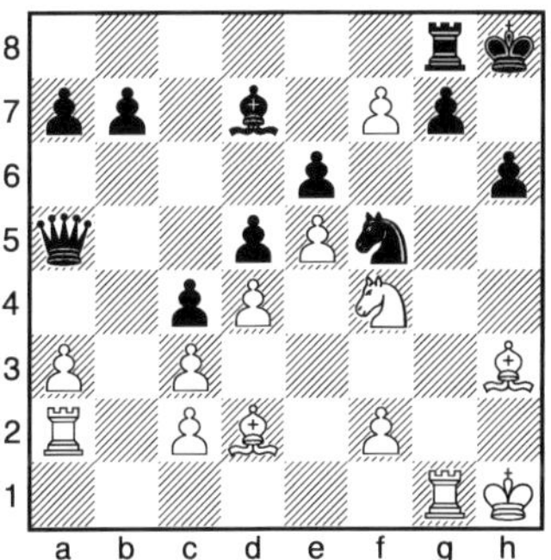

... hätte Schwarz getrost aufgeben können, denn auch nach 36...♖d8 37.♘g6+ ♔h7 38.f8♕ ♖xf8 39.♘xf8+ ♔g8 40.♘xd7 wäre nicht viel von seiner Armee übrig geblieben.

87

Schlawin – Stark

Deutschland 2006

1.e4 e6 2.d4 d5 3.♘c3 ♘f6 4.e5 ♘fd7 5.f4 c5 6.♘f3 ♘c6 7.♗e3 ♖b8 8.♗e2 ♕a5 9.0–0 ♗e7 10.♕d2 0–0 11.a3 cxd4 12.♘xd4 a6

Mittels eines Scheinopfers könnte die schwarze Dame in eine beengte Position bugsiert werden – allerdings beachte man die taktischen Gegebenheiten auf der Diagonale g1–a7!

Gemeint ist offenbar der Taktikansatz **13.♘xd5**

(anstelle der Partiefolge 13.♔h1±)

13...♕xd5 mit lebhaftem schwarzem Figurenspiel und unklaren Verhältnissen in folgenden Abspielen:

1) 14.♗f3 ♕xd4 15.♗xd4 ♘xd4 16.♗e4 ♖d8 Δ♘c5

2) 14.c4 ♕xd4 15.♗xd4 ♘xd4 16.♗d3 b5

88

Seyb – Borngässer

Deutschland 1984

1.e4 e6 2.d4 d5 3.♘c3 ♘f6 4.♗g5 ♗e7 5.e5 ♘fd7 6.♗xe7 ♕xe7 7.f4 0–0 8.♘f3 c5 9.♕d2 ♘c6 10.dxc5 ♘xc5 11.0–0–0 ♖d8 12.♘d4 ♗d7 13.♕e3 a6 14.g3 b5 15.♘xc6 ♗xc6 16.♖g1

Die weiße Figurenstellung ist allein deswegen unglücklich, weil der Königsläufer noch nicht gezogen hat. Denn dieser Missstand führt links von ihm zu einer latenten Grundreihenschwäche – und rechts von ihm zu einem latent losen Turm auf g1.

1) In der Partie verkaufte Schwarz seine Chancen mit dem systematischen Vorgehen **16...b4? 17.♘e2 a5∓** weit unter Wert.

2) Die richtige Lösung bestand in **16...d4! 17.♖xd4 ♖xd4 18.♕xd4 ♖d8**, denn nach dem Rückzug **19.♕e3** (oder auch 19.♕f2) führt der subtile Schwenk **19...♕a7!** Δ♘b3+ in allen Varianten zum Gewinn:

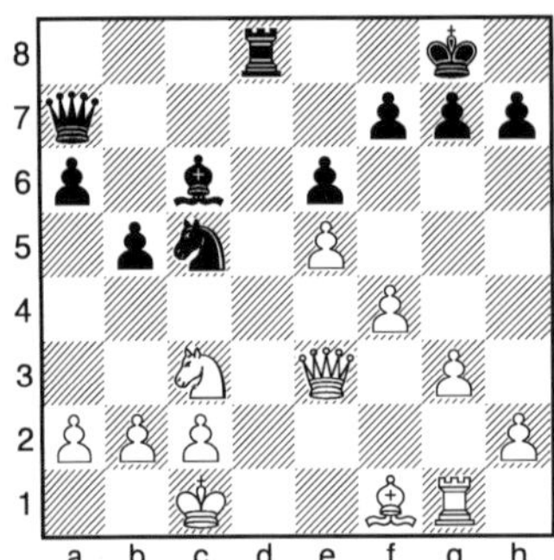

a) 20.♕e1 ♘b3+ 21.axb3 ♕xg1

b) 20.♘d1 ♘b3+ 21.♕xb3 ♕xg1

c) Und nach **20.♔b1 b4** kann auch der letzte Trickversuch **21.♗g2** auf gleich zweierlei Art widerlegt werden:

– Etwas kompliziert mit 21...♗xg2 22.♘a4 ♖c8 Δ23.♘xc5 ♗d5 bzw. 23.♖xg2 ♕b7.

– Oder deutlich einfacher mit 21...bxc3 22.♗xc6 ♕b6 usw.

89

Sigurpalsson – Kristjansson

Reykjavik 2000

1.e4 e6 2.d4 d5 3.e5 c5 4.c3 ♘c6 5.♘f3 ♘ge7 6.♗b5 a6 7.♗a4 cxd4 8.cxd4 ♗d7 9.0–0 ♘f5 10.♘c3 ♖c8 11.♗c2 ♘h4 12.♘g5 g6 13.g3

Angesichts seines Entwicklungsnachteils und seiner geschwächten (zukünftigen) Rochadestellung steht Schwarz massiv unter Druck. Allerdings kann er sich glücklich schätzen, dass die taktischen Rahmenbedingungen Rettung in Aussicht stellen.

1) In der Partie verzeichnete Weiß nach **13...♘f5? 14.♗xf5 gxf5 15.♕h5**± kräftigen Vorteil.

Die Alternativen 15.♗e3 und 15.♘f3 waren auch nicht von der Hand zu weisen.

15...♕e7 16.♘f3 Δ♗g5 **16...h6 17.a3?!**

Diese Prophylaxemaßnahme gegen ♘b4 bzw. ♕b4 war überflüssig.

Zwar scheiterte 17.♗g5? an 17...hxg5! 18.♕xh8 g4 19.♘h4 ♘xd4. Danach ist das schwarze Stellungspotenzial dermaßen üppig, dass nach beispielsweise 20.♖ad1 ...

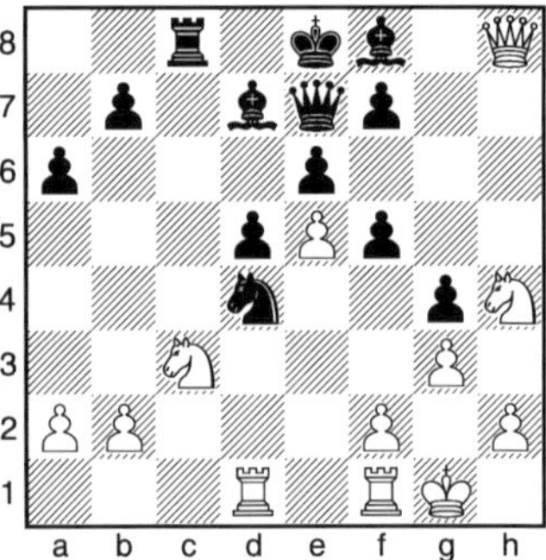

... sogar das zweite Qualitätsopfer 20...♖xc3! 21.bxc3 ♘e2+ 22.♔g2 ♘xc3∓ Δ♗c6 möglich wäre.

Jedoch wäre nach 17.♗e3 (17.♘e2!? Δ♘f4) nicht am weißen Vorteil zu rütteln gewesen; z.B. 17...♘b4 (17...♕b4 18.♖ab1) 18.♗g5 (18.♖ac1) 18...hxg5 19.♕xh8 g4 20.♘e1 usw.

2) 13...♘xd4?? wäre wegen **14.gxh4** eine krasse Fehlkombination.

(Nach 14.♕xd4? ♕xg5 15.♕d3 ♕xe5 16.gxh4 wäre der schwarze Vorteil fast in den Minimalbereich geschrumpft.)

14...♘xc2 15.♕xc2+– Δ15...d4 16.♘ge4 ♗e7 17.♖d1 dxc3 18.♗g5

3) Nur mit **13...h6!** kann Schwarz das Gleichgewicht wahren, wie ein Blick auf die folgenden Varianten beweist.

a) Nach **14.♘h3??** ...

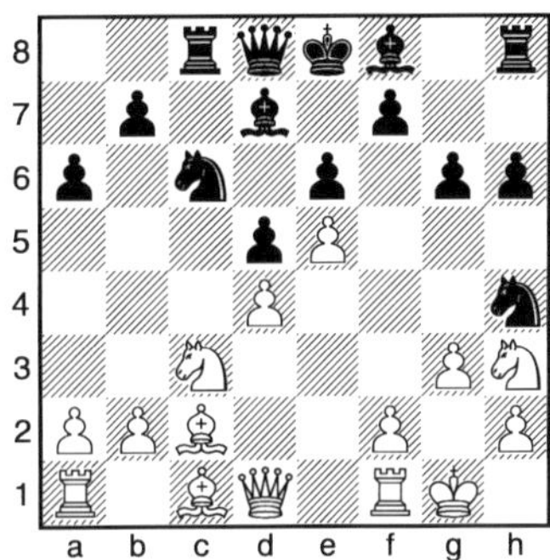

... würde das obige Kombinationsmotiv **14...♘xd4!**−+ mit der Hauptvariante **15.gxh4 ♘xc2** (15...♕xh4!?) **16.♕xc2 d4** diesmal allerdings funktionieren.

b) Von **14.♘xe6?! ♗xe6 15.gxh4 ♕xh4 16.♗e3 ♗b4∓** ist wegen der Belebung des schlechten französischen Läufers abzuraten.

Hingegen führen zwei weitere Abspiele zu unklaren Verhältnissen.

c) 14.♘xf7 ♔xf7 15.gxh4 ♕xh4 16.♗e3∞

d) 14.♘ge4 dxe4 15.gxh4 ♕xh4 16.♗xe4 ♗b4∞

90

Acher – Bricard

Frankreich 1999

1.e4 e6 2.d4 d5 3.♘c3 ♘f6 4.♗g5 ♗e7 5.e5 ♘fd7 6.h4 c5 7.♗xe7 ♕xe7 8.f4 ♘c6 9.dxc5 0−0 10.♘f3 f6 11.♕e2 fxe5 12.fxe5 ♕xc5 13.0−0−0 ♘b6 14.♘g5 ♘c4 15.♕h5 h6

Nachdem Weiß zugunsten eines halbseidenen Königsangriffs die Entwicklung vernachlässigt hat, zeichnet sich schon jetzt ab, dass sein e-Bauer nicht mehr lange zu halten ist. Angesichts dieser Misere stellt sich die Frage, ob sein restliches Angriffspotenzial wenigstens noch ausreicht, um einen sang- und klanglosen Verlust abzuwenden.

I) In der Partie ließ Weiß außer Acht, dass der Zwischentausch **16.♗xc4? ♕xc4** der schwarzen Dame den entscheidenden Schwenk nach f4 ermöglicht.

A) Nach dem lahmen Rückzug **17.♘f3** führte **17...♗d7 Δ18.♕g6 ♘xe5! 19.♘xe5 ♕f4+ 20.♔b1 ♕xe5** zu einer tendenziellen Gewinnstellung.

Besser waren folgende Versuche:

B) 17.♔b1 ♘e7∓ (17...♘xe5? 18.♘xe6) **18.♘f3**

C) 17.g3 ♘e7∓ (17...♘xe5? 18.♘xe6) **18.♘h3** Δ♘f4

D) 17.♕g6

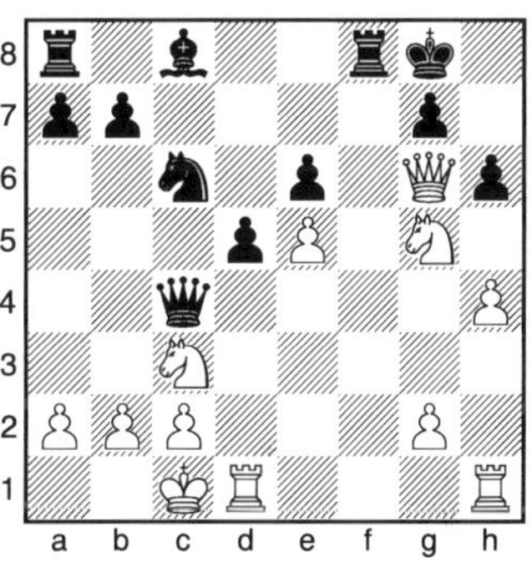

17...♕f4+ 18.♔b1 ♕f5 19.♕xf5 ♖xf5 20.♘f3 ♘xe5 21.♘d4 ♖f6∓

II) Nur mit **16.♕g6!** konnte Weiß das Gleichgewicht wahren, wobei er nach **16...hxg5** mit **17.♗xc4!** noch einmal eine wichtige Entscheidung zu treffen hätte.

Denn nach 17.hxg5 könnte Schwarz mit 17...♘6xe5 einen wichtigen Verteidiger zum Königsflügel verlegen, so dass Weiß nach 18.♕h7+ oder 18.♕h5 auf Kompensation eingeschränkt bliebe.

A) Denn nach diesmal **17...♘xe5? 18.♕h5** dringt der Angriff doch noch durch; z.B. **18...♘xc4?** (⌓18...♕xc4

19.hxg5±) **19.hxg5 ♕b4**

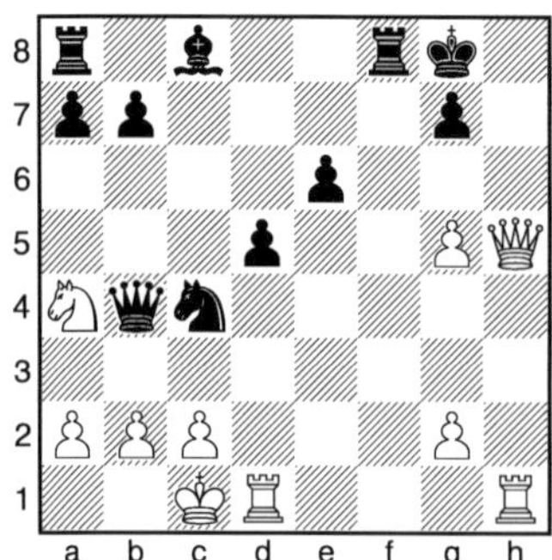

20.♘a4!!+- Δ20...♘d6 21.♔b1! ♘c4 22.♖d3! usw.

B) Folglich müsste Schwarz mit **17...g4!** die Öffnung der h-Linie vermeiden.

1) 18.♘xd5 ♕xc4

a) 19.♘f6+?! ♖xf6 20.exf6 ♕f4+∓

b) 19.b3! ♕xd5 20.♖xd5 exd5 21.e6∞

2) 18.♗d3 ♕e3+ 19.♔b1 ♕h6 20.♕xg4 ♘xe5∞

91

Schuh – Grillitsch

Österreich 1989

1.e4 e6 2.d4 d5 3.♘c3 ♘f6 4.♗g5 ♗e7 5.e5 ♘fd7 6.♗xe7 ♕xe7 7.♕d2 0–0 8.f4 c5 9.♘f3 ♘c6 10.dxc5 ♘xc5 11.♗d3 f6 12.0–0–0 fxe5 13.fxe5 ♗d7 14.♖hf1 ♖ac8 15.♔b1 a6 16.♘e2 ♗e8 17.h3 ♘xd3 18.cxd3 ♘b4

Offenbar liegt die größte Hoffnung von Schwarz in der Nutzung der latenten Schwäche der Diagonale b1–h7 in Verbindung mit der von ihm beherrschten c-Linie.

I) In der Partie beantwortete Schwarz den Fehler **19.♖c1?** mit dem Gegenfehler **19...♗g6?**, nach dem Weiß doch noch ausgleichen konnte.

Es gab mindestens zwei bessere Alternativen, in denen Weiß jedoch eine klare Verluststellung trotz des Verlusts eines Zentrumsbauern angesichts der übrigen positionellen Gegebenheiten vermeiden konnte; und zwar:

A) 19...♖xc1+ 20.♘xc1 (20.♖xc1? ♘xd3–+)

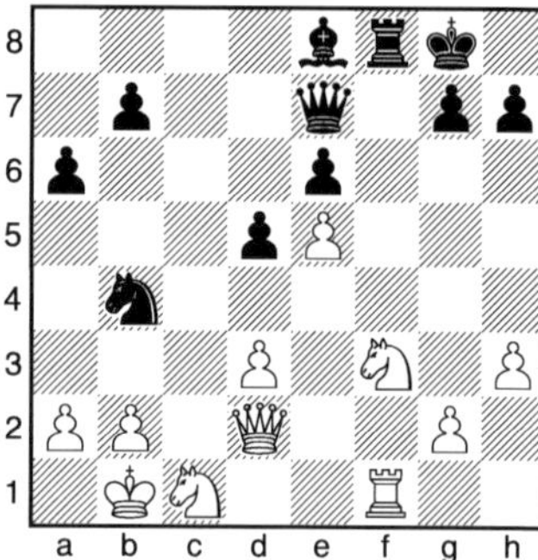

Und da der weiße d-Bauer nach **20...♘c6**, **20...♗h5** oder **20...♗g6** immer noch nicht vorrücken kann, behält Schwarz Angriffsvorteil in der Größenordnung ∓.

B) Von Interesse ist auch **19...♗b5!?** und nach **20.♘f4** die Vermeidung von Turmtausch, was allerdings bei korrekter Defensive ebenfalls nicht mehr als ∓ ergibt; z.B. **20...♖a8**

Nach einem anderen Wegzug wie beispielsweise 20...♖d8 könnte nach 21.a4! das Opfer 21...♖xf4 mit 22.axb5! unterlaufen werden.

1) Hier wäre 21.a4?! nicht gut, weil Schwarz nach 21...♖xf4 22.axb5 ♕f8! ...

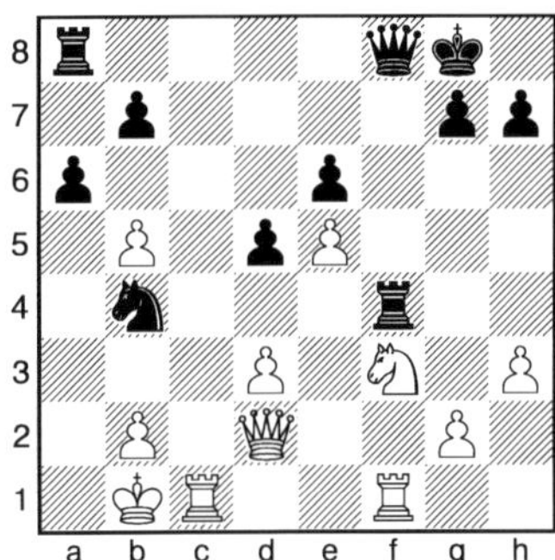

... auf Tricks in der a-Linie hoffen könnte; z.B. 23.♘h2? axb5! Δ♖a1+ nebst Matt. Allerdings würden nach dem besseren 23.b6! mit der möglichen Folge 23...♘c6 24.♘h2 ♖xf1 25.♖xf1 die erwähnten 'übrigen positionellen Gegebenheiten' ins Gewicht fallen – wie z.B. die Bewachung der f-Linie und der Schwäche e6.

2) Besser ist 21.♘d4, denn nach 21...♖xf4 behält Weiß entweder die bessere Leichtfigur auf dem Blockadefeld d4 oder sonstige positionelle Faktoren, die den schwarzen Vorteil noch weit von einer Gewinnstellung entfernt halten; z.B. 22.♕xf4 (22.♖xf4 ♘xd3)

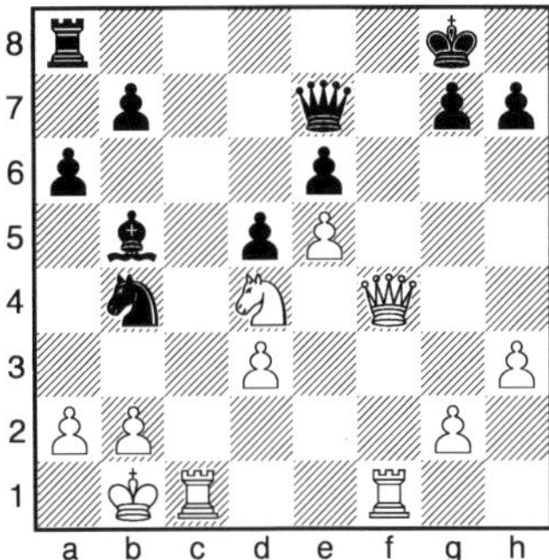

a) 22...♘xd3 23.♕e3 ♘xc1 24.♖xc1 ♗e8

b) 22...♗xd3+ 23.♔a1 ♗xf1 24.♕xf1! Δa3

In der Partie hingegen musste Schwarz nach **20.♘f4 ♖xc1+ 21.♖xc1** sein kombinatorisches Schlüsselmotiv **21...♖xf4 22.♕xf4** verschwenden, um mit **22...♗xd3+ 23.♔a1 ♘c2+ 24.♔b1 ♘b4+** Remis durch Dauerschach zu sichern.

II) Nach dem einzigen Zug **19.♘f4!** kann Schwarz keine Fortschritte mehr machen.

A) 19...a5 20.a3; **19...g5 20.♘xg5**; **20.♘xe6**

B) 19...♗a4

1) 20.b3?? ♖c2–+ 21.♕e3 ♗xb3 22.axb3 ♕c7

2) 20.♖c1 ♖c2 21.♖xc2 ♗xc2+ 22.♔a1 ♖xf4 23.♕xf4 ♗xd3 24.♖c1 ♘c2+ nebst Remis durch Dauerschach.

92

Thorgeirsson – Hauge

Reykjavik 2016

1.d4 e6 2.e4 d5 3.♘c3 ♘f6 4.♗g5 ♗e7 5.♗xf6 ♗xf6 6.e5 ♗e7 7.♕g4 ♔f8 8.h4 c5 9.dxc5 ♗xc5 10.0-0-0 ♘c6 11.♘f3 ♗d7 12.h5 h6 13.♗b5

Nach Verlust des Rochaderechts krankt die schwarze Stellung offenbar daran, dass die künstliche Rochade nur unter großen Schwierigkeiten ausgeführt werden könnte. Da andererseits das stabile Zentrum keiner nennenswerten Fürsorge bedarf und am Damenflügel alsbald Gegenspiel in Aussicht steht, hat Schwarz also zunächst nur dafür Sorge zu tragen, dass sein unpraktisch stehender König nicht unter Druck gerät.

I) In der Partie erlaubte der verfrühte Ausfall **13...♕a5?** den Überfall **14.♖xd5! exd5 15.♕xd7**, bei dem Weiß keinerlei

Risiko eingeht, weil ein Materialopfer stets weniger ins Gewicht fällt, wenn eine gegnerische Figur für längere Zeit vom Spiel ausgeschlossen ist.

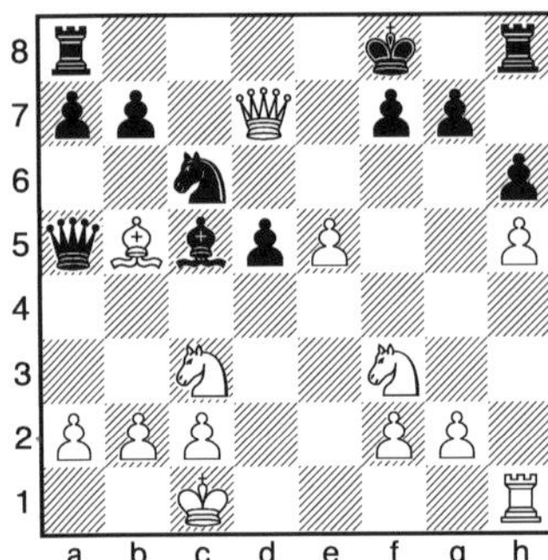

Allerdings geht es im gegebenen Fall längst nicht mehr um einen Kompensationsnachweis, sondern um die Frage, wie groß der *Vorteil* ausfällt.

Nach dem weiteren Fehler **15...♕d8?** (⌓15...♘e7 16.♕xb7±; 16.e6) und der Folge **16.♗xc6 bxc6 17.♕xc6 ♗xf2 18.♘xd5** war dieser bereits im Bereich einer tendenziellen Gewinnstellung angesiedelt.

II) Objektiv am besten ist außer den Entwicklungszügen 13...♕c7 und 13...♖c8 wohl die klärende Befragung **13...a6** mit folgenden Möglichkeiten:

A) 14.♗xc6? bxc6~∓; 14...♗xc6? 15.♘e4± Δ♖h3–g3

B) 14.♗d3 ♕c7∞; 14...♖c8; 14...♘b4

III) Der Bauernraub **13...♗xf2** wirkt wegen der Öffnung der f-Linie von Hause aus äußerst riskant, ist jedoch gefahrlos spielbar; und zwar **14.♖df1**

Denn der Königsturm soll via h3 aktiv nach g3 umgesetzt werden.

14...♗b6

14...♗e3+ 15.♔b1 ♔g8 16.♖h3 ♗g5 17.♖g3 f5 18.exf6 gxf6∞

15.♖h3 ♕e7

15...♗c7 16.♖g3 ♖g8 17.♗xc6 bxc6 18.♘a4⩲

16.♖g3 ♖g8 Δ17.♗d3? (⌓17.♕f4⩲)

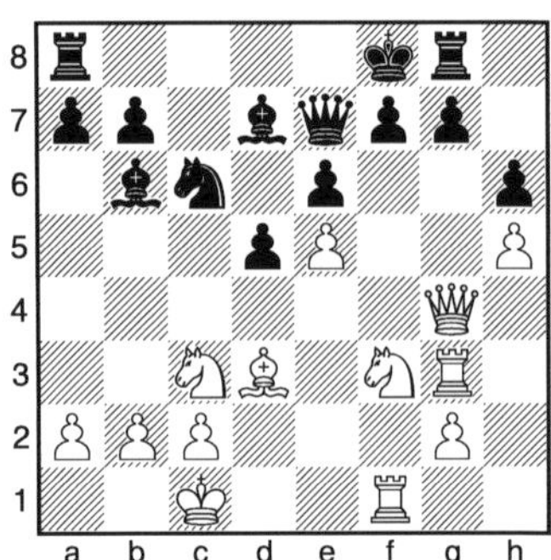

17...♗c7!∓ (17...♕b4!?)

A) 18.♗h7

18.♖e1 ♕b4; 18.♗g6 f6

18...♘xe5 19.♘xe5 ♗xe5 20.♖gf3 f6 21.♖e3 ♗xc3 22.♖xc3 ♖h8 23.♗g6 e5

B) 18.♕f4 ♕b4

1) Nach dem Zwischenzug 19.♘d4 und der Parade 19...f5 ...

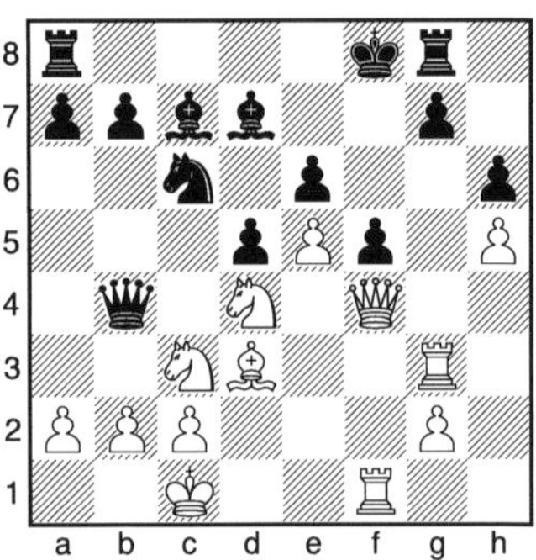

... bringt Schwarz seinen tendenziellen bzw. klaren Gewinnvorteil ungeachtet der Antwort bzw. der anschließenden Zugfolge unter Dach und Fach:

a) 20.♘xd5 ♕xd4 21.♘xc7

(21.♕xd4 ♘xd4 22.♘xc7 ♖c8 23.♖f4)

21...♖c8

(21...♕xf4+ 22.♖xf4 ♖c8 23.♘b5)

– 22.♕xd4 ♘xd4 23.♖f4

– 22.♘b5 ♕xf4+ 23.♖xf4 ♘xe5

b) 20.♘xe6+ ♗xe6 21.♕xb4+ ♘xb4 22.♗xf5 ♗xf5 23.♖xf5+ ♔e7 24.a3 d4! 25.♘b5 ♘d5 26.♘xd4 ♗b6–+

2) 19.♕xb4+ ♘xb4 20.♗h7 und nun muss Schwarz den naheliegenden Fehler 20...♖h8? vermeiden.

(◯20...♘c6 21.♗xg8 ♔xg8∓)

Denn nach 21.♘h4! mit der eventuellen Folge 21...♖xh7 (21...f5!?) 22.♘g6+ ♔e8 ...

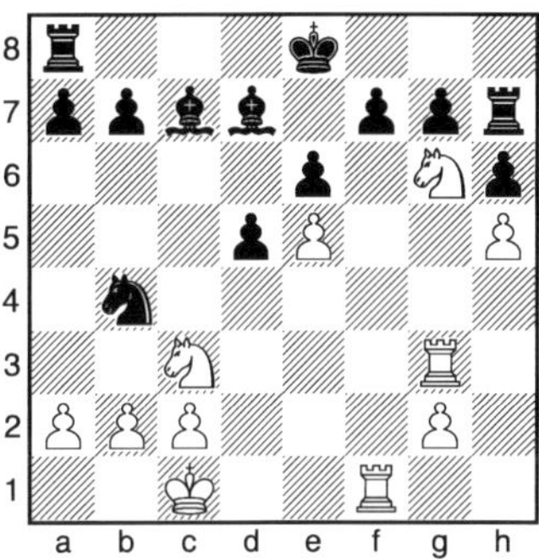

... führt die Überraschung 23.♖xf7! ♔xf7 24.♖f3+ ♔g8 25.♘e7+ ♔h8 26.♘g6+ ♔g8 27.♘e7+ zu einem originellen Dauerschach.

93

Seils – Rausch

Bad Wildbad 1993

1.e4 e6 2.d4 d5 3.♘c3 ♗b4 4.e5 ♘e7 5.♗d2 0–0 6.a3 ♗xc3 7.♗xc3 b6 8.h4 ♗a6 9.♗xa6 ♘xa6 10.♕d3 ♘b8 11.♘f3 h6 12.g4 c5 13.♗d2

Weiß hat die Angriffsmarke auf h6 zum Anlass für einen Bauernsturm genommen, der allerdings etwas behäbig wirkt, weil ja vor einem Vorstoß des g-Bauern der des h-Bauern erforderlich wäre. Allerdings muss Schwarz bei der Wahl des Gegenspiels der Tatsache gebührende Beachtung schenken, dass der gegnerische h-Turm nicht nur einen Bauernsturm unterstützen, sondern unter Umständen auch eine ganz andere Art von Königsangriff ermöglichen könnte.

1) In der Partie zerstörte Schwarz mit **13...cxd4?** die weiße Bauernkette, was zwar positionell folgerichtig ist, jedoch den taktischen Schlag **14.♘g5!** zuließ, der offenbar mit solcher Wucht einschlug, dass die selbstmörderische Antwort **14...hxg5??** wohl als Schockreaktion angesehen werden kann.

Hier ein Blick auf zwei mehr oder weniger bessere Alternativen:

a) 14...g6? 15.♘f3 +– (15.0–0–0) 15...♕c7 16.♗xh6

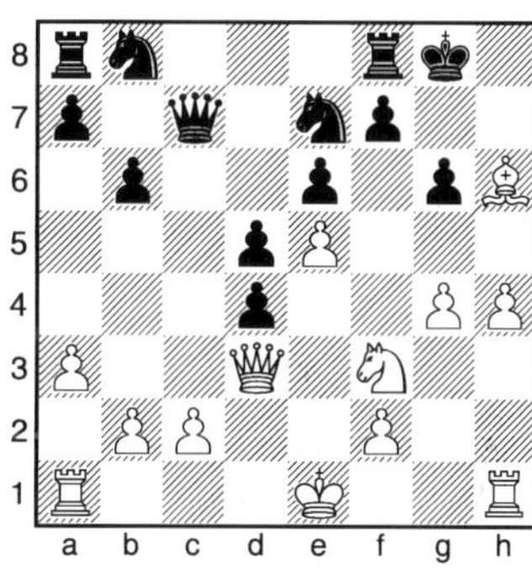

– 16...♖c8 17.0–0–0 ♘d7 18.h5 (18.♔b1) Δ18...♘c5 19.♕e2 d3 20.cxd3!

– 16...♘d7 17.♗xf8 (17.0–0–0) 17...♘xe5 18.♘xe5 ♕xe5+ 19.♕e2 ♕xe2+ 20.♔xe2 ♔xf8/♖xf8 21.f4

b) 14...♘g6 15.h5 (15.♘xe6?? ♘xe5∓) 15...f6 16.♘xe6

(16.exf6!? ♕xf6 17.0–0–0)

16...♘xe5 17.♕f5± (17.♕e2!?) 17...♕d7

(17...♕e7? 18.♗b4+–; 17...♕e8 18.♘xf8!)

Und nach 18.♘xf8 ...

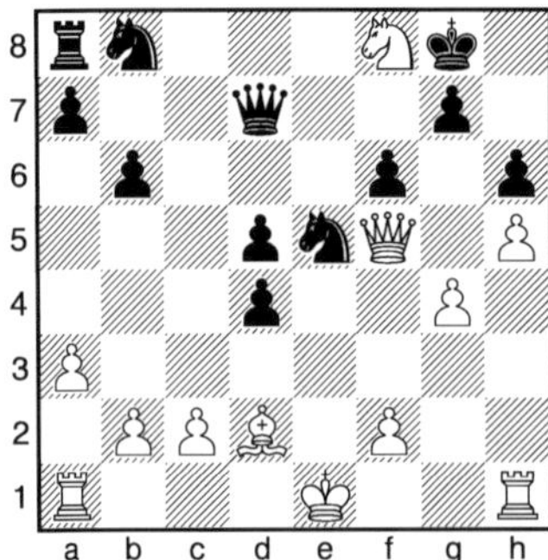

... hat Weiß in den Varianten ...

- 18...♕xf5 19.gxf5 ♔xf8 20.0–0–0
- 18...♔xf8 19.♕xd7 ♘bxd7 20.0–0–0

... nur deshalb keine klare Gewinnstellung, weil speziell die agilen schwarzen Springer seiner geschwächten Bauernstellung arg zusetzen können.

15.hxg5 ♘g6 16.♕h3 f6

Bestimmt hatte Schwarz im Vorfeld übersehen, dass die übliche Königsflucht über f8 nach 16...♖e8 17.♕h7+ ♔f8 ...

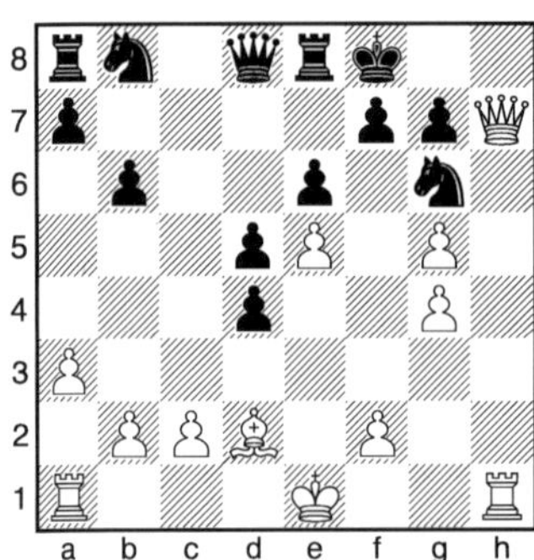

... 18.♗b4+ ♖e7 19.♕h8+ zum Matt führt.

17.gxf6

Zwei Alternativen waren deutlich stärker:

- 17.♕h7+ ♔f7 18.exf6 ♖g8 19.♖h6
- 17.exf6 ♔f7 18.♕h7 ♖g8 19.f4; 19.♖h6

Und nach **17...♔f7 18.fxg7 ♖g8** wäre statt **19.0–0–0** auch 19.f4 stark infrage gekommen, um der schwarzen Stellung den Garaus zu machen.

2) Auch **13...c4?!** ist zumindest fragwürdig, denn da damit das wichtigste Gegenspiel verkauft wird, kann Weiß nach **14.♕e3** (14.♕e2) **14...♘bc6** durchaus mit **15.h5** weiter auf Königsangriff spielen; z.B. **15...f5 16.exf6 ♖xf6 17.0–0–0±** (17.♘h4) Δ**17...♕f8 18.♘h4** (18.♖h3) **18...♖xf2**

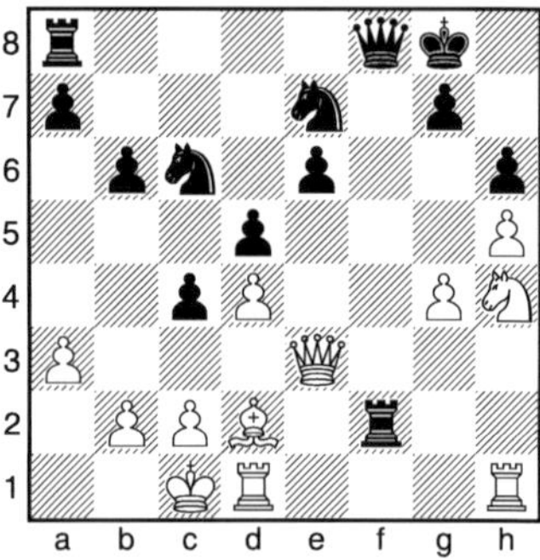

a) 19.♘g6!? ♘xg6 (19...♕f6 20.♘f4) **20.♕xe6+ ♔h8 21.hxg6**

b) 19.♕xe6+

- 19...♕f7 20.♕e3
- 19...♔h7 20.♕e3; 20.♖de1

3) Korrekt ist also die Aufrechterhaltung des zentralen Gegenspiels mit **13...♘bc6**, wonach Weiß mit **14.c3∞** 'vernünftig' fortfahren könnte, denn für ein Spiel auf Königsangriff mit **14.h5** müsste er nach **14...♘xd4 15.♘xd4 cxd4** ...

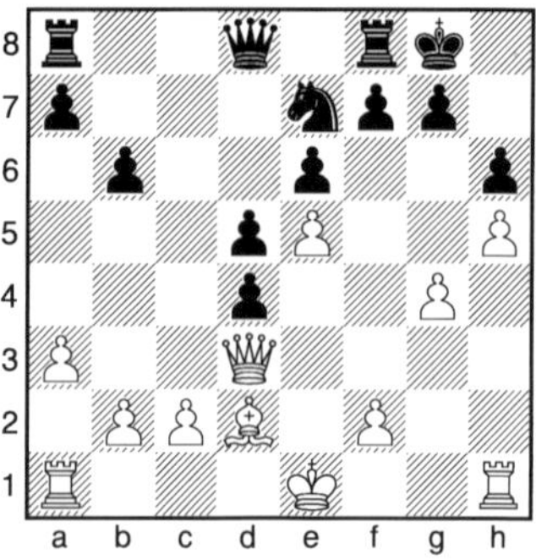

... schon zu dem Bauernopfer **16.0–0–0**⩲ bereit sein, da er sich mit **16.g5? ♘f5**∓ gehörigen Nachteil einhandeln würde.

94

Epding – Testor

Deutschland 2009

1.e4 e6 2.d4 d5 3.♘c3 ♗b4 4.e5 c5 5.a3 ♗a5 6.dxc5 ♗xc3+ 7.bxc3 ♘e7 8.♘f3 ♘d7 9.♗d3 ♕c7 10.0–0 ♘xc5 11.a4 ♘g6 12.♖e1 0–0 13.♗a3

Bei der Wahl einer zuverlässigen Verteidigungsmethode muss Schwarz außer der momentanen Fesselung auf der Diagonale a3–f8 vor allem auch beachten, dass Weiß (inklusive des h-Bauern) *fünf* Angreifer für einen Königsangriff zur Verfügung stehen.

In der Partie verriet der 'positionell gesunde' Zug **13...♖d8?**, dass Schwarz sich der latenten taktischen Gefahren in Königsnähe nicht bewusst war.

Außer dem Kandidaten 13...b6 ist auch 13...h6 vollkommen in Ordnung, weil das Schlagen auf g6 zur Nutzung der f-Linie sowie zu einem *dynamischen* Doppelbauern führen würde.

Hingegen behielte Weiß nach 13...♘xd3?! doch noch deutlichen Minimalvorteil in den Abspielen 14.cxd3 (14.♕xd3 ♖e8 15.♗d6) 14...♖e8 15.♕d2 oder auch 15.♗d6!? Δ15...♕xc3 16.h4! mit Angriffskompensation.

Mit diesen wurde er nach dem Abtausch zur Sicherung des starken Angriffsläufers **14.♗xc5 ♕xc5** gefolgt von dem Ausfall **15.♘g5** konfrontiert.

Danach drohen mit ♕h5 und ♖e3 gleich *zwei* Schwerfiguren nachzurücken, so dass die Defensive bereits überfordert ist.

15...♘f8

Das ist noch am zähsten, wie ein Blick auf die klaren Verlustvarianten bestätigt:

1) 15...♖f8

a) 16.♕h5?? h6 17.♘xf7 ♘f4 18.♘xh6+ gxh6 19.♕xh6=

b) ⌓16.♖e3 Δ♕h5; Δ16...h6 17.♘xf7 ♖xf7 18.♗xg6

2) 15...♕e7 16.♕h5 h6 17.♘xf7

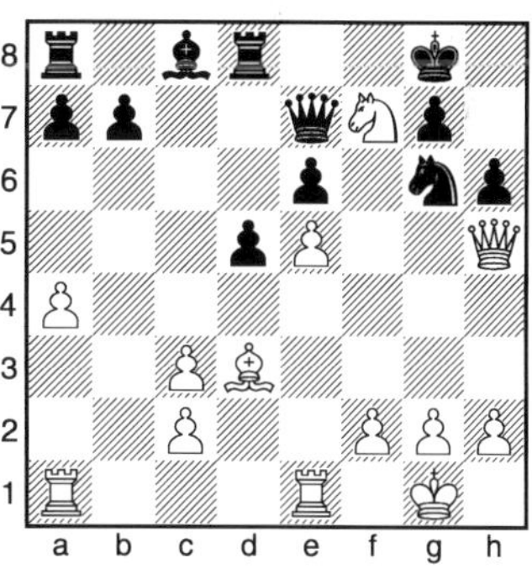

a) 17...♘f4? 18.♘xh6+ gxh6 19.♕xh6 Δ19...♘xd3 20.♖d3!

b) ⌓17...♕xf7 18.♗xg6 ♕e7 19.c4! +++ 19...dxc4 20.♗e4 Δ♕g6

3) 15...♕f8 Δ16.♕h5? (⌓16.♕g4 Δ♖e3-h3) 16...h6 17.♖e3!± Δ♖h3 (17.♘xf7??

♘f4–+) Δ17...♘f4 18.♕xf7+! ♕xf7 19.♘xf7+ ♔xf7 20.♖f3 g5 21.g3

16.♕h5 g6 17.♕h6?

Mit diesem zu direkten Herangehen will Weiß die spätere Verteidigung mit h7–h5 vereiteln, übersieht jedoch eine gewitzte Verteidigungsressource.

Zum Gewinn führte 17.♕h4 (mit der Zwischendrohung ♘xh7 bzw. ♘xf7), wonach es wie folgt weitergehen konnte: 17...♕e7 (17...♖d7 18.♖e3) 18.♖e3 Δ♖f3; Δ18...h5 19.♖b1 (19.♕f4) 19...♘h7 (19...b6 20.♕f4) 20.♖g3 b6 21.♖b4 (21.♕f4) Δ21...d4 22.♗xg6! (22.♖xd4) 22...fxg6 23.♕e4 h4

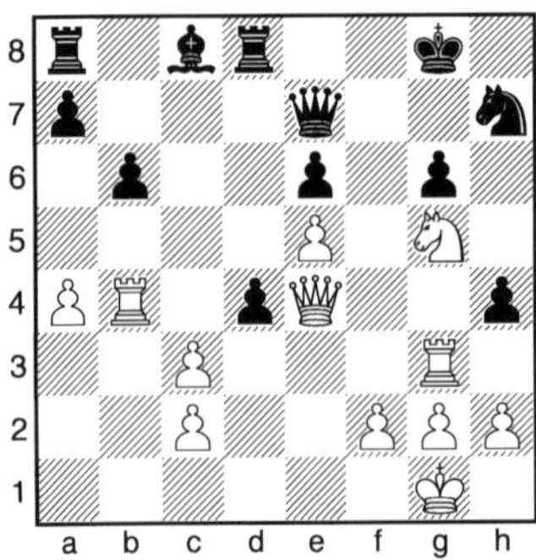

1) Nun würde Weiß sich die Sache mit 24.♕xg6+?! ♕g7 25.♕xg7+ ♔xg7 26.♘xe6+ ♔h6 27.♘xd8 hxg3 28.cxd4 gxf2+ 29.♔xf2 noch unnötig schwer machen.

2) Viel besser ist jedoch 24.♖g4!, denn auch wenn Schwarz nach 24...dxc3 25.h3 ♘f8 28.♕xa8 ♗b7 29.♕xa7 mit 29...♖d1+ 30.♔h2 ♖h1+ 31.♔xh1 ♗xg2+ 32.♔xg2 ♕xa7 'spektakulär' die Dame erobern könnte, stünde er nach 33.♘f3 oder 33.♖bd4 auf hoffnungslos verlorenem Posten.

17...♕xc3! 18.♖ab1 f5 19.♖e3?

Nach Öffnung der siebten Reihe ist weiterer Königsangriff illusorisch, aber nach 19.exf6 ♕xf6 20.♘f3 oder auch 20.a5 hatte Weiß zumindest noch kräftigen Minimalvorteil.

19...♕c7∞

95

Jackson – Regen

Ventnor 1945

1.e4 e6 2.d4 d5 3.♘d2 ♘f6 4.e5 ♘fd7 5.♗d3 c5 6.c3 ♘c6 7.♘df3 cxd4 8.cxd4 ♗b4+ 9.♔f1 ♗e7 10.♘e2 0–0 11.♘f4 ♖e8 12.h4 ♘f8

Vermutlich handelt es sich hier um einen interessanten Fall von Schachpsychologie, denn durch den vorangegangenen Prophylaxezug 12...♘f8 hatte Schwarz seinem Gegner wohl suggerieren wollen, dass an einen direkten Königsangriff nicht zu denken ist. Und offenbar war dies glaubwürdig geschehen (womöglich unter Einsatz von Mimik und Gestik bzw. durch den Kraftaufwand bei Ausführung des Zuges), denn Weiß suchte nach etwas eher Indirektem.

1) In der Partie führte sogar der Vorstoß **13.g4?!** zum Erfolg. Zwar wirkt dieser Ansatz, der eher in einem Sizilianer gang und gäbe ist, auf Anhieb völlig verfehlt (u.a. wegen der Sperrung der Diagonale d1–h5 und somit des Verzichts auf den Damenausflug nach h5), aber das Problem für Schwarz besteht in der Schaffung von Gegenspiel. Und wenn dies nicht rechtzeitig, gelingt, gehen die weißen Bauern einfach weiter vor, so dass früher oder später Linienöffnung erzwungen wird.

Wie auch immer setzte Schwarz mit **13...f6** unverzüglich den einzigen ihm noch zur Verfügung stehenden Hebel ein, und tatsächlich ist es schwer, etwas eindeutig Besseres zu empfehlen. So folgt auf die pragmatische Fortsetzung der

Entwicklung mit 13...♗d7 der weitere Vorstoß 14.g5 und nach beispielsweise 14...♖c8 15.a3 ♕b6 16.h5 ...

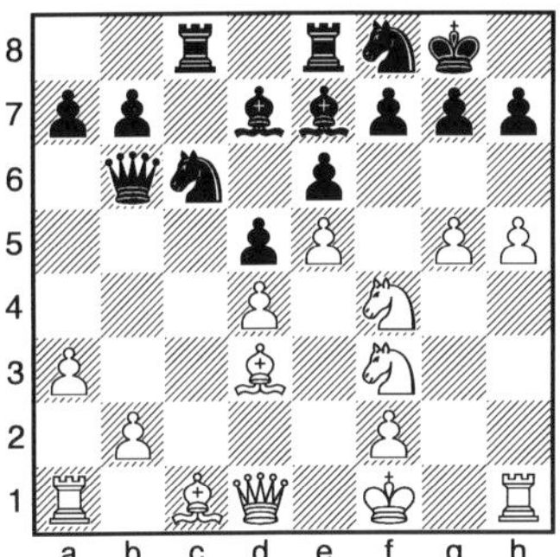

... steht Weiß schon bereit zum Ansatz des Dosenöffners g5–g6.

14.g5 fxe5?

Da der Angriff nach dieser freiwilligen Linienöffnung rasante Fortschritte macht, sollte womöglich die sture Blockade mit 14...f5!? besser sein. Allerdings hat Weiß ja jede Menge Zeit und muss nicht unbedingt weiter mit den Bauern vorgehen, sondern kann auch auf das Opferspiel ♘h5 nebst ♘f6+ abzielen.

15.dxe5 ♗d7

Das enorme Angriffspotenzial wird auch in den Varianten nach 15...♕c7 16.g6+– deutlich (obwohl Weiß mit 16.♘h5!? Δ16...♗d7 17.♘f6+ sogar auf Plan B zurückgreifen könnte).

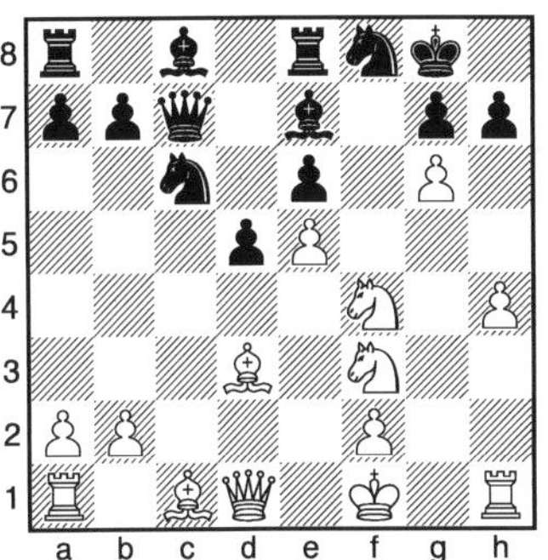

– 16...hxg6 17.h5! g5 18.h6! (18.g6) Δ18...gxf4 19.hxg7; 19.♖g1

– 16...♘xg6 17.♗xg6; ♘g5

– 16...h6 17.♘h5! ♘xe5 18.♘xe5 (18.♗f4) 18...♕xe5 19.♗xh6! Δ19...gxh6? 20.♕f3

– 16...♘xe5 17.♘xe5 ♕xe5 18.gxh7+ ♔h8 19.♘h5! Δ♖g1, ♕f3 usw.

16.g6!+– 16...hxg6

– 16...♘xg6 17.♗xg6 hxg6 18.h5!

– 16...h6 17.♘h5! ...

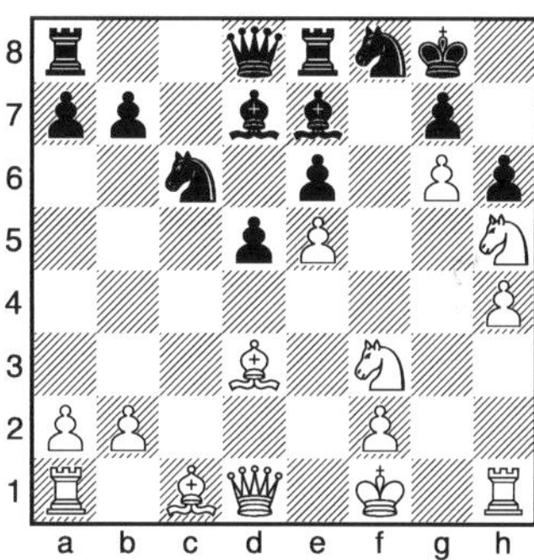

... mit der Doppeldrohung 18.♘xg7 ♔xg7 19.♕d2 bzw. 18.♗xh6 gxh6 19.♕d2 usw.

17.♘xg6?

Damit macht Weiß sich die Sache allerdings zu einfach; besser war 17.h5! usw.

17...♘xg6 18.♗xg6 ♖f8?

In einer dermaßen unter Druck stehenden Stellung am Material zu kleben ist von Hause aus verdächtig.

⌓18...♕b6! Δ19.♗xe8?! (⌓19.♗e3±)

19...♗xe8 20.h5 ♕b4! (Δ♕g4; ♕e4) 21.h6±

19...♖xe8 20.♕b3±; 20.♗e3

19.♘g5! ♘xe5?

Zäher 19...♕b6 oder 19...♗e8.

20.♗h7+ ♔h8 21.♕h5

War da nicht irgendwo die Rede von der Bedeutung der Diagonale d1–h5?!

21...g6 22.♗xg6+ ♔g7 23.♕h7+

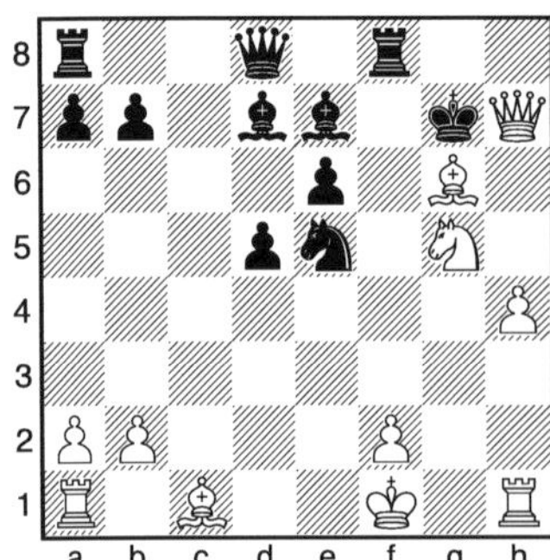

Und hier erwies Schwarz sich durch seine Aufgabe als Spielverderber, wohl weil er seinem Gegner die Mattsetzung mit 23...♔f6 24.♘e4+ dxe4 25.♗g5# missgönnte.

2) Vermutlich hat Weiß über **13.♘g5!**+− nur ansatzweise nachgedacht, weil der Bauer h7 ja ausreichend überdeckt ist. Dabei hätte die einzige Aufgabe in der Folge darin bestanden, in der Überfülle von Nebenlösungen nicht die Orientierung zu verlieren.

a) 13...h6

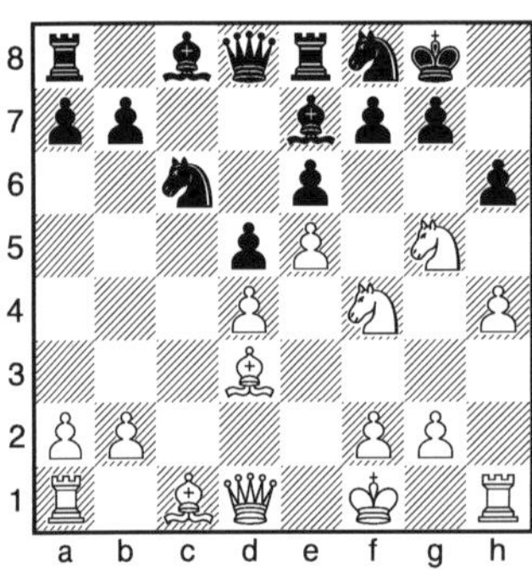

14.♘xf7! (14.♘h5; 14.♕h5) **14...♔xf7 15.♕g4** (15.♘h5; 15.♕h5)

b) 13...♗xg5 14.hxg5 Δ♗xh7+ nebst ♕h5; **Δ14...g6 15.♘h5!**

c) 13...♘xd4 14.♗xh7+! ♘xh7 15.♕h5! ♗xg5 16.hxg5 ♔f8 17.♕xh7 (17.g6) **17...♔e7 18.♕xg7** (18.g6)

d) 13...g6

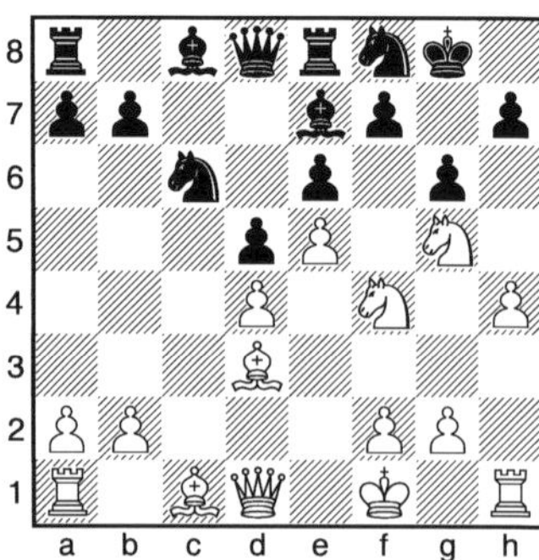

14.♘xh7!! ♘xh7 (14...♘xd4 15.♕g4; 15.h5; 15.♘xf8) **15.♘xg6 Δ15...fxg6 16.♕g4; 16.♗xg6**

96

Arapovic – Nikolic

Sarajevo 1980

1.e4 e6 2.d4 d5 3.♘c3 ♗b4 4.e5 ♘e7 5.a3 ♗xc3+ 6.bxc3 c5 7.♕g4 0–0 8.♘f3 ♕a5 9.♗d2 ♕a4 10.♗d3 c4

Bei seiner provokativen Spielweise verlässt Schwarz sich offenbar darauf, dass nach dem 'klassischen Läuferopfer' die Mattdrohung auf h7 von c2 aus pariert werden könnte. Die Folge verdeutlicht, was beiden Seiten nicht bewusst war: Der Angriff muss gar nicht im ersten Anlauf durchdringen! Zur Entlastung des Schwarzspielers muss allerdings erwähnt werden, dass er kaum etwas Besseres als 10...c4 hatte – und dass der wirkliche Fehler bereits im vorangegangenen Zug geschehen war, wo nämlich 9...c4∞ den mörderischen Läufer von d3 hätte fernhalten müssen.

11.♗xh7+! ♔xh7 12.♕h4+

Wenn Weiß unbedingt auf Matt spielen will, müsste er den anderen Damenzug 12.♕h5+? wählen (zum Ausschluss von ♘f5 a tempo) und nach 12...♔g8 zunächst etwas für die Sicherheit von c2 tun. Hier ein Blick auf die beiden wichtigsten Möglichkeiten, die sich in ihren Grundzügen ähneln.

1) Nach 13.♖c1 f6 14.exf6 müsste Schwarz 14...♖xf6? vermeiden (⌓14...gxf6∞), denn nach 15.♘g5± Δ15...♘bc6 16.0–0 Δf4; Δ♖fe1–e3 läuft die angedeutete 'zweite Angriffswelle' an.

2) Hingegen kommen nach 13.♔d1 f6 14.exf6 beide Schlagzüge in Betracht.

a) Wobei die Königsstellung auf d1 nach 14...♖xf6 15.♘g5 ♘bc6 die zusätzliche Option 16.♖e1! Δ♖e3 bietet, auf die Schwarz gleich *zwei* 'einzige Züge' finden muss, um nicht unterzugehen.

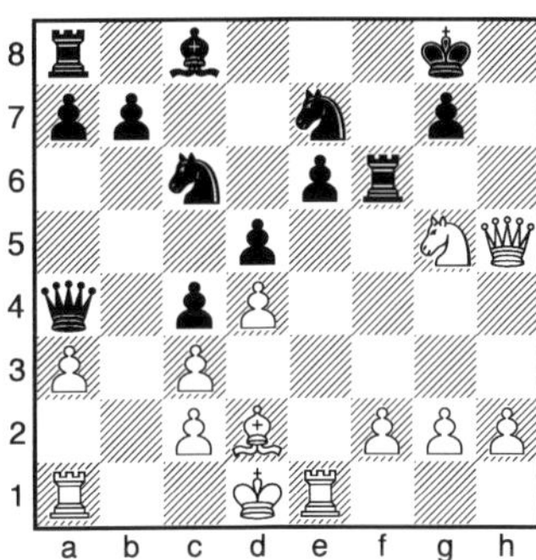

Und zwar 16...e5! 17.dxe5 ♗f5! 18.exf6 (18.♖c1/♖a2?? ♖ff8–+)18...♕xc2+ 19.♔e2 ♕d3+ nebst Dauerschach.

b) Und nach 14...gxf6 muss Weiß den Gewinnversuch 15.♗h6? vermeiden (⌓15.♕g4+ =), weil Schwarz nach 15...♕e8! 16.♕g4+ ♕g6 17.♕xg6+ ♘xg6 18.♗xf8 ♔xf8 19.h4 ♘bc6 zumindest Minimalvorteil davonträgt.

12...♔g8 13.♕xe7

13.♘g5?? ♕xc2–+

13...♕xc2

1) Auch 13...f6? führt nach 14.exf6 in allen Varianten zum Verlust:

a) Besonders krass nach 14...gxf6? 15.♗h6 ♖f7 16.♕d8+ ♔h7 17.♕xc8+– Δ17...♔xh6? 18.♕h8+ ♔g6 19.♘h4+ nebst baldigem #.

b) Und nach 14...♖xf6 wäre der Trickzug 15.♗h6!? (15.♖c1) am besten ...

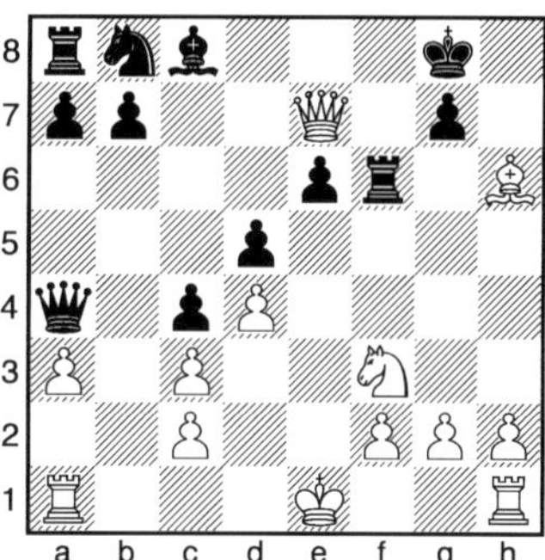

... um den Damentausch 15...♕d7 zu erzwingen

(Ganz indiskutabel sind die Alternativen 16...♖f7? 17.♕g5 und 16...♖xh6? 17.♕d8+ ♖f8 18.♕c7.)

Denn danach kann Weiß sich ungestört an die Verwertung des Mehrbauern in positioneller Gewinnstellung (Schwächen e5/e6) machen.

2) In Betracht kam allerdings auch 13...♘c6 14.♕g5 ♕xc2 15.h4! mit zunächst nur ±.

Nach **14.0–0? ♘c6∞** stand Weiß schließlich mit leeren Händen da.

Stattdessen hätte die zweite Angriffswelle nach 14.h4!± ...

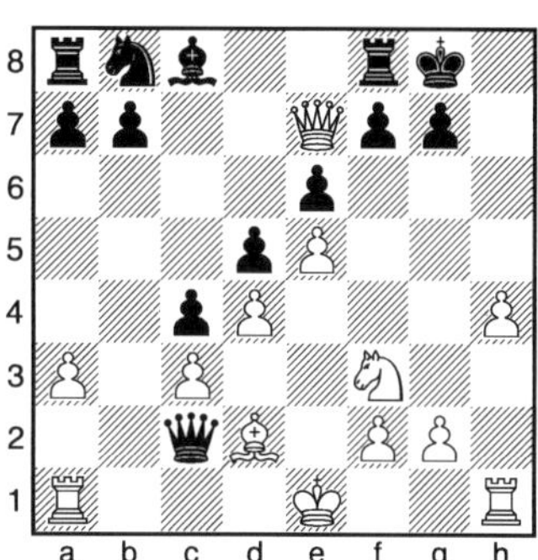

... nach wie vor zu beträchtlichem Vorteil geführt, wie aus folgenden Varianten hervorgeht:

1) 14...♘c6 15.♕g5

2) 14...♕e4+ 15.♔f1; 15.♗e3

3) 14...f6 15.exf6 ♖xf6

a) 16.♕d8+ ♖f8 17.♕c7; 17.♕g5

b) 16.♘g5!? ♘c6 17.♕d6

97

Colas Longares – Zlotnik

Zaragoza 1992

1.e4 e6 2.d4 d5 3.♘c3 ♗b4 4.e5 ♘e7 5.a3 ♗xc3+ 6.bxc3 c5 7.♕g4 0–0 8.♗d3 ♘bc6 9.♘f3 f5 10.♕h3 ♕a5 11.♗d2 c4 12.♗e2 ♕a4 13.♖a2

Nicht nur theoretisch, sondern durchaus auch in der Praxis, wie folgende Demonstration ohne Worte veranschaulicht:

13...♘d8 14.0–0 ♕e8 15.♘h4 ♗d7 16.f4 ♖c8 17.g3 ♖c6 18.♘g2 ♖b6 19.♘e3 ♔h8 20.♗h5 g6 21.♗e2 ♖f7 22.♔h1 ♕f8 23.♖aa1 ♗a4 24.♖g1 a5 25.♖af1 ♖b2 26.♗c1 ♖a2

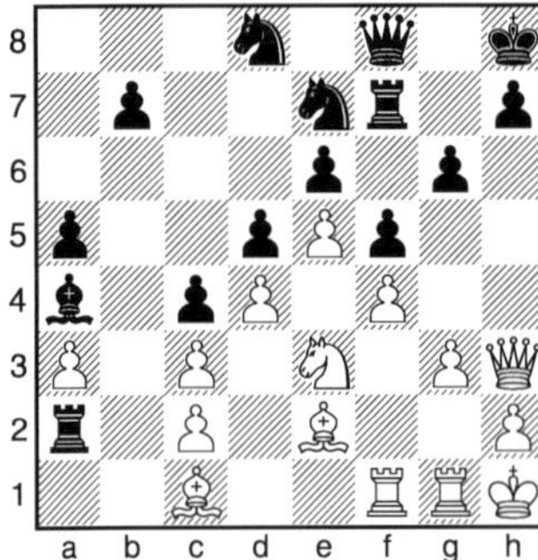

98

Podgornov – Lichmann

Simferopol 2004

1.e4 e6 2.d4 d5 3.e5 c5 4.c3 ♕a5 5.♗d2 ♕b6 6.♕c2 cxd4 7.cxd4 ♘c6 8.♗e3 ♗d7 9.♘f3 ♖c8 10.♘c3 ♗b4

Nach beiderseits ungenauer Eröffnungsbehandlung (U16! – ⌓5.dxc5; ⌓6...♘c6; ⌓10...♘ge7 Δ♘f5) ist Weiß mit dem lästigen Problem der ungünstigen Damenpostierung auf der c-Linie verblieben und muss die Fortsetzung der Entwicklung entsprechend vorsichtig anpassen.

In der Partie kam er nach dem unvorsichtigen Normalzug **11.♗d3?** bereits deutlich in Nachteil.

– Besser war 11.♗e2 ♘ge7 12.0–0∞.

– Von Interesse war auch die gewitzte Vorsorgemaßnahme 11.♖b1!? mit der möglichen Folge 11...♘a5! (11...♘ge7?! 12.♗d3±)

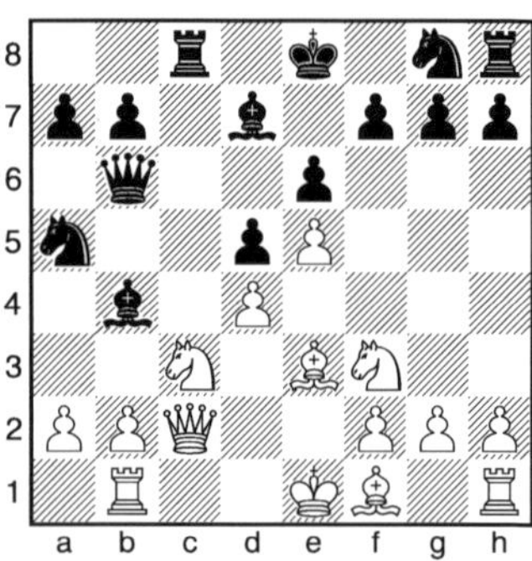

Δ12.♗e2?! ♗xc3+ 13.bxc3 ♖xc3!∓; ⌓12.♗d3 ♗b5!∞, 12.♗d2 ♘c4∞.

1) Und nach **11...♗xc3+** machte Weiß es seinem Gegner mit **12.bxc3?! ♘b4 13.♕d2 ♘xd3+ 14.♕xd3 ♗b5∓** allzu einfach.

2) Nach der besseren Alternative **12.♕xc3!** ...

a) ... bestand eine naheliegende Verführung in 12...♘xe5?? 13.dxe5 ♖xc3 14.♗xb6 ♖xd3 15.♗xa7

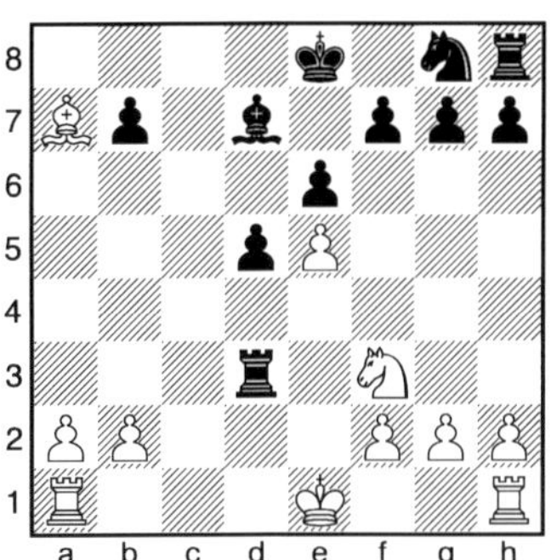

... mit klarem Vorteil angesichts des verirrten Turms auf d3.

b) Besser wäre 12...♘b4 13.♕b3 ♘xd3+ 14.♕xd3 Δ14...♕xb2? (⌓♗b5∓; 14...♘e7) 15.♖b1 ♕xa2 16.♖xb7 ♗c6 17.♖b3⩲

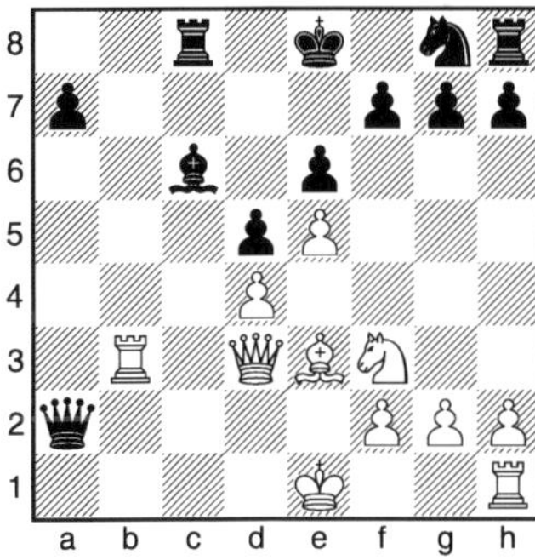

... mit der möglichen und weitgehend forcierten Folge 17...a6 18.0–0 ♗b5 19.♖xb5 axb5 20.♕xb5+ ♔f8 21.♕d7 ♕c4 (21...♕a8? 22.♗d2±) 22.♗d2 ♘e7 23.♗g5 g6 24.♖b1 ♔g8 25.h4.

99

Munguntuul – Tuvsanaa

Ulaanbaatar 2009

1.e4 e6 2.d4 d5 3.♘c3 ♗b4 4.e5 c5 5.a3 ♗xc3+ 6.bxc3 ♘e7 7.♗d3 ♗d7 8.♕g4 ♕a5 9.♗d2 c4 10.♗e2 ♘bc6 11.♕xg7 ♖g8 12.♕h6 ♖xg2 13.♘f3 0–0–0 14.♘g5 ♖g8

Angesichts der simplen Überlastungsdrohung ♖2xg5 nebst ♕xc3+ muss der ♘g5 offenbar überdeckt werden. Aufgrund des unrochierten Königs und der damit einhergehenden fehlenden Turmverbindung dürfte klar sein, dass bei der Wahl des richtigen Bauernzuges der eventuellen Öffnung der zweiten Reihe entscheidende Bedeutung zukommt.

In der Partie war Weiß sich offenbar keinerlei Gefahr bewusst und ließ entsprechend leichtfertig **15.f4??** folgen.

Hingegen wäre nach 15.h4 Δ♗f3, ♔f1, ♕xh7 an seiner klaren Gewinnstellung nicht zu rütteln gewesen.

I) Mit **15...♘f5?** und **16.♕h3?** folgten beiderseits weitere Fehler.

Nach 16.♕xh7 ♖8xg5 17.fxg5 ♘cxd4 18.cxd4 c3 hätte Schwarz eindeutige Kompensation nachweisen können. So wäre die Beispielvariante 19.♔f1 ♖xe2 20.♔xe2 cxd2 21.♕h8+ ♔c7 22.♕f8 ...

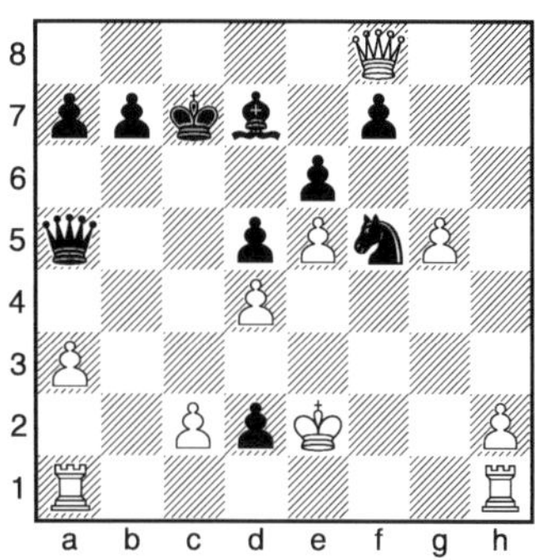

... 22...♘xd4+ 23.♔d3 ♕b5+ 24.♔xd4 ♕c4+ 25.♔e3 sowohl nach 25...♕c3+

als auch nach 25...♕e4+ auf Dauerschach hinausgelaufen.

16...♖xe2+ 17.♔xe2 und nach dem Textzug **17...♖g7?!** hätte 18.♘xh7± deutlichen Vorteil abgeliefert.

Ähnliches galt für 17...h6?! 18.♘xf7±, während Weiß nach 17...♕a4 18.♔d1; 18.♖a2 mehr technische Probleme hätte bewältigen müssen.

II) Der erste bessere Ansatz bestand in **15...♕b6!?**, denn mit dem naheliegenden Fehler **16.♕h3?** hätte Weiß böse danebengreifen können.

⌓16.♔f1 ♘xd4 17.♔xg2 ♘xe2⩲

16...♘xd4! 17.cxd4 ♕xd4 18.♕xg2 ♕xa1+ 19.♔f2 ♕d4+ 20.♗e3 ♕c3 21.♗c5 ♘f5 22.♕h3 ♕a5 23.♗b4 ♕b6+ 24.♔e1 a5!∓

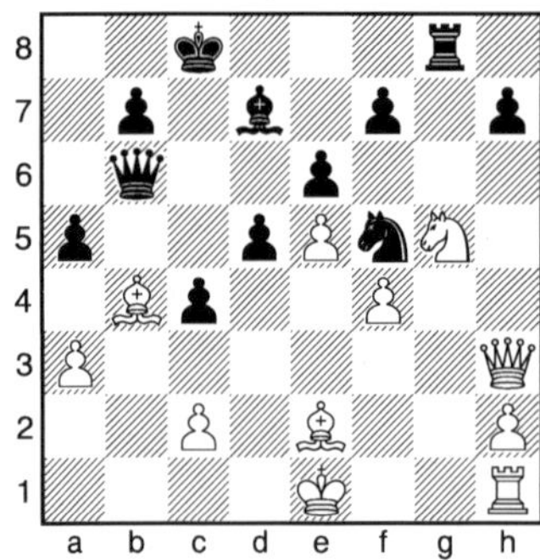

25.♕xh7

25.♗d2 d4; 25...♕b1+ 26.♗d1 d4

25...♖e8 26.♗d2 ♕b1+ (26...♕b2; 26...d4) **27.♗d1 d4**; **27...♕a1**

III) Allerdings wäre **15...♘xd4!! 16.cxd4 c3** allein schon wegen der psychologischen Wirkung noch stärker gewesen, und auch hier hätte Weiß sofort eine wichtige Entscheidung zu treffen. Sofern sie nicht anders gekennzeichnet sind, führen alle folgenden (oft nebenlösigen) Varianten zu guter Kompensation.

A) 17.♗c1

1) 17...♕a4 18.♕xh7 ♖xe2+; 18...♖8xg5; 18...♕xd4

2) 17...♘f5 18.♕xh7 (18.♕h3 ♘xd4) 18...♖xe2+; 18...♖8xg5

3) 17...♖xe2+ 18.♔xe2 ♕a4 19.♕xh7 ♖8xg5 20.fxg5 ♘f5 21.♔e1 (21.♕h3) 21...♕xc2 (21...♕xd4) 22.♕h3 ♘xd4 23.♕g4

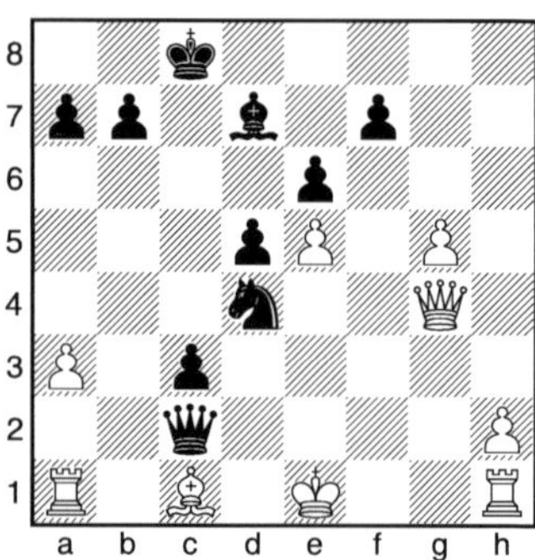

Obwohl der weiße König angesichts dreier Angreifer dem Tode geweiht zu sein scheint, ist ihm de facto nicht beizukommen. Und da 23...♗b5?? an 24.g6!+− Δ24...fxg6 25.♗g5 scheitert, muss Schwarz sich nach 23...♘b3 24.♕e2 ♕g6 weiterhin mit Kompensation zufrieden geben.

B) 17.♗e3 ♘f5 18.♕xh7

18.♕h3 h6 19.♘xf7 (19.♕xg2?? ♘xe3 −+) 19...♕a4⩱

18...♖8xg5

18...♘xe3? 19.♕xg8+ ♔c7 20.♗d3∞; 20.♕f8

19.fxg5 ♘xe3

1) 20.♗d3?? ♕a4−+; 20.♕d3?? ♘xc2! 21.♕xc2 ♗b5−+

2) 20.♖b1 ♕a4 21.♕d3 ♕xc2!

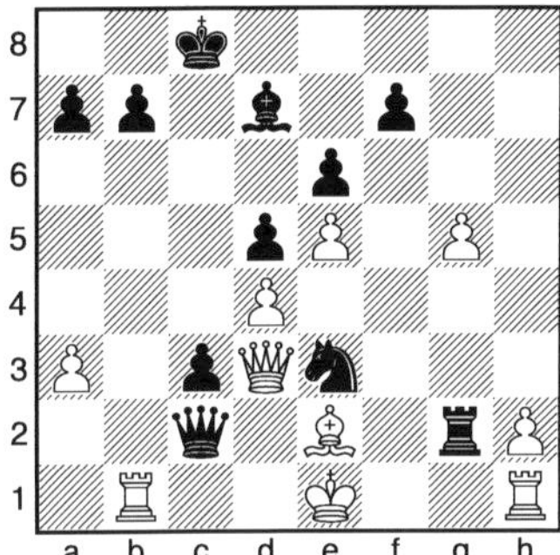

Im Sinne von Königsangriff wirkt Damentausch prinzipiell befremdlich, aber der Angriff geht nicht recht weiter und auch ohne Damen auf dem Brett bleibt die Kompensation ungemindert erhalten. Und obwohl die Stellung nach 22.♕xc2 ♘xc2+ 23.♔f1 ♖xg5 24.h4 ♖f5+ 25.♔g2 ♘xd4 26.♗d3 h5 27.♖bc1 c2! 28.♗xc2 ♔d8 objektiv ausgeglichen ist, möchte man angesichts der schwarzen Freibauernschar ungern in der Haut des Weißspielers stecken.

3) Der sofortige Freibauernvortrieb mit 20.h4! macht den besten Eindruck.

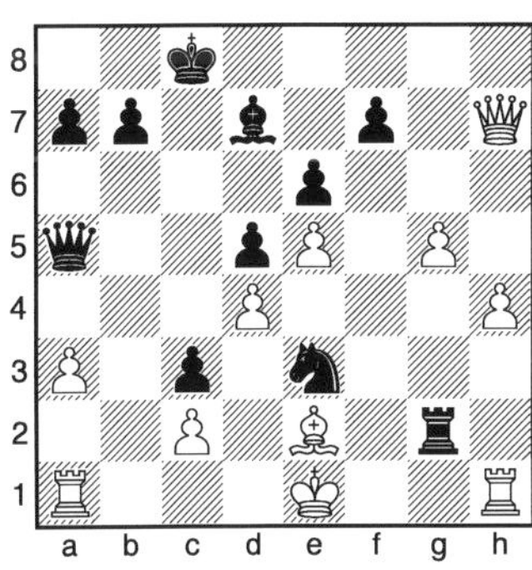

a) Nach diesmal 20...♘xc2+ 21.♕xc2 ♗b5 22.h5 ♖xe2+ 23.♕xe2 ♗xe2 24.♔xe2 müsste Schwarz früher oder später Dauerschach geben.

b) Und nach 20...♕b6 21.♕xf7 ♘xc2+ (21...♔c7 22.♕e7 ♘xc2+) 22.♔f1 ♘e3+ 23.♔e1 ♘f5 24.♕f8+ ♔c7 führt entlastender Damentausch in dem Abspiel 25.♕b4 ♘xd4 26.♕xb6+ ♔xb6 27.♗d3 zu weiterhin unklaren Verhältnissen.

100

Henris – Hareux

Charleroi 2003

1.e4 e6 2.d4 d5 3.♘c3 ♗b4 4.e5 c5 5.♘f3 ♘c6 6.dxc5 ♗xc5 7.♗d3 ♘ge7 8.♗f4 ♘g6 9.♗g3 0–0 10.0–0 ♗d7 11.a3 f5

Weil auf c5 ein ungedeckter Läufer steht, der schon bald (und gemäß GM John Nunns Bonmot 'Loose pieces drop off!') vom Brett zu fallen droht. Obwohl es bei genauerer Betrachtung 'nur' um den Verlust eines schwarzen Zentrumsbauern geht.

Allerdings ist nach der einfachen Einleitung **12.exf6 ♕xf6** Präzision gefragt, denn die in der Partie gewählte Zugfolge **13.♗xg6?** hätte sich bei aufmerksamer Verteidigung als ungenau herausstellen können.

Ganz anders nach der korrekten Version 13.♘xd5 exd5 14.♗xg6 ...

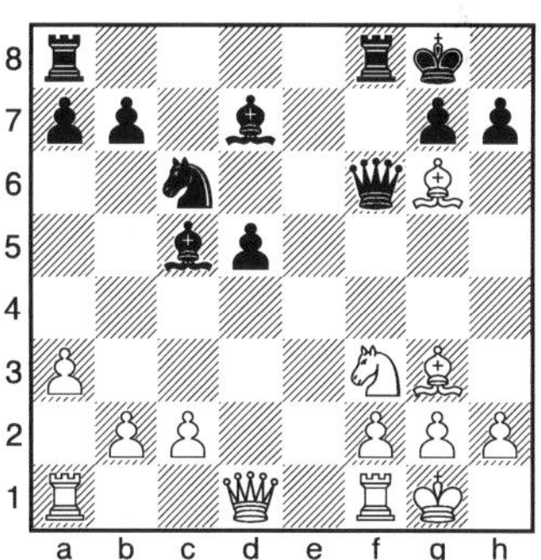

... und ± in folgenden Abspielen:

- 14...♗e6 15.♗d3 Δ15...♕xb2?? 16.♗xh7+ +-
- 14...♘e7 15.♗d3; 15.♘e5
- 14...♘d4 15.♘xd4; 15.♘e5; 15.♗h5

– 14...♗xf2+ 15.♖xf2 ♕xg6 16.♕xd5+

13...♕xg6 14.♘xd5?!

Mit 14.♖e1!? konnte Weiß wenigstens noch Minimalvorteil sicherstellen; z.B. wäre das Qualitätsopfer 14...♖xf3?! etwas zu optimistisch (⌓14...♗e8) 15.♕xf3 ♘d4 16.♕d1 Δ16..♕xc2? (⌓16...♘xc2 17.♘e4!~±) 17.♗e5 ♕xd1 18.♖axd1 ♘b3 19.♘e4±

14...♖f7??

Hier hingegen drängte sich 14...♖xf3! förmlich auf:

– Nach 15.gxf3 ♖d8 16.♘f4 ♕f6 hat Schwarz ausreichende Kompensation.

– Und auch nach 15.♕xf3 ♘d4 ...

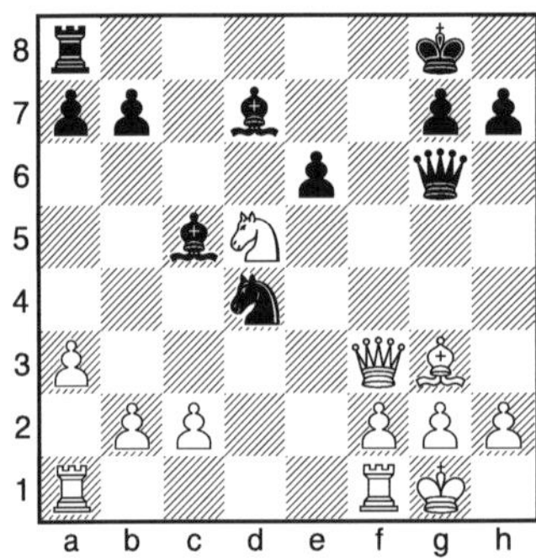

... und dem einzigen Zug 16.♘e7+ gefolgt von 16...♗xe7 17.♕xb7 ♕e8∞ bzw. 17...♘e2+ 18.♔h1 ♘xg3+ 19.fxg3 ♕e8 steht Weiß mit leeren Händen da.

Nach dem fehlerhaften Textzug und der Folge **15.♘f4 ♕f5 16.♘d3** verfügte Weiß über eine positionelle Gewinnstellung.

101

Pirttimaki – Brynell

Eksjo 1990

1.d4 e6 2.e4 d5 3.♘c3 ♗b4 4.e5 c5 5.a3 ♗a5 6.♕g4 ♘e7 7.b4 cxb4 8.♘b5 b3+ 9.c3 0–0 10.♗d3 a6 11.♗g5 ♕d7 12.♘f3

Bei der Beantwortung der Testfrage ist angemessen darauf zu achten, dass Weiß (ungeachtet seiner Misere am Damenflügel) mit *vier* Angreifern vor einem nur notdürftig geschützten König operiert.

Entsprechend wurde Schwarz nach dem voreiligen Partieansatz **12...axb5??** mit einem Überfall konfrontiert, der eigentlich auf die Rettung von Weiß hätte hinauslaufen können.

Tatsächlich führte allein die vorbeugende Maßnahme 12...♘g6! problemlos zum Gewinn.

13.♗xh7+!! ♔xh7 14.♕h4+??

Damit unterschätzt Weiß allerdings gehörig die schwarzen Verteidigungsressourcen.

14.♗f6! hätte das Gleichgewicht gewahrt und mit einiger Wahrscheinlichkeit zu einem Remis durch Zugwiederholung geführt, wie aus den folgenden Varianten hervorgeht:

14...♗xc3+

(– 14...gxf6?? 15.exf6 führt zum Matt.

– Und zu 14...♘f5 siehe 15...♘f5 weiter unten.)

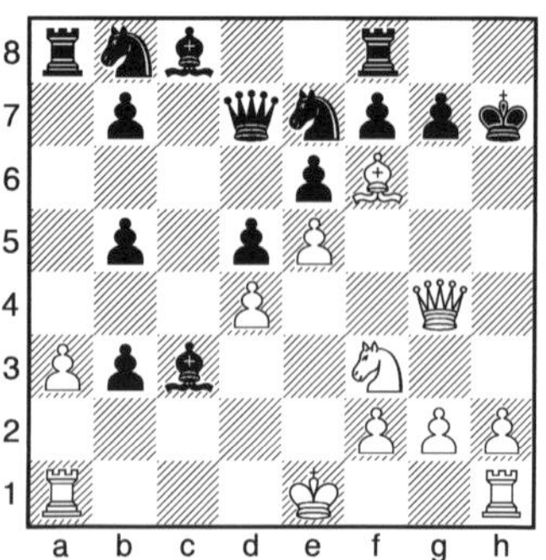

15.♔d1

(Nach 15.♔e2?? gewinnt 15...♘g6, weil nach 16.♕h5+ ♔g8 zunächst ♘f4+ droht.

15...♘f5

(15...♘g6?? 16.♘g5+ ♔g8 17.♕h5+-)

16.♘g5+

(Es geht auch einfach 16.♘h4 gxf6 17.♘xf5 nebst Dauerschach.)

16...♔g8 17.♕h3

(Nur nicht 17.♕h5??, weil Weiß nach 17...♘h6–+ der Damenschwenk auf der dritten Reihe fehlt.)

17...♘h6 18.♕d3 ♘f5 19.♕h3 usw.

14...♔g8 15.♗xe7 f6?∓

Aber damit unterschätzt auch Schwarz selbst seine Gewinnressourcen, die aus folgenden Varianten hervorgehen:

15...♗xc3+

(Oder auch 15...b2 16.♖b1 ♗xc3+ 17.♔e2 b4!–+ Δ18.♘g5 ♕b5+ 19.♔e3 ♗xd4+!)

16.♔e2 ♕c7 17.♖ad1 ♖a4!

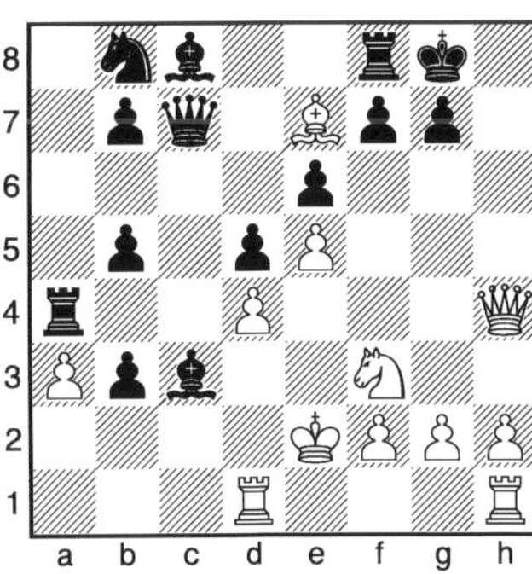

Δ18.♗f6 (18.♘g5 ♕xe5+) 18...♗xd4! 19.♘xd4 (19.♗xg7 ♕c2+ 20.♖d2 ♕e4+) 19...♘c6! 20.♕g4 ♘xd4+ 21.♖xd4 ♕c2+ 22.♔e3 und nun ist 22...♕h7! wesentlich stärker als 22...♕g6?! 23.♕xg6 hxg6 24.♗e7, wonach Weiß sich noch unnötig abmühen müsste.

102

Perez Candelario – Kononenko

Elgoibar 2006

1.e4 e6 2.d4 d5 3.♘c3 ♗b4 4.e5 c5 5.a3 ♗xc3+ 6.bxc3 ♕c7 7.♕g4 f6 8.♕g3 c4 9.a4 ♘c6 10.f4 ♕f7 11.♘f3 ♘ge7 12.♗e2 ♗d7 13.0–0 0–0–0 14.♕e1 h5 15.♖b1 ♘f5 16.♘h4 ♘xh4 17.♕xh4 ♘e7 18.a5 ♘f5 19.♕e1 ♖dg8

Der Vorstoß **20.a6!!** wirkt vollkommen verfehlt, weil er ja zu gar keiner Linienöffnung führt. Obwohl es zutreffend heißen müsste: zu keiner Öffnung einer *Turm*linie.

In der Partie hätte Schwarz nach dem nicht sonderlich inspirierten Entwicklungszug 20.♗d2?? mit 20...♗c6 jegliche Angriffshoffnung zunichte machen können.

Allerdings wird nach der automatischen Reaktion **20...b6** und der Antwort **21.♗xc4!** buchstäblich *schlagartig* klar, dass es vielmehr um die Öffnung einer bedeutsamen *Diagonale* geht.

Übrigens wäre 20...b5 schwächer, weil Schwarz nach 21.♗xc4!! ...

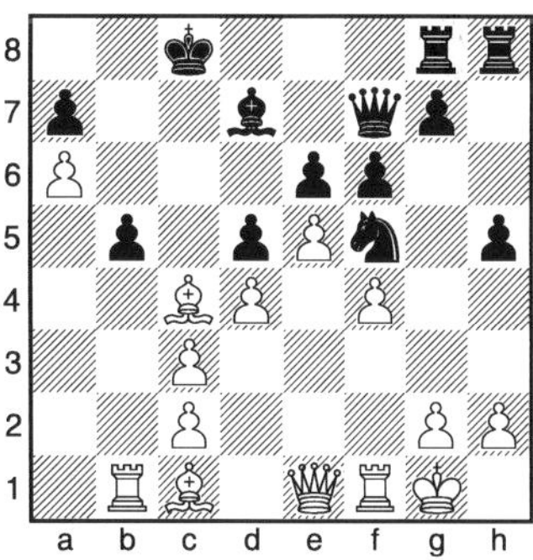

... ja mit 21...bxc4 zurückschlagen *müsste* und es nach 22.♖b7 Δ♗a3 für die weißen Figuren kein Halten mehr gäbe. So wäre nach beispielsweise 22...♕e7 das brutal behäbige Herangehen 23.♗b2 Δ♕a1 nebst ♗a3 noch stärker als 23.♖xa7 usw.

So wäre Schwarz nach **21...dxc4?!** schon rettungslos verloren.

Besser wäre allemal 21...♔b8 22.♗d3 ♖c8 23.♗a3 mit zunächst nur *tendenzieller* Gewinnstellung.

So folgt zunächst forciert **22.♕e4 ♔d8 23.♕a8+ ♗c8** und nun **24.♗a3** Δd5 (obwohl auch sofort 24.d5!? einen hervorragenden Eindruck macht).

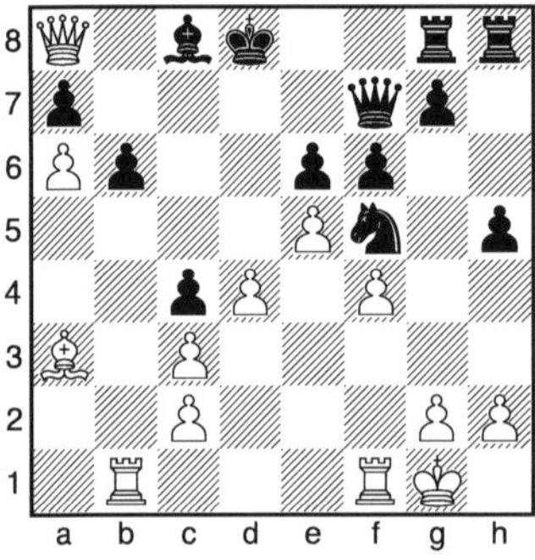

Hier ein Blick auf eine aussagekräftige Beispielvariante: **24...♕d7 25.d5!**

Weniger klar wäre 25.♖xb6?! axb6 26.a7 ♕a4 Δ27.♕b8?! (⌓27.♗d6!?) 27...♕xa3 28.a8♕ ♕xa8 29.♕xa8 fxe5 30.fxe5 ♖f8 usw.

25...exd5 26.♖bd1! (26.♖fe1; 26.♖fd1)

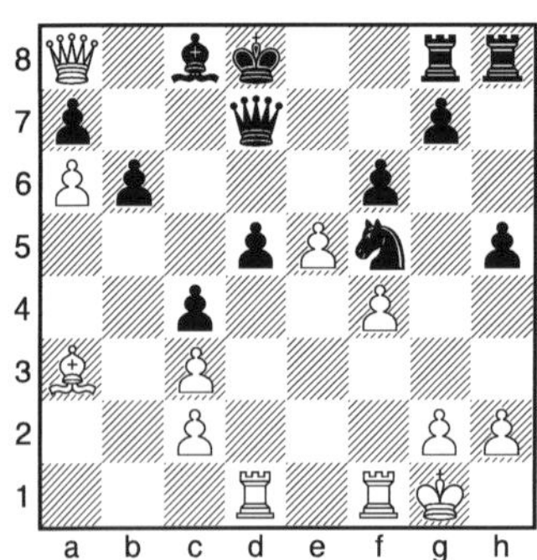

– 26...♘e3 27.♖fe1 ♘xd1 28.♖xd1 Δd5

– 26...d4 27.♖fe1 Δ♖e4 nebst ♖exd4

103

Farago – Li

Budapest 2013

1.e4 e6 2.d4 d5 3.♘c3 ♗b4 4.e5 c5 5.a3 ♗xc3+ 6.bxc3 ♘e7 7.♘f3 ♘bc6 8.a4 h6 9.♗d3 ♕a5 10.0–0 0–0 11.♖e1 c4 12.♗f1 b5

Unter Nutzung der Angriffsmarke h6 sowie der unter gewissen Umständen gegebenen Schlagmöglichkeit auf b5 kann Weiß die Gefährdung des gegnerischen Königs mit der latenten Gefährdung der Dame am anderen Flügel kombinieren.

Mit **13.♗xh6!!** hätte Weiß ein Lehrbuchbeispiel für die Kombination zweier weit voneinander entfernter Angriffsmotive schaffen können.

In der Partie hingegen durfte er sich nach der Wahl der falschen Fahrtrichtung mit 13.♗a3? und der Folge 13...bxa4 14.♕d2 glücklich schätzen, wenigstens noch über ausreichende Kompensation zu verfügen.

I) Zunächst scheitert **13...bxa4?** an **14.♗d2+–**, denn nach Verschwinden des h-Bauern droht ♘g5 und Weiß verschafft sich früher oder später über die h-Linie Zutritt zum gegnerischen König, wie folgende Abspiele veranschaulichen:

A) 14...f6 15.exf6 ♖xf6 16.♘g5 (Δ♕h5) **16...♘g6** (16...♖h6 17.♕f3) **17.♕h5 ♘f8 18.♖e3**

B) 14...♘f5 15.♘g5 ♘h6

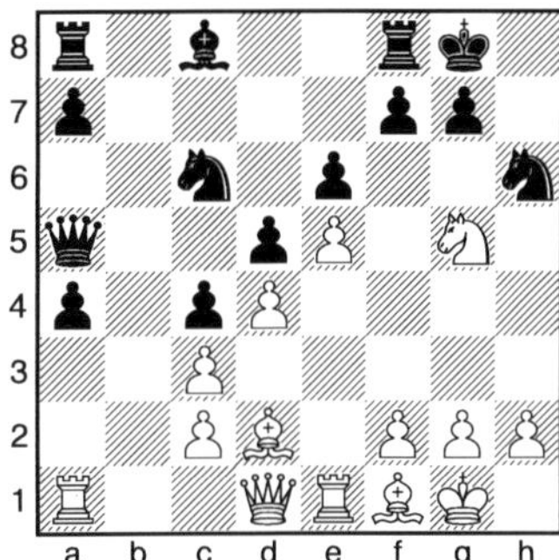

Nun geht die Gefährdung der schwarzen Königsstellung trefflich daraus hervor, dass Weiß außer herkömmlicher Druckerhöhung (z.B. 16.♖e3) auch bereits verschiedene taktische Gewaltmaßnahmen zur Wahl stehen:

1) 16.♘e4! dxe4 17.♗xh6 Δ17...gxh6 18.♕g4+ ♔h8 (18...♔h7 19.♕xe4+) 19.♕f4 ♔g7 20.♖e3

2) 16.♗xc4! dxc4 17.♘e4 ♘f5 18.♘f6+! gxf6 19.♕g4+ ♔h8 20.exf6 Δ♖e3

II) 13...gxh6

A) Hier darf Weiß die Sache nicht mit **14.axb5?** überstürzen, weil Schwarz sich bei präziser Verteidigung auf den Beinen halten könnte.

1) 14...♕c7?? 15.bxc6

a) 15...♘xc6 16.♘h4; 16.♖e3

b) 15...♕xc6 16.h4 Δ♘h2–g4; 16.♕d2

2) 14...♕d8?? 15.bxc6 ♘xc6 16.♕d2; 16.♖e3

3) 14...♕xc3?? 15.bxc6 Δ15...♘xc6 16.♖e3 ♕b4 17.♘g5! (17.♘h4) 17...hxg5 18.♕h5 ♖d8 19.♖f3

4) Korrekt ist 14...♕xb5 und nach 15.♕d2 der Rückzug 15...♕b7!! ...

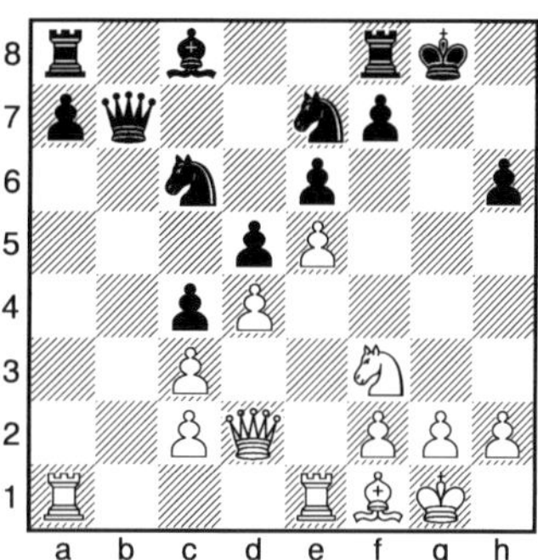

... um die Dame später über die siebte Reihe zur Verteidigung einsetzen zu können; z.B. 16.♕xh6 ♘f5 17.♕g5+

a) Nur jetzt nicht 17...♘g7?, wonach Weiß doch noch bedeutenden Vorteil erzielen könnte.

– Allerdings nicht mit 18.♘h4?! (Δ♖e3), denn nach der forcierten Folge 18...♔h7 19.♖e3 ♕e7 20.♕g4 kann Schwarz mit 20...♖h8! 21.♖g3 ♕f8 eine Festung aufbauen.

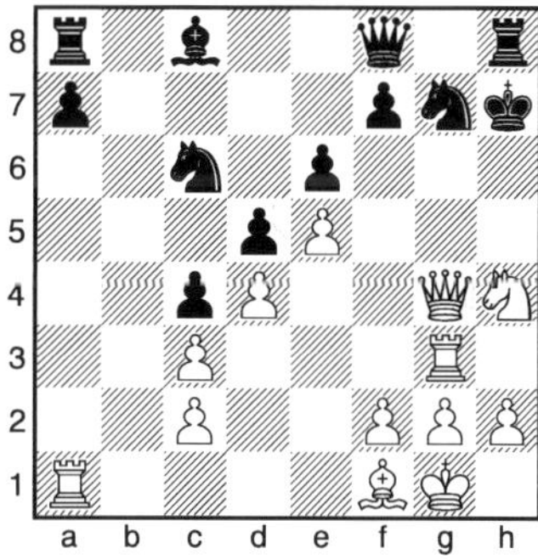

Und Weiß muss froh sein, dass er sich mit 22.♗xc4! dxc4 23.♕e4+ ♔g8 24.♕xc6 ♗b7! 25.♕xb7 ♖xh4 26.h3 wenigstens noch ausreichende Kompensation sichern kann.

– Nach 18.g4! (zum Ausschluss von ♘f5) Δ18...♕e7 19.♕h6 f6 20.♘h4± behält Weiß beachtlichen Vorteil.

b) Hingegen ist dem König nach 17...♔h7 Δ18.g4 ...

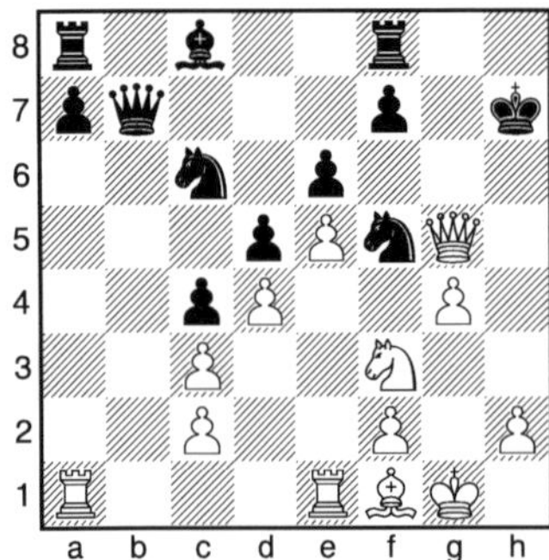

... dank prophylaktischer Deckung des Feldes h7 mit dem studienartigen Zug 18...♖h8!!∞ Δ♘g7 bzw. ♘h6 nichts anzuhaben, dessen Schwäche nach 18...♘g7??

(18...♘h6?? 19.♕h4 ♖g8 20.g5 ♖g6 21.♔h1)

19.♕h4+ ♔g8 20.♘g5 bzw. 19...♔g6 20.♕f6+ ♔h7 21.♘g5+ ♔g8 22.♕h6 zum Untergang führen würde.

B) 14.♕d2 bxa4

Nach 14...♔h7? 15.axb5 ♕c7 (15...♕xb5? 16.♖eb1) 16.bxc6 ♘xc6 17.♘h4+− würde es vergleichbar mit den Gewinnvarianten nach 14.axb5 weitergehen (siehe II A).

14... bxa4 15.♕xh6 ♘f5 16.♕g5+

1) 16...♔h7?! 17.♕h5+ ♘h6 18.♘g5+ ♔g7 19.♖e3 ♖h8 20.♖g3 ♔f8 21.♖f3 ♕c7 22.♘xf7 ♕xf7 23.♖xa4 a5 24.♖xf7+ ♘xf7 25.♕d1

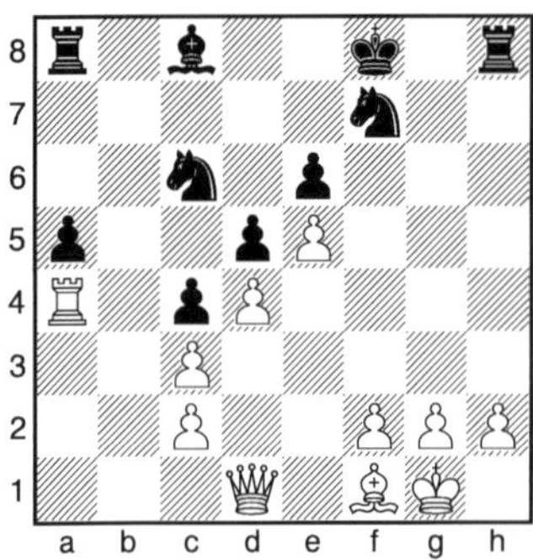

In dieser Stellung ist unklar, ob der weiße Vorteil nach behutsamem Vortrieb der Bauernmasse am Königsflügel bereits im Gewinnbereich angesiedelt ist. Zum Vergleich und zur Entscheidung, welche Variante im 16. Zug für Schwarz erträglicher ist, betrachte man das Diagramm ganz am Schluss.

2) 16...♘g7 17.♕h4

a) 17...♕xc3? 18.♘g5 ♕xc2 19.♖e4 (19.♖a3) 19...♖e8 20.♖a3+− +++ Δ20...dxe4 21.♖h3

b) 17...♘f5 18.♕g4+ ♘g7 19.♘g5 f6 20.exf6 ♖xf6 21.♕h4 ♘f5 22.♕h7+ ♔f8 23.♗e2!

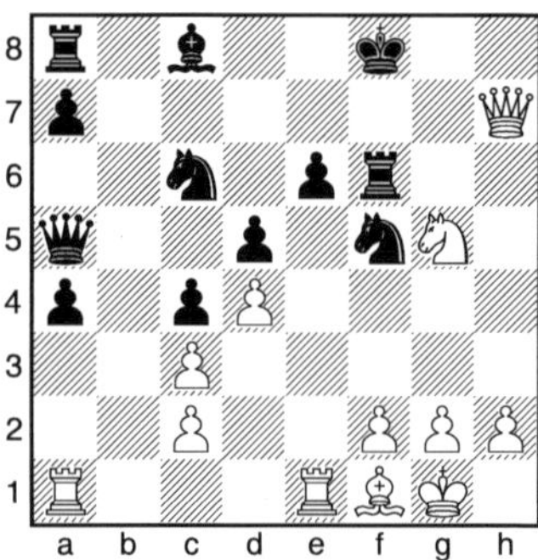

Die Wiederbelebung des lang vergessenen französischen Angriffsläufers stellt weißen Vorteil sicher; z.B. 23...♘d8 (23...♕xc3? 24.♗h5!+−) 24.♕h8+ ♔e7 25.♘h7 ♖f7 (25...♖h6? 26.♗g4+−) 26.♗h5 ♔d6

(26...♖xh7? 27.♕xh7+ ♔d6 28.♗g4+−)

27.♗xf7 ♘8xf7 28.♕f8+ ♔d7 29.♘f6+ ♔c6 (29...♔c7? 30.♖a3+−) 30.♖xe6 (30.♖a3) 30...♗xe6 31.♕xa8 ♔c7 32.♕f8±

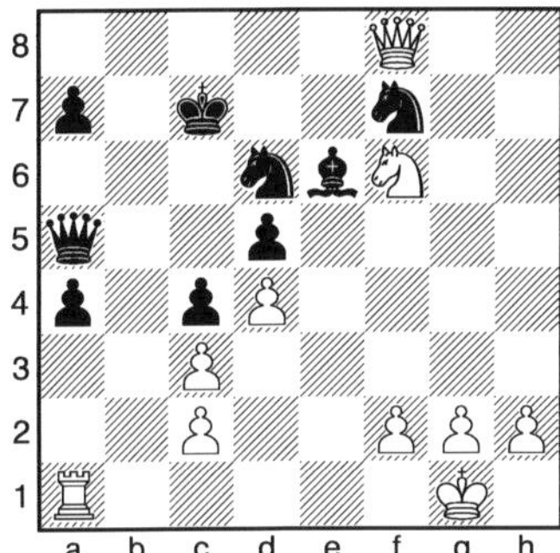

104

Kharlov – Borge

Kopenhagen 1993

1.e4 c5 2.c3 e6 3.d4 d5 4.e5 ♘c6 5.♘f3 ♗d7 6.♗e2 ♘ge7 7.0–0 cxd4 8.cxd4 ♘g6 9.♘c3 ♗e7 10.a3 0–0 11.b4 ♕e8 12.♗e3 a5 13.b5 ♘a7 14.♕d3 a4 15.g3 f5 16.exf6 ♗xf6 17.h4

Fast alle schwarzen Figuren stehen schlechter bzw. haben schlechtere Zukunftsperspektiven als ihre weißen Gegenspieler. Ist dies Grund genug, nach einem Befreiungsschlag Ausschau zu halten – oder bleibt genug Zeit, wenigstens die ein oder andere Figurenposition deutlich zu verbessern?

1) Womöglich angesichts der Zukunftsperspektive, dass der Königsspringer mit h4–h5 zurückgeworfen zu werden droht, geriet Schwarz in Panik und setzte seine ganze Hoffnung auf die Gewaltaktion **17...e5??**, die allerdings nach **18.dxe5 ♘xe5 19.♘xe5** in einem Fiasko endete.

Vielleicht hatte er nur den Bauernraub (mit Schach!) 19.♕xd5+?! erwartet, wonach der weiße Vorteil in komplizierten Varianten tatsächlich etwas geringerer ausgefallen wäre: 19...♗e6 20.♕xb7

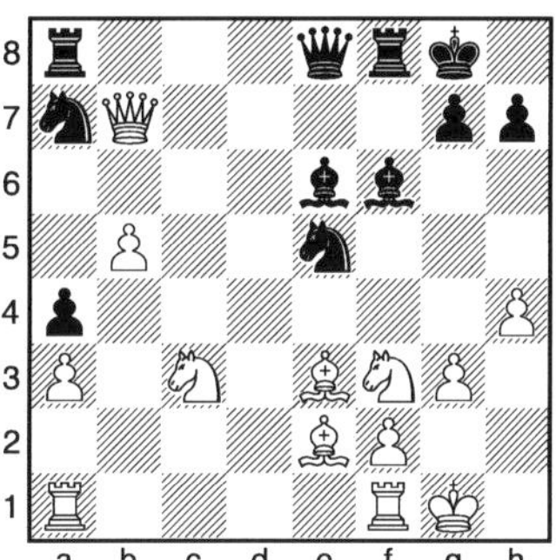

20...♘xf3+?! 21.♗xf3 Δ21...♗xc3 22.♕xa8 ♕xa8 23.♗xa8~+–

20...♘xb5

– 21.♗xb5? ♕c8!=

– 21.♕xb5 ♘xf3+ 22.♗xf3 ♗xc3 23.♗c6 ♕b8 24.♕xb8±; 24.♖ab1

– 21.♘xb5 ♖b8 22.♕e4±; 22.♕a6

19...♗xe5?!

Geringfügig erträglicher war wohl 19...♕xe5 20.♖ad1; 20.♖fd1 mit zunächst nur *tendenzieller* Gewinnstellung.

Und hier verließ Weiß sich auf den 'artigen' Positionszug **20.♗d4**+–, obwohl die wüste Alternative 20.♕xd5+ vielleicht sogar energischer zum Ziel geführt hätte; z.B. 20..♖f7 (20...♔h8 21.♖ad1+–) 21.♗c4! ♗xc3 22.♕xb7 ♗xa1 23.♗xf7+ ♔xf7 24.♖d1+–

2) Ein genauerer Blick auf die Ausgangsstellung führt zu der Erkenntnis, dass vor allem die schwarzen Springer bessere Felder anstreben sollten – und dies in der Tat mit **17...♘c8 18.h5 ♘ge7** Δ♕xh5; Δ♘f5 auch *könnten*. Hier die wichtigsten Abspiele im Überblick:

19.g4

19.♘e5 ♘f5; 19...♘b6; 19...♘d6

19...g6!

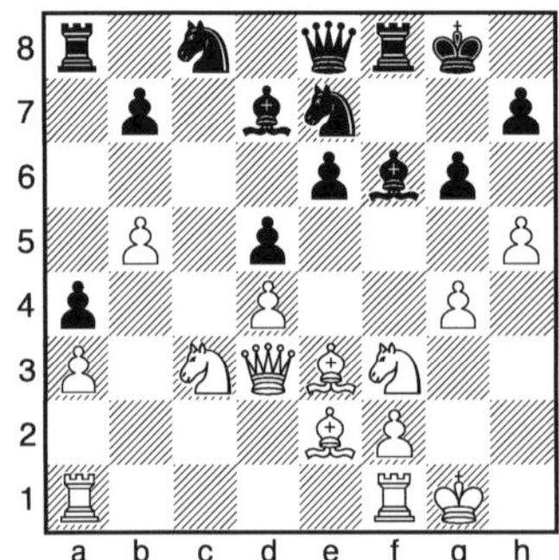

a) 20.g5?! ♗h8?

b) 20.hxg6 ♘xg6∞

c) 20.h6 ♘b6∞

d) 20.♗h6 ♖f7 Δ21.♘e5

– 21...gxh5!? 22.♘xf7 ♕xf7 23.♔h1±

– 21...♗xe5 22.dxe5 gxh5∞

105

Jacek – Kanovsky

Pardubice 2011

1.e4 c5 2.c3 e6 3.d4 d5 4.e5 ♘c6 5.♘f3 ♗d7 6.♗e2 ♖c8 7.0–0 ♘ge7 8.♗e3 ♘f5 9.♘bd2 cxd4 10.cxd4 ♗e7 11.♖c1 0–0 12.♗d3 ♕b6 13.♘b3 ♘b4 14.♗b1 ♗b5 15.♖e1 ♘xe3 16.♖xe3 ♖c4 17.♘fd2 ♖xc1 18.♕xc1 g6 19.♖h3

Da beide Seiten ein ziemlich sinnloses Kräfteübergewicht am Damenflügel verzeichnen, macht der vorangegangene Turmschwenk nach h3 einen ziemlich harmlosen Eindruck. Tatsächlich wäre dessen einzige Drohung, die Dame nach h6 zu bringen, sehr einfach zu entkräften, nur eben nicht mit ...

19...♗g5??

Nach 19...f5 (oder auch19...f6) könnte h7 über die 7. Reihe verteidigt werden; z.B. 20.exf6 ♗xf6 21.♘f3 ♘c6 22.♕h6 ♕c7 mit der möglichen Folge 23.♗xg6 hxg6 24.♕xg6+ ♕g7 25.♕c2 ♕f7 26.♘c5 und friedlichem Ausgang nach 26...♘xd4 27.♖g3+ ♔h8 28.♖h3+ usw.

20.♘e4!!

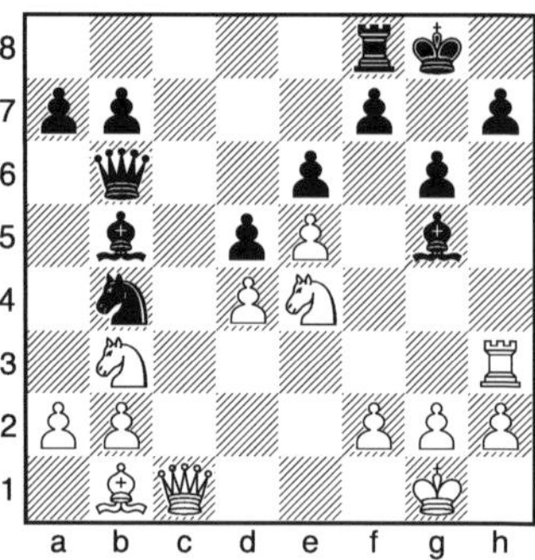

20...f6?

Wenn man erkennen muss, dass genau der Zug, den man *verhindern* wollte, wegen genau dieser Schutzmaßnahme nunmehr als *Gewinn*zug ausgeführt werden kann, ist eine solche Schockreaktion verständlich.

Es bleibt jedoch der schwache Trost, dass auch die Alternative 20...dxe4 (20...♗xc1? 21.♘f6+ nebst #) 21.♕xg5 f6 22.exf6; 21...♕c7 22.♘c5 Δ♘e4 früher oder später zum Untergang geführt hätte.

21.♘xg5 fxg5 22.♕xg5 ♕d8 23.♕h6 ♕e7 24.♗xg6

106

Papin – Zaitsev

Moskau 2004

1.e4 e6 2.d4 d5 3.♘d2 ♘f6 4.e5 ♘fd7 5.♗d3 c5 6.c3 ♘c6 7.♘df3 cxd4 8.cxd4 f6 9.exf6 ♘xf6 10.♘h3 ♗d6 11.0–0 0–0 12.♖e1 h6 13.♘f4 ♘e4 14.♗xe4 ♗xf4 15.♗c2 g5 16.♗xf4 ♖xf4 17.g3 ♖f7

Beide Seiten haben ihre Rochadestellung empfindlich weißfeldrig geschwächt, wobei Schwarz sich zusätzlich die Expansion der Rochadebauern *ohne* Angriffswirkung hat zuschulden kommen lassen. Dass Weiß aufgrund dessen deutlichen Vorteil erwirtschaften müsste, geht allein schon aus der Tatsache hervor, dass er ohne den Aufzug des g-Bauern über eine glatte positionelle Gewinnstellung verfügen würde.

1) In der Partie kam Weiß seinem Gegner zunächst mit **18.♘e5?** entgegen, und nach **18...♘xe5** gleich noch einmal mit **19.dxe5?!**, so dass Schwarz sich um den Bauern e6 keine Sorgen mehr zu machen brauchte, sondern stattdessen über einen gedeckten Zentrumsfreibauern verfügte.

Nach 19.♖xe5 Δ19...♕f6 20.♕d2 ♗d7 21.♖f1 ...

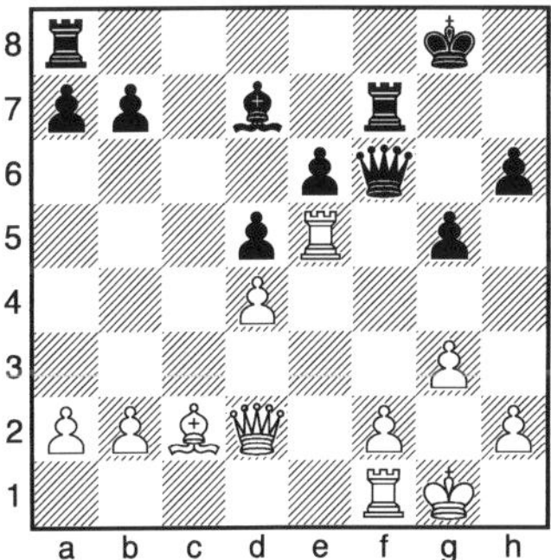

... hätte das Manöver ♗d1-g4 wenigstens noch Minimalvorteil in Aussicht gestellt.

19...♕f8?

Da Schwarz irgendwelche weißfeldrigen Gefahren halluziniert, hält er die Dame in Königsnähe, statt diese mit 19...♕b6 kräftig zu aktivieren. Nach beispielsweise 20.♖e2 ♗d7 wäre ♕d3? wegen ♗b5-+ verhindert und nach stattdessen 21.a4 ♖af8 22.♕d3 ♖g7∞ Δ23.b4?! ♗e8 Δ♗g6; ♗h5 würde eher Schwarz auf den weißen Feldern am Königsflügel dominieren.

20.♕h5

Auch der Störzug 20.♗g6!?± mit der Pointe 20...♖xf2? (⌓20...♖e7; 20...♖c7) ...

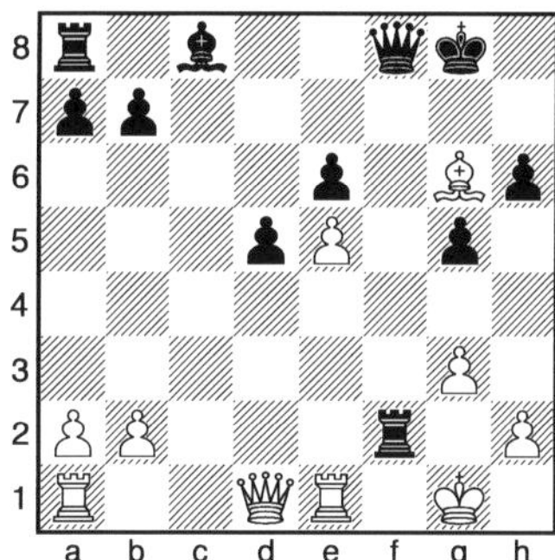

... 21.♕d4! ♖f3 22.♖f1+- war von Interesse.

20...♕g7?

Nach dieser neuerlichen Überfürsorge für den König erhält Weiß wieder Gewinnchancen. Besser war 20...♗d7 21.♗g6!± (⌓21...♖e7) Δ21...♖xf2? 22.♖f1+-.

21.h4??

Der falsche Hebel sollte eigentlich nur zur Öffnung unbrauchbarer Linien führen!

Ganz anders 21.f4!

(21.♗g6!? ♖c7 22.f4+-; 22.♖ac1; 21...♖f8 22.♖ac1~+-)

21...gxf4 22.♗g6 ♖f8 23.gxf4

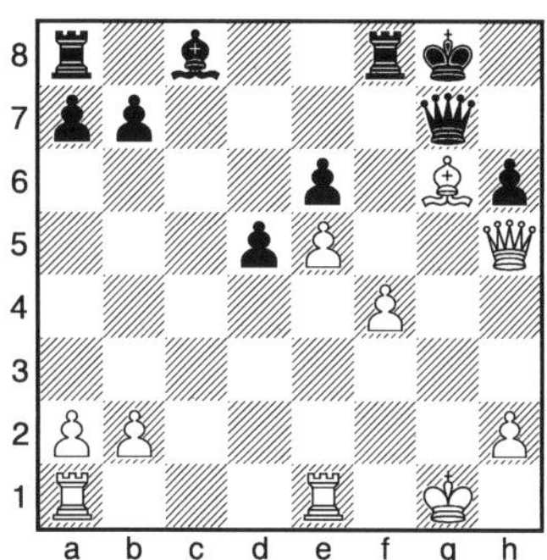

- 23...♖xf4 24.♔h1
- 23...♖f5 24.♕g4
- 23...♗d7 24.♔h1 Δ♗c6 25.♖ac1! d4+? 26.♖xc6

Und nun hätte Schwarz das Spiel mit **21...♗d7∞** Δ♖af8 (statt 21...gxh4? 22.♗g6±) vollkommen offen gestalten können.

Als Verbesserungen kommen interessanter Weise Ausflüge des Läufers in *beide* Richtungen in Betracht.

2) Nämlich zunächst das multifunktionale Manöver **18.♗g6!?** Δ♗h5±, ...

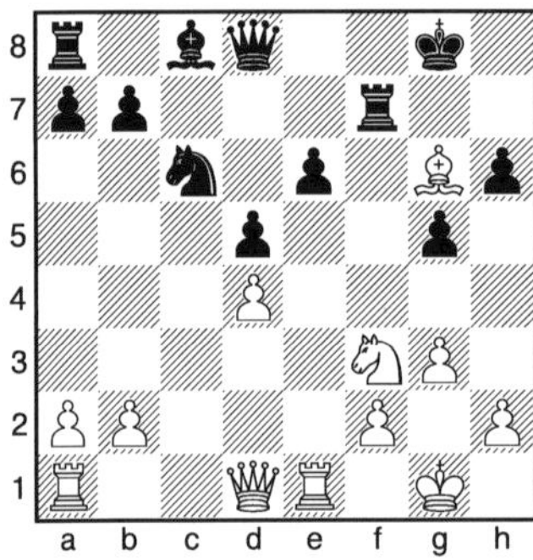

... welches nicht nur die Beweglichkeit der gegnerischen Figuren am Königsflügel stört, sondern auch den wackligen ♘f3 überdeckt und mit ♗g4 eine gehörige Drucksteigerung auf den rückständigen Bauern e6 in Aussicht stellt.

3) Auch könnte Weiß mit **18.♗a4!** um den Springervorposten e5 kämpfen, was in folgenden Abspielen zu mehr oder weniger klarem Vorteil führt:

a) 18...♕f8? 19.♖e3!+− Δ19...g4

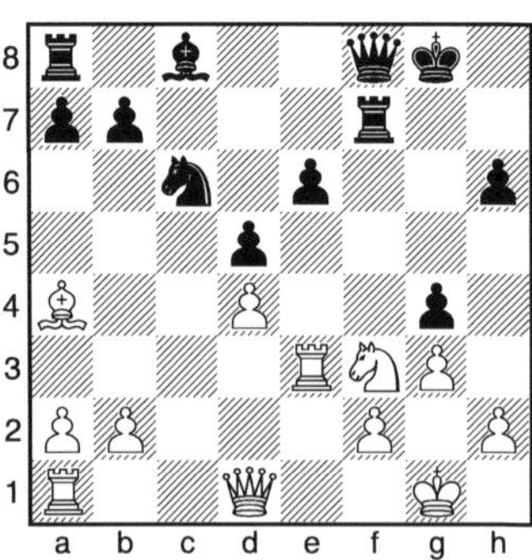

20.♘e5 (20.♘e1; 20.♗xc6) **20...♘xe5 21.♖xe5 Δ21...♖xf2 22.♕xg4+ ♔h7 23.♗b5**; **23.♖c1**; **22...♔h8 23.♖h5**; **23.♖c1**

b) 18...♕f6 19.♗xc6 ♕xf3

19...bxc6? 20.♘e5 ♕xf2+ 21.♔h1+−

20.♕xf3 ♖xf3 21.♗b5± Δ♖ac1 und später eventuell ♗e2−g4.

107

Rausch − Bartel

Deutschland 1991

1.e4 e6 2.d4 d5 3.♘d2 ♘f6 4.♗d3 c5 5.e5 ♘fd7 6.c3 ♘c6 7.♘e2 f5 8.♘f4 ♕e7 9.♘f3 cxd4 10.♘xd4 ♘xd4 11.cxd4 ♕b4+

Der weite Aufzug des f-Bauern geschieht in der Regel, um die Diagonale b1−h7 zu blockieren und somit einen Angriff auf die spätere Rochadestellung, wenn auch nicht auszuschließen, so doch gehörig hinauszuzögern. Andererseits wird dadurch allerdings der mögliche Hebel f7−f6 verschenkt, und da der weiße Springer höchst aktiv auf f4 platziert ist, steht nicht nur der Bauer e6 langfristig unter Druck, sondern im Moment ist auch der König auf der Diagonale h5−e8 zu erreichen. Angesichts all dieser Probleme setzt Schwarz darauf, als Gegengewicht die Eliminierung *bei-*

der weißer Zentrumsbauern in die Waagschale zu werfen.

Da dieses Beispiel übrigens eine Fülle interessanter Angriffs- und Verteidigungsressourcen beinhaltet, habe ich es nicht nur *sehr* gründlich, sondern sogar *äußerst* gründlich analysiert.

I) In der Partie traf Weiß mit **12.♔f1?!** nur eine zweitklassige Wahl, wohl weil er seine langfristigen Angriffschancen unterschätzte und deshalb nicht bereit war, nach **12...♕xd4** mehr als *einen* Bauern zu opfern.

A) Entsprechend hatte er nach dem überstürzten **13.♘xe6? ♕xe5 14.♕e2** allenfalls ausreichende Kompensation vorzuweisen (was übrigens auch nach 14.♘xf8 oder 14.♘f4 der Fall gewesen wäre).

Es folgte **14...♔f7 15.♘g5+**

15...♔f6?? trifft nach 16.♕h5! g6 17.♘xh7+ ♔f7 18.♘g5+ ♔g7 auf den taktischen Klassiker 19.♕xh8+ ♔xh8 20.♘f7+ +-.

15...♔g8 16.♗f4

Mit 16.♘e6 könnte Weiß die durchaus räsonable Remisschaukel 16...♔f7 17.♘g5+ anbieten.

Dieser könnte Schwarz jedoch mit sogleich 16...♕xe2+ 17.♔xe2 oder erst 16...♗d6 17.♗f4 und jetzt 17...♕xe2+ 18.♔xe2 ausweichen.

16...♕xe2+ 17.♔xe2?

Weiß sollte besser mit 17.♗xe2 kleine Brötchen backen (Kompensation dank Entwicklungsvorsprung und geschwächter gegnerischer Gesamtstellung), denn nach dem Textzug erlangte Schwarz mit **17...♘c5∓** deutlichen Vorteil.

B) Nach **13.g3**! hätte sich die erste Angriffsressource gezeigt, denn das diesbezügliche Potenzial ist so gewaltig, dass sogar Zeit für *zwei* Vorbereitungszüge bleibt, um erst nach ♔g2 mit ♖e1 einen Turm auf der Linie zu platzieren, auf der offenbar die Musik spielt. Hier ein Überblick über die für Schwarz mehr oder weniger nachteiligen Varianten:

1) 13...♔f7? 14.♘xe6+- 14...♕xe5 15.♘g5+ ♔g8

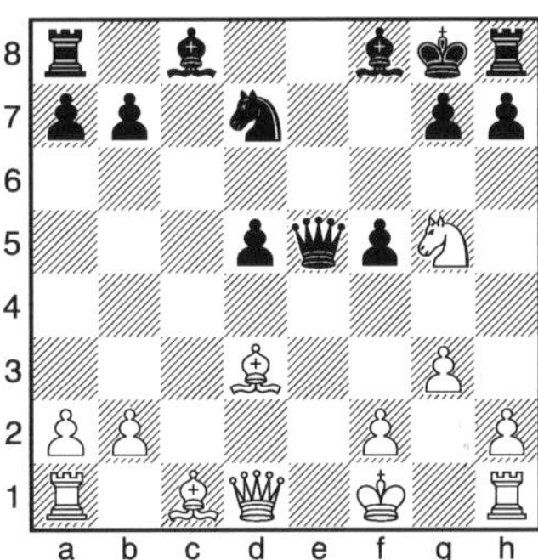

Und jetzt gestattet die latente Mattgefahr auf der Diagonale a2-g8 die Kraftdemonstration **16.♗e4!!** (16.♗f4) **Δ16...fxe4** (16...♘f6 17.♗f4) **17.♗f4 ♕f5 17.g4** und Damengewinn.

2) 13...♗c5 14.♕c2 Δ♘xe6; Δ♗e3

a) 14...♔e7? 15.♔g2~+- Δ15...♕xe5? 16.♗d2+- ♕d6 17.♖he1

b) 14...♔f7?

- Nicht nur zu Beginn bestand die Gefahr für Weiß darin, die Dinge zu überstürzen, sondern auch hier noch mit 15.♗xf5?? ♘xe5 16.♗e3 ♕c4+ 17.♕xc4 dxc4~-+.

- □15.♗e3 ♕b4 16.♗xf5 ♗xe3 17.♗xe6+ ♔e8 18.♘xd5!+- Δ18...♕b5+ 19.♔g2

c) 14...♗b6? 15.♘xe6 ♕xe5 16.♗f4 ♕xe6 17.♖e1~+-

d) 14...♕xe5 15.♗d2 Δ♘xe6 15...0-0 16.♖e1±

3) 13...♕xe5 14.♔g2

a) 14...♕d6 15.♘xe6 ♕xe6 16.♖e1 ♘e5

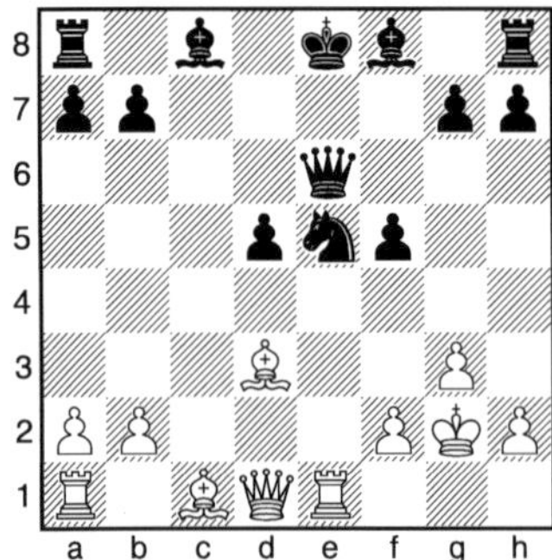

– Und apropos ‘überstürzen’ – hier nicht 17.f4? ♗d6∓ Δ18.fxe5 ♗e7 ...

– ... sondern 17.♗f4 ♗d6 18.♗xe5 (18.♗b5+!?) 18...♗xe5 19.♗xf5!

(19.f4? 0–0 20.♖xe5≅)

19...♕xf5 20.♕xd5±

b) 14...♘c5 15.♖e1± ♕f6 16.♗e3!

(Nach dem überstürzten 16.♘xd5? und der Folge 16...♕d8 17.♗c4 hat Weiß nur Kompensation vorzuweisen.)

16...♔f7 (16...♘xd3 17.♕xd3) 17.♗c2 ♗d6 18.♘xd5!? (18.♗d4) 18...exd5 (18...♕d8 19.♕f3) 19.♕xd5+ ♕e6? (⌓19...♘e6; 19...♗e6) 20.♕f3+–

II) Auch nach **12.♕d2?! ♕xd4** kann Weiß jeder Hoffnung auf Gewinnvorteil bei korrekter Dfensive Adieu sagen.

12...♘b8 (Δ♘c6) 13.♕xb4 ♗xb4+ 14.♗d2~±

13.0–0

A) 13...♕b4?

1) 14.♕xb4 ♗xb4 15.♘xe6 ♘xe5 16.♘c7+ ♔f7 17.♘xa8+– 17...♗d6 (17...♘xd3 18.♖d1) **18.♗c2 ♗e6 19.♗b3 ♘xa8 20.♖d1 ♘g4 21.♗xd5 ♗xh2+ 22.♔f1**

2) 14.♘xe6 ♕xd2 15.♗xd2 ♘xe5

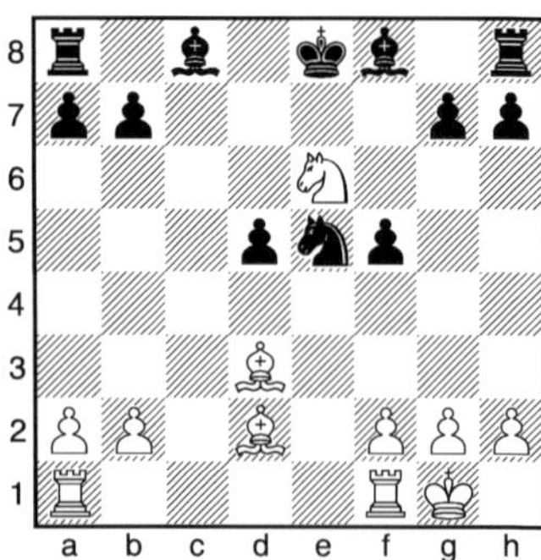

a) 16.♘c7+?? ♔d7 17.♘xa8 ♘xd3∓

b) 16.♗xf5?! ♔f7 17.♘g5+±

c) 16.♗b5+ +– 16...♔f7 (16...♗d7 17.♖fe1!) 17.♘c7 Δ17...♖b8 18.♗e8+! ♔g8 19.♖fe1 ♘d3 20.♖e2

3) 14.♕e2!

a) 14...♔f7 15.♗xf5! (15.♗d2; 15.a3) 15...exf5

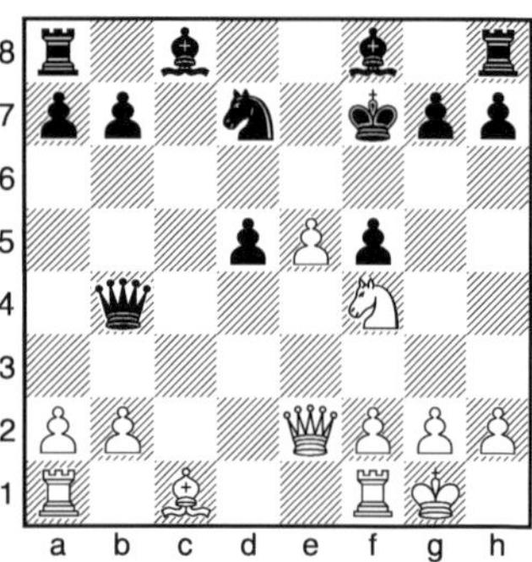

Und jetzt wird vor der Gabel e6+ zuerst mit 16.♗d2! die Dame auf ein ungünstigeres Feld getrieben.

Denn nach dem überstürzten Ansatz 16.e6+? geht ein Gutteil des Vorteils verloren; z.B. 16...♔g8 Δ17.exd7? (⌓17.♘xd5±) 17...♗xd7 18.♗d2!?⩲ (18.♘xd5 e4∞) Δ18...♕e4 19.♕d1! usw.

b) 14...♘c5 15.a3+– (15.♗b5+; 15.♗d2)

– 15...♕b3 16.♗c2; 16.♕h5+

– 15...♕d4 16.♗b5+; 16.♕h5+

– 15...♕b6 16.♗e3; 16.♗b5+

c) 14...♕e7 15.♗xf5 exf5 16.♘xd5 ♕xe5 (16...♕c5/♕d8 17.e6; 17.♖d1)

17.♘c7+?

(⌓17.♕d1!+– Δ17...♔f7 18.♖e1)

17...♔f7

(17...♔d8? 18.♕xe5 ♘xe5 19.♘xa8+–)

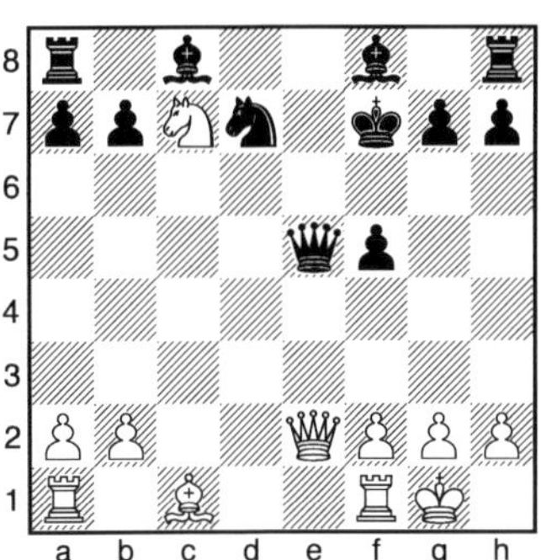

– 18.♕xe5?! ♘xe5 19.♘xa8 ♗d6 20.♖d1 ♗b8 21.♗e3~±; 21.♗g5

– 18.♕c4+ ♔g6 19.♘xa8 ♗d6 20.g3 ♕e4! 21.♕xe4 fxe4 22.♖d1 ♗b8 23.♗f4 ♘e5 24.♗xe5 ♗xe5 25.♖d5 ♔f6! 26.♖c5 ♗d4

B) 13...♕b6 14.♕e2! (Δ♕h5+) **14...g6**

1) 15.♗xf5? exf5 16.♘xd5 ♕c6 17.e6 ♘b6

a) Wie auch schon weiter oben gibt es auch hier eine interessante und zudem witzige Remisschaukel: 18.♘f6+ ♔e7 19.♘g8+ ...

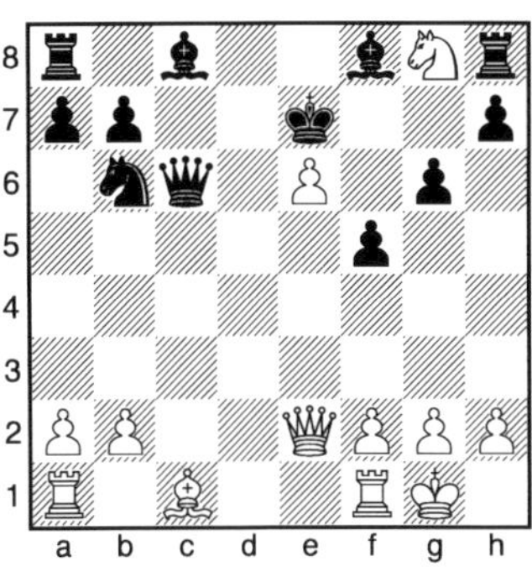

... die Schwarz nicht mit 19...♖xg8? ablehnen darf (19...♔e8 20.♘f6+) wegen 20.♗g5+

– 20...♔d6? 21.e7 ♗g7 22.♖ad1+ ♘d5 23.♖xd5+ ♕xd5 24.e8♕+–

– 20...♔e8 21.♖ac1 ♕xe6 22.♖xc8+ ♔f7 23.♖c7+ ♘d7 24.♕b5 ♖g7 25.♕xb7±; 25.♗h6

b) 18.♕e5 ♘xd5 19.♕xh8 ♗xe6 20.♗h6 ♔f7 21.♖ac1 (21.♕xh7+ ♔f6 22.♕h8+ =) 21...♗h6!? (21...♕b6∞) 22.♕xh7+ ♗g7 23.♖xc6 bxc6⩳

2) 15.♖d1! Δ♗xf5; z.B. **15...♗e7 16.♗xf5! gxf5** (16...exf5? 17.♘xd5+–) **17.♕h5+ ♔d8 18.♕h6± Δ18...♘xe5 19.♕g7**

III) Am stärksten ist **12.♗d2! ♕xd4 13.0–0**, denn nach der Königssicherung stehen die weißen Aktien ungeachtet der Zahl von Minusbauern ganz hoch im Kurs. Dabei ist interessant, dass seine Offensive mal am Damenflügel, mal im Zentrum und mal am Königsflügel durchdringt.

A) 13...♘xe5 14.♗e3 ♕b4 15.♗xf5! exf5 16.♖e1+–

B) 13...♘c5 14.♗b5+ ♗d7 15.♗xd7+ ♔xd7 16.b4 ♘e4 17.♕a4+ ♔e7 18.♖ac1!+– Δ♖c7+ nebst #; **Δ18...♕xe5 19.♘d3**

C) 13...♔f7

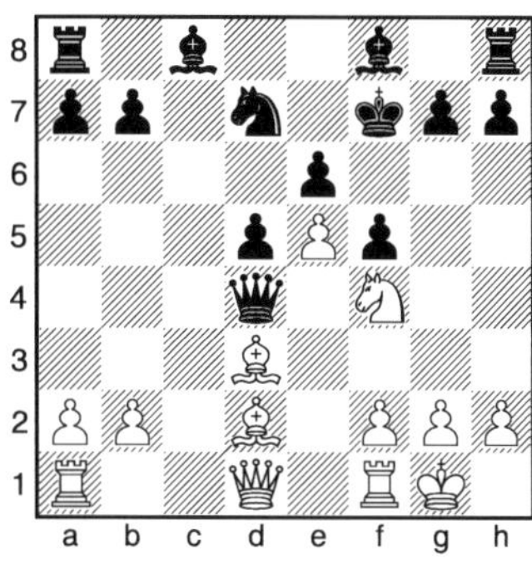

1) Überstürzt wäre sowohl 14.♗xf5?? ♘xe5∞ als auch 14.♕h5+?? g6 15.♘xg6

hxg6 16.♕xh8 ♛xe5! (16...♛xd3?? 17.♕xh7+ +−) 17.♕xe5± (17.♕h7+) 17...♘xe5 18.♗e2.

2) Ganz anders sieht die Sache nach dem ruhigen Verstärkungszug 14.♖c1! Δ♗xf5; Δ♕h5+ aus; z.B. 14...g6 15.♗xf5!+− (15.♖e1)

a) 15...♘xe5 16.♖c7+; 16.♖xc8

b) 15...gxf5 16.♕h5+ ♔g8 17.♕e8

108

Lenderman – Werner

Budapest 2003

1.e4 e6 2.d4 d5 3.♘c3 ♘c6 4.♘f3 ♘f6 5.♗g5 ♗e7 6.e5 ♘e4 7.♗xe7 ♕xe7 8.♗d3 ♘g5 9.0−0 ♘xf3+ 10.♕xf3 ♘xd4 11.♕g4 ♘c6 12.♕xg7 ♖f8 **Variante**

Nach dem Einbruch seiner Dame in den gegnerischen Königsflügel kann Weiß sich nun (wie es für viele scharfe französische Varianten typisch ist) auch den h-Bauern einverleiben und sich damit buchstäblich 'ganz am Rande' einen Freibauern verschaffen. Zu klären ist dabei jedoch, ob Schwarz zur langen Rochade kommt und ob die offenen Linien am Königsflügel nicht letztendlich *ihm* zugute kommen. Erschwert wird die Sache noch dadurch, dass ja sowohl der Läufer als auch die Dame auf h7 zugreifen könnte.

I) Zunächst spricht nichts gegen **13.♗xh7!?**, wenn Weiß nach **13...♗d7 14.♘e2 0−0−0** präzise mit **15.f4** fortsetzt.

Auf den naheliegenden Positionszug 15.c3?? führt nämlich die Nutzung der von Weiß geöffneten h-Linie mit 15...♖h8! zum Gewinn.

− So können nach 16.♗c2 ♕h4 17.♕g3 ♕h5! Δ♖dg8 *alle* Schwerfiguren in den Angriff einbezogen werden.

− Und nach 16.g3 f5! ...

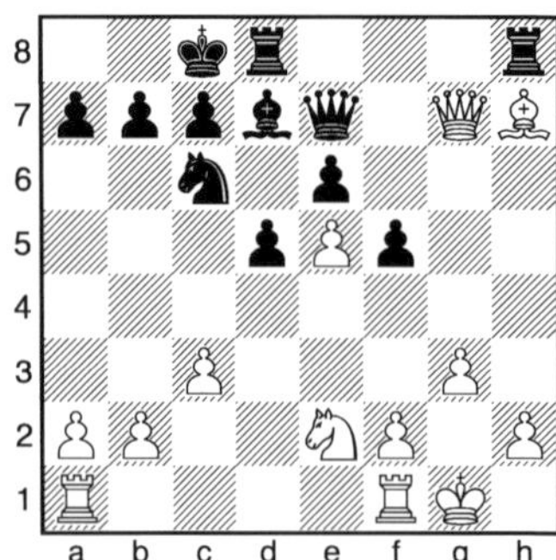

... Δ17.♕xe7 ♘xe7 geht auf originelle Weise der räuberische Läufer verloren.

15...♘a5!

Nach 15...♖h8 16.♖f3 Δ16...f5 17.♕xe7 ♘xe7 18.♖h3 entsteht eine skurrile Stellung, in der der verirrte Läufer zwar nicht befreit, allerdings auch nicht gefährdet werden könnte, zumal Weiß notfalls auch noch über das Manöver ♔f2 nebst ♘g1−f3−g5 verfügt.

16.♗d3

Solider ist 16.b3∞ Δ16...♖h8 17.♖f3, aber der Textzug führt zu lehrreichen Komplikationen.

16...♖g8 17.♕f6 ♕c5+ 18.♖f2

Nach 18.♔h1? ♘c4 hat Schwarz einfach bedeutenden Positionsvorteil.

18...♘c4 19.♗xc4 dxc4

Ab hier wird es interessant, weil Weiß sich erneut vor dem naheliegenden Positionszug **20.c3?!** hüten muss.

⌓20.f5!∞ Δ20...exf5 21.c3

20...♗c6

A) So führt nach **21.♘d4??** ...

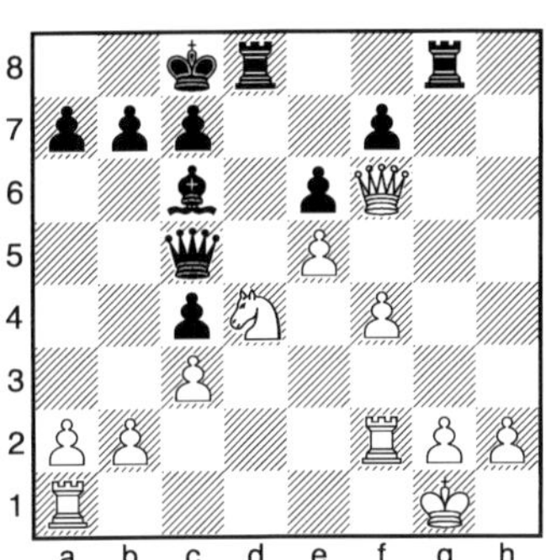

... das Qualitätsopfer **21...♖xd4! 22.cxd4 ♕xd4+** zum erfolgreichen Mattangriff; und zwar **23.♔f1** (23.g3 ♕e4) **23...♕d3+ 24.♔g1 ♕e3 25.♔f1 ♗xg2+! 26.♖xg2 ♕f3+ 27.♖f2 ♕h3+ 28.♔e2 ♕d3+** nebst # im nächsten Zug.

B) Richtig ist also die Abschirmung der g-Linie mit **21.♘g3**.

1) Mit 21...♖d2?! 22.♖af1 ♖xb2 würde Schwarz zu wenig von der Stellung verlangen, zumal Weiß sich mit 23.♕xf7 bei präzisem Spiel ausreichendes Gegenspiel verschaffen kann; z.B. 23...♖e8 Δ24.♘e4!?

(Danach kriegt er allerdings nur mit Mühe und Not die Kurve, so dass 24.f5∞ anzuraten ist.)

24...♕e3 25.♘g5 ♖xf2 26.♖xf2 ♖d8! 27.♕xe6+ ♔b8 28.♕g4 ♗a4 mit zwei Abspielen, die sich in puncto Originalität in nichts nachstehen:

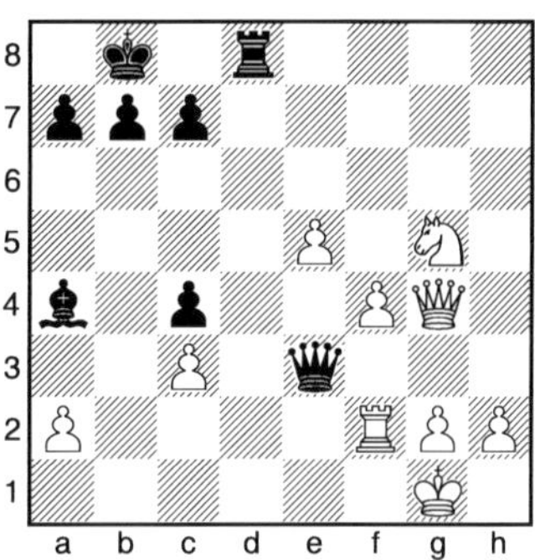

a) Nach 29.h4?? ♖d1+ 30.♔h2 ♕xf2 31.♘h3 ♕d2 32.♘f2 b5! 33.♘xd1 ♗xd1 Δb4 ist der entstehende schwarze Freibauer schneller als die weiße Bauernschar.

b) Nach 29.f5!! ♖d1+ 30.♕xd1 ♗xd1 31.f6⩲ kann hingegen *Schwarz* von Glück sagen, dass er mit Mühe und Not die Kurve kriegt; und zwar 31...♗h5 32.e6 ♕c1+ 33.♖f1 ♕xg5 34.f7 ♕c5+ 35.♖f2 ♕f8 36.g4 (36.e7?? ♕xf7−+) 36...♗g6 37.h4 ♔c8 38.h5 ♔d8 39.hxg6 ♔e7

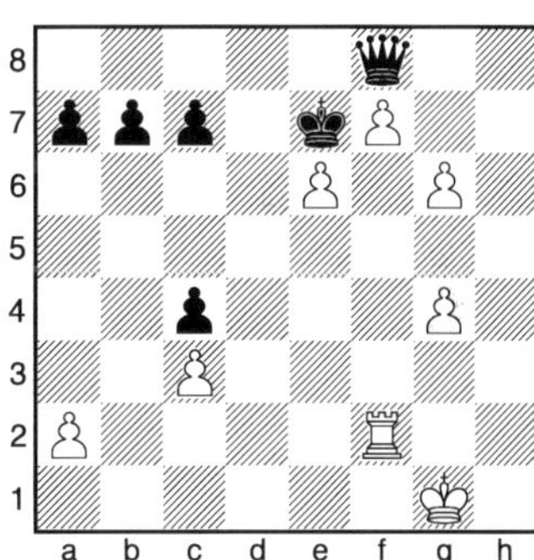

Und in diesem eigenartigen Gleichgewicht des Schreckens kann keine Seite mehr einen Fortschritt erzielen.

2) Mit dem besseren 21...♖h8! Δ♖xh2 stellt Schwarz noch eine böse Falle und erzielt im Falle ihrer Vermeidung zumindest noch Minimalvorteil:

a) 22.♖e1?? ♗xg2!−+ Δ23.♔xg2 ♖xh2+

b) Nach 22.♖af1 ♕e3 droht Schwarz, seine Stellung mit ♔b8 und ♗d5 zu konsolidieren und dann die Türme effektiver einzusetzen. Dagegen gibt es nur die Verteidigung mit 23.f5 ♖h6 Δ24.♕xf7?? ♖dh8−+; ⌓24.♕g7 b6∓.

II) Auch **13.♕xh7!?** ist vollkommen in Ordnung, wobei Schwarz jedoch in die Falle **13...♘xe5??** (⌓13...♗d7∞) **14.♖ae1** tappen könnte.

A) 14...f6 15.♘xd5 exd5

15...♕xh7 16.♗xh7 exd5

16.f4 ♗e6 17.fxe5+−; **16.♕h5+**

B) 14...d4

1) Nach 15.♖xe5 dxc3 16.bxc3 ♗d7 führt die Rezentralisation 17.♕e4! zu interessanten Verwicklungen am Damenflügel.

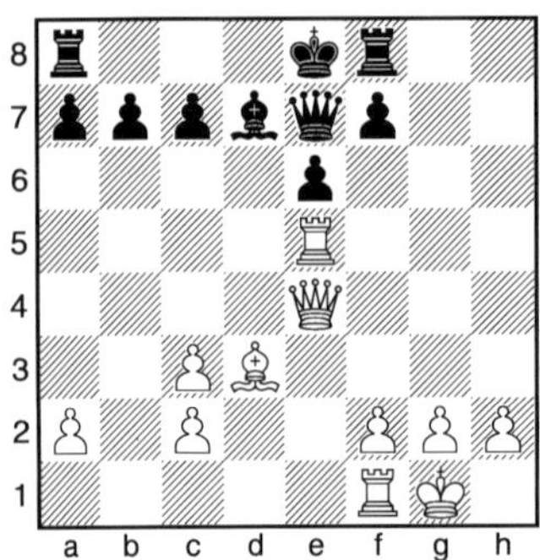

a) 17...0−0−0? 18.♗a6 c6 19.♖b1!+− Δ19...bxa6 20.♕a4 nebst #

b) 17...c6?! 18.♖b1 b6 19.a4+−

c) 17...♕d6?! 18.♕xb7

− 18...♕xe5 19.♕xa8+ ♔e7 20.♕xa7+−

− 18...♗c6 Δ19.♗b5?? (19.♕xc6+ ♕xc6 20.♗b5+−) Δ19...♗xb5??

(⌓19...♔e7! 20.♖xe6+ fxe6 21.♕xc6∞)

20.♕xb5+ +−; 20.♖xb5

d) 17...♗c6 18.♗b5 Δ18...♗xb5

− 19.♕xb7?? ♗xf1! 20.♕xa8+ ♔d7 21.♕e4 ♗xg2!⩲; 21...♗a6?? 22.♕a4+ +−

− 19.♖xb5 c6 20.♖a5 (20.♖b4 0−0−0) 20...a6 21.♖b1+−; 21.g3

2) 15.♘d5 ♘f3+

(Nach 15...exd5 16.f4 ♗e6 17.♖xe5+− Δ17...♕f6 18.♕f5! würde der Angriff glatt durchgehen.)

16.♔h1 (16.gxf3?? ♕g5+ 17.♔h1 ♕xd5∞) 16...♕d8 17.♕f5! ♘xe1 18.♖xe1 (18.♘f6+ ♔e7 19.♖xe1+−) 18...♕d6

a) 19.♕g5 ♗d7 20.♘f6+ ♔d8 21.♘h7+ ♕e7 22.♕g7 ♖e8 (22...♔e8? 23.♕xd4) 23.♘f6 nebst h4−h5 usw.

b) 19.♘f6+ ♔d8 20.♕g5 Δ20...♕e7? 21.h4!+−; ⌓20...♗d7 21.♘h7+ ♕e7 22.♕g7 siehe a)

C) Am besten ist wohl noch **14...♘xd3 15.♘xd5 ♕d8 16.♕xd3 c6 17.♘f4 ♕xd3 18.♘xd3** ...

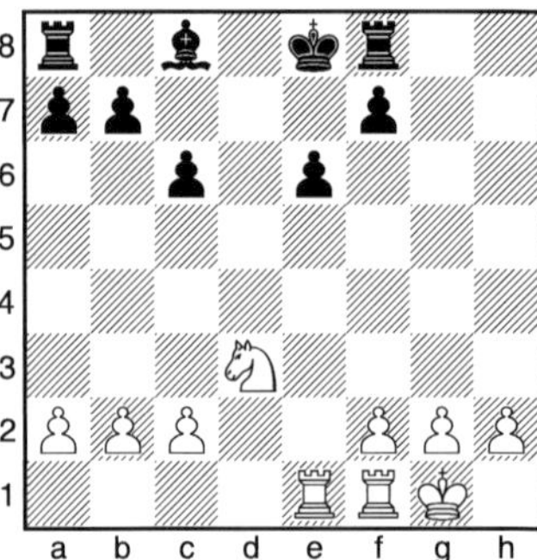

... mit zunächst nur *tendenzieller* Gewinnstellung, weil die Verwertung eines Randfreibauern großes technisches Können erfordert.

109

Wach – Weinzettl

Wien 1999

1.e4 e6 2.d4 d5 3.♘c3 ♘f6 4.e5 ♘fd7 5.f4 c5 6.♘f3 ♕b6 7.dxc5 ♘xc5 8.a3 ♗d7 9.♗e3 ♕xb2 10.♘b5 ♗xb5 11.♖b1 ♕xa3 12.♗xb5+ ♘c6 13.♗d4 ♗e7 14.0–0 0–0 15.♔h1 ♘e4 16.♗d3 ♘xd4 17.♘xd4 ♘c3 18.♕h5 g6 19.♕h6 ♖fe8

Die Opferfolge auf e6 und g6 sticht ins Auge, wobei allerdings nicht jeder beliebige Zeitpunkt und jede beliebige Zugfolge infrage kommt.

1) In der Partie ging Weiß mit **20.♘xe6??** zu ungeduldig ans Werk, wohl weil er vollkommen die Konsequenzen des simplen Rückzugs **20...♗f8!** außer Acht gelassen hatte, der nach **21.♘xf8 ♕xf8 22.♕xf8+ ♔xf8 23.♖xb7** und nun besser **23...a5** sogar auf minimalen Endspielvorteil für *Schwarz* hätte hinauslaufen können.

2) Nach dem ebenso simplen Zwischenzug **20.♖b3!** hätte er hingegen durchschlagenden Angriffsvorteil erzielt.

a) Und zwar besonders krass nach **20...♕c5 21.♘xe6! fxe6** ...

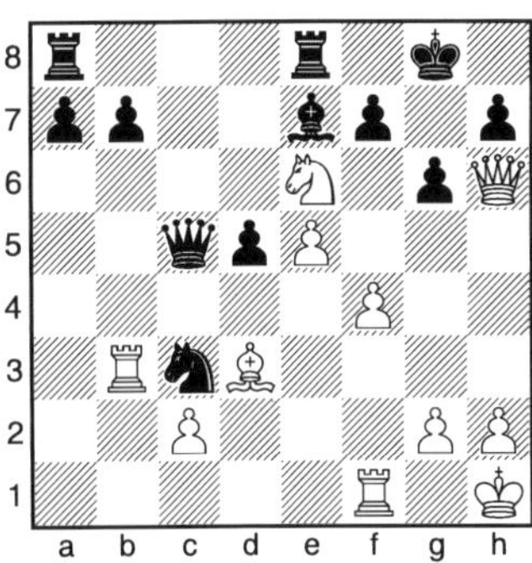

... denn sowohl in dem Abspiel **21...♗f8 22.♘xf8** Δ**22...♖xf8 23.f5** als auch nach **22.♗xg6 hxg6 23.♕xg6+ ♔h8 24.♖f3** käme bereits Matt in Sicht.

b) Etwas mehr Arbeit hätte Weiß nach **20...♕a5** gehabt, weil er nach der analogen Folge **21.♘xe6 fxe6 22.♗xg6 hxg6 23.♕xg6+ ♔h8** nicht mit ♖f3 fortsetzen kann. Indes gelangt er durch die Schaffung von vier verbunden Freibauern mit **24.♕h6+ ♔g8 25.♕xe6+** ans Ziel, obwohl zum Sieg nur zwei davon benötigt werden.

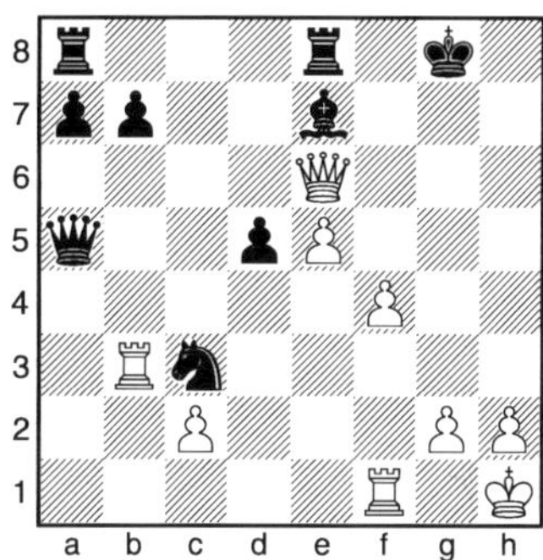

Und zwar **25...♔f8 26.♕h6+ ♔g8 27.♕g6+ ♔h8 28.♕h5+ ♔g8 29.e6** und nun z.B. **29...♕a6 30.♖e1 d4 31.♕f7+ ♔h8 32.f5** usw.

110

Vainstein – Romanovsky

Triberg 1914

1.e4 e6 2.d4 d5 3.♘c3 ♘f6 4.e5 ♘fd7 5.♘ce2 c5 6.c3 b5 7.f4 a5 8.♘g3 ♕b6 9.♘f3 ♘c6 10.♗e3 cxd4 11.cxd4 ♗b4+ 12.♔f2 0–0

Die weiße Angriffsstellung sähe bereits gewinnträchtig aus, wenn der eigene König nicht unter Röntgen-Beobachtung von ♕b6 und ♖f8 stünde. Da der schwarze Königsflügel jedoch momentan an einer besorgniserregenden Unterversorgung von Verteidigern leidet, stellt sich die Frage, ob Weiß nicht auch ungeachtet der prekären eigenen Königsstellung sogleich zu konkreten Angriffsmaßnahmen greifen kann.

1) In der Partie wählte Weiß ungeachtet der eigenen Königsposition die Gewaltmaßnahme **13.f5?**, die Schwarz sogar auf zweierlei Art parieren konnte, von denen er mit **13...exf5** die solidere wählte.

Lebhafteres Spiel hätte sich nach 13...f6!? 14.fxe6 ergeben; z.B. 14... fxe5

(14...♘dxe5 15.dxe5 d4⩲)

15.exd7 Δ15...exd4??

(⌓15...♗xd7⩲ Δ16.dxe5?? d4−+)

16.♔g1!!+− Δ16...dxe3 (16...♗xd7 17.♗f2) 17.♕xd5+ ♔h8

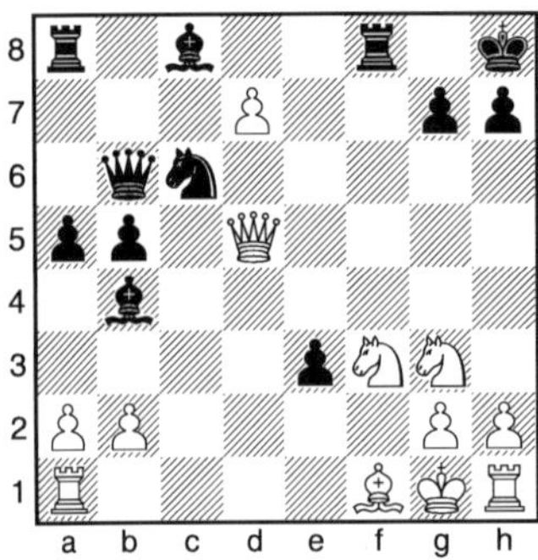

Und nun als Gewinnzug 18.dxc8♘! – und somit ein äußerst seltenes Beispiel für eine Unterverwandlung in einem sehr frühen Partiestadium und bei vollem Brett!

14.♘xf5

Auch nach 14.a3 hätte Schwarz wieder die Wahl:

- solide 14...f4 15.♗xf4 ♗e7∞ Δf6
- oder lebhaft 14...dxe5!? 15.dxe5 ♗c5⩲; 15...d4

14...f6

Hier entscheidet Schwarz sich für die kompliziertere Variante und hat damit unverhofft großen Erfolg.

Wesentlich überschaubarer waren die Konsequenzen des (auf die weiße Königsstellung gemünzten) Trickzugs 14...♘f6! (Δ15.♘xg7?? ♘g4+ −+)

- 15.exf6 ♗xf5∞ Δ16.♗d3 ♗g6
- 15.♘h6+ gxh6 16.exf6 ♖e8∞

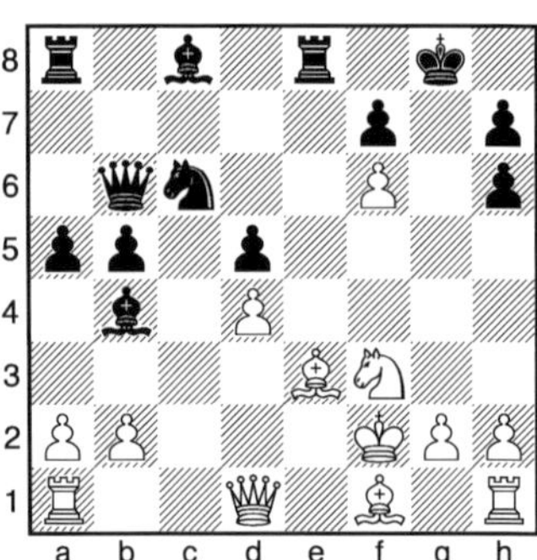

Und nun muss Weiß auf der Hut vor dem Qualitätsopfer auf e3 sein.

- Ganz schlimm nach 17.♗d3?? (⌓17.♕b3∞) 17...♖xe3!−+ 18.♔xe3 ♘xd4 19.♘xd4 gefolgt von dem stillen Gewinnzug 19...♗d7! mit der weniger stillen Drohung ♖e8+.
- Und selbst nach beispielsweise 17.♖c1 führt 17...♖xe3!? 18.♔xe3 ♗g4 zu ausreichender Kompensation.

15.♕b3??

Ein brutaler Fehler, der womöglich auf einem Rechenfehler beruhte.

Nach 15.e6 ♘db8 16.a3± ...

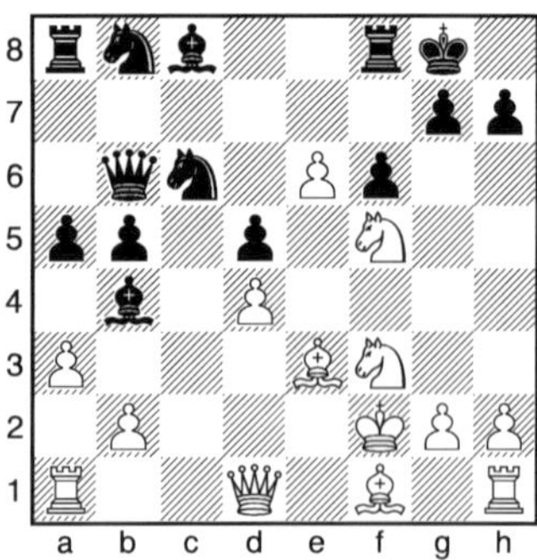

... hätte Weiß hingegen optimistisch in die Zukunft schauen können, wie aus den folgenden Varianten hervorgeht:

– 16...♘e7 17.♗d3 Δ17...♗xe6 18.♘xg7; 17...♗d6 18.♕c2

– 16...♗xe6 17.♘3h4 ♗xf5 (17...♘e7 18.♘xg7) 18.♘xf5 ♗e7

– 19.♕g4? g6; 19.♕b3? ♖d8 20.♕xb5

– 19.♕f3! ♖d8 20.♕g4 (20.h4!? Δh5, ♗d3) 20...g6 21.♘h6+ ♔g7 22.♗d3

15...fxe5–+ 16.♕xd5+ (16.dxe5 ♕c7) **16...♔h8 17.dxe5?!**

Deutlich mehr Widerstand war mit 17.♗xb5 ♖xf5; 17...exd4 oder 17.♖c1 ♖xf5; 17...exd4 zu leisten, aber vermutlich war die Textfortsetzung von langer Hand geplant. Übersehen wurde dabei jedoch der recht einfache Gewinnzug **17...♗c5**, obwohl auch **17...♕c7** vollkommen ausreichte.

2) Klar besser war der normale Entwicklungs- bzw. Angriffszug **13.♗d3**, und da dieser mit der offenkundigen Absicht ♗xh7+ einhergeht, sind die schwarzen Möglichkeiten begrenzt und Weiß verzeichnet jeweils mehr oder weniger deutlichen Vorteil in der Größenordnung ±.

a) Viel zu einfach geht es nach **13...g6 14.h4** oder **13...f5 14.♘g5** voran.

b) Nach dem Rückzug **13...♗e7** ist außer 14.f5 auch **14.h4!?** mit Erneuerung der Drohung ♗xh7+ von Interesse; z.B. **14...f6?** (⌓14...f5 15.♘g5) **15.♗xh7+! ♔xh7 16.♘g5+ fxg5** (16...♔h8 17.♕h5 fxg5) **17.♕h5+ ♔g8 18.hxg5+–** Δg6;

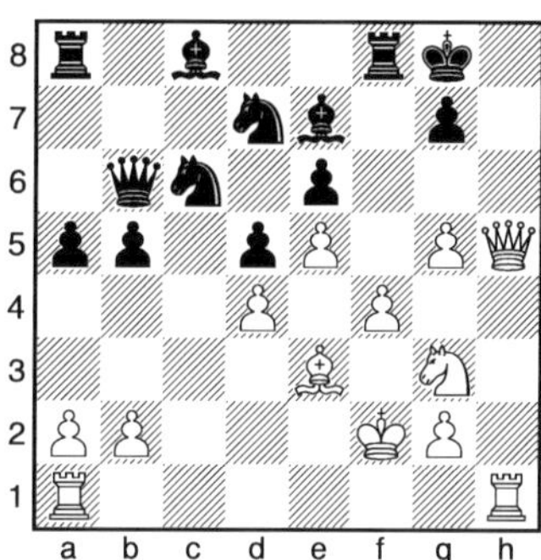

Δ**18...♖xf4+** (18...♗xg5 19.♕xg5) **19.♗xf4 ♕xd4+ 20.♗e3 ♕xb2+ 21.♘e2** Δ **21...♕xe5** (21...♘cxe5 22.♖af1!) **22.♕h8+ ♔f7 23.g6+! ♔xg6 24.♕e8+ ♔f6 25.♖hf1+++**

c) Am besten ist wohl der Gegenstoß **13...f6** mit der möglichen Folge **14.♖c1** Δ♕c2; **14...♗b7** (14...fxe5 15.fxe5 ♗b7) und nach **15.♘h5! fxe5 16.fxe5 g6** ...

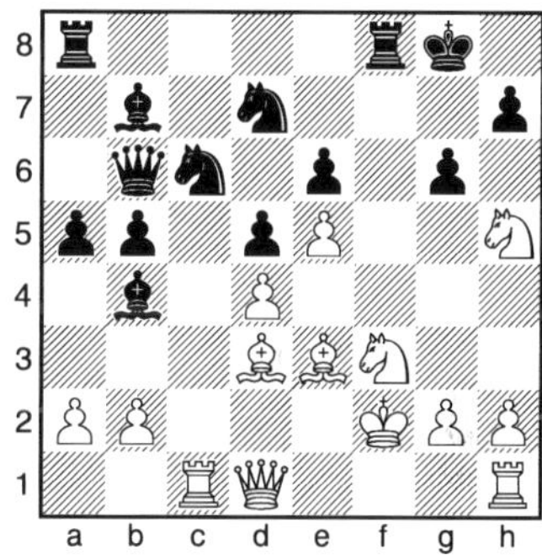

... verdient außer **17.♘f4** auch das Qualitätsopferkonzept 17.♖xc6!? ♕xc6 18.♘f4 Δh4 usw. große Beachtung. Schließlich ist der c6 nicht nur die wichtigste Figur, die Gegenspiel auf d4 bzw. e5 ermöglicht, sondern auch die einzige, die rasch und effektiv zum Königsflügel verlegt werden könnte, wo Schwarz sich nach h4-h5 mit sechs bis sieben Angreifern konfrontiert sieht.

Quellenverzeichnis

Konikowski, Jerzy, Bekemann, Uwe: 1.e4 siegt!
(2. Auflage), Joachim Beyer Verlag 2020
Konikowski, Jerzy: Schnellkurs der Schacheröffnungen – Theorie
(7. Auflage), Joachim Beyer Verlag 2021
Konikowski, Jerzy, Bekemann, Uwe: Eröffnungen; lesen – verstehen – spielen; Halboffene Spiele, Joachim Beyer Verlag 2018

Elektronische Medien
Mega Database 2023
ChessBase News
ChessBase 16
Stockfish 14
Komodo 13

Zeitschriften
Rochade Europa
ChessBase Magazin
Schachmagazin 64

Über den Autor

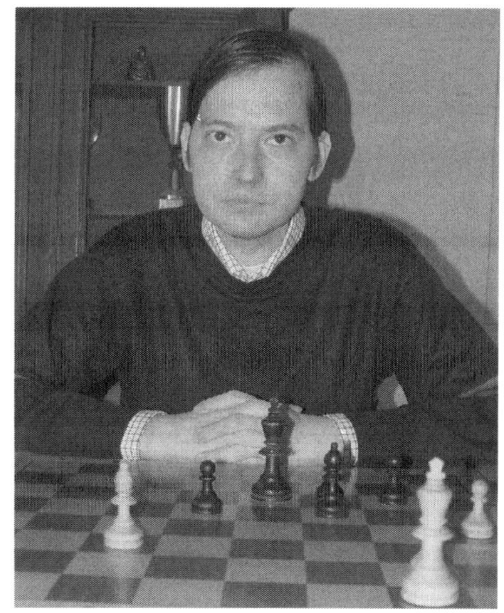

GM Dr. Karsten Müller wurde am 23. November 1970 in Hamburg geboren. Er studierte Mathematik und promovierte 2002. Von 1988 bis 2015 spielte er für den Hamburger SK in der Bundesliga und errang den Großmeister–Titel 1998. Zusammen mit Frank Lamprecht ist er Autor der hochgeschätzten Werke *Secrets of Pawn Endings* (2000) und *Fundamental Chess Endings* (2001), mit Martin Voigt *schrieb er Danish Dynamite* (2003), mit Wolfgang Pajeken *How to Play Chess Endgames* (2008), mit Raymund Stolze *Zaubern wie Schachweltmeister Michail Tal* und *Kämpfen und Siegen mit Hikaru Nakamura* (2012).

Aufmerksamkeit fand außer Müllers Buch *Bobby Fischer, The Career and Complete Games of the American World Chess Champion* (2009) be-sonders auch seine exzellente Serie von ChessBase-Endspiel-DVDs Schachendspiele 1-14. Müllers beliebte Rubrik *Endgame Corner* erschien unter www.ChessCafe.com von Januar 2001 bis 2015, seine Rubrik *Endspiele* im ChessBase Magazin seit 2006. Der vielbeschäftigte, weltweit anerkannte Endspiel–Experte wurde 2007 als „Trainer des Jahres" vom Deutschen Schachbund ausgezeichnet.

Im Joachim Beyer Verlag sind bereits die nachstehenden Titel von ihm rschienen:

Karsten Müller – Verteidigung (2016) (zusammen mit Marijn van Delft)

Karsten Müller – Positionsspiel (2017)

Karsten Müller – Schachstrategie (2017) (zusammen mit Alexander Markgraf)

Karsten Müller – Schachtaktik (2018)

Karsten Müller – Angriff (2023)

Karsten Müller – Endspielzauber (2023) (zusammen mit Jerzy Konikowski)

Italienisch mit c3 und d3 (2017) (zusammen mit Georgios Souleidis)

Magie der Schachtaktik (2018) (zusammen mit Claus Dieter Meyer)

Magische Endspiele (2020) (zusammen mit Claus Dieter Meyer)

Spielertypen (2020) (zusammen mit Luis Engel)

Die Endspielkunst der Weltmeister Band 1 – von Steinitz bis Tal (2021)

Die Endspielkunst der Weltmeister Band 2 – von Petrosjan bis Carlsen (2021)

Schach-WM 2021 (2022) (zusammen mit Jerzy Konikowski und Uwe Bekemann)

Die besten Kombinationen der Weltmeister Band 1 – Von Steinitz bis Tal (2022) (zusammen mit Jerzy Konikowski)

Die besten Kombinationen der Weltmeister Band 2 – Von Petrosjan bis Carlsen (2022) (zusammen mit Jerzy Konikowski)

Schachtraining mit Matthias Blübaum (2022) (zusammen mit Matthias Blübaum und Matthias Krallmann)

Bobby Fischer – 60 beste Partien (2022)

Typisch Sizilianisch (2022)

Spielertypen – das Testbuch (2022) (zusammen mit Luis Engel und Makan Rafiee)

Magnus Carlsen – Die Schach-DNA eines Genies (2023)

Typisch Damengambit, Abtauschvariante (2023)

sowie weitere Übersetzungen in englischer Sprache:

Magical Endgames (2020, together with Claus Dieter Meyer)

The Human Factor in Chess (2020, together with Luis Engel)

The Best Endgames of the World Champions Vol 1 – From Steinitz to Tal (2021)

The Best Endgames of the World Champions Vol 2 – From Petrosian to Carlsen (2021)

World Chess Championship 2021 (2022) (together with Jerzy Konikowski and Uwe Bekemann)

The Best Combinations of the World Champions Vol 1 – From Steinitz to Tal (2022) (together with Jerzy Konikowski)

The Best Combinations of the World Champions Vol 2 – From Petrosian to Carlsen (2022) (together with Jerzy Konikowski)

Bobby Fischer 60 Best Games (2022)

Chess Training with Matthias Blübaum (2022) (together with Matthias Blübaum and Matthias Krallmann)

Typical Sicilian (2023)

The Human Factor in Chess – The Testbook (2023) (together with Luis Engel and Makan Rafiee)

Typical Queen's Gambit - Exchange Variation (2023)

Karsten Müller – Attack (2023)

Magnus Carlsen – The Chess DNA of a Genius (2023)

Magic Endgames (2023) (together with Jerzy Konikowski)